Schumann's Whisk(e)y Lexikon

COLLECTION
ROLF HEYNE

Stefan Gabányi

Schumann's

WHISK(E)Y LEXIKON

Gestaltet und illustriert
von Günter Mattei

WILHELM HEYNE VERLAG MÜNCHEN

Ich muß verrückt sein.
Oder war es der Whisky?
F. Scott Fitzgerald
»Drei Stunden zwischen zwei Flügen«

Lektorat: Ria Lottermoser
Satz: Network! GmbH, München (Gerhard Versen)
Gesamtherstellung: RMO, München
ISBN 3-453-11529-5

VORWORT

Es ist noch nicht so lange her, daß man Whisk(e)y an der Bar geradezu stiefmütterlich behandelt hat. Natürlich standen in jeder gut sortierten Bar einige der bekannten Scotch- und Bourbon- Marken, doch schon bei Irish und erst recht bei Malts mußten die meisten passen.

Die wenigen Whisk(e)y-Kenner – meist Ausländer – genossen unsere allergrößte Sympathie und Aufmerksamkeit. Beratung war nicht nötig, sie wußten besser Bescheid.

Dann wurde Malt Whisky mehr oder weniger über Nacht populär, und in der Barkeeper-Welt begann der Wetteifer, wer innerhalb kürzester Zeit die verschiedensten und meisten Marken hinter dem Tresen stehen hatte. Beraten konnten die wenigsten.

Als ich vor zwei Jahren gefragt wurde, ob ich ein Whisk(e)y-Lexikon schreiben wolle, sah ich mich dazu nicht in der Lage. Ich erzählte meinem langjährigen Mitarbeiter und Whisk(e)y-Liebhaber Stefan Gabányi davon, denn ich wußte, daß er es schreiben konnte und mußte.

Über zwei Jahre hinweg recherchierte er auf vielen Reisen, studierte die Fachbücher und probierte mit seiner mittlerweile stark gewachsenen Anhängerschaft, die sofort bereit war, mit ihm neue Entdeckungen zu machen.

Ich bin sicher, daß dieses Buch, das unter dem Namen der »Schumann's Bar« erscheint, nicht nur eine Ergänzung zu meinen Cocktailbüchern, sondern auch ein Standardwerk für alle Whisk(e)y-Freunde werden wird.

Günter Mattei, der schon die Cocktailbücher illustriert und mit viel Engagement gestaltet hat, haben wir einen großen Teil unseres Erfolgs zu verdanken. Ohne ihn wäre der Entschluß, das vorliegende Buch zu machen, für uns und den Verleger nicht so leicht gewesen.

Ich hoffe, daß dies nicht das letzte Buch meiner Mitarbeiter sein wird.

Charles Schumann

EINLEITUNG

Im Laufe seiner Geschichte – von der legendenumwobenen Entstehung im Frühmittelalter bis zu seiner allgegenwärtigen Supermarkt-Existenz in der heutigen Zeit – hat der Whisk(e)y einen Status erlangt, wie keine andere Spirituose auf der Welt. Das liegt weniger an seiner tatsächlichen Beliebtheit – weltweit werden weitaus mehr Wodka, Reis- und Zuckerrohrschnäpse getrunken – als an dem Mythos, der ihn umgibt. So wie der Absinth die Künstlerdroge der Jahrhundertwende war, so inspirierte der Whisk(e)y besonders die Literaten der ersten Hälfte des 20. Jahrhunderts. In unzähligen Büchern und Filmen erwuchs ihm der Ruf, das männlichste aller Getränke zu sein. Er wurde zum ständigen Begleiter der Gangster, Flittchen und Agenten, der Bankiers und der einsamen Großstadtwölfe. (Frauen und andere anständige Menschen dagegen blieben beim Gin, der zweiten großen Spirituose des englischen Sprachraums.)

Ob es die Iren oder die Schotten waren, die das erste Mal *uisge beatha* [(ischke baha) gälisch: »Wasser des Lebens«] brannten, läßt sich heute nicht mehr mit Gewißheit sagen. Sicher ist aber, daß die Engländer uisge, das gälische Wort für Wasser, zu Whisk(e)y umformten (wobei die Unterscheidung in schottischen Whisky und irischen bzw. amerikanischen Whiskey erst aus unserem Jahrhundert stammt). Die Engländer waren es auch, die diesem Getränk Weltgeltung verschafften: Einerseits führte deren Unterwerfung Irlands und Schottlands dort zu Massenauswanderung und so zur Entstehung sebständiger Whisk(e)y-Kulturen in den heutigen USA und in Kanada, aber auch in Australien und Neuseeland; andererseits eröffnete England den Iren und Schotten auch den Weltmarkt, auf dem Whisk(e)y dann dem Gin Konkurrenz machen konnte.

Heute wird Whisk(e)y nicht nur weltweit getrunken, immer mehr Länder produzieren ihn auch selbst; den Anfang machte Japan, es folgten euopäische Staaten wie Spanien und Deutschland, und derzeit sind es vor allem die sogenannten Schwellenländer (z.B. Brasilien, Indien, Korea), die groß ins Geschäft einsteigen und neue Marken herausbringen.

Dagegen führt der Rückgang der Verkaufszahlen auf den traditionellen Märkten Europas und Amerikas sowie die zunehmende Monopolisierung der Whisk(e)y-Industrie in den Händen einiger großer Konzerne zu einer Reduzierung der Vielfalt zugunsten einiger weniger Weltmarken (z.B. Johnnie Walker, Jim Beam, Canadian Club, Jameson).

Doch im Schatten der Massenproduktion wuchs auch ein kleiner Markt heran, der von elitärem Qualitätsbewußtsein geprägt wird: Schottische Single Malts, insbesondere limitierte Einzelfaßabfüllungen, und zunehmend auch amerikanische Nobelmarken (*Small Batch* und *Single Barrel Bourbons*) gelten heute wohl zu Recht als die Königsklasse in der Welt der Spirituosen.

Der Markt bleibt also ständig in Bewegung, und es ist schier unmöglich, einen Überblick zu geben, der längere Zeit aktuell wäre. Besonders berüchtigt für ihre Kurzlebigkeit sind die Daten, die die Versionen der verschiedenen Marken betreffen: abgesehen davon, daß viele Firmen immer wieder neue Sonderabfüllungen herausgeben, sorgen besonders die unabhängigen Abfüller von Malt Whiskies gerne für Verwirrung; manche ziehen jährlich neue Versionen ein und derselben Marke auf Flaschen, wobei speziell der Alkoholgehalt starken Schwankungen unterliegen kann.

Für die vorliegende Bestandsaufnahme gilt der Sommer 1996 als Redaktionsschluß, eine Zeit, zu der es gerade in der schottischen Whisky-Industrie wieder einmal zu brodeln begann (die Firmenzugehörigkeit einiger Marken kann sich also demnächst wieder ändern).

Die Popularität der verschiedenen Whisk(e)y-Sorten ist ebenso modischen Strömungen unterworfen wie die Form, in der der Stoff konsumiert wird.
Lange Zeit galt Blended Scotch als höchster Genuß, getrunken entweder auf Eis aus möglichst schweren Bechern (sogenannten *tumblern*), oder mit Soda aus Longdrinkgläsern. Inzwischen gewinnt schottischer Malt Whisky immer mehr Anhänger; die genießen ihn bevorzugt aus *nosing glasses*; das sind schmale, den spanischen *copitas* ähnelnde Kelche, die die Vielfalt der Aromen besonders zur Geltung bringen. Eiswürfel sind hier verpönt, nicht aber einige Tropfen Leitungswasser, die die Komplexität vor allem der wuchtigeren Malts oft erst erschließen (inzwischen wird eigens für diesen Zweck abgefülltes schottisches Quellwasser angeboten). Jede andere Beimengung ist verboten, und Gäste, die einen Whisky Sour mit Malt bestellen, werden nach Hause geschickt.
Besonders mixfreundlich sind dagegen Bourbon und Tennessee Whiskeys. Nur die ausgereiftesten Versionen sollte man pur trinken, am besten ebenfalls aus *nosing glasses* und nicht, wie in den USA mitunter praktiziert, aus nasenlähmenden Cognac-Schwenkern. Die einfacheren Abfüllungen sind eher intensiv als komplex, so daß ein paar Eiswürfel hier keinen Schaden anrichten können, eher im Gegenteil.
Natürlich haben all diese Regeln ihre Berechtigung, man sollte dabei aber nicht vergessen, daß es sich bei Whisk(e)y um ein Genußmittel handelt und sich nicht vor lauter Vorschriften den Spaß verderben lassen.

A

Man sollte immer eine kleine
Flasche Whisky dabeihaben,
für den Fall eines Schlangenbisses –
und außerdem sollte man immer
eine kleine Schlange dabeihaben.

W.C.Fields

ABBOT'S CHOICE

Blended Scotch von →*John McEwan*, einer Tochterfirma von →*UD*.

Ein altmodischer, d.h. eher kräftiger Blend, der bereits im letzten Jahrhundert sehr populär war und heute nur noch schwer zu bekommen ist; Basis-Malt ist wahrscheinlich LINKWOOD.

ABERFELDY

Schottischer Single Malt (Southern Highlands) von →*UD*.

Ein typischer Highland Malt, gut ausbalanciert, weich und voll im Körper. Derzeit gibt es folgende Versionen:

Originalabfüllung:

15 Jahre, 43 vol.%

Gordon & MacPhail:

Jahrgänge 1970, 1974 und 1977, jeweils 40 vol.%

Cadenhead:

17 Jahre (dest. 1978), 57.9 vol.%.

Die Destillerie wurde 1898 von →*John Dewar & Sons* errichtet; sie war deren erste Brennerei, und noch heute besitzt diese berühmte Firma die Lizenz für Aberfeldy und bezieht einen Großteil der Basis-Malts für die DEWAR'S Blends von hier.

Aberfeldy hat 4 *Stills*, das Wasser kommt aus dem *Pitilie Burn*.

(Tel. 01887-82 03 30)

ABERFOYLE

Schottischer Vatted Malt, 8 Jahre, von →*Robertson & Baxter*.

ABERLOUR

[*aberlauer*] Schottischer Single Malt (Speyside, Glenlivet) von →*Campbell Distillers*, einer Tochterfirma des französischen Getränkekonzerns →*Pernod Ricard*.

Ein Digestif-Malt und der ideale Einsteiger-Whisky für neugierige Cognac-Trinker. Aberlour gehört, an Verkaufszahlen gemessen, seit Ende der 80er Jahre zu den internationalen Topmarken. Derzeit gibt es folgende Versionen:

Originalabfüllung:

10 Jahre, 40 vol.%;

12 Jahre, 43 vol.%;

21 Jahre (dest. 1970), 43 vol.%;

außerdem als ABERLOUR 100 ohne Altersangabe, 57.1 vol.%, und als ABERLOUR ANTIQUE ohne Altersangabe, 43 vol.%; in Italien gibt es auch einen 5jährigen mit 40 vol.%.

Signatory:

21 Jahre (dest. 1974), 55.5 vol.%

Dun Eideann:

20 Jahre (dest. 1970), 46 vol.%

Die Destillerie wurde 1826 in Aberlour errichtet,

einem kleinen Städtchen im Zentrum der Speyside. Seit 1945 gehört sie der Firma Campbell. Sie hat 4 *Stills*, das Wasser kommt vom *Ben Rinnes*, einem Berg, der für die Reinheit seines Wassers berühmt ist. Die Reifung findet zeitweise in Sherry-, zeitweise in Bourbonfässern statt. Die werden nicht mit den allgemein üblichen Faßstöpseln aus Holz, sondern mit solchen aus Kork verschlossen, was die Verdunstung gröberer Aromastoffe erleichtern und so einen weicheren Whisky erzeugen soll.
(Tel. 01340-87 12 04)

ABFÜLLUNG

Vor der Abfüllung in Flaschen wird Whisk(e)y gefiltert (→*Filtration*) und mit Wasser auf eine Trinkstärke von 40 bis 43 vol.% herabgesetzt (→*Alkoholgehalt*). Dies geschieht entweder nach Fertigstellung eines Blends bzw. bei Malt und Straight Whisk(e)y nach dem Zusammengießen der für die Abfüllung bestimmten Fässer. Da jedes Faß einen individuellen Whisk(e)y hervorbringt, werden mehrere Fässer – auch solche verschiedener Jahrgänge – miteinander vermischt, um ein möglichst konstantes Ergebnis zu erzielen.

Abgefüllt wird entweder in der Destillerie selbst (das ist in Irland und in den USA die Regel, in Schottland nur noch bei *Glenfiddich* und *Springbank*) oder in riesigen Anlagen, zu denen der Whisk(e)y im Faß oder in Stahltanks transportiert wird.

Speziell bei Malt Whiskies sind hier die sogenannten →*Unabhängigen Abfüller* zu erwähnen. Das sind Firmen, die Malts faßweise von den Destillerien erwerben und selbst abfüllen. Sie sind meist flexibler und experimentierfreudiger als die Hersteller und leisten oft wahre Pionierarbeit. In den letzten Jahren taten sie sich z.B. mit den Einzelfass-Abfüllungen hervor. Dafür wird der Whisk(e)y unverdünnt und meist auch ungefiltert abgefüllt und zwar jeweils nur aus einem Faß (→*Single Barrel*).

Erst seit Ende des 19. Jahrhunderts ist es üblich, Whisk(e)y in Flaschen abzufüllen. Bis dahin gaben die Hersteller das frische Destillat faßweise an Händler und Schankwirte ab, denen es überlassen blieb, den Whisk(e)y noch länger reifen zu lassen oder in irgendeiner Form weiterzubehandeln – durch Verdünnung mit Wasser oder Hinzufügen von Farb- und Würzstoffen wie Safran oder Tee beispielsweise. Was immer der Endverbraucher dann erhielt – in

Fässern, Steingutkrügen oder sonstigen nachfüllbaren Behältnissen –, die Destillerie konnte keine Garantie für die Qualität ihres Produkts abgeben. Dies änderte sich erst, als qualitätsbewußte Hersteller dazu übergingen, ihren Whisk(e)y selbst reifen zu lassen und in etikettierte Flaschen abzufüllen. Dank des Etiketts entstanden wiedererkennbare Produkte mit Qualitätsgarantie, mit anderen Worten: MARKEN. Die ersten, heute noch bekannten Marken waren *Power's* in Irland (1894), *Canadian Club* in Kanada (1884), *Old Forester* in den USA (1872), und (wahrscheinlich) *Vat 69* (1882) in Schottland.

ADAMS

Canadian Blend von →*Seagram*.
Eine Marke, die vor allem in Kanada selbst verkauft wird, und zwar in folgenden Versionen: ADAMS ANTIQUE, 10 Jahre, ADAMS DOUBLE DISTILLED und ADAMS PRIVATE STOCK, alle mit 40 vol.%; Private Stock wird auch nach Taiwan exportiert.

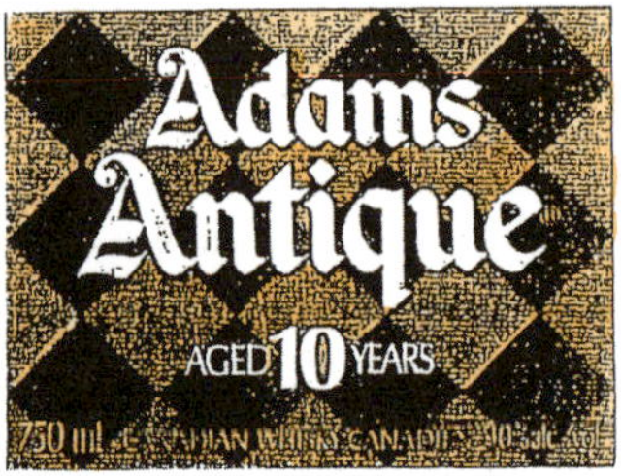

ADELPHI DISTILLERY LTD.

Schottische, unabhängige Abfüllerfirma, die 1993 von *James Walker* in Edinburgh gegründet wurde. Walker ist der Enkel eines der Inhaber von Adelphi, einer Lowland-Destillerie, die von 1880–1960 existierte.
Die Firma bietet vor allem schwer erhältliche Malts in →Einzelfaß-Abfüllungen an, sie hat aber auch eigene Blends im Programm, darunter einen ADELPHI PRIVATE STOCK (De Luxe 40 vol.%) und einen BREATH OF ANGELS.
Die Whiskies werden fast ausschließlich über den Versandhandel vertrieben.

(3 Gloucester Lane, Edinburgh EH3 6 ED, Tel. 0131-226 66 70, Fax 226 66 72)

AFFINITY

Ein Scotch →*Manhattan* mit Orange-Bitter statt Angostura.

AGE OF SAIL

Blended Scotch von →*Lombard*.

A.H.HIRSCH RESERVE

Straight Bourbon, 16 und 20 Jahre, beide Jahrgang 1974 und mit 45.8 vol.%, von *Cork 'n' Bottle*.

Ein grandioser Whiskey: üppig, komplex und perfekt ausbalanciert, aber leider sehr rar.

A.H.Hirsch ist der einzige amerikanische Whiskey, der noch im →*Pot-Still*-Verfahren gebrannt wurde. Er stammt aus der MICHTER'S DISTILLERY in Schaefferstown, Pennsylvania, die mit dem Gründungsjahr 1753 als die älteste ununterbrochen arbeitende US-Brennerei galt, wenigstens bis zu

ihrer Schließung Ende der 80er Jahre. Ihr Werbeslogan lautete: »Der Whiskey, der die Amerikanische Revolution wärmte«.

Bis in die 40er Jahre wurde hier ausschließlich Rye Whiskey gebrannt; dann begann ein neuer Brennmeister aus der großen Familie der *Beams* mit anderen Techniken zu experimentieren, und bald produzierte man hier auch einen Bourbon mit sehr hohem Roggenanteil, dessen zweite Destillation in einer *Pot Still* erfolgte. Der kam 1956 als *Michter's* auf den Markt, war aber immer nur ein exklusives Nebenprodukt, denn der Schwerpunkt lag weiterhin auf Rye, mit dem man bis 1984 u.a. auch *Wild Turkey* und *Old Overholt* belieferte. Einige Zeit später wurde der Betrieb eingestellt, den Großteil der Bestände erwarb *Adolf Hirsch*, nach dem die Marke heute benannt ist. 1990 übernahm das Handelshaus *Cork 'n' Bottle* den Whiskey und ließ ihn von *Van Winkle* abfüllen (→*Old Rip van Winkle*).

Die Destillerie selbst wurde unter Denkmalschutz gestellt, allerdings verblieben noch ca. 5000 volle Fässer in den Lagerhäusern. Nachdem in den letzten Jahren über 1200 Fässer gestohlen wurden, verfügte die lokale Gerichtsbehörde, daß der Rest zum Schutz gegen Vandalismus und Feuer verbrannt werden müsse – auch das könnte man Vandalismus nennen.

AINSLIE & HEILBRON

Schottischer Hersteller mit Sitz in Glasgow; ursprünglich hieß die Firma *James Ainslie & Co.*, sie war 1868 gegründet worden, besaß zeitweise die CLYNELISH DISTILLERY (→*Brora*) und fusionierte 1921 mit *David Heilbron & Son*. Heute gehört sie zu →*UD*, für die sie folgende Blends herausgibt: AINSLIE'S, AINSLIE'S DE LUXE und AINSLIE'S KING'S LEGEND.

AINSLIE'S ROYAL EDINBURGH, einstmals der bekannteste Blend von Ainslie & Heilbron, der vor allem in Australien und Belgien populär war, wird heute nicht mehr hergestellt.

ALBERTA

Kanadische Marke und Destillerie von →*Jim Beam Brands* (American Brands).

In der Destillerie in Calgary stellt die US-Firma Jim Beam Brands ihre Canadian Blends her. Dazu gehören auch ALBERTA PREMIUM und ALBERTA SPRINGS. Die Aufmachung des letzteren erinnert stark an *Jack Daniel's* Whiskey, doch das auf dem Etikett angegebene »charcoal mellowing« hat mit der gleichnamigen Filtriermethode für Tennessee Whiskeys nichts zu tun; es handelt sich hier vielmehr um die normale Filterung durch Kohlenstaub, wie sie auch in Kentucky praktiziert wird (→*Filtration*).

Aus der Alberta-Destillerie, die Beam 1987 übernahm, stammen ferner folgende Marken: AUTUMN GOLD, CANADA HOUSE, LORD CALVERT und die WINDSOR-Whiskies.

ALBION'S FINEST OLD

Blended Scotch von *Scottish Albion Blending Co.*, einer Tochterfirma von →*Kinross*.

ALEXANDER DUNN & CO.

Diese britische Blending-Firma spezialisiert sich auf Geschenkausgaben, d.h. der Käufer kann den Namen des Empfängers auf das Etikett drucken lassen und hat außerdem die Wahl zwischen verschiedenen Altersstufen und Stärken der ALEXANDER DUNN Scotches; außer einem 3, 5 oder 12 Jahre alten Blend gibt es auch einen 12jährigen Vatted Malt. Dieses Konzept wurde in den 80er Jahren für eine französische Supermarkt-Kette entwickelt; inzwischen erfreuen sich Dunns Abfüllungen auch in Japan einiger Beliebtheit (siehe auch SLAINTHEVA).

ALKOHOLGEHALT

Der gesetzlich vorgeschriebene Mindestalkoholgehalt von Whisk(e)y beträgt 40 vol.%, nur in Kanada und auf einigen exotischen Märkten dürfen auch leichtere Spirituosen als Whisk(e)y verkauft werden.

Nach der Destillation hat der frische Brand einen Alkoholgehalt von bis zu 80 vol.%; um den Reifeprozeß zu fördern, wird Whisk(e)y vor der Faßlagerung mit Wasser auf ca. 63 vol.% herabgesetzt.

Scotch verliert während der Reifezeit an Alkohol, in den USA dagegen steigt der Alkoholgehalt aufgrund der geringeren Luftfeuchtigkeit in den Lagerhäusern. Vor der Flaschenabfüllung erfolgt eine weitere Herabsetzung auf Trinkstärke.

Für Scotch liegt diese bei 40 vol.%, für den Export zum Teil auch bei 43 vol.%. Die Verdünnung hat vor allem finanzielle Gründe, denn mit dem Alkoholgehalt sinken auch die Steuern. Allerdings ist damit immer auch ein Geschmacksverlust verbunden, und so ist in letzter Zeit speziell bei Malt Whisky ein Trend zu Faßstärke-Abfüllungen zu beobachten (→*Einzelfaß-Abfüllungen*).

In den USA sind ebenfalls 40 vol.% üblich, daneben gibt es häufig noch 45- und 50%ige Abfüllungen (→*Bottled in Bond*); auch bei Bourbon wächst die Zahl der Faßstärke-Abfüllungen (→*Single Barrel*).

ALL MALT

Japanischer Vatted Malt von →*Nikka*. Ein leichter Whisky aus zwei verschiedenen Malts.

ALLAN'S

Blended Scotch von →*Eaglesome*, einer Tochterfirma von →*J.A.Mitchell*.

ALLIED DISTILLERS

Schottischer Hersteller, Tochterfirma des britischen Konzerns →*Allied Domecq*. Innerhalb dieser Gruppe ist Allied Distillers für die Scotch-Whisky-Produktion und damit für folgende Brennereien und Marken zuständig:

Malt: Ardbeg, Ardmore, Balblair, Glenburgie, Glencadam, Glendronach, Glentauchers, Imperial, Inverleven, Laphroaig, Lomond, Miltonduff, Scapa, Tormore

Grain: Dumbarton, Strathclyde

Blended Sotch: Ambassador, Ballantine's, Doctor's Special, Long John, Old Smuggler, Stewart's Cream of the Barley, Teacher's

ALLIED DOMECQ

Der zweitgrößte Spirituosenhersteller der Welt hat seinen Sitz in Bristol, England, und kontrolliert über verschiedene Tochterfirmen Whisk(e)y-Marken der unterschiedlichsten Provenienz: Allied Distillers (Scotch), Cantrell & Cochrane (Irish), Corby (Canadian), DYC (Spanien), Hiram Walker (Canadian), Maker's Mark (Bourbon).

Die Geschichte des Konzerns beginnt mit *Allied Breweries*, einem der drei großen Bierbrauer Großbritanniens. Durch die Übernahme der renommierten Whisky-Firmen *Stewart & Sons* (1969), →*Wm Teacher* (1976) und →*Hiram Walker* (1986–88) entstand daraus im Laufe der Zeit ein Konzern, der unter dem Namen *Allied-Lyons* bekannt wurde. Zwar schlug Mitte der 80er Jahre der Versuch fehl, die →*DCL* zu übernehmen, doch mit dem Kauf der Spirituoseninteressen des britischen Brauers *Whitbread* (→*Long John, Laphroaig, Kinclaith, Tormore, Glenugie*) im Jahre 1990 blieb Allied eine marktbestimmende Kraft. Seit der Fusion mit dem spanischen Wein- und Brandyproduzenten *Pedro Domecq* im Jahre 1990 firmiert die Gruppe unter dem Namen *Allied Domecq*.

Sie engagiert sich heute auch auf den neuen Wachstumsmärkten Lateinamerikas und Asiens, wo Jointventures mit einheimischen Firmen in China, Vietnam und Indien bestehen. Auch mit dem japanischen Whisky-Giganten →*Suntory* ist der Konzern verbunden.

(Allied Domecq verfügt außerdem über die britische Pub-Kette *John Bull* sowie über weitere Weltmarken wie beispielsweise *Beefeater* Gin, *Courvoisier* Cognac, *Harvey* und *La Ina* Sherries, *Cockburn* Portwein, *Lamb's* Rum, *Carlos* und *Fundador* Brandies.)

ALLT-Á-BHAINNE

[*(oltawejin)* gälisch: Milchbach]
Schottischer Single Malt (Speyside, Dufftown) der →*Seagram*-Tochter →*Chivas & Glenlivet*.

Ein eher süßer Malt mit mittlerem Körper, der zur Zeit nur von unabhängigen Abfüllern zu haben ist:

Cadenhead:
15 Jahre (dest. 1979), 59.1 vol.%

Signatory:
Jahrgang 1981, 57.1 vol.%,
1979, 55.2 vol.%

James MacArthur:
12 Jahre, 43 vol.%
The Castle Collection:
Jahrgang 1979, 43 vol.%
Die Destillerie wurde 1975 von *Chivas* errichtet und hat eine Kapazität von 5 Millionen Litern pro Jahr. Sie war nach *Braes of Glenlivet* die zweite und letzte Brennerei in Seagrams »5-Destillerien-in-5-Jahren«-Projekt, das aufgrund der Ölkrise eingestellt wurde. Allt á Bhainne ist mit moderner Technik ausgerüstet, und auch die Architektur entspricht nicht gerade dem traditionellen Bild. Daher hat man dem Hauptgebäude kurzerhand vier kleine Pagodendächer aufgesetzt, die zwar keine Funktion haben, aber irgendwie nett aussehen.
Die Destillerie hat 2 *Stills*, das Wasser kommt aus einer Quelle vom *Ben Rinnes*. Der größte Teil der Produktion geht in die Blends von Chivas.

ALTER

Das gesetzlich vorgeschriebene Mindestalter für Scotch, Irish und Canadian Whisk(e)y beträgt 3, das für US-Whiskey 2 Jahre. Falls auf dem Etikett eine Altersangabe vermerkt ist, so bezieht sich diese immer auf das jüngste enthaltene Einzeldestillat.
Nach amerikanischem Recht muß das Alter eines Whiskeys, der jünger ist als 4 Jahre, auf dem Etikett ausgewiesen sein. Whiskeys ohne Altersangabe sind hier also immer mindestens 4, oft auch bis zu 6 Jahre alt – erst ab einer längeren Reifezeit wird das Alter in der Regel angegeben.
Hohes Alter ist nicht gleichbedeutend mit höherer Qualität, obwohl die Produktwerbung dies oft suggeriert. Viele Malts beispielsweise sind mit 8 bis 12 Jahren auf dem Höhepunkt, manche erst mit 15, 17 oder 21 Jahren, nur sehr wenige vertragen eine längere Lagerzeit, ohne Schaden zu nehmen. Zwar steigt mit dem Alter die Komplexität der Aromen, doch leicht wird ein Whisk(e)y auch holzig oder einfach nur müde – mit Sicherheit aber teurer.

Natürlich ist auch hier der persönliche Geschmack entscheidend; während beispielsweise die Italiener ein Faible für die fruchtigeren und spritzigeren 5- bis 7jährigen Whisk(e)ys haben, ist man anderswo eher darauf aus, alte Raritäten zu verkosten und nimmt schon mal Enttäuschungen in Kauf – auch das kann schließlich ein exklusives Erlebnis sein.

AMBASSADOR

Blended Scotch, De Luxe, von →*Hiram Walker* (Allied Domecq).
Einst eine berühmte Marke, deren Slogan »Scotch at its Lightest« vor allem in den USA gut ankam. Heute findet man Ambassador nur noch selten; er wurde 8-, 12- und 25jährig abgefüllt. Ursprünglich kam er aus dem 1820 in Glasgow gegründeten Hause *Taylor & Ferguson*, das in den 30er Jahren von Hiram Walker übernommen wurde. Für diesen Konzern führen Taylor & Ferguson heute die Scapa Distillery.

AMBER GLOW

Schottischer Whisky-Kräuterlikör von →*Hallgarten*.

AMERICAN BIKER

Kentucky Straight Bourbon von →*Twelve Stone Flagons*.
Ein (graphisch etwas verunglückter) Motorradfahrer ziert die Flasche dieser Marke, die erst 1996 herauskam. Er soll den amerikanischen Unabhängigkeitsgeist symbolisieren und damit vor allem die Biker in den USA ansprechen, eine Zielgruppe also, der ein hoher Bier- und *Jack Daniel's* -Konsum nachgesagt wird.

Die Firma *Twelve Stone Flagons*, die durch den Blended Scotch →*Usquaebach* bekannt wurde, läßt ihren Bourbon von →*Heaven Hill* herstellen.

AMERICAN BRANDS

US-Mischkonzern, der durch seine Tochterfirmen →*Jim Beam Brands* und →*Whyte & Mackay* im Whisk(e)ygeschäft vertreten ist. Zu den weiteren Besitztümern des Unternehmens gehören auch die Zigarettenmarke *Lucky Strike* und die legendäre Detektei *Pinkerton*.

AMERICAN CREAM

US-Whiskey-Sahnelikör von →*IDV/Grand Metropolitan*.
Eine der unzähligen →*Baileys* -Imitationen, die seit Ende der 70er Jahre den Markt überschwemmen. Der Likör wird von der IDV-Tochter →*Heublein* produziert.

ANCIENT AGE

Kentucky Straight Bourbon aus der LEESTOWN DISTILLERY von →*Sazerac.* Ein eher süßer Whiskey, der sich sehr gut für →*Manhattan Cocktails* eignet. Er ist in mehreren Abfüllungen zu haben: Die Standardversion hat 40, 45 oder 50 vol.% (Bottled in Bond), der ANCIENT ANCIENT AGE (auch TRIPLE A oder 10 STAR genannt) hat 45 vol.%, bzw. in der 10jährigen Exportversion 43 vol.%; die neueste, ebenfalls 10jährige Abfüllung heißt BARREL 107 und kommt mit 53.5 vol.% auf den Markt.
Außerdem gibt es noch einen Blend namens ANCIENT AGE PREFERRED (40 vol.%) und einen Mint Julep Premix (35 vol.%).

Die Marke erschien erstmals 1936, sie wurde damals allerdings noch als »Bourbon-style«-Whiskey in Kanada hergestellt, denn die Destillerie verfügte nach dem Ende der Prohibition noch nicht über ausreichend gelagerten Stoff. Als echten Kentucky Straight Bourbon gibt es Ancient Age erst seit 1946.

ANCIENT PRIVILEGE

Blended Scotch, 5 Jahre, von →*W.Brown.*

AN CNOC

[*an-nock*] Schottischer Single Malt (Speyside, Banffshire) aus der KNOCKDHU Distillery von →*Inver House.*
Ein weicher, mittelschwerer Malt, derzeit in zwei Versionen im Handel.
Originalabfüllung:
12 Jahre, 43 vol.%; diese Abfüllung ist erst seit 1993 auf dem Markt.

Davor gab es den Malt nur von den Unabhängigen, und zwar unter dem Destillerienamen Knockdhu. Als Inver House selbst sich zum Abfüllen dieses Malts entschloß, wählte man den gälischen Namen *An Cnoc*, um Verwechslungen mit →*Knockando* zu vermeiden.

Inver House ist erst seit 1988 im Besitz der Brennerei; davor gehörte sie zur →*DCL*, die sie 1893–94 erbaut hatte. Bis zur Schließung 1983 lieferte sie die Basis-Malts für →*Haig* Whiskies. Die Destillerie wurde 1989 wieder eröffnet und hat 2 *Stills*. Das Wasser kommt vom *Knock Hill*.

(Tel. 01466–77 12 23)

ANGUS DUNDEE

Schottischer Vatted Malt von *Angus Dundee Ltd.*, einer 1950 in London gegründeten Firma, die noch einen Vatted namens Auchterar sowie mehrere Blends herstellt: Castle Pride, Clan Ben, The Dundee, Forfars, Highland Legend, Parker's, Piper's Clan, Scottish Royal.

ANKARA

Türkischer Blended Whisky (Türk Viskisi), 43 vol.%, der seit 1961 von der Staatsfirma *Tekel* in der Ankara-Brauerei, Istanbul, hergestellt wird.

The ANTIQUARY

Blended Scotch, 12 Jahre, 40 vol.%, von →*UD*.

Eine nach einem Roman von *Walter Scott* benannte Marke, die ihre große Zeit wohl endgültig hinter sich hat. The Antiquary ist ein eleganter De-Luxe-Blend und ebenso wie sein Basis-Malt Benromach nur schwer erhältlich, zudem eher teuer.

Die Lizenzverhältnisse sind etwas kompliziert:

Ursprünglich kam The Antiquary aus dem Hause *J.&W. Hardie*, einer 1861 bei Edinburgh gegründeten Firma; 1917 gehörte die Marke der Firma *J.&G. Stewart* (→Stewart's Finest Old), die im selben Jahr der →*DCL* beitrat. Hardie wiederum wurde von →*Wm Sanderson & Co.* übernommen, und als auch diese Firma schließlich zur DCL kam, fiel die Lizenz wieder an Hardie, die Herstellung wurde jedoch →*Buchanan* übertragen. Seit UD die Gruppe besitzt, wird The Antiquary nur noch selten abgefüllt, als Eigentümer wird Hardie angegeben.

ARDBEG

Schottischer Single Malt (Islay, Port Ellen) von →*Allied Distillers* (Allied Domecq).

Ardbeg hat eine kleine aber enthusiastische Gefolgschaft von Liebhabern – kein Wunder, der Whisky besitzt alle Voraussetzungen zum Geheimtip: Vom Bekanntheitsgrad her stand er immer im Schatten seiner Nachbarn *Lagavulin* und *Laphroaig*; er verfügt über eine überwältigende Komplexität und Wucht, die vor allem den Spezialisten anspricht, und er ist nur schwer zu bekommen. Wenn, dann in folgenden Versionen:

Originalabfüllung:
10 Jahre, 40 vol.%; mehr kann man von einem Islay nicht erwarten – nur noch zu Liebhaberpreisen erhältlich.

Gordon & MacPhail: Jahrgang 1974 (abgefüllt 1991), 40 vol.%, und 1963 (dest. 1994), 40 vol.%; eine andere 1974er Version, ebenfalls mit 40 vol.%, füllte die Gordon & MacPhail-Tochter **Speymalt Whisky** ab.

Cadenhead: hatte ihn zuletzt mit 19 Jahren (dest. 1975), 58.1 vol.%, und mit 20 Jahren (dest. 1974) 51.2 vol.%

Signatory:
18 Jahre (dest. 1975), 43 vol.%;
21 Jahre (dest. 1974), 43 vol.%, und
28 Jahre (dest. 1967), 53.2 vol.% und 53.7 vol.%; diesen Jahrgang gibt es aus einem hellen und einem dunklen Oloroso-Faß. Ein Vergleich der beiden Versionen zeigt, wie groß der Einfluß des Fasses auf die Entwicklung eines Whiskys sein kann. Für 1997 plant Signatory eine 30jährige Abfüllung.

Adelphi:
19 Jahre (dest. 1976), 52 vol.%

Ardbeg gehört zu jenen Malts, denen auch eine lange Lagerzeit nichts anhaben kann; der 31jährige von

Gordon & MacPhail z.B. ist auf seine Weise nicht weniger betörend als die 10jährige Originalabfüllung.
Die Destillerie wurde 1815 an einem malerischen Flecken der Südküste Islays gegründet, wo bereits vorher eine Bande von Schwarzbrennern und Schmugglern gehaust hatte. Ab 1817 war Ardbeg im Besitz der Familie McDougall, 1977 wurde die Destillerie von →*Hiram Walker* übernommen und vier Jahre später geschlossen. Seit 1989 ist sie wieder in Betrieb, allerdings in veränderter Form: Ardbeg war früher bekannt für seine traditionelle Herstellung (der britische Whisky-Papst *Michael Jackson* beschrieb ihn als »altmodisch im besten Sinne das Wortes«), und sein intensiver Torfgeschmack ist nicht nur auf die große Menge des verwendeten Torfes zurückzuführen, sondern auch darauf, daß die Pagodendächer der *Maltings* keine Ventilatoren hatten. So war das Malz dem Rauch stärker ausgesetzt als normalerweise üblich. Diese *Maltings* sind inzwischen geschlossen; künftige Ardbeg-Abfüllungen werden daher etwas anders ausfallen. (Wann und ob es sie überhaupt geben wird, ist derzeit reine, möglicherweise auf bloßem Wunschdenken beruhende Spekulation; *Allied* bestreitet derartige Pläne.)

ARDMORE

Schottischer Single Malt (Speyside) von →*Allied Distillers* (Allied Domecq).

Ein mittelschwerer Whisky von der malzigen Seite und ein guter Digestif. Er wird nur von unabhängigen Abfüllern herausgegeben.

Gordon & MacPhail:
14 Jahre (dest. 1977), 40 vol.%;
1981, 40 vol.%

Cadenhead:
17 Jahre (dest. 1977), 59.6 vol.%;
13 Jahre (dest. 1980), 61.1 vol.%

James MacArthur:
18 Jahre, 51.4 vol.%

Ardmore wurde 1898–99 von der Firma →*Wm Teacher* errichtet, die seit 1976 bei *Allied* ist und den Malt hauptsächlich für ihre TEACHER'S Blends verbraucht.
Ursprünglich mit 2 *Stills* ausgerüstet, hat die Destillerie heute deren 8 und gehört zu den größten Maltbrennereien Schottlands. Die *Stills* werden noch heute mit Kohle befeuert, das Wasser kommt vom *Knockandy Hill*.
(Tel. 01464–83 12 13)

ARGYLL
Scotch Whisky von *Beinn Bhuidhe Holdings.*
Seit Ende der 70er Jahre werden verschiedene Whiskies für den *Duke of Argyll*, Haupt des mächtigen *Campbell Clans*, abgefüllt. Zu kaufen sind sie nur auf dessen Burg *Inverary Castle* in der Provinz Argyll.
Es gibt einen 12-, einen 15- und einen 17jährigen Argyll Malt, die ersten beiden kommen höchstwahrscheinlich aus der Destillerie TAMNAVULIN, der älteste von TULLIBARDINE.
Außerdem ist ein Argyll Blend erhältlich.

ARRAN →Isle of Arran

ASAMA
Japanischer Blend von →*Sanraku Ocean.*

AS WE GET IT
Ein obskurer schottischer Malt Whisky, der von *J.G. Thomson* abgefüllt wird und angeblich aus der MACALLAN-Destillerie stammt. Dort kräuselt man darüber allerdings die Nase, murmelt etwas von minderer Qualität und möchte sich nicht dazu äußern, wie der Stoff außer Haus gekommen ist. Wie auch immer – in den wenigen schottischen Pubs, in denen der Wirt plötzlich eine Flasche davon hervorzaubert, wird As We Get It als etwas ganz Besonderes angeboten, und das ist er auch, denn erstens wird er in Faßstärke abgefüllt (ca. 60 vol.%) und zweitens variiert der Inhalt von Abfüllung zu Abfüllung. Wahrscheinlich handelt es sich hier um ab und zu anfallende Restbestände, die von Macallan unter der Hand weitergegeben werden.

Früher gab es As We Get It auch von der Firma *Bruce Macfarlane & Co.*, Inverness und zwar nicht nur aus der Macallan-Destillerie, sondern auch aus BALVENIE.

AUCHENTOSHAN
[*okntoschn*] Schottischer Single Malt (Lowland, Glasgow) von →*Morrison Bowmore* (Suntory).
Von den beiden verbliebenen, noch aktiven Lowland-Destillerien – die andere heißt Glenkinchie – ist Auchentoshan zweifellos die bekanntere, ihr Produkt wird gerne als »klassischer« Lowland Malt bezeichnet. Er wird dreifach destilliert, ist körperleicht und eher trocken.

Originalabfüllung:
ohne Altersangabe, 40 vol.%; 10 Jahre, 40 vol.%, und 21 Jahre (dest. 1972), 43 vol.%; manchmal findet man auch noch ältere Abfüllungen mit 5, 8, 12 und 18 Jahren.

Cadenhead:
hat Auchentoshan seit April 1996 im Programm

Signatory: Jahrgang 1981, 43 vol.%. Die Destillerie wurde um 1800 gegründet und wechselte häufig den Besitzer. Seit 1984 gehört sie zur *Morrison*-Gruppe, die ihrerseits Teil von *Suntory* ist. Auchentoshan hat drei *Stills*, das Wasser kommt von den *Kilpatrick Hills*, also aus den Highlands, die Brennerei liegt aber in den Lowlands. Die Destillate reifen teilweise in Sherry-, teilweise in Bourbonfässern. (Tel. 01389-87 85 61)

AUCHROISK →Singleton of Auchroisk

AUCHTERAR

Schottischer Vatted Malt von →*Angus Dundee*.

AULD ACQUAINTANCE

Schottischer Single Malt, 10 Jahre, 43 vol.% von →*MacArthur*.

Hier handelt es sich nicht um die Originalabfüllung einer Brennerei, sondern um eine sogenannte Markenabfüllung, d.h. der Abfüller bezieht den Whisky von einer ungenannten Destillerie und füllt ihn unter einem eigenen Label ab (→*Unabhängige Abfüller*).

(Unter demselben Namen gab es früher einen Blend von →*McCallum*.)

AULD SANDY

Blended Scotch von →*Balls Bros.*

Die Gebrüder Balls begannen 1854 in London als Wein- und Spirituosenhändler; sie hatten zeitweise auch eine irische Parallel-Marke namens »Ould Paddy« im Programm. Auld Sandy bekommt man nur in den 8 Londoner Wine Bars von Balls und in deren Ladengeschäft.

(Tel. 0171-739 64 66)

AULTMORE

Schottischer Single Malt (Speyside, Keith) von →*UD*.

Obwohl ihm Whisky-Papst *Michael Jackson* höchste Qualität bescheinigt, findet dieser Malt noch immer wenig Zuspruch. Dabei ist er sehr gut ausbalanciert und sowohl für Einsteiger als auch für erfahrene Genießer geeignet.

Originalabfüllung:
12 Jahre, 43 vol.% aus der »Flora & Fauna«-Reihe; manchmal findet man auch noch die Abfüllung von *J.& H. Harvey* (12 Jahre, 40 vol.%), einem alten Blending-Haus, das bis 1992 die Lizenz für die Destillerie innehatte.
Signatory:
15 Jahre (dest. 1988), 43 vol.%.
Aultmore wurde 1895 errichtet und gehörte zeitweise zu →*J. Dewar & Sons*, in deren Blends der Malt wahrscheinlich noch heute eine Rolle spielt. Die Destillerie hat 4 *Stills*, das Wasser kommt vom *Auchinderran Burn*. (Tel. 01542-88 27 62)

AUSTIN NICHOLS DISTILLING COMPANY

US-Hersteller, der seit 1980 zum →*Pernod-Ricard*-Imperium gehört.
Austin Nichols begann 1855 als Lebensmittel-, Wein- und Spirituosenhandlung und kreierte kurz nach der Prohibition die Marke WILD TURKEY, die sie seit dem Erwerb einer eigenen Destillerie im Jahre 1971 auch selbst herstellt.
Außer den diversen Wild-Turkey-Abfüllungen gibt es einen →*Single Barrel* namens KENTUCKY SPIRIT und einen Blend auf Wild-Turkey-Basis, der NICHOLS heißt.

AUSTRALISCHER WHISKY

Als Commonwealth-Mitglied orientiert sich Australien in Sachen Whisky natürlich stark am Scotch. Tatsächlich war dieser Kontinent bis zum Zweiten Weltkrieg der wichtigste Exportmarkt für schottische Whiskies. Noch heute ist Scotch die meistverkaufte Spirituose in Australien, dicht gefolgt von Bourbon, der vor allem bei der jüngeren Generation immer beliebter wird.
Die eigene Whiskyproduktion, die 1866 mit dem Bau der *Myers Distillery* in Ballarat, Victoria, begann, hatte anfangs keine Chance gegen die Importe aus Schottland. Erst als die australische Regierung in den 20er Jahren die Einfuhrzölle für Spirituosen erhöhte, wurde die Sache wirtschaftlich interessant, und man brachte mit dem *Old Court* Blend erstmals eine erfolgreiche australische Marke heraus.
Das blieb auch dem schottischen Brennereikonzern →*DCL* nicht verborgen, der sich 1927 mit vier lokalen Herstellern zusammentat, um eine moderne Destillerie in Corio, Victoria, zu errichten. Aus dieser Zusammenarbeit erwuchs 1931 die Gruppe *United Distilleries* (nicht zu verwechseln mit dem heutigen DCL-Nachfolger *United Distillers*), die bis vor einigen Jahren zwei der erfolgreichsten australischen Whiskies produzierte: CORIO und FOUR SEASONS.

Eine andere bedeutende Marke, Bond 7, wurde ebenfalls von einer britischen Firma hergestellt, nämlich von der *IDV*-Tochter →*Gilbey*.

Trotz eines vorübergehenden Hochs in den 50er und 60er Jahren konnten sich die einheimischen Produkte nie gegen die Konkurrenz aus Schottland durchsetzen. Die Nachfrage sank in den 80er Jahren derart, daß inzwischen alle Hersteller den Betrieb eingestellt haben, zuletzt United Distilleries, die ihre großen Lagerbestände zu Gin umdestillierten, bevor sie Ende 1995 dichtmachten. (Gerüchten zufolge soll im Frühjahr 1996 in Tasmanien eine neue Brennerei den Betrieb aufgenommen haben.)

Herstellung: Alle wichtigen Brennereien waren im Südosten des Landes zu finden, in der Gegend um Melbourne und in Adelaide. Das dortige Klima bekam nicht nur den ersten europäischen Siedlern, es bringt auch das beste Getreide Australiens hervor und gewährleistet eine ausreichende Wasserversorgung. Australischer Whisky, der so gut wie immer Blended Whisky ist, wird aus Gerste, Mais und Hirse hergestellt. Der Malt Whisky darf nur aus Gerstenmalz gebrannt werden und muß mindestens 2 Jahre lagern. Blended Whisky muß ebensolang im Faß liegen und mindestens 25 % Malt enthalten.

AUTUMN GOLD

Canadian Blend, 35 vol.%, von →*Jim Beam Brands* (American Brands).
Ein kleineres Label für den US-Markt.

AVERY'S OF BRISTOL LTD.

Das angesehene Weinhandelshaus (1793 in Bristol gegründet) hat heute noch drei Blends im Programm: Bristol Vat, Highland Blend, Queen Elizabeth.

AVOCA

Blended Irish Whiskey, Standard, 40 vol.%, von →*Cooley*.
Dieser einfache Supermarkt-Whiskey ist nur in Irland erhältlich und trägt den Namen eines Flusses südlich von Dublin.

AVONSIDE

Blended Scotch von *Avonside Whisky Ltd.*, einer →*Gordon & MacPhail*-Tochter, die auch die Malts Glen Avon und Strathavon herausbringt.
Diesen überdurchschnittlichen Blend gibt es als 8jährigen mit 40 und 57 vol.%.

AWARD

Blended Scotch von →*Wm Lundie & Co.*

B

Give me a visky, Baby, and don't be stingy

Greta Garbo

BAGPIPER

Indischer Blend, 42.8 vol.%, von *Herbertsons Ltd.*, einer Tochterfirma der *UB Group*.

Die Standardversion dieser Marke ist der meistverkaufte Whisky Indiens, daneben gibt es noch einen BAGPIPER GOLD.

Bagpipers Popularität rührt nicht zuletzt von seiner Verbindung zur indischen Filmindustrie. Große Leinwandstars lassen sich für Werbezwecke einspannen, und es gibt auch eine Bagpiper-Fernsehshow, die wöchentlich aus dem Leben der Schauspieler berichtet (nur der männlichen natürlich, denn Whisky ist in Indien ganz besonders *macho*).

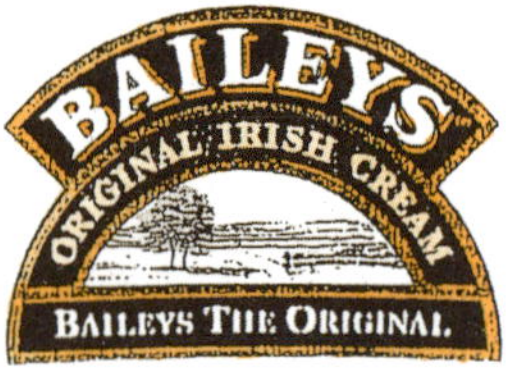

BAILEYS ORIGINAL IRISH CREAM

Irischer Whiskey-Sahnelikör, 17 vol.% (mit Kakao-Zusatz), von →*Gilbey* (IDV/Grand Metropolitan).

Der rasante Aufstieg von Baileys zur größten Likör-Einzelmarke der Welt begann erst 1974. Bis dahin gab es nur mit Kräutern oder Zitrusaromen zubereitete Whisk(e)y-Liköre, und die neue Mischung aus Sahne, Kakao und (Irish) Whiskey traf offensichtlich den Geschmack der Zeit. Heute gibt es eine ganze Reihe mehr oder weniger erfolgreicher Nachahmungen, und in den USA ist Baileys inzwischen auch in einer »Light«-Version zu haben.

BAILIE NICHOL JARVIE, B.N.J.

Blended Scotch von *Nicol Anderson & Co.*, einer Tochterfirma von →*Macdonald Martin*. Ein eleganter De Luxe Blend auf GLEN-MORAY-Basis. Der Name stammt aus *Walter Scotts* berühmtem Roman »Rob Roy«.

BAIRD-TAYLOR'S SELECTED

Blended Scotch von *Baird Taylor Ltd.*, einer 1838 in Glasgow gegründeten Weinhandelsfirma, die heute zu →*UD* gehört.

BAKER'S

Kentucky Straight Bourbon von →*Jim Beam Brands* (American Brands).

Ein 7jähriger →*Small-Batch*-Bourbon, der für seine 53 vol.% erstaunlich weich ist. Der Whiskey trägt den Namen von *Baker Beam*, einem Großneffen des berühmten *Jim*.

BALBLAIR

Schottischer Single Malt (Northern Highlands) von →*Allied Distillers* (Allied Domecq).

Ein leichter, trockener Malt, der selten im Handel zu finden ist, der größte Teil verschwindet in den Ballantine's Blends.

Originalabfüllung:

10 Jahre, 40 vol.%; in Italien kann man auch eine 5jährige Version dieses Whiskys finden.

Gordon & MacPhail:

Jahrgänge 1964, 1973, 40 vol.%; 10 Jahre, 40 vol.%

Cadenhead:

26 Jahre (dest. 1965, Sherryfaß), 44.4 vol.%

Die erste Balblair-Destillerie wurde 1790 oder früher errichtet, genügte den Ansprüchen der späteren Besitzer jedoch nicht mehr. Sie eröffneten 1872 ein paar Meter weiter die heutige Brennerei. Die hat sich äußerlich seither kaum verändert und ist ein schönes Beispiel für die traditionelle Destillerie-Architektur des 19. Jahrhunderts.

1970 wurde sie von *Hiram Walker* übernommen, gehört heute also zu *Allied Domecq* und wird von *George Ballantine & Son* geführt. Balblair hat 3 *Stills*, das Wasser kommt aus einem Flüßchen namens *The Allt Dearg*. (Tel.01862-82 12 73)

BALLANTINE'S

Blended Scotch von *George Ballantine & Son*, einer Tochterfirma von →*Allied Distillers* (Allied Domecq).

Eine der erfolgreichsten Spirituosenmarken der Welt; derzeit in folgenden Abfüllungen zu haben: Ballantine's Finest, Premium, 40 vol.%; Founder's Reserve De Luxe, Gold Seal, 12 Jahre, 43 vol.% (hieß bis vor einigen Jahren The 12); 17 Years Old, 43 vol.%; Very Old, 30 Jahre, 43 vol.%, einer der teuersten Blended Scotches, der regulär – wenn auch nicht häufig – im Handel ist. Ballantines Blends basieren vor allem auf Malts von Miltonduff,

Balblair, Glenburgie und Old Pulteney, sie sind relativ leicht im Körper und – ausgenommen die älteren Versionen – für den Massenmarkt gemacht. Die Erfolgsgeschichte des Hauses Ballantine begann im Jahre 1827, als George Ballantine in Edinburgh einen kleinen Gemischtwarenladen eröffnete und sich bald auch als Whisky-Händler einen Namen machte. Sein Sohn engagierte sich zunehmend im Exportgeschäft, und als er die Firma 1919 an zwei Geschäftsleute verkaufte, war bereits ein bedeutendes Vertriebsnetz aufgebaut (→*J.&G.Stodard*). Die neuen Eigentümer engagierten sich vor allem in den Vereinigten Staaten; ihr erster und angeblich erfolglosester Vertreter dort war *David Niven*, der es später als Schauspieler zu einem entschieden besseren Ruf bringen sollte. 1936 drängte die kanadische Firma →*Hiram Walker*, die sich während der Prohibition eine goldene Nase verdient hatte, mit Macht ins Scotch-Business. Sie übernahm Ballantine & Son und errichtete 1938 →Dumbarton, damals die größte und modernste Produktionsstätte Europas und noch heute von Ballantine & Son geführt. Mit dieser Kapazität ging man erfolgreich daran, den US-Markt zu erobern; das wiederholte sich in den 60er Jahren in Europa und in den 70er Jahren im ehemaligen Ostblock. Heute ist Ballantine's Finest der meistverkaufte Scotch in Europa und gehört zu den 25 meistverkauften Spirituosen der Welt.

BALMENACH

[*balméjnak*] Schottischer Single Malt (Speyside, Cromdale) von →*UD*.

Ein charaktervoller, geradezu eigenwilliger Malt, der die meiste Zeit nur als Eigentümerabfüllung zu haben war. Seit 1992 gibt es ihn auch vom Hersteller.

Originalabfüllung:
12 Jahre, 43 vol.%

Gordon & MacPhail:
Jahrgänge 1970, 1971, 1972, 1973, 1974, jeweils 40 vol.%

Cadenhead:
12 Jahre (dest. 1981), 62.6 vol.% und 13 Jahre (dest. 1981), 62.9 vol.%

James MacArthur:
10 Jahre, 43 vol. %

Adelphi:
15 Jahre (dest. 1980), 62.1 vol.%

Als die Destillerie 1824 erbaut wurde, wimmelte es in dieser Gegend noch von Schwarzbrennereien. Eine schöne Schilderung der damaligen Zustände ist in dem Buch »Scotch« von *Sir Bruce Lockhart* nachzulesen, einem Urenkel des Gründers.

Die Brennerei hat 4 *Stills*, das Wasser kommt aus dem *Cromdale Burn*. Der Malt bildet die Basis für die Blends von →*J. Crabbie*, dem ehemaligen Lizenzträger. 1993 wurde der Betrieb eingestellt.

The BALVENIE

Schottischer Single Malt (Speyside, Dufftown) von →*William Grant & Sons*.

Balvenie Malts sind brillante Vertreter der weichen Schule, also jener Whiskies, bei denen der Malzgeschmack den Torfton in den Hintergrund drängt, ohne dabei an Wucht zu verlieren oder zu süß zu werden.

Originalabfüllung: Founder's Reserve 10 Jahre, 40 vol.%;
Double Wood 12 Jahre, 40 vol.% (erst in Bourbon-, dann in Sherryfässern gelagert);
Single Barrel 15 Jahre, 50.4 vol.% (eine auf 300 Flaschen limitierte Edition ausgesuchter Faßabfüllungen).

Bevor Balvenie 1993 mit diesen drei Luxusabfüllungen auf den Markt kam, gab es nur den Founder's Reserve (lange Zeit ohne Altersangabe, dann als 10jährigen) und einen Classic, der in etwa dem heutigen Double Wood entsprach. Wer davon noch Restbestände auftun kann, sollte sich nicht vom etwas unkonventionellen Äußeren der Flaschen abhalten lassen.

Cadenhead:
15 Jahre (dest. 1979), 57.8 vol.%

Dun Eideann:
16 Jahre (dest. 1974), 57.1 vol.%

Die Destillerie wurde1892–93 von *W. & J. Grant* erbaut und ist nun schon seit fünf Generationen in der Familie. Balvenie ist ein gutes Bei-

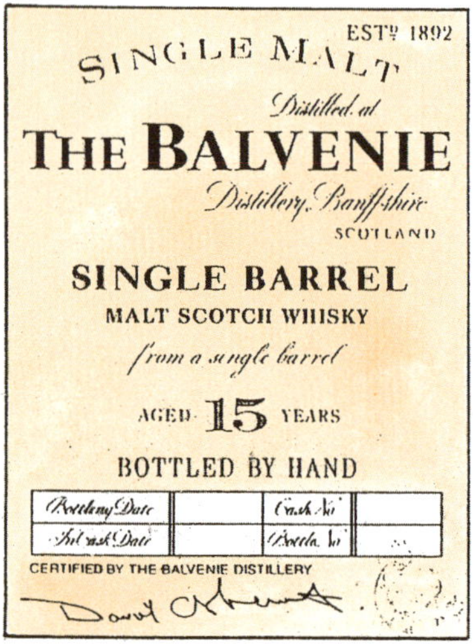

spiel für die Vielfältigkeit schottischer Brennkunst: Mit der (ebenfalls den Grants gehörenden) benachbarten Destillerie GLENFIDDICH teilt man sich nicht nur Wasser und Malz, sondern sogar den Brennmeister, und doch sind beide Marken vom Charakter her nicht miteinander zu verwechseln. Ein Grund hierfür ist beispielsweise die unterschiedliche Form der *Stills* beider Destillerien. Balvenie besitzt insgesamt 8, die ersten 4 wurden seinerzeit von *Lagavulin* und *Glen Albyn* gebraucht übernommen. Balvenie produziert einen Teil des verwendeten Malzes noch in eigenen *Malting Floors*; das Wasser kommt aus der Quelle *Robbie Dhu*. (Tel. 01340-82 03 73)

BANFF

Schottischer Single Malt (Eastern Highlands) von →*UD*.
Ein erdiger, rauchiger Malt, der kaum noch zu bekommen ist – dann aber ist er, wie →*Millroy* sagt, »*a good bite*«.
Gordon & MacPhail:
Jahrgang 1974, 40 vol.%
Cadenhead:
17 Jahre (dest. 1976), 60.5 vol.%
Banff wurde 1863 erbaut, 1941 von deutschen Bombern schwer beschädigt und 1983 endgültig geschlossen. Davor wurde die Destillerie eine Zeitlang von *Slater, Rodger & Co.* geführt, die den Malt für ihre →*Rodger's* Blends verwendeten.

BARCLAY'S

Kentucky Straight Bourbon, 40 vol.%, von →*Barton* (Canandaigua).
Ein süßer Alltags-Whiskey mit leichtem Körper.

BARTON DISTILLING

US-Hersteller und Destillerie in Bardstown, Kentucky, im Besitz von *Canandaigua*.
Die Brennerei wurde 1889 von →*Tom Moore* gegründet, während der Prohibition geschlossen und danach unter ihrem jetzigen Namen wiedereröffnet. Ab 1944 gehörte sie *Oscar Getz*, der heute von vielen Bourbon-Freunden wegen seines einzigartigen Whiskey-Museums in Bardstown geschätzt wird. In den 70er Jahren wurde die Destillerie Teil des Unter-

nehmens *Barton Brands*, das durch die Übernahme der Destillerien *Littlemill* und *Loch Lomond* eine Zeitlang auch im schottischen Whisky-Business mitmischte. 1982 übernahm der britische Konzern *ADP* Barton Brands, und daraus entstand schließlich eine etwas obskure Firma namens *Gibson International.* Die wiederum verschwand erst kürzlich völlig geräuschlos von der Bildfläche. Der schottische Besitz ging an →*Glen Catrine*, Barton ist seither Eigentum der CANANDAIGUA WINE COMPANY.

Canandaigua wurde 1945 in New York gegründet und machte sich als Produzent von Billigweinen einen Namen; keinen besonders guten (da war z.B. die Rede vom »Château Schraubverschluß«), aber einen, den man nicht ignorieren kann: Heute ist die Firma einer der drei größten Weinhersteller der USA. Mit den Barton-Whiskeys verhält es sich ähnlich: Keiner hat wirklich Klasse, aber für den Hausgebrauch reicht's allemal, und auf dem Markt behauptet man sich vor allem durch die schiere Masse. In dem äußerlich eher bescheiden wirkenden Betrieb wird eine ganze Reihe von Sorten und Marken produziert.

Bourbon: Die wichtigsten sind TEN HIGH und VERY OLD BARTON, daneben gibt es noch die kleineren Namen BARCLAY'S, CLEMENTINE'S, COLONEL LEE, TOM MOORE, KENTUCKY GENTLEMAN, KENTUCKY TAVERN.

Sie werden aus einer Getreidemischung von 75% Mais, 10% Gerstenmalz und 15% Roggen gebrannt, sind also eher trocken; der *Sour-Mash*-Anteil beträgt 20%, die Hefezucht stammt aus den 40er Jahren.

Blends: BARTON'S PREMIUM (40 vol.%), BARTON'S RESERVE (40 und 45 vol.%), CORBY'S, FLEISCHMANN'S RESERVE, IMPERIAL, KENTUCKY GENTLEMAN, OLD THOMPSON

Corn: CABIN HOLLOW, CORN CRIB, GOLDEN GRAIN, OLD DISPENSARY

Lights: BARTON'S QT, COLONEL LEE

Canadian, ausschließlich für den US-Markt importiert und abgefüllt: BARTON'S CANADIAN, CANADIAN HOST, CANADIAN SUPREME, NORTHERN LIGHT

1995 übernahm Barton die beiden Destillerien →*Glenmore* und →*Medley*, von denen letztere nur noch als Abfüllanlage benutzt wird, Glenmore soll demnächst wieder in Betrieb genommen werden. Barton besitzt noch weitere Brennereien in Georgia und Kalifornien, in denen Gin, Wodka, Rum, Tequila, Liköre etc. hergestellt werden. (Tel. 502-348 39 91)

BASIL HAYDEN'S

Kentucky Straight Bourbon von →*Jim Beam Brands* (American Brands).

Ein 8jähriger →*Small Batch* Bourbon mit 40 vol.%, der seit 1992 auf dem Markt ist und einen vergleichsweise hohen Roggenanteil enthält. Er ist daher für einen Bourbon ziemlich trocken und wird als Alternative zu Scotch oder Canadian angeboten.

Basil Hayden war eine historische Figur, nach der auch ein anderer Bourbon benannt ist: →*Old Grand-Dad*.

BAXTER'S BARLEY BREE

Blended Scotch von →*UD*.

(»Bree« bedeutet eigentlich Brühe, Soße oder Flüssigkeit und wurde in Schottland früher synonym für Whisky verwandt.)

Diese alte Marke kam ursprünglich von *James Watson & Co.* und wird heute vor allem in Südafrika, Surinam und im Libanon verkauft; für die britische Ladenkette *Augustus Barnett* gibt es eine spezielle 5jährige Abfüllung.

James Watson & Co. (gegründet 1815 in Dundee) war bis Anfang dieses Jahrhunderts ein bedeutender Hersteller und besaß unter anderem die Destillerien Ord und Pulteney (siehe Glenord, Old Pulteney).

BELL'S

Blended Scotch von *Arthur Bell & Sons*, einer Tochterfirma von →*UD*.

Eine alte und – besonders in Schottland und England – sehr erfolgreiche Marke (weltweit die Nr.7 auf dem Scotch-Markt).

Die Standard-Abfüllung Extra Special, 40 vol.%, ist ein solider Alltags-Whisky und war bis 1980 Marktführer in Schottland. Sie wird zunehmend von der 8jährigen Version gleichen Namens verdrängt, die vor wenigen Jahren mit einer gigantischen Werbekampagne auf den britischen Markt gebracht wurde mit dem Ziel, Scotch auch beim jüngeren Publikum wieder populär zu machen. Außerdem gibt es noch einen angenehm altmodischen 12jährigen De Luxe mit 43 vol.%, einen 21jährigen Royal Reserve und einen Bell's Islander mit 43 vol.%, der Ende der 80er Jahre auf den Markt kam und einen hohen Anteil an Insel-Malts enthält.

Seit Jahren gibt Bell's auch glockenförmige Keramik-Decanter anläßlich

diverser Jubiläen und Hochzeiten der englischen Königsfamilie heraus, die sich bei Sammlern größter Beliebtheit erfreuen.
Arthur Bell († 1900) war einer der Pioniere der schottischen Whisky-Industrie. Er begann als junger Angestellter in der Wein- und Spirituosenhandlung der berühmten (Portwein- und Sherry-) Familie *Sandeman* und machte sich 1851 in Perth selbständig. Sehr früh erkannte er, welches Potential in Blended Whiskies steckt, und begann selbst in dieser Richtung zu experimentieren. Großes Geschick bewies er bei der Vermarktung seiner Produkte: Bell war der erste, der eine Zweigstelle in London eröffnete, er war maßgeblich an der Einführung standardisierter Flaschengrößen beteiligt und hatte bereits 1895 ein weltweites Vertriebsnetz aufgebaut. Seine Söhne brachten 1904 erstmals eine Marke unter dem eigenen Namen heraus und stiegen selbst ins Brennereigeschäft ein. 1932 erwarben sie die Destillerien Blair Athol und Dufftown, 1936 kam Inchgower hinzu, 1974 erbaute die Firma die Pittyvaich Distillery, 1983 erwarb sie Bladnoch.
A.Bell & Sons war eine der letzten alten Firmen, die sich ihre Unabhängigkeit bewahren konnten, bis auch sie 1985 von *Guinness* geschluckt und →*UD* einverleibt wurde (1987). Sie ist aber immer noch Lizenzinhaber von Blair Athol und Inchgower, weshalb man davon ausgehen kann, daß aus diesen Brennereien auch wichtige Bestandteile für die Bell's Blends stammen.

BELLOW'S CLUB

Kentucky Straight Bourbon von →*Jim Beam Brands* (American Brands).

Unter dem Namen Bellow's wurden früher noch mehr Marken angeboten, von denen heute nur noch der Blend Bellow's Partner's Choice zu finden ist.

BEN AIGEN

Blended Scotch von *Strathnairn Whisky Ltd.*, einer Tochterfirma von →*Gordon & MacPhail.*

BEN ALDER

Blended Scotch von →*Gordon & MacPhail.* Die Marke ist seit 1920 auf dem Markt und hieß früher Dew of Ben Alder, was soviel bedeutet wie »Tau vom Berg Alder«.

BENCHMARK

Kentucky Straight Bourbon aus der Leestown Distillery von →*Sazerac.*

Ein gediegener Whiskey, den man auch ohne Eis trinken kann.

Die Marke wurde 1967 von →*Seagram* als Premium Bourbon auf den Markt gebracht und 1989 an Sazerac verkauft. Die bieten ihn jetzt als Benchmark Premium mit 40 vol.% und seit 1995 auch als Benchmark XO mit 47 vol.% an. Letzterer ist ein →*Single Barrel* und wird fast ausschließlich in den Fernen Osten exportiert.

BENEAGLES

Blended Scotch von →*Scottish & Newcastle Breweries.*

Die Eigentumsverhältnisse bei dieser früher in Schottland sehr beliebten Marke sind etwas kompliziert: *Peter Thomson*, ein relativ kleines Familienunternehmen in Perth, brachte sie 1922 auf den Markt und wurde damit auch als Exporteur sehr erfolgreich, als er in den 50er Jahren auf die Idee kam, den Whisky in vogelförmige Keramik-Decanter (»birds of prey«) abzufüllen.

1981 wurde die Firma vom Brauereikonzern *Scottish & Newcastle* übernommen. Dieser läßt den Whisky von Invergordon produzieren und verkauft ihn hauptsächlich in den eigenen Pubs. Das Geschäft mit den bei Sammlern sehr gesuchten Keramikabfüllungen hat →*Lombard* in Besitz.

BENMORE

Blended Scotch von →*UD*.
Die Firma *Benmore Distillers* betrieb früher die Destillerie DALLAS DHU, der Blend wird vor allem in Belgien verkauft.

BENNACHIE

Schottischer Vatted Malt, 10 und 12 Jahre, 43 vol.%, von *Bennachie Scotch Whisky Co.*.
Eine ausgewogene Mischung von Speyside Malts, die bei aller Rauchigkeit noch ihre Sherryfaß-Lagerung verrät und seit 1993 auf dem Markt ist.
Der Whisky trägt den Namen eines Berges in der Nähe von Aberdeen, an dessen Fuß im 19. Jahrhundert eine Brennerei betrieben wurde. Die hieß *Benachie*, wurde aber auch *Jericho* genannt und bezog ihr Wasser aus einem Fluß namens *Jordan*. Sie wurde 1913 geschlossen und steht in keinerlei Verbindung zur heutigen Firma Bennachie. Die wiederum wurde 1993 in Inverurie bei Aberdeen gegründet und bietet noch folgende Blends an: DONS DRAM, JOCK, MURRAYFIELD, THE SCOTTISH NATIONAL TARTAN und UNION GLEN; eine der ersten Bennachie-Marken, POT LID, ist bereits wieder vom Markt verschwunden.

BEN NEVIS

Schottischer Single Malt (Highlands, Fort William) von →*Nikka Distillers*.
Ein eher kräftiger Malt mit vollem

Körper und einer bisher kleinen Schar von Anhängern.
Originalabfüllung:
21 Jahre, 55.6 vol.%;
26 Jahre, 58 vol.% (dest. 1967);
54.6 vol.% (dest. 1968) und
60.5 vol.% (dest. 1972)
Cadenhead:
17 Jahre (dest. 1977), 59.8 vol.%; der 22jährige (46 vol.%) ist wohl leider ausverkauft
Signatory:
hat noch einen Grain von 1963
James MacArthur:
27 Jahre, 54 vol. % (Grain)
Die Destillerie wurde 1825 vom legendären →*Long John Macdonald* erbaut; sie fiel 1955 dem eher schillernden als legendären *Joseph W. Hobbs* in die Hände, der als Schnapsschmuggler während der US-Prohibition ein Vermögen gemacht und wieder verloren hatte. In den 30er Jahren

kam er nach Schottland, kaufte einige Destillerien *(Bruichladdich, Glenesk, Glenury)* und eröffnete eine Rinderfarm, deren Arbeiter als Cowboys kostümiert herumliefen. In den 50er Jahren erwarb er die Destillerie →*Lochside* und eben Ben Nevis, rüstete beide mit *Patent Stills* aus und produzierte Malt und Grain Whiskies, die an Ort und Stelle zu Blends verarbeitet wurden. *Hobbs* war damit nicht sonderlich erfolgreich und verschwand wieder von der Bildfläche. Ben Nevis kam 1981 zurück zu *Long John Distillers*, die die *Patent Stills* entfernten und den Betrieb 1986 einstellten. 1989 erwarb die japanische Firma →*Nikka* die Brennerei, seit 1991 wird dort auch wieder produziert (→DEW OF BEN NEVIS). (Tel. 01379-70 24 76)

BENRIACH

[*benraiak*] Schottischer Single Malt (Speyside, Elgin) von →*Seagram.*

Ein leichter, malziger Whisky, der seit 1994 auch offiziell abgefüllt wird.

Originalabfüllung: 10 Jahre, 43 vol.%

Gordon & MacPhail: Jahrgänge 1969, 1980, 1981, 1982, 40 vol.%

Cadenhead: 17 Jahre (dest. 1978, Sherryfaß), 59.7 vol.%

Die Destillerie wurde 1898 eröffnet und zwei Jahre später wieder geschlossen, denn auf die Boomzeiten des ausgehenden 19. Jahrhunderts folgte eine Depression, die unter anderem zur Schließung von 30 schottischen Brennereien innerhalb von 10 Jahren führte. Erst 1965 wurde Benriach von GLENLIVET renoviert und wiedereröffnet. Seit 1977 gehört die Firma zu Seagram, die sie von der →*Chivas & Glenlivet Group* betreiben läßt. Fast die gesamte Produktion wird zu Blends verarbeitet. Die meiste Zeit gab es diesen Malt daher nur von unabhängigen Abfüllern. Benriach hat 4 *Stills* und gehört zu den wenigen Betrieben, die noch die eigenen *Malting Floors* benutzen; das Wasser kommt aus umliegenden Quellen. (Tel. 01542-78 34 00)

BENRINNES

Schottischer Single Malt (Speyside, Aberlour) von →*UD.*

Ein distinguierter Whisky, mittelschwer und ausgewogen.

Originalabfüllung:
15 Jahre, 43 vol.%

Gordon & MacPhail:
Jahrgänge 1969, 1970, 1978, 40 vol.%

Cadenhead:
hatte zuletzt einen 15jährigen von 1980, im Sherryfaß gelagert, mit 59.7 vol.%

Signatory:
20 Jahre (dest. 1974, Sherryfaß), 43 und 53.5 vol.%

Adelphi:
Jahrgang 1979, 64.6 vol. %

Die Destillerie wurde 1834 als *Lyne of Ruthrie Distillery* gegründet, seit 1838 trägt sie ihren heutigen Namen. 1922 wurde sie von →*Dewar* übernommen und kam so über die →*DCL* zu ihrem gegenwärtigen Besitzer. Der Malt ist die Basis für die Blends der Firma *A.A.Crawford* (→*Crawford's 3 Star*), die bis 1992 auch die Lizenz innehatte. Benrinnes hat 6 *Stills*, mit denen eine besondere Form von dreifacher Destillation praktiziert wird, das Wasser kommt von den *Burns Scurran* und *Rowantree.* (Tel. 01340-87 12 15)

BEN ROLAND

Blended Scotch, 5jähriger Premium von *Phillips Newman & Co.*, dem Besitzer der britischen Ladenkette *Unwin's.*

BENROMACH

Schottischer Single Malt (Speyside, Forres) von →*Gordon & MacPhail.*

Ein eleganter Malt mit mittlerem Körper, »*very drinkable*«, wie ein Kenner einmal schrieb, aber leider schwer zu bekommen.

Gordon & MacPhail:
Jahrgänge 1968, 1969, 1970, 1971 und 1972, jeweils 40 vol.%

Cadenhead:
18 Jahre (dest. 1976), 65 vol.%;
27 Jahre (dest. 1966), 53.6 vol.%;
28 Jahre (dest. 1965), 47.6 vol.%

Benromach wurde 1898 erbaut, gehörte in den 30er Jahren dem Glücksritter *J.W.Hobbs* (→*Ben Nevis*) und ab 1953 der →*DCL*. Die Destillerie wurde von *J.&.W.Hardie* betrieben, die den Malt für ihren Blend THE ANTIQUARY benutzten. 1983 wurde sie geschlossen, seit 1993 gehört sie GORDON & MACPHAIL, die für die nächsten Jahre die Wiedereröffnung planen. Benromach hat 2 *Stills*, das Wasser kommt aus *Chapeltown*.

BEN WYVIS

Schottischer Single Malt (Northern Highlands, Cromarty Firth) aus der INVERGORDON DISTILLERY von →*Whyte & Mackay* (American Brands).

Unter dem Namen Ben Wyvis gab es von 1965 bis 1977 innerhalb der Grain-Brennerei Invergordon eine kleine Malt-Destillerie. Gerüchten zufolge wurde der Malt irgendwann auch einmal als Single abgefüllt.

BERNHEIM DISTILLERY

US-Destillerie in Louisville, Kentucky, im Besitz von →*UD*.

Bevor der deutsch-schweizerische Auswanderer *Isaac W. Bernheim* um die Jahrhundertwende diese Destillerie eröffnete, hatte er sich bereits als Patentinhaber des Flachmanns und als hochtalentierter Whiskey-Händler einen Namen gemacht. Bernheim gilt als einer der Pioniere des Markengedankens in den USA, denn er verkaufte seine Ware nicht – wie damals üblich – in Fässern oder sonstigen mehr oder weniger beliebigen Gefäßen, sondern in Flaschen, die den Markennamen →*I.W.Harper* trugen, den Bernheim sich bereits 1875 hatte registrieren lassen. Während der Prohibition gehörte die Bernheim-Destillerie zu den wenigen, die sich mit der Herstellung von medizinischem Alkohol über Wasser halten konnten, danach wurde sie (1937) von →*Schenley* übernommen, einer Firma, die heute zu UD gehört. Von den über 90 Labels, die auf die Brennerei eingetragen sind, verwenden die neuen Besitzer heute nur noch drei, die alle nach demselben Rezept hergestellt werden: I.W.HARPER, JAMES E.PEPPER, OLD CHARTER. Die Getreidemischung besteht aus 86% Mais, 8% Gerstenmalz und 6% Roggen, der *Sour-Mash*-Anteil beträgt 25 %.

(Tel. 502–410 74 10)

BERRY BROS. & RUDD

Londoner Blending- und Handelshaus, das 1690 als Lebensmittelhandlung begann und seit den 20er Jahren mit der Marke CUTTY SARK international erfolgreich ist. Während es diesen Blend von →*Robertson & Baxter* herstellen läßt, produziert es seine anderen Marken selbst. Dazu gehören ein 12jähriger Vatted Malt namens BERRY'S ALL MALT mit 40 vol.% und der 8jährige Blend BERRY'S BEST. Weitere Marken sind BLUE HANGER, CHOICEST LIQUOR, ST. JAMES'S.

Berry Bros. & Rudd füllen außerdem für →*Highland Distilleries* den Malt GLEN ROTHES ab.

BIER

Angesichts der Tatsache, daß Whisk(e)y im Grunde nichts anderes ist als destilliertes Bier, nimmt es nicht wunder, daß die vergorene Getreidemaische, aus der Whisk(e)y gewonnen wird, oft als *beer* oder *distillers beer* bezeichnet wird.

Speziell in Großbritannien spielen Brauereien auch eine Rolle im Whisky-Handel: Viele von ihnen besitzen eine ganze Reihe von Pubs, für die sie eigene Whisky-Marken herstellen lassen; manche sind auch als Destilleriebesitzer engagiert, herausragendes Beispiel ist der irische Großbrauer *Guinness*, Inhaber des Spirituosengiganten UD (siehe auch ALLIED DOMECQ, COCKBURN & CAMPBELL, ELDRIDGE & POPE, FINE OLD SCOTCH, GAIRLOCH, GALE'S, GOLDEN CAP, HEDGES & BUTLER, NIKKA, SCOTTISH & NEWCASTLE; zur Verbindung von Bier und Whisk(e)y siehe außerdem BOILER MAKER, A HALF AND A NIP).

BIG T

Blended Scotch aus der TOMATIN DISTILLERY von →*Takara Shuzo & Okura*.

Als BLACK LABEL, als GOLD LABEL und als 12jähriger De Luxe zu haben.

BISSET'S
Blended Scotch von →*UD.*
Die Firma Bisset wurde 1828 in Glasgow gegründet. 1926 erwarb sie die Destillerie Royal Brackla, die sie noch heute als Lizenznehmer für UD führt. Man kann davon ausgehen, daß aus dieser Brennerei auch ein Basis-Malt für den Bisset's Blend kommt.

B.J.HOLLADAY
Kentucky Straight Bourbon von →*McCormick.*

BL GOLD LABEL →Bulloch Lade & Co.

BLACK & WHITE
Blended Scotch, 40 vol.%, von →*James Buchanan & Co.* (UD).
Ein altmodischer, d.h. bei aller Ausgewogenheit ziemlich intensiver Scotch, der sich heute gegen die eher leichtgewichtige Konkurrenz etwas schwertut (wie z.B. auch →*Vat 69*). Obwohl die Verkaufszahlen inzwischen zurückgegangen sind, gilt B & W immer noch als eine der erfolgreichsten Scotch-Marken der Geschichte. 1884 als »Buchanan's Blend« auf den Markt gebracht, hieß er zwischenzeitlich »House of Commons« (seit es nämlich Buchanan gelungen war, die Bar des Britischen Unterhauses damit zu beliefern), doch da ihn alle Welt wegen seiner dunklen Flasche mit dem hellen Etikett nur »Black & White« nannte, wurde er 1904 unter diesem Namen eingetragen.
Basis-Malt ist Dalwhinnie; Hauptabsatzmärkte sind heute Südafrika, Kanada und Italien. Neuerdings gibt es den Whisky auch als Cola-Fertig-Mix in der Dose.

BLACKBARREL
Schottischer Single Grain, 43 vol.%, von →*Wm Grant.*
Mit ziemlicher Sicherheit stammt dieser Whisky aus der Girvan Distillery der *Grants.*

BLACK BARREL
Blended Scotch von →*Stenham.*
Wie alle Stenham Scotches auch als 3-, 5-, 8-, 10- und 12jähriger zu haben und wie die anderen auch vor allem für den lateinamerikanischen und südostasiatischen Markt bestimmt.

BLACK BOTTLE

Blended Scotch, Premium, 40 vol.%, von *Gordon Graham & Co.*, einer Tochterfirma von →*Allied Distillers* (Allied Domecq).

Die Marke gibt es seit 1879, seit etwa 1890 in einer *Pot-Still*-ähnlichen Flasche. Die Blend-Formel wurde Anfang der 80er Jahre verändert (und das heißt höchstwahrscheinlich: leichter gemacht), und inzwischen ist Black Bottle in Schottland eine der kommenden Marken.

(Graham & Co. gehörte zeitweise dem US-Konzern →*Schenley*, später dem britischen Bierbrauer *Whitbread*, der seine Spirituosen-Interessen 1990 an Allied Distillers, die derzeitigen Besitzer, abgab.)

Seit die Firma Graham 1991 die Imperial Distillery wiedereröffnete, kann man davon ausgehen, daß ein Basis-Malt aus dieser Brennerei stammt.

BLACK BUSH

Blended Irish Whiskey, Premium, 40 vol.%, aus der Bushmills Distillery von →*IDG* (Pernod Ricard). Ein vollmundiger Whiskey mit hohem Malt-Anteil (ca. 75 % meist 8 Jahre alte Malts), sozusagen der große Bruder des leichteren *White Bush* (→*Bushmills Original*). Black Bush ist international einer der populärsten Irish Whiskeys und gilt vielen als der beste Blend Irlands, ein Ruf, den ihm zumindest Powers oder Jameson streitig machen; Black Bush reift vor allem in Sherryfässern.

BLACK PRINCE

Blended Scotch von →*Burn Stewart*. Derzeit in zwei Premium-Abfüllungen: Select und 25 Jahre alt, sowie in drei De-Luxe-Versionen: ein 17- und ein 20jähriger, beide im Keramikkrug, und ein 12jähriger Superior.

Ursprünglich war Black Prince von einer holländischen Firma für den US-amerikanischen (Vorkriegs-) Markt kreiert worden, seit 1991 ist die Marke eines der besten Pferde im Stall ihres heutigen Besitzers.

BLACK ROOSTER

Blended Scotch von →*P.J.Russell.*

BLACK SHIELD

Blended Scotch von →*P.J.Russell.*

BLACK STAG

Blended Scotch, 5 Jahre, von →*W.Brown.*

BLACKTHORN

Eine Variante des →*Manhattan* aus 2 cl Irish, 2 cl Noilly Prat, einigen Spritzern Anisette und Angostura.

BLACK VELVET

Canadian Blend von →*Heublein*, einer Tochterfirma von →*IDV/Grand Metropolitan*.

International die Nr.4 unter den Canadians und für einen Whisky dieser Herkunft beinahe üppig. Die Marke gibt es seit den 50er Jahren, sie besteht aus Einzelwhiskies, die nach dem Blending 4 Jahre gelagert werden.

BLACK WATCH

Blended Scotch von →*Hill Thomson* (Seagram).

Black Watch wurde früher als »100 Pipers Black Watch« (→*100 Pipers*) verkauft, ist heute aber eine eigenständige Marke.

BLADNOCH

Schottischer Single Malt (Lowlands) von →*UD*.

Ein leichter, frischer Malt, der nicht mehr leicht zu bekommen ist.

Originalabfüllung:
10 Jahre, 43 vol.%

Gordon & MacPhail:
Jahrgänge 1984, 40 vol.%;
1985, 58 vol.%

Cadenhead:
15 Jahre (dest. 1980), 58 vol.%

Adelphi:
11 Jahre (dest. 1984), 59.9 vol.%;
32 Jahre (dest. 1958), 46 vol.%

James MacArthur:
10 Jahre, im Sherryfaß gelagert, 43 vol.%

Signatory: 8 Jahre, 43 vol.%

Die Brennerei wurde 1817 von den →*McClellands* erbaut und in der Folge häufig verkauft, geschlossen und wieder aufgemacht. Von 1973 bis 1983 gehörte sie →*Inver Hose*, danach →*A.Bell* und schließlich UD, die sie 1993 stillegten. Bladnoch ist die südlichste Destillerie Schottlands, sie hat 2 *Stills*, das Wasser kommt aus dem Fluß *Bladnoch*.

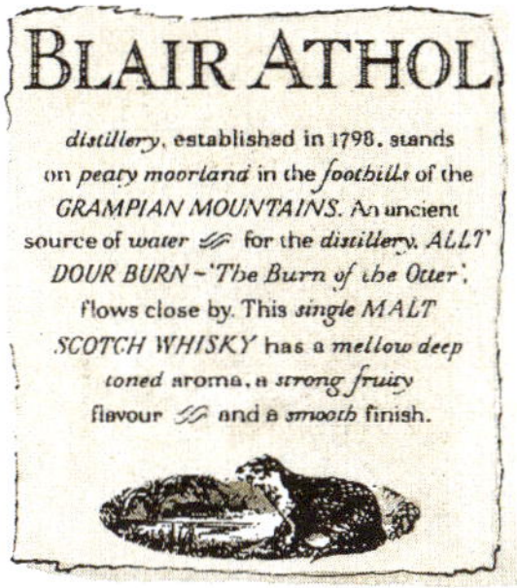

BLAIR ATHOL

Schottischer Single Malt (Highlands, Pitlochry) von →*UD*.
Ein Alltags-Malt mit mittelschwerem Körper.
Originalabfüllung: 8 Jahre, 40 vol.%, und 12 Jahre, 43 vol.%
Cadenhead: 24 Jahre (dest. 1966), 58.4 vol.%
James MacArthur:
18 Jahre, 50.4 vol. %
Adelphi: Jahrgang 1976, 56.8 vol. %
Die Destillerie wurde 1798 erbaut, anschließend für längere Zeit geschlossen und erst 1825 wieder in Betrieb genommen. Sie gehörte lange Zeit der Firma Mackenzie (→*The Real MacKenzie*) und wurde 1933 an →*Arthur Bell & Sons* verkauft, die sie noch heute führen. Seit 1973 hat Blair Athol 4 *Stills*, das Wasser kommt vom nahegelegenen *Ben Vrackie*.
(Tel. 01796–47 21 61)

BLAIRMHOR

Schottischer Vatted Malt, 8 Jahre, 40 vol.%, von *Carmichael & Sons*, einer Tochterfirma von →*Inver House*.

BLANTON'S

Kentucky Straight Bourbon, 46,5 vol.%, aus der Leestown Distillery von →*Sazerac*.
Mit dieser Marke begann 1984 ein neues Zeitalter in der Geschichte des Bourbon. Der erste und bis heute erfolgreichste aller →*Single Barrel* Whiskeys räumte nicht nur vom Start weg jede Menge Auszeichnungen ab, er erschloß dem Bourbon auch die exklusiven Marktsegmente, die bis dahin schottischen Single Malts und Cognacs von XO an aufwärts vorbehalten waren. Das liegt zum einen an der Qualität: Blanton's hat einen wahrlich vollen Körper und eine bestechende Balance; zum anderen liegt es auch am ausgeklügelten Marketing, das vor allem die naturgemäße Knappheit der Abfüllungen betont. Denn für Single-Barrel-Abfüllungen werden nur die Fässer mit den besten Destillaten verwendet, und die auch nur dann, wenn sie wirklich ausgereift sind (in der Regel nach 10 bis 12 Jahren).

Der größte Teil der Produktion (ca.70%) wird – wie sollte es anders sein – nach Japan exportiert.

BLENDED WHISK(E)Y

Die Mehrzahl der Whiskies/Whiskeys, die heute auf den Markt kommen, sind Blends, also eine Mischung aus Malt bzw. Straight Whisk(e)y mit Grain Whisky oder Neutralsprit. Der größte Teil entsteht dabei nach schottischem Muster (siehe Blended Scotch, Blended American, Canadian Whisky, Irish Whiskey, Japanischer Whisky etc.).

BLENDED AMERICAN WHISKEY

Amerikanische Whiskey-Sorte, auf dem Etikett häufig als »A Blend« gekennzeichnet. US-Blends müssen mindestens 20 % →Straight Whiskey enthalten, der Rest ist Neutralsprit aus Getreide. Um den geringen Gehalt an echtem Whiskey zumindest farblich zu kaschieren, darf ein kleiner Anteil Sherry beigefügt werden.

Ab einem Straight-Anteil von 51% kann man auch von Blended Bourbon bzw. Blended Rye sprechen.

Blended Americans sind leichter und billiger als Straights. Sie waren in den 50er und 60er Jahren ziemlich populär, was nicht zuletzt dem enormen PR-Aufwand des kanadischen Spirituosenkonzerns *Seagram* zuzuschreiben war. Noch heute ist dessen Seagram's 7 Crown der meistverkaufte Blend in den USA. In den 70er Jahren verlor die Sorte erheblich an Marktanteilen:

Man fand wieder mehr Geschmack an kanadischem Whisky, der – was Herstellung und Charakter betrifft – Vorbild für Blended American Whiskeys gewesen sein dürfte (der Firma Seagram konnte das egal sein, sie gehört zu den größten Canadian Herstellern). Außerdem zeichnete sich damals in den USA bereits der Trend zu klaren Spirituosen ab, insbesondere zu Wodka – warum auch nicht: Geschmacklich gibt Blended American nicht sehr viel mehr her als Wodka, am nächsten Morgen allerdings spürt man ihn stärker (natürlich gibt es von Seagram auch Wodka).

Eine Markenliste findet sich im Anhang.

BLENDED SCOTCH

Eine Mischung aus →*Malt-* und →*Grain* Whisky, die populärste Whisky-Sorte der Welt.

Weltruf erlangte schottischer Whisky erst in dieser verschnittenen Form, wohl deshalb, weil die Zugabe des körperleichten Grains dem Malt Whisky die Intensität nimmt, deretwegen ihn der Kenner gerade schätzt. Die Qualität eines Blends ist nicht nur vom Anteil und dem Reifegrad der verwendeten Malts (5–70%) abhängig, sondern ganz wesentlich auch von seiner Komposition: Die Kunst des Blending besteht darin, bis zu 50 verschiedene Malts mit zwei bis drei Grains zu einem ausgewogenen und möglichst unverwechselbaren Ganzen zusammenzustellen. Eine besondere Rolle spielen dabei die Lowland Malts, die als Bindeglied zwischen den charaktervollen Highland- und Islay Malts und den »geschlechtslosen« Grains gelten.

Die Rezepte für die einzelnen Marken werden von den Blend-Meistern streng geheimgehalten und oft über Generationen hinweg weitergegeben. Dennoch verändert sich der Geschmack eines Blends über die Jahre, nicht nur, weil nicht immer dieselben Einzelwhiskies zur Verfügung stehen, sondern auch, weil man dem sich ändernden Publikumsgeschmack Rechnung trägt. Legte man beispielsweise früher Wert auf farb- und rauchintensive Blends, dominieren heute die hellen, weichen und körperleichten Marken (→*Light Whisk(e)y*).

Obwohl die Verkaufszahlen derzeit rückläufig sind, bleibt Blended Scotch die meistverkaufte Whisk(e)y-Sorte der Welt – sehr zum Ärger der Malt-Whisky-Freunde, die mit Entsetzen zusehen müssen, wie über 90% der gesamten Malt-Whisky-Produktion für Blends verschwendet wird. Man sollte dabei aber nicht vergessen, daß das Überleben der meisten Malt-Destillerien heute nur durch den Erfolg des Blended Scotch gesichert wird und daß Malt ohne diesen Erfolg hierzulande möglicherweise ebenso unbekannt geblieben wäre wie beispielsweise *Armagnac.*

Die Geschichte des Blended Scotch beginnt mit der Erfindung der →*Patent Still* im Jahre 1830. Erst dadurch wurde die Herstellung von Grain Whisky möglich, und es dauerte noch einige Jahrzehnte, bis sich die Mischung von Malts und Grains durchsetzen konnte. Als Pioniere dieser Methode gelten →*A. Usher, Wm Sanderson* und *W.P.Lowrie*, die ersten Marken waren *Vat 69, Dewar's, Haig, White Horse* und *Black & White* (siehe auch *Scotch*).

BLOOD & SAND
Ein dem →*Whiskey Sour* verwandter Longdrink: 2 cl Scotch, 2 cl Vermouth Rosso, 1 cl Cherry Brandy und 4 cl Orangensaft auf Eis kräftig schütteln.

BLUE HANGER
Blended Scotch, 45.6 vol.%, von →*Berry Bros. & Rudd.*
Die Marke gibt es seit Beginn unseres Jahrhunderts; sie ist nach *William »Blue« Hanger* benannt, der als einer der bestgekleideten Männer des 18. Jahrhunderts galt und Kunde der Berrys war.

B.N.J. →Bailie Nichol Jarvie

BOBBY BURNS
Ein Scotch →*Manhattan* mit einem Spritzer Bénédictine statt Angostura (siehe auch *Robbie Burns*).

BOILER MAKER
Bezeichnung für ein klassisches amerikanisches Trink-Ritual, bei dem eine Portion Rye Whiskey mit einer Dose Bier hinuntergespült wird.

Laut Aussage von *Stephen Bogart* war dies ein wesentlicher Proviant auf der Yacht seines Vater *Humphrey*. Heutzutage muß es nicht mehr unbedingt Rye sein – angeblich tut's auch Tequila. Die schottische Variante heißt →A HALF AND A NIP.

BOND 7
Australischer Blended Whisky von →*Gilbey* (IDV/Grand Metropolitan).
Die Marke wird zwar von IDV auch in Afrika und Lateinamerika noch vertrieben, die Herstellung wurde inzwischen aber eingestellt (siehe *Australischer Whisky*).

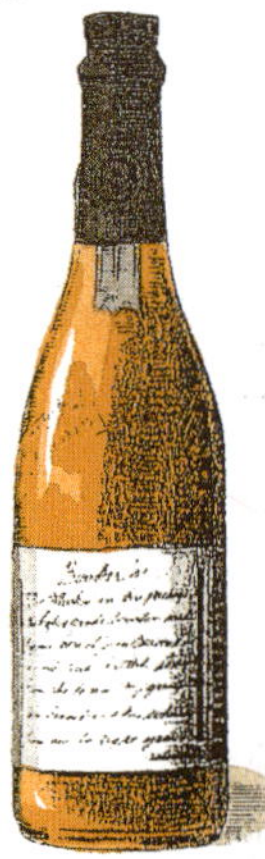

BOOKER'S
Kentucky Straight Bourbon von →*Jim Beam Brands* (American Brands).
Booker's kam 1989 als erster der sogenannten →*Small Batch Bourbons* auf den Markt, ist aber eigentlich ein →*Single Barrel*, d.h. eine Einzelfaß-Abfüllung. Er ist in der Regel

6 bis 8 Jahre alt und hat 60 bis 63 vol.%.
Dieser Whiskey stammt ausschließlich aus den in der Mitte des Lagerhauses reifenden Fässern, wo die besten Temperatur-, Luft- und Lichtverhältnisse für die Reifung herrschen. Er gehört zu den wenigen Bourbons, die ungefiltert in die Flasche kommen. Das Ergebnis kann sich sehen lassen, denn trotz seines hohen Alkoholgehalts ist Booker's weich und ausgewogen. Bourbons dieser Qualität sollte man eigentlich pur trinken, doch *Booker Noe*, Jim Beams ehemaliger Brennmeister und Namenspatron dieser Marke, meint, am besten sei Booker's mit Eis und einer Menge Wasser – das nennt er dann »Kentucky Tea«.

BOSTON SOUR

Ein →*Whiskey Sour* mit Eiweiß.

BOSWELL'S RESERVE

Blended Scotch, 12 Jahre, von *Brodie Crawford & Co.* (→Brodie's).
Die Marke kam im Jahr 1995 zum zweihundertsten Todestag des schottischen Reiseschriftstellers *James Boswell* heraus.
Boswell (*1740) verfaßte unter anderem eine Biographie seines Freundes *Samuel Johnson*, des großen englischen Schriftstellers, von dem der folgende Satz stammt: »Keine andere Erfindung des Menschen hat so viel Glück hervorgebracht wie eine gute Schenke.«

BOTTLED IN BOND

Ein 1897 in den USA erlassenes Gesetz legte fest, daß Whiskey unter Umständen unter Zollverschluß lagern darf. Bedingung ist, daß der Whiskey mindestens vier Jahre lagert, einen Alkoholgehalt von 100° proof (50 vol.%) hat und nur aus *einer* Destillationsperiode einer Brennerei stammt. Obwohl diese Bestimmungen zuerst nur als Steuererleichterung für die Brenner gedacht waren, wurde die Bezeichnung »Bottled in Bond« in gewisser Weise auch zu einer Qualitätsgarantie, denn die Idee, Whiskey längere Zeit reifen zu lassen, war sehr vielen Brennern jener Zeit genauso fremd, wie den Händlern die Vorstellung absurd erschien, Whiskey nicht mit Tee, Sherry oder sonstwas zu strecken.
Heutzutage wird durch die Aufschrift »Bottled in Bond« vor allem darauf hingewiesen, daß der Whiskey aus einem Jahr stammt und nicht aus verschiedenen Altersstufen zusammengestellt wurde. (→*Old Taylor*)

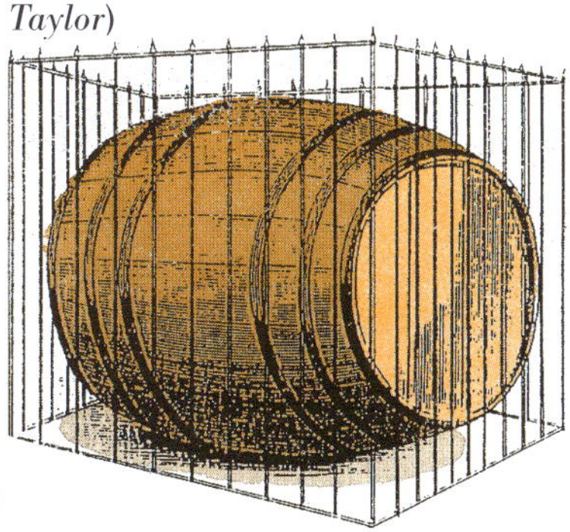

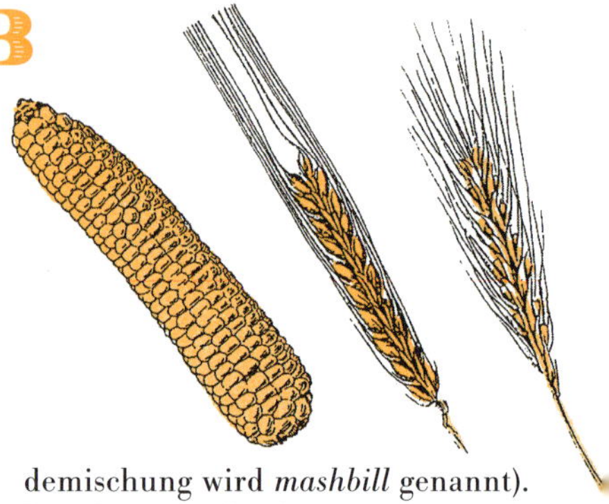

BOURBON

Amerikanische Whiskey-Sorte, die im Gegensatz zu früher nicht mehr an eine bestimmte Herkunft gebunden ist (Bourbon County, Kentucky), sondern an ein bestimmtes Herstellungsverfahren – im heutigen Bourbon County selbst wird überhaupt kein Whiskey mehr produziert. Theoretisch darf Bourbon im gesamten Staatsgebiet der USA gebrannt werden, solange dies nach den Regeln geschieht, die seit 1964 gesetzlich festgelegt sind: Der Whiskey muß aus einer Maische von mindestens 51% Mais gebrannt werden und zwar mit weniger als 80 vol.%, die Mindestlagerzeit beträgt zwei Jahre.

In der Praxis bedeutet das, daß die Bourbon-Maische zwischen 51 und 80% Mais enthält, bei einem höheren Anteil spricht man von →*Corn Whiskey*. Der Rest der Maische besteht zu 5 bis 15% aus gemälzter Gerste, was die Gärung fördert, und zu 5 bis 15% aus Roggen, der dem Whiskey Würze verleiht. Bei einigen Marken wird der Roggen durch Weizen ersetzt, um den Bourbon milder zu machen (Maker's Mark, Old Fitzgerald, Old Rip van Winkle, Rebell Yell, W.L.Weller). Je höher der Maisanteil – er beträgt in der Regel 75 bis 78 % –, um so süßer wird der Whiskey (die Getreidemischung wird *mashbill* genannt). Bourbons werden heute immer nach dem →*Sour-Mash*-Verfahren erzeugt, diese Bezeichnung ist also keineswegs ein zusätzliches Qualitätsmerkmal, auch wenn manche Firmen sie auf dem Etikett besonders hervorheben.

Die Festlegung einer Abtriebsgrenze (Obergrenze für die Brennintensität) von 80 vol.% entspricht der Erkenntnis, daß ein Destillat um so geschmacksärmer ist, je höher es gebrannt wird. Heute wird meist eine Abtriebsgrenze von 65 vol.% eingehalten.

Wie alle Straight Whiskies/Whiskeys wird auch Bourbon zweifach destilliert: zuerst in einem der →*Patent Still* verwandten Säulenapparat, der

in den USA (im Gegensatz zu Schottland) nur aus einer einzigen Kupferröhre besteht. Das erste Destillat (*low wines*) hat einen Alkoholgehalt von 55 bis 60 vol.% und wird entweder in flüssiger Form in einem *doubler* oder als Dampf in einem *thumper* noch einmal gebrannt. Beide Brennblasen ähneln in der Form einer →*Pot Still.* Das Ergebnis der zweiten Destillation wird *white dog* genannt und hat 62 bis 65 vol.%.

Gelagert wird der frische Schnaps in innen angekohlten Eichenfässern, wodurch er sein typisches Vanille- und Karamelaroma erhält. Die Fässer dürfen nur einmal benutzt werden. Neue Fässer wirken natürlich intensiver als gebrauchte, und daher muß Bourbon in der Regel auch nicht so lange reifen wie z.B. Scotch; die gebrauchten Fässer werden entweder nach Schottland und Irland exportiert oder für andere Spirituosen benutzt. Beträgt die Lagerzeit weniger als 4 Jahre, muß sie auf dem Etikett angegeben werden (Bourbons ohne Altersangabe sind also mindestens 4 Jahre alt); die meisten Marken bestehen aus 4- bis 6jährigen Einzelwhiskeys, die besseren aus 6- bis 8jährigen, eher selten sind Lagerzeiten von 10 und mehr Jahren. Für den Europäer ist es etwas verwirrend, daß verschiedene Altersstufen ein und desselben Bourbons mitunter verschiedene Namen tragen (z.B. bei →*Heaven Hill*).

Bourbon wird mit weichem, mineralienfreiem Wasser gebrannt, das durch Kalksteinböden *(limestone)* fließt und in Kentucky reichlich vorhanden ist.

Er ist zweifellos der bekannteste

US-Whiskey und stammt wie so viele genuin amerikanische Kulturgüter (z.B. Rhythm & Blues, Erdnußbutter und Ku-Klux-Klan) aus dem Süden der Vereinigten Staaten. Hier begann man um 1770 Mais anzubauen und zu destillieren; kurz nach der Proklamation des Staates Kentucky (1792) wurden dort bereits über 2000 Brennereien gezählt.

Dennoch stand Bourbon lange Zeit im Schatten des →RYE WHISKEYS, der bis Anfang unseres Jahrhunderts die vorherrschende Whiske-Sorte in den Vereinigten Staaten war.

Nach der Prohibition hatten Canadian und Scotch Whisky den Markt fest im Griff, und auch nach dem Zweiten Weltkrieg, als Bourbon als Teil des *American Way of Life* die Welt eroberte, wurde in seinem Heimatland noch immer mehr Canadian getrunken. Rein mengenmäßig hat sich daran bis heute nichts geändert, allerdings verzeichnete Bourbon nach einem Tief in den 70er und 80er Jahren in letzter Zeit einen deutlichen Image-Gewinn, insbesondere seit dem Aufkommen der sogenannten →*Single Barrel*- und →*Small Batch* Bourbons. Diese noblen Whiskeys sind auch bei anspruchsvollen Trinkern heute salonfähig und erfreuen sich besonders auf den lukrativen Märkten des Fernen Ostens einiger Wertschätzung.

BOURBON DELUXE

Kentucky Straight Bourbon von →*Jim Beam Brands* (American Brands).

Die Marke gibt es inzwischen auch als Blended American.

BOURBON HIGHBALL

5 cl Bourbon auf Eis in einem Longdrinkglas mit Ginger Ale auffüllen und mit einer Zitronenspirale garnieren; statt Ginger Ale können auch andere Limonaden benutzt werden, z.B. 7up (siehe auch *Horse's Neck*).

BOURBON SUPREME

Kentucky Straight Bourbon von →*Sherman*.

Eine kleine Marke, die ursprünglich in Pekin, Illinois, von der Firma *American Distilling* hergestellt wurde.

BOURBONTOWN CLUB

Kentucky Straight Bourbon von →*Kentucky Bourbon Distillers*.

BOWMORE

Schottischer Single Malt (Islay) von →*Morrison Bowmore* (Suntory).

Einer der ganz großen Namen in der Malt-Szene, für manche die Quintessenz eines Islay, denn er verbindet die torfige Wucht der südlichen Islay Malts mit der Leichtigkeit des Nordens. Bowmore ist eine mit Auszeichnungen überhäufte internationale Topmarke und wird diese Stellung eher noch ausbauen, auch wenn mitunter behauptet wird, die alten Abfüllungen seien entschieden besser (wuchtiger) gewesen. Das mag u.a. daran liegen, daß Bowmore, wie alle Morrison-Malts, heute in Glasgow auf Trinkstärke herabgesetzt und abgefüllt wird und das dortige Wasser in keiner Weise mit dem torfgeschwängerten Quellwasser Islays mithalten kann.

Originalabfüllung: Neben der einfachen Version LEGEND ohne Altersangabe, 40 vol.%, gibt es Bowmore mit 10 und 12 Jahren, jeweils 40 vol.%; mit 17, 21 und 25 Jahren, jeweils 43 vol.%;
ferner als MARINER, mit 15 Jahren und 43 vol.%;
als MOONLIGHT, 22 Jahre, 43 vol.%, als SEADRAGON, 30 Jahre, 43 vol.%;

daneben existieren einige limitierte Ausgaben: eine 21jährige Sherryfaß-Abfüllung von 1972 mit 49.1 vol.%, eine 20jährige Einzelfaß-Abfüllung von 1973 mit 56.8 vol.% sowie der legendäre Black Bowmore, eine Sherryfaß-Abfüllung von 1964, mit 49 und 50 vol.%, die 29-, 30- und 31jährig herausgegeben wurde und für die sich Liebhaber gerne ruinieren.
McClelland: Unter dem Namen McClelland's Islay bringt diese Morrison-Tochterfirma einen 5jährigen Bowmore heraus, der sehr empfehlenswert und sehr günstig ist.
Cadenhead:
12 Jahre (dest. 1983), 61 vol.%;
14 Jahre (dest. 1981), 59.3 vol.%
Die Destillerie wurde 1779 erbaut und gehörte ab 1963 der Firma *Stanley P. Morrison*, aus der sich später *Morrison Bowmore* entwickelte. 1989 beteiligte sich der japanische Whisky-Konzern *Suntory* mit 35%, seit 1994 hat er die Mehrheit.
Bowmore hat 4 *Stills*, eigene *Malting Floors* und macht als einzige Islay-Destillerie ausgiebig von Sherryfässern Gebrauch. Das Wasser kommt aus dem Fluß *Laggan*.
(Tel. 01496-81 04 41)

BOW STREET → Jameson
BRACKLA → Royal Brackla
BRAES OF GLENLIVET (BREVAL)
Schottischer Single Malt (Speyside, Tomintoul) den →*Chivas & Glenlivet* für *Seagram* produzieren.
Ein kräftiger Malt, der zur Zeit noch nicht offiziell abgefüllt wird; in Zukunft will ihn Chivas unter dem Namen Breval vermarkten (um Verwechslungen mit *The Glenlivet* zu vermeiden).
Cadenhead:
8 Jahre (dest. 1987), 62.7 vol.%
Signatory:
15 Jahre, 43 vol.%; 1979, 50 vol.%
Die computergesteuerte Brennerei wurde 1973–74 erbaut, ihre 6 *Stills* sind Kopien derjenigen von *Strathisla*, das Wasser kommt vom *Pitilie Burn* (→Allt-Á-Bhainne).
BRASILIANISCHER WHISKY
Die Brasilianer sind nicht nur große Whisky-Freunde – speziell seit den 50er Jahren –, sie zählen auch zu den größten Alkoholproduzenten der Welt. Dies ist allerdings auch auf der Tatsache begründet, daß Alkohol hier auch als Treibstoff verwendet wird. Zwar importiert das Land nach wie vor sehr viel Scotch, es werden aber auch einheimische Whiskies hergestellt, z.B.:
Drury's, Gregson's, Old Eight.
BREVAL → Braes of Glenlivet

BRISTOL VAT
Blended Scotch von →*Avery's*.

BRODIE'S SUPREME
Blended Scotch von *Brodie Crawford & Co.*, einer vor allem exportorientierten Handelsfirma in Surrey. Weitere Blends von Brodie sind Boswell's, Firth House und McDowall. Daneben gibt es noch den Vatted Malt Glenmoy und den Canadian Royal Lord Canadian Rye.

BROOKLYN
Eine →*Manhattan*-Variante auf Rye-Whiskey-Basis: 2 cl Vermouth Rosso, 3 cl Rye und einige Spritzer Maraschino auf Eis verrühren und in eine Cocktailschale abseihen.

BROOKSTONE
Blended American von →*Sazerac*.

BRORA
Schottischer Single Malt (Northern Highlands) von →*Ainslie & Heilbron* (UD).

Ein wuchtiger und sehr interessanter Malt, der leider nicht mehr hergestellt wird.

Originalabfüllung:
22 Jahre (dest. 1972), 58.7 vol.% (»Rare Malts Selection«)

Gordon & MacPhail:
Jahrgang 1972, 40 vol.%

Cadenhead: 13 Jahre (dest. 1982), 59.9 und 60.4 vol.%

Die Geschichte dieser Destillerie ist etwas kompliziert: Sie wurde 1819 erbaut und hieß bis 1969 →Clynelish. In jenem Jahr eröffneten die Besitzer auf demselben Gelände eine andere Brennerei, die ebenfalls Clynelish genannt wurde. Die alte Destillerie Clynelish wurde geschlossen, 1975 unter dem Namen Brora wiedereröffnet und 1983 erneut geschlossen. Sie dient seither als Lagerhaus für die neue Clynelish-Distillery. Brora heißt also jener Malt, der zwischen 1975 und 1983 in der alten Brennerei produziert wurde; Clynelish dagegen heißt jener Whisky, der entweder vor 1969 in der alten oder danach in der neuen Destillerie entstand. Das Wasser stammt in jedem Fall aus dem *Clynemilton Burn*.

BROWN, W. & SONS
Schottische Handelsfirma, 1976 in Glasgow gegründet, die ihre Hauptmarke Glen Stuart ebenso wie ihre anderen Marken nur für den Export abfüllt: Ancient Privilege, Black Stag, Cairndew Mist, Diplomatic Privilege.

BROWN-FORMAN

US-Hersteller in Louisville, Kentucky, einer der großen Spirituosenkonzerne der Welt. Mehrheitseigner ist die Familie *Brown*, Nachkommen schottischer Einwanderer, die 1870 mit Whiskey zu handeln begannen. Zwei Jahre später brachten sie ihre erste Marke heraus, →Old Forester, und gingen damit als Erfinder der Originalabfüllung in die Geschichte des Bourbons ein: Sie waren die ersten, die ihren Whiskey selbst in etikettierte Flaschen abfüllten – zu einer Zeit, als er die Brennerei normalerweise noch in Fässern verließ und von Zwischenhändlern oder Wirten in beliebiger Form vermischt und verkauft wurde.

George Brown, um die Jahrhundertwende Chef der Firma, war stark engagiert im Kampf gegen die drohende Prohibition und veröffentlichte eine Broschüre mit dem Titel »The Holy Bibel Repudiates Prohibition«, in der Alkohol mittels Bibelzitaten als Gottesgabe ins rechte Licht gerückt wird.

Während der Prohibition machten die Browns Geschäfte mit medizinischem Alkohol und erwarben die Destillerie →*Early Times* in Louisville, Kentucky, in der sich heute der Firmensitz befindet.

Eine weitere *Early Times Distillery* steht in Shively, Kentucky, wo die Marken Early Times und Old Forester produziert werden.

Daneben besitzt das Unternehmen die Brennereien →*Jack Daniel's* in Tennessee und →*Canadian Mist* in Kanada.

Marken: Canadian Mist, Early Times, Gentleman Jack, Jack Daniel's, Old Forester, Southern Comfort.

Für die nahe Zukunft ist die Herausgabe eines →*Small Batch* Bourbons geplant, der in der zur Zeit im Umbau befindlichen *Labot & Graham Distillery* gebrannt werden soll.

BROWN FOX

Ein Digestif-Cocktail: 4 cl Bourbon mit 2 cl Bénédictine auf Eis im Tumbler verrühren.

BRUICHLADDICH
[*bruikladdi*] Schottischer Single Malt (Islay, Argyll) von →*Invergordon* (Whyte & Mackay, American Brands). Einer der leichteren Islay Malts, mit nur hintergründigem Torfgeschmack. Bruichladdich wird gerne als Einsteiger-Islay bezeichnet, was fragwürdig ist, weil er eben nicht typisch für diese Insel ist (dann schon lieber *Bowmore*).
Originalabfüllung:
10 und 15 Jahre, 40 vol.%;
21 Jahre, 43 vol.%;
25 Jahre, 45 vol.% (»Stillman's Dram«)
Gordon & MacPhail:
Jahrgang 1964, 40 und 50.4 vol.%

Dun Eideann:
19 Jahre (dest. 1970), 46 vol.%
Die Destillerie wurde 1881 gegründet, war zeitweise im Besitz von *Joseph Hobbs* (→Ben Nevis) und wird seit 1968 von Invergordon geführt. Sie hat (seit 1975) 4 *Stills*, das Wasser kommt aus den umliegenden Hügeln. Bei Bruichladdich waren bis zur überraschenden Schließung im Jahre 1995 noch viele Apparaturen aus der Zeit der Gründung in Gebrauch. (Tel.01496–85 02 21)

BUCHANAN, JAMES & CO.
Schottische Herstellerfirma seit 1884. Der Gründer James Buchanan (1849–1935), der seine Lehrjahre im Hause →*Mackinlay* verbrachte, gehörte nicht nur zu den Pionieren der Blending-Industrie, sondern war auch einer der ersten, die die Macht des Marketings erkannten; so gelang es ihm, mit seinem →BLACK & WHITE eine der bis heute erfolgreichsten Scotch-Marken zu lancieren. 1894 errichtete er die (heute geschlossene) CONVALMORE DISTILLERY zusammen mit →*W.P. Lowrie*, der Firma, die ihn bis dahin mit Malts versorgt hatte und die er später ganz übernahm. Hier und in der 1898 erworbenen GLENTAUCHERS DISTILLERY experimentierte Buchanan um 1910 mit kontinuierlich gebranntem Malt Whisky, was zwar aus naheliegenden Gründen fehlschlagen mußte, gleichzeitig aber den Pioniergeist jener Epoche

trefflich charakterisiert. 1915 bildete er mit *John Dewar* die *Scotch Whisky Brands Ltd.*, die in den folgenden Jahren mehrere Brennereien erwarb, darunter PORT ELLEN und BENRINNES. Ansonsten tat Buchanan sich als Rennstallbesitzer, Philanthrop und späterer Lord Woolavington of Lavington hervor.

1925 traten Buchanan & Co. der →*DCL* bei, heute gehören sie zu UD, für die sie die beiden Destillerien DALWHINNIE und GLENTAUCHERS leiten.

Außer dem 12jährigen De Luxe Blend BUCHANAN'S RESERVE, 43 vol.%, der auf Dalwhinnie basiert und fast ausschließlich in Lateinamerika verkauft wird, bringt die Firma nach wie vor ihren BLACK & WHITE und einen Vatted Malt namens STRATHCONON heraus.

BUCKTROUT'S GOLD LABEL

Blended Scotch, der von *Bucktrout & Co.* ausschließlich für die Kanalinsel Guernsey abgefüllt wurde. Die Firma begann 1830 als Tabak-, Wein- und Spirituosengeschäft; es ist unwahrscheinlich, daß sie die Marke heute noch selbst abfüllt.

BUENA VISTA

Blended Irish Whiskey, 40 vol.%, aus der →MIDLETON DISTILLERY von →*IDG* (Pernod Ricard).

Ein reichlich ungewöhnlicher Name für einen Irish Whiskey, aber in Irland wird man ihn auch vergeblich suchen. Die Marke wird ausschließlich für das *Buena Vista Cafe* in San Francisco hergestellt. Dieses Lokal gilt als der Ausgangspunkt des *Irish-Coffee*-Booms, der Anfang der 50er Jahre in den USA ausbrach; noch heute ist dieser Drink dort derart beliebt – pro Jahr gehen etwa eine halbe Million Irish Coffees über die Theke –, daß sich der Import offensichtlich lohnt (siehe auch *Dunphys*).

BULLEIT

Kentucky Straight Bourbon, 45 und 50,5 vol.%, aus der LEESTOWN DISTILLERY von →*Sazerac.*

Ein Privatlabel, d.h. einer der regulären Whiskeys aus Leestown, der mit einem anderen Etikett erscheint. Ursprünglich wurde Bulleit nur für einen Rechtsanwalt in Lexington, Kentucky, abgefüllt, doch der exportiert den Whiskey neuerdings auch in den Fernen Osten; selbst in Deutschland wird er manchmal angeboten. Bulleit ist der Name eines Countys in Kentucky.

BULLOCH LADE & CO.

1855 in Glasgow entstandene Firma, die bis 1920 eine Reihe von Brennereien führte, darunter auch CAOL ILA, in der sie seit 1857 ihren berühmten Blend BL GOLD LABEL produzierte. Die Marke war zeitweise derart erfolgreich, daß ernsthafte Lieferschwierigkeiten auftraten. Doch dann verdarb der Erste Weltkrieg die Geschäfte, Bulloch Lade verkalkulierte sich mit einer Werbekampagne und wurde von der →*DCL* übernommen; heute ist die Firma Teil von UD, für die sie CAOL ILA führt und die Blends BL und KING ARTHUR herausgibt.

BUNNAHABHAIN

[(*bunahwn*) gälisch: Flußmündung] Schottischer Single Malt (Islay, Port Askaig) von →*Highland Distilleries.*

Für Islay-Verhältnisse eher ein Leichtgewicht, doch das war nicht immer so. Erst als die Betreiber die ursprüngliche Wasserquelle im umliegenden Torfboden zugunsten einer Wasserleitung aus den nahen Hügeln aufgaben, verlor Bunnahabhain seine für diese Insel typische Wucht.

Originalabfüllung:
12 Jahre, 40 vol.%

Signatory:
26 Jahre (dest. 1969, Sherryfaß), 52.6 und 53.3 vol.%
Dun Eideann:
26 Jahre (dest. 1964), 46 vol.%
Die Destillerie wurde 1881–82 erbaut und ist seit 1887 Teil von Highland Distilleries. Sie hat 4 *Stills*, die Reifung findet zeitweise in Sherryfässern statt. Bunnahabhain ist ein Basis-Malt für FAMOUS GROUSE.
(Tel. 01496–84 06 46)

BUNRATTY EXPORT POTCHEEN

Irische Spirituose der Firma *Bunratty Mead & Liqueur Co.*
Ein »schwarzer Schimmel«: Potcheen ist eine traditionelle gälische Bezeichnung für illegal gebrannten – d.h. unversteuerten – Whisk(e)y (→Poitín). Auch Bunrattys Marke darf in Irland zwar nicht verkauft werden, da die Firma aber dort Steuern zahlt, fehlt ihrem Produkt das, was Poitín an sich ausmacht. Zu haben ist dieses – gemessen an seinem Vorbild etwas zu leichte – Getränk vor allem in Duty-free-Shops, aber auch im Londoner Kaufhaus *Fortnum & Mason*.

BURBERRY

Blended Scotch, der von →*Burn Stewart* für das Bekleidungshaus *Burberry* abgefüllt wird: als Premium, als 12-, 15- und 25jähriger De Luxe sowie als 15jähriger Vatted Malt.

BURN STEWART

Blended Scotch von →*Burn Stewart Distillers*, Glasgow.
Als Premium und als 12jähriger De Luxe Blend zu haben, Hauptmärkte sind Frankreich, Südafrika, Japan und Taiwan.
Die Firma Burn Stewart entstand 1988 durch ein Management-Buy-Out. Sie besitzt zwei Malt-Brennereien, DEANSTON (1990 von →*Invergordon* übernommen) und TOBERMORY (seit 1993), und hat noch eine Reihe weiterer Marken im Programm:
BLACK PRINCE, BURBERRY, DRUMGRAY, GLEN BLAIR, HIGHLAND ROSE, OLD ARGYLL, OLD ROYAL, SOTTISH LEADER
1994 begann Burn Stewart ein Jointventure mit einem chinesischen Spirituosenfabrikanten.

BUSH PILOT'S PRIVATE RESERVE

Straight Canadian, 13 Jahre, 43 vol.%, von *Robert Denton*, einer kleinen Firma in Michigan.
Wahrscheinlich der einzige Canadian, der als unverschnittene →Einzelfaß-Abfüllung auf den Markt kommt. Er wird größtenteils aus Mais gebrannt und schmeckt dafür erstaunlich trocken.
Aus welcher Destillerie der Whisky stammt, ist nicht zu ermitteln, lediglich, daß er für eine kanadische Gesellschaft abgefüllt wird, die Sportflugzeuge verchartert.

BUSHMILLS

Irische Marke und Destillerie im County Antrim (Nordirland), im Besitz von →*IDG* (Pernod Ricard).

Die Old Bushmills Distillery gilt heute als die älteste Whisk(e)y-Brennerei der Welt. Das auf dem Etikett angegebene Gründungsjahr 1608 bezieht sich allerdings nur auf die Brennlizenz, die damals für die gesamte Region um die Ortschaft Bushmills erteilt wurde. Die erste Brennerei dieses Namens stammt aus dem Jahre 1784. Die weitere Geschichte von Bushmills ist kaum noch zu rekonstruieren, da 1941 nicht nur große Mengen von Whiskey, sondern auch das Archiv der Firma deutschen Bombenangriffen zum Opfer fielen. Bekannt ist allerdings, daß die Destillerie 1921 von *Samuel Boyd* erworben wurde, einem sehr vermögenden Belfaster Wein- und Spirituosenhändler, der sich nebenher sinnigerweise als Verfasser von Temperenzler-Schriften betätigte. Seine Nachkommen erwarben 1936 auch die →*Coleraine Distillery* und führten die Geschäfte bis 1973 unter wechselnden Eigentümern (darunter zeitweise auch *Seagram*) weiter. Ein Jahr zuvor hatte die Firma *IDG* Bushmills übernommen, sie ist heute Teil des französischen Spirituosen-Imperiums *Pernod Ricard*.

Die Brennerei erzeugt derzeit aus-

schließlich Malt Whiskey und bezieht den Grain für ihre Blends aus der anderen IDG-Destillerie, →*Midleton*. Es gibt folgende Marken:
Bushmills Malt ist ein Single Malt nach schottischem Muster, allerdings wird das Getreide hier nicht über Torf gedarrt; dies und die in Irland übliche Dreifach-Destillation lassen die Bushmills Whiskeys denn auch etwas sanfter ausfallen, als man das von den schottischen Vettern gewohnt ist. Bushmills Malt gibt es in zwei Versionen: Ein 5jähriger kam 1992 nur für den italienischen Markt heraus, er hat 40 vol.% und verrät bei aller Leichtigkeit eine längere Sherryfaß-Lagerung. Der 10jährige kam 1984 heraus und ist inzwischen international eine der großen Irish-Whiskey-Marken. Auch er ist körperleicht, hat 40 vol.%, wird aber vor allem in Bourbonfässern gelagert.
Einen Einzelfaß-Malt mit Faßstärke gibt es manchmal von **Cadenhead;** zuletzt hatte man dort einen 16jährigen mit 58.4 vol.%; dieser Whiskey ist von einer Fülle, die man sonst von Bushmills nicht kennt.

Ein weiterer Malt namens Bushmills Millennium wird zur Jahrtausendwende in einer limitierten Auflage auf den Markt kommen. Er reift seit dem Jahr 1975 in Sherryfässern, wird aber vor der Abfüllung noch einige Zeit in Bourbonfässern zubringen, denn 25 Jahre im Sherryfaß würden ihm wahrscheinlich zuviel von seinem eigentlichen Charakter nehmen.
Bushmills Original (früher Old Bushmills) ist ein leichter, einfacher Blend mit 40 vol.%, der wegen seines weißen Labels auch White Bush genannt wird. Er ist die älteste Marke aus dem Hause Bushmills und besteht im wesentlichen aus 3jährigen Grain Whiskeys und 6 Jahre alten Malts (ca. 30%).
Seine ausgereiftere Variante heißt →Black Bush.
Bushmills 1608 ist ein sehr ausgewogener 12-jähriger De Luxe Blend mit einem Malt-Anteil von ca. 90%. Er ist weltweit nur in Duty-free-Shops erhältlich und hat 43 vol.%.
Die Destillerie gibt ferner einen Blend namens →Coleraine heraus.
(Tel. 01265-73 15 21)

C

»Also wirklich«, sagte Mrs. Morse,
»ich würde kein Auge zutun,
wenn ich nicht voll Scotch ins Bett ginge.«
Dorothy Parker »Eine starke Blondine«

CABIN HOLLOW

Kentucky Straight Corn, 50 vol.%, von →*Barton* (Canandaigua).
Ein echter Cowboy-Whiskey, der fast ausschließlich in Alabama verkauft wird.

CABIN STILL

Kentucky Straight Bourbon, 40, 43 und 45 vol.%, von →*Heaven Hill*.
Ein angenehm trockener Bourbon, der früher von →*Stitzel-Weller* kam und dann →*UD* gehörte, die die restlichen Fässer 1992 an Heaven Hill verkauften. Im Moment werden dort noch die Bourbons aus den Originalfässern abgefüllt, in Zukunft will man die Marke aber selbst produzieren.

CADENHEAD, Wm

Schottlands ältester unabhängiger Abfüller (gegründet 1842). Er benutzt die Abfüllanlage der SPRINGBANK DISTILLERY, die, wie Cadenhead selbst, im Besitz der Familie *J. A. Mitchell* ist.
Die Firma ist mit einigem Recht stolz darauf, den heute so beliebten →Ein-

zelfaß-Abfüllungen den Weg bereitet zu haben, mit anderen Worten, den einzig »echten« Whisky zu verkaufen. Cadenhead bietet seit jeher nur ungefilterte Malts an, seit 1991 ausschließlich mit Faßstärke (bis dahin wurden sie auf 46 vol.% herabgesetzt). Im Vordergrund steht hier die Individualität des jeweiligen Destillats und nicht die Kontinuität einer bestimmten Marke.
Bis 1994 gab die Firma einige Malts (z.B. Ardbeg, Talisker) auch unter dem Label DUTHIE's heraus.
Cadenhead hat außerdem noch eigene Blends (→PUTACHIESIDE, HIELANMAN, MOIDART) und verfügt über ansehnliche Vorräte an eichenfaßgelagertem Demerara-Rum. Der Firmensitz befindet sich in Aberdeen, in Edinburgh gibt es einen kleinen Laden, der typisch ist für Cadenhead: karg, aber gut sortiert, geführt von zwei wirklichen Spezialisten.
(172, Canongate,
Tel. 0131-556 58 64
Fax 556-25 27)

CAIRNBAAN
Blended Scotch von →*Eaglesome*, einer Tochterfirma von →*J.&A. Mitchell.* Basis-Malt ist SPRINGBANK.

CAIRNDEW MIST
Blended Scotch von →*W.Brown.*

C. & J. McDONALD
Blended Scotch der gleichnamigen Tochterfirma von →*A.Bell* (UD), die noch weitere Marken im Programm hat: HEATHWOOD, McDONALDS SPECIAL BLEND, QUEEN'S CHOICE.

CALVERT
Blended American von →*Jim Beam Brands* (American Brands).
Nicht zu verwechseln mit *Lord Calvert*, dem Canadian aus demselben Haus.

CAMBUS
Schottischer Single Grain aus der Cambus Distillery von →*UD.*
Die Brennerei wurde 1806 bei Alloa (Lowlands) eröffnet, 1836 zur Grain-Produktion umgerüstet, 1877 der →*DCL* einverleibt und gehörte bis zur Schließung im Jahre 1993 zu den hochangesehenen Lieferanten der UD-Blends. Cambus wird aber noch in kleinen Mengen als Single abgefüllt, zuletzt hatte **Cadenhead** einen 31jährigen mit 53.2 vol.%.

CAMERON BRIG (Choice Old)
Schottischer Single Grain von →*UD.* Einer der wenigen Grains, die regelmäßig auf den Markt kommen; die Standardabfüllung lagert angeblich 9 Jahre im Faß, ihre intensive Farbe läßt dennoch manchen Experten großzügigen Karamel-Gebrauch argwöhnen.

Manchmal findet man auch eine Jahrgangsabfüllung von 1959 mit 53.2 vol.%.
Der Whisky kommt aus der Brennerei CAMERON BRIDGE in Fife; sie wird seit 1824 von den →*Haigs* betrieben, die hier bereits 1830 mit →*Patent-Still*-Varianten experimentierten. In den 20er Jahren verlegte man sich gänzlich auf die Grain-Herstellung, seit 1989 wird hier auch Gin produziert.

CAMPBELL DISTILLERS
Schottischer Hersteller mit Sitz in Kilwinning, Ayrshire. Die Firma geht auf ein Familienunternehmen zurück, das 1879 mit der Herstellung von Blends begann und ab 1945

Eigentümer der Aberlour-Destillerie war. Bis 1974 nannte sie sich *House of Campbell*, dann übernahm der französische Konzern →*Pernod Ricard* die Kontrolle. Unter dessen Leitung erwarb Campbell 1982 die Firma *Whiteley*, zu deren Besitz die Destillerie Edradour und einige Blends gehörten, einige Jahre später folgte die Destillerie Glenallachie.
Seit 1988 ist das Unternehmen unter seinem jetzigen Namen für die Scotch-Interessen der Franzosen zuständig (eine Auflistung findet sich unter dem Stichwort Pernod Ricard).

CAMPBELTOWN

Schottische Whisky-Region. Daß Campbeltown noch heute als eigenständiges Herkunftsgebiet von Malt Whisky gilt, hat wohl historische Gründe, denn dieses Städtchen im Süden der Halbinsel *Mull of Kintyre* war bis in die 20er Jahre eines der wichtigsten Zentren von Schottlands Whisky-Industrie. Von den über 30 Destillerien, die einst hier betrieben wurden, existieren heute nur noch zwei: Glen Scotia und Springbank. Auch wenn letztere zwei verschiedene Malts produziert (→Longrow), so läßt sich hier beim besten Willen kein eigener Geschmacksstil definieren.

CAMPBELTOWN LOCH

Blended Scotch von →*Eaglesome*, einer Tochterfirma von →*J.& A. Mitchell*.
Die Basis dieser 10jährigen Premium-Marke kommt mit Sicherheit von Springbank.

CANADA HOUSE

Canadian Blend von →*Jim Beam Brands* (American Brands).
Eine kleinere Marke für den US-Markt.

CANADIAN (WHISKY)

Canadian Blend ist vergleichsweise leicht im Geschmack, im besten Fall zeichnet er sich durch eine herbe, roggengeprägte Fruchtigkeit aus; ihm fehlt die Intensität eines Scotch oder Bourbon, was möglicherweise zu seinem Erfolg beiträgt. Kanada ist mit ca. 200 Millionen Flaschen pro Jahr der drittgrößte Whiskyproduzent der Welt, die erfolgreichsten Marken sind Canadian Mist, Canadian Club, Crown Royal, Black Velvet, Seagram's V.O. (Markenliste im Anhang).
Canadian ist die klassische Basis für einen →*Manhattan Cocktail*, eignet sich aber auch für Longdrinks.

Geschichte:
Die Geschichte des kanadischen Whiskys

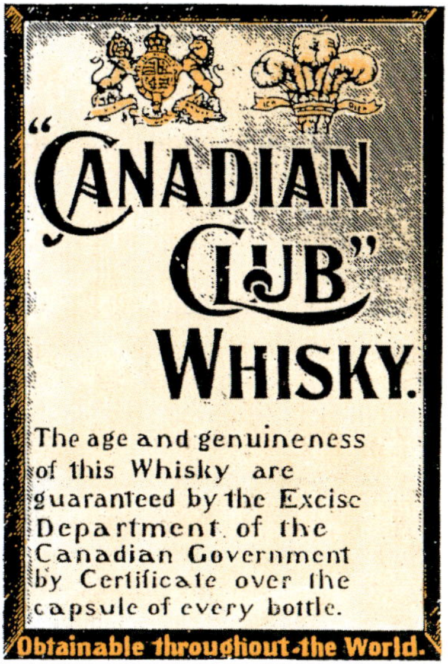

wird im wesentlichen von zwei Namen bestimmt: SEAGRAM und HIRAM WALKER.
Hiram Walker (1816–1899), der es bereits als Essigproduzent zu Geld und einer eigenen Stadt namens Walkerville gebracht hatte, begann 1854 im Süden Ontarios mit dem Whiskybrennen. Wie damals allgemein üblich, verkaufte auch er anfangs frisch gebrannten Schnaps, der mit allem möglichen gefärbt und als Whisky angeboten wurde. Als weitsichtiger Mensch erkannte Walker aber bald, daß die Zeiten sich änderten und die Zukunft nicht dem rohen Schnaps der Waldläufer gehörte, sondern einem Getränk, das dem Geschmack der Menschen in den gerade entstehenden Industriestädten entsprach. Er begann zu experimentieren und entwickelte die noch heute üblichen Methoden, die dem Canadian seinen typisch leichten und trockenen Geschmack geben: langsame, intensive Destillation und das Verschneiden mit Neutralsprit.
Zudem begann Walker in einer Zeit, als man Whisky noch faßweise zu verkaufen und aus Krügen oder Karaffen auszuschenken pflegte, damit, seinen CANADIAN CLUB in Flaschen abgefüllt und mit einem Etikett versehen auf den Markt zu bringen. Damit wurde er zu einem der Pioniere des Markenwhiskys. CANADIAN CLUB wurde vor allem auch in den Großstädten der USA umgehend ein Verkaufserfolg und prägt den *Canadian-Blend*-Stil bis zum heutigen Tag.
Die Erfolgsstory der Firma SEAGRAM begann 1883, als *Joseph E. Seagram*, Sohn englischer Einwanderer, eine Destillerie in Waterloo, Ontario, erwarb. Mit seiner 1916 lancierten Marke SEAGRAM'S V.O. wurde er bald zum größten Rye-Whisky-Erzeuger des Landes. In den 20er Jahren übernahm der britische Whisky-Gigant →*DCL* die Firma Seagram und beteiligte sich bald darauf an einem anderen kanadischen Whisky-Unternehmen namens *Bronfman*. Die Bronfmans waren Ende des 19. Jahrhunderts aus Bessarabien eingewandert und mach-

ten zu dieser Zeit – in den benachbarten USA herrschte →Prohibition – gerade ein kleines Vermögen mit Alkoholschmuggel. Was die *DCL* mit dieser Verbindung bezweckte, sei dahingestellt, 1928 bekam sie jedenfalls kalte Füße, verkaufte den Bronfmans die Firma Seagram und zog sich aus Kanada zurück. Die Bronfmans, die ihr Unternehmen seither Seagram nannten, waren weitsichtiger und ahnten, daß die Jahre der Prohibition gezählt waren. Unter der Leitung von *Samuel Bronfman* (1890–1971) wurden riesige Whisky-Vorräte angelegt, und als das Alkoholverbot 1933 fiel, überschwemmte Seagram den amerikanischen Markt mit Canadian Blend. Dabei kam der Firma zugute, daß zum einen die meisten US-Whiskey-Produzenten während der Prohibition bankrott gegangen waren, zum anderen sich der geschmuggelte kanadische Whisky in der gleichen Zeit in den USA einen guten Ruf erworben hatte. Kein Wunder, denn im Vergleich zu dem schwarzgebrannten und gepanschten Schnaps, der in den USA damals hergestellt wurde, hatte kanadischer Whisky immer als saubere Sache gegolten. Daß in den Vereinigten Staaten bis heute mehr Canadian als US-Whiskey konsumiert wird, geht zu einem guten Teil auf das Konto der Bronfmans, deren Firma nach dem Zweiten Weltkrieg zum größten Spirituosenkonzern der Welt aufstieg (→*Seagram*). Es erklärt auch, warum so viele Canadian-Marken im Besitz von US-Firmen sind und nur in den USA auf den Markt kommen. Außer den Firmen Seagram und Hiram Walker (inzwischen Teil von ALLIED DOMECQ, siehe auch CORBY) spielen noch folgende Unternehmen eine Rolle auf dem kanadischen Markt: GILBEY'S (eine *IDV*-Tochter), JIM BEAM BRANDS (→*Alberta*) und die allgegenwärtigen UD (→*Schenley*).

Herstellung: Canadian wird zwar als Roggen-Whisky bezeichnet, ist aber keinesfalls vergleichbar mit einem Straight Rye aus den USA. Mit geringfügigen Ausnahmen (→Bush Pilot) ist Canadian nämlich immer ein *Verschnitt* (Blend) aus einer geringen Menge verschiedener Straight Whiskies (3–5%, so gut wie nie mehr als 10%) und hoch rektifiziertem Getreide- bzw. Neutralsprit. Mit etwas bösem Willen kann man also sagen, daß Canadian ein mit Whisky aromatisierter Neutralsprit ist, doch bei der Zusammenstellung dieses Würz-Whiskys geben sich die Kanadier größte Mühe. Jeder Blend enthält etwa 15 bis 20 verschiedene Whiskies, bei denen man 6 oder 7 Grundtypen unterscheiden kann. Die Variationsmöglichkeiten ergeben sich aus folgenden Variablen: Es können verschiedene Getreidesorten gebrannt werden, Roggen (roh oder gemälzt), Mais oder Gerste (roh oder gemälzt) oder eine Kombination davon. Weiter werden verschiedene Hefen eingesetzt und verschiedene Brennmethoden angewandt. Wohl benutzt man in Kanada überwiegend Geräte zur kontinuierlichen Destillation, aber sie sind vielseitiger als anderswo, und die verschiedenen Apparate (Kolonnenapparate, Feinbrandkessel, Pot Stills, Rektifikatoren etc.) werden je nach Bedarf kombiniert.

Die solcherart entstandenen unterschiedlichen Whiskies werden nun entweder gleich zu Blends zusammengestellt, verschnitten und gelagert oder dürfen – und das ist häufiger der Fall – als Einzelwhiskies erst für sich reifen und werden anschließend zu einem Blend zusammengestellt. Auch die Lagerung bietet Variationsmöglichkeiten: Es werden alte Bourbon-, Brandy-, Sherry- oder frische Fässer benutzt. Die Mindestreifezeit beträgt 3 Jahre, bessere Marken lagern 4 bis 5 Jahre, seltener 6 bis 8 Jahre, äußerst selten 12 oder mehr. Hersteller, die Zeit und Geld sparen wollen, haben in Kanada die Möglichkeit, sogenannte »Flavourings« zu verwenden (maximal 2%). Das sind Aromastoffe wie Sherry, Säfte und vergorene Fruchtsäfte (hauptsächlich Pflaumenwein), die – speziell bei den billigeren Sorten – die geringe Reifezeit und den hohen Anteil an Neutralsprit im Hinblick auf Farbe und Geschmack kaschieren sollen.

Der Alkoholgehalt von Canadian liegt in der Regel bei 40 vol.%, selten darunter, für den Export ist er manchmal höher.

CANADIAN AGE
Blended American aus der Leestown Distillery von →*Sazerac.*
Ein merkwürdiger Name für einen US-Whiskey, allerdings wird dieser hier nur für den kanadischen Markt produziert.

CANADIAN CLUB
Canadian Blend von →*Hiram Walker* (Allied Domecq).
Die große alte Marke Kanadas gibt es bereits seit 1884. Sie prägte den leichten, sauberen Stil des Canadian und begründete dessen Weltruhm (→*Canadian*). Heute ist »CC«, wie er oft genannt wird, weltweit die Nr. 2 unter den Canadians.
Im Gegensatz zu den meisten kanadischen Marken findet das Blending hier vor der Faßlagerung statt, die bei der Standardversion 6 Jahre, beim De Luxe Canadian Club Classic 12 Jahre beträgt.

CANADIAN DELUXE
Canadian Blend von →*Hiram Walker* (Allied Domecq).

CANADIAN HOST
Canadian Blend von →*Barton* (Canandaigua).
Die in Kentucky beheimatete Firma Barton importiert diesen Whisky en gros und füllt ihn für den US-Markt ab.

CANADIAN HUNTER
Canadian Blend, 40 vol.%, von →*Seagram.*
Einer der vielen Canadians, die nur für den US-Markt hergestellt werden. (Dort erzählt man den Konsumenten dann, Canadian Hunter wäre speziell für die unerschrockenen Abenteurer in der kanadischen Wildnis kreiert worden.)

CANADIAN LTD.
Canadian Blend von →*Barton* (Canandaigua).
Die Marke gehört der Barton-Tochter →*Glenmore*, die früher Teil von →*UD*

war. Noch heute wird der Whisky in der kanadischen Destillerie →*Valleyfield* von UD gebrannt, aber von Barton in den USA abgefüllt und ausschließlich dort verkauft (dieses Vorgehen nennt man *contract distilling*).

CANADIAN MIST

Canadian Blend von →*Brown-Forman*. Der US-Konzern erwarb die Marke Anfang der 70er Jahre und baute sie mit sicherem Gespür zur Nr.1 in den USA auf. Inzwischen ist Canadian Mist auch weltweit der meistverkaufte Whisky dieser Art, in Deutschland allerdings nicht erhältlich.

Neben der gefälligen Standardversion gibt es seit 1995 auch den 8jährigen CANADIAN MIST 1885 SPECIAL RESERVE 21, eine DeLuxe-Ausgabe zum 100jährigen Jubiläum der Fertigstellung der Canadian Pacific Railroad.

CANADIAN SPRINGS

Canadian Blend von →*Sherman*. Diese Marke wird in Kanada hergestellt und in den USA abgefüllt und vertrieben.

CANADIAN SUPREME

Canadian Blend von →*Barton* (Canandaigua).

Nur für den US-Markt importiert und abgefüllt.

CANTRELL & COCHRANE

Irische Tochterfirma von →*Allied Distillers* (Allied Domecq) mit Sitz in Dublin. C. & C. ist seit 1993 im Besitz der Marke TULLAMORE DEW und stellt außerdem die Liköre CAROLANS und IRISH MIST her.

CAN-Y-DELYN

[*kanidelin*] Whisky-Kräuterlikör, 40 vol.%, von →*Hallgarten*.

CAOL ILA

[*kal-iela*] Schottischer Single Malt (Islay) von →*UD*.

Ein weiterer Geheimtip von der Insel Islay, vergleichsweise leicht im Körper, aber mit intensivem Torfgeschmack. Caol Ila war immer schon schwer zu bekommen, und auch die offizielle Abfüllung, die seit 1988/89 auf dem Markt ist, findet man selten, denn dieser Whisky ist nach wie vor als Blending Malt sehr gefragt.

Originalabfüllung:

15 Jahre, 43 vol.% (»Flora & Fauna«-Reihe, im Sherryfaß gelagert)

Gordon & MacPhail:

Jahrgang 1966 (Sherryfaß); Jahrgänge

1972, 1974, 1981, jeweils 40 vol.%, sowie in der *Cask-Strength*-Reihe mit 62,6 vol.%, 13 Jahre (dest. 1980)
Cadenhead:
21 Jahre (dest. 1974), 58.4 vol.%
Signatory:
16 Jahre (dest. 1980), 59.7 vol.%
James MacArthur:
17 Jahre, 43 vol.% (im Sherryfaß gelagert)
Die Destillerie wurde 1846 erbaut, kam 1863 zu →*Bulloch, Lade & Co.*, 1920 zu →*Robertson & Baxter*, 1927 zur →*DCL* und von dort zu UD. Sie wurde 1972–74 komplett renoviert und hat seither 6 *Stills*, das Wasser kommt aus dem *Loch Nam Ban*. (Tel. 01496–84 02 07)

CAPERDONICH

Schottischer Single Malt (Speyside, Rothes) der →*Chivas & Glenlivet Group* von →*Seagram*.
Ein leichter, fruchtig-malziger Whisky, der fast ausschließlich in die Seagram-Blends geht (z.B. CHIVAS REGAL) und daher nur von unabhängigen Abfüllern zu haben ist.
Gordon & MacPhail:
Jahrgänge 1968, 1979, 1980, 1982, jeweils 40 vol.%
Cadenhead:
14 Jahre (dest. 1977), 60.5 vol.%; 16 Jahre (dest. 1977, Sherryfaß), 58.6 vol.%

Die Brennerei wurde 1898 als Zweitwerk für die berühmte GLEN-GRAN-Destillerie errichtet und hieß lange Zeit GLEN GRANT No.2. Die beiden Brennereien, die nur durch die Hauptstraße von *Rothes* getrennt sind, waren durch eine Pipeline miteinander verbunden. Von 1902 bis 1965 stand Caperdonich still, dann wurde sie vom neuen Besitzer *Glenlivet* renoviert und auf 4 *Stills* erweitert; das Wasser kommt aus der *Caperdonich*-Quelle. 1977 kam die Brennerei mit Glenlivet zu Seagram. (Tel. 01542–78 33 00)

CAPTAIN COLLINS

Ein →*Collins* auf Canadian-Basis.

CARDHU
[*gälisch: schwarzer Fels*] Schottischer Single Malt (Speyside) von →*UD*.
Der ideale Einsteiger-Malt: weich, malzig und unkompliziert. Cardhu ist heute eine internationale Spitzenmarke, die von ihren Herstellern beworben wird wie keine andere.
Originalabfüllung:
12 Jahre, 40 vol.%
Cadenhead füllt den Whisky manchmal unter dem (englischen) Namen Cardow ab.
Bevor *John Cumming* im Jahre 1824 eine Lizenz für seine Destillerie bekam, gehörte er zu den notorischen Schwarzbrennern der Highlands; sein Ruf erfüllt auch das heutige Management noch mit Stolz, wie die im Büro hängenden, gerahmten Gerichtsurteile aus jener Zeit zeigen.
1884 wurde Cardhu neu gebaut, einige Jahre später erwarb →*John Walker* die Destillerie, deren Produkt seither einen Bestandteil der Johnnie Walker Blends bildet. Cardhu hat 6 *Stills*, das Wasser kommt vom Hügel *Mannoch* und dem *Lyne Burn*.

(Tel. 01340–81 02 04)

CAROLANS
Irischer Whiskey-Sahnelikör, 17 vol.%, von →*Cantrell & Cochrane* (Allied Domecq).
Die 1979 eingeführte Marke ist nach *Baileys* der meistverkaufte Whiskey-Likör dieser Art.

CARSEBRIDGE
Schottischer Grain Whisky aus der gleichnamigen Destillerie bei Stirling. Sie gehörte zur →*DCL*, war zeitweise die größte Brennerei Schottlands und wurde 1983 geschlossen. Manchmal wurde der Whisky auch als Single abgefüllt, und mit viel Glück findet man noch einen 1965er mit 57.8 vol.%.

CARSTAIRS WHITE SEAL
Blended American von →*Sazerac*.

CASK STRENGTH
Englisch für Faßstärke; diese Bezeichnung wird bisweilen synonym für *Single Cask* benützt →Einzelfaß-Abfüllung.

The CASTLE COLLECTION
Unter diesem Namen füllt *The Whisky Castle*, ein kleiner Laden in Tomintoul, Speyside, seit kurzem einige Malts ab. Bis jetzt waren dies: Allt à Bhainne, Glenturret und Glenallachie.

CASTLE PRIDE
Blended Scotch von →*Angus Dundee.*

CATTO'S
Blended Scotch von *James Catto & Co.*, einer Tochterfirma von → *Inver House.*

Die Standard-Version heißt CATTO'S RARE OLD SCOTTISH HIGHLAND, der De Luxe CATTO'S 12 YEARS OLD SCOTTISH HIGHLAND.

James Catto (1829–1908) begann 1861 als Tee- und Spirituosenhändler in Aberdeen, widmete sich aber bald sehr erfolgreich dem Blenden von Whisky. 1920 wurde die Firma an *Gilbey* verkauft, seit 1990 ist sie bei Inver House.

CHAIRMAN'S
Blended Scotch von →*Eldridge, Pope & Co.*, einer der größten Brauereien Dorsets.

Es ist in Großbritannien durchaus üblich, daß Brauereien eigene Whisky-Marken herausgeben, →Bier.

CHAIRMAN'S RESERVE
Blended Scotch, De Luxe, von →*Chivas & Glenlivet* (Seagram).

CHEQUER'S
Blended Scotch von →*John McEwan & Co.* (UD), der wahrscheinlich auf LINKWOOD basiert und hauptsächlich in Lateinamerika verkauft wird.

CHIEFTAIN'S CHOICE
Scotch Whiskies von →*P.J.Russell.*

Unter diesem Namen gibt es drei nicht näher bezeichnete Malts aus verschiedenen Regionen (wahrscheinlich Vatted), eine Reihe alter Single Malts (einen 21- und einen 32jährigen Speyside, einen 26jährigen Highland und einen 30jährigen Lowland) und schließlich drei Premium Blends (8, 12 und 18 Jahre).

CHINESISCHER WHISKY
Bis vor kurzem war Cognac die einzige westliche Spirituose, die in China nennenswerten Erfolg verzeichnen

konnte (dies allerdings in einem Ausmaß, daß *Rémy Martin* kürzlich seine Firmenzentrale von Paris nach Hongkong verlegte). Für die Zukunft wird jedoch mit einem enormen Wachstumspotential für Whisky-Importe gerechnet, speziell für Blended Scotch (Marktführer ist derzeit JOHNNIE WALKER).

Angesichts des gigantischen Markts – die Zahl der Alkoholkonsumenten wird auf 800 Millionen Menschen geschätzt, Löhne werden zum Teil in Alkohol ausgezahlt – versuchen die großen Spirituosenkonzerne, durch Joint-ventures mit einheimischen Getränkeherstellern in China Fuß zu fassen, nicht nur aus vertriebstechnischen Gründen, sondern auch in der Absicht, steuerlich begünstigten, einheimischen Whisky zu produzieren. Vorreiter war wie immer die Firma *Seagram*, die seit 1988 hier ihren SEAGRAM'S 7 STAR brennen läßt. Inzwischen engagieren sich auch *UD*, *Hiram Walker (Allied Domecq)* und *Pernod Ricard* in dieser Richtung, allerdings noch ohne neue Marken herausgebracht zu haben.

CHIVAS & GLENLIVET GROUP

Schottische Tochterfirma des Spirituosengiganten →*Seagram*, innerhalb dieses Konzerns für die Scotch-Geschäfte zuständig.

CHIVAS REGAL

Blended Scotch der →*Chivas & Glenlivet Group* (Seagram).

Sehr ausgewogener, 12jähriger De Luxe Blend, der in über 150 Ländern zu haben ist und zu den fünf meistverkauften Scotch Whiskies der Welt gehört.

Basis-Malts: STRATHISLA, THE GLENLIVET, LONGMORN und GLEN GRANT.

Chivas gibt es auch mit 15 Jahren, der 18jährige heißt CHIVAS IMPERIAL, Spitzenprodukt ist der 21jährige →ROYAL SALUTE.

James Chivas begann 1841 in Aberdeen als Whisky-Händler und machte sich bald auch als Hersteller einen Namen; sein erster Blend hieß »Glen-Dee«, später kam »Royal Strathythan« hinzu, mit dem er es bis zum K.u.K. Hoflieferanten brachte. 1891 schließlich kam Chivas Regal auf den Markt und erwies sich sehr schnell als Exportschlager. 1949 übernahm Seagram die Firma und übertrug ihr 1950 die Leitung der STRATHISLA DISTILLERY. 1957 begann man mit dem Bau der Brennerei GLEN KEITH, wenig später wurde bei Paisley eine Blend- und Abfüllanlage errichtet.

CHOICEST LIQUEUR
Blended Scotch von →*Berry Bros. & Rudd.*

CLAN ARDOCH
Blended Scotch von →*Hall & Bramley.*

CLAN BEN
Blended Scotch von →*Angus Dundee.*

CLAN CAMPBELL
Blended Scotch von →*Campbell Distillers* (Pernod Ricard).

Außer der Standard-Abfüllung, die in den 80er Jahren die größte Zuwachsrate auf dem europäischen Blended-Scotch-Markt hatte, gibt es seit Anfang der 90er Jahre einen CLAN CAMPBELL HIGHLANDER, 12 Jahre, und einen CLAN CAMPBELL LEGENDARY, 21 Jahre; der 12jährige CLAN CAMPBELL SPECIAL RESERVE im Keramikkrug (abgefüllt von *Muir Mackenzie*) stammt noch vom Firmen-Vorgänger *The House of Campbell*, wird heute nicht mehr hergestellt, ist aber noch manchmal zu finden.

CLAN MacGREGOR
Blended Scotch von *Alexander MacGregor*, einer Tochterfirma von →*Wm Grant.*
In den 70er Jahren für den US-Markt kreiert, wo er heute ziemlich erfolgreich ist.

CLAN MUNRO
Blended Scotch von →*Wm Lawson*, einer Tochterfirma von *Martini & Rossi* (Bacardi Ltd.).

CLAN MURDOCK
Blended Scotch von →*Macdonald Martin.*

CLAN ROY
Blended Scotch von →*T.& A. McClelland*, einer Tochterfirma von →*Morrison Bowmore* (Suntory).

CLANSMAN
Blended Scotch von →*Glen Catrine*, vor allem für den lateinamerikanischen Markt bestimmt.

The CLAYMORE
Blended Scotch von →*Whyte & Mackay* (American Brands).

Eine heute in ihrer Heimat sehr erfolgreiche Billigmarke; 1977 von der →*DCL* nur für den britischen Markt eingeführt, 1986 von deren Nachfolger →*UD* an die heutigen Besitzer verkauft.

CLEMENTINE'S
Kentucky Straight Bourbon, 50,5 vol.%, von →*Barton* (Canandaigua).
Die Marke wird ausschließlich für den japanischen Markt abgefüllt.

CLUB

Blended Scotch von →*Justerini & Brooks* (IDV/Grand Metropolitan).

Der erste Blend von →J & B kam bereits in den 80er Jahren des letzten Jahrhunderts auf den Markt und ist heute nur noch in den Justerini & Brooks-Läden (Edinburgh und London) zu haben.

CLUNY

Blended Scotch von *John E. McPherson & Co.*, einer Tochterfirma von →*Invergordon* (Whyte & Mackay, American Brands).

Als Standard- und als 12- bzw. 21jähriger De Luxe Blend abgefüllt und vor allem in die USA, nach Kanada, Australien, Skandinavien und Italien exportiert.

Die Wein- und Spirituosenhandlung McPherson wurde 1857 in Edinburgh gegründet, 1961 von →*Scottish & Newcastle Breweries* übernommen und gehört seit 1985 zu Invergordon.

CLYNELISH

Schottischer Single Malt (Northern Highlands) von →*UD*.

Ein kräftiger, voller Malt mit ausgeprägtem Charakter, der sich bei den *happy few*, die ihn kennen, großer Wertschätzung erfreut.

Originalabfüllung: 14 Jahre*, 43 vol.% (»Flora & Fauna«-Reihe); 22 Jahre, 58.95 vol.% (»Rare Malts Selection«)

Gordon & MacPhail:
12 Jahre, 40 und 57 vol.%

Cadenhead:
23 Jahre (dest. 1965); 57.1 vol.%;
13 Jahre* (dest. 1982), 65.8 vol.%

Signatory:
28 Jahre (dest. 1965), 50.7 vol.% (im Sherryfaß gelagert)

Adelphi:
11 Jahre (dest. 1984), 61.0 vol.%

Die genannten Abfüllungen stammen aus zwei verschiedenen Brennereien: Die mit * versehenen kommen aus der 1969 eröffneten Clynelish Distillery, die anderen aus der älteren von 1819, die Gordon & MacPhail-Abfüllungen sind nicht sicher zuzuordnen. Eine ausführlichere Darstellung der Namensgeschichte findet sich bei →Brora.

Die erste Clynelish-Brennerei gehörte zeitweise der Firma →*Ainslie & Heilbron*, die sie für ihre Blends

heranzog (→*The Real McTavish*) und auch unter dem späteren Besitzer *DCL* noch führte.
Die heutige Destillerie hat 6 *Stills*, das Wasser kommt vom *Clynemilton Burn*. (Tel. 01408-62 11 31)

COCKBURN & CAMPBELL

Renommiertes, schottisches Weinhandelshaus in Leith, das seit 1972 der Brauerei *Young & Co.* gehört. Von den ehemals sechs Whisky-Marken sind heute nur noch zwei übrig: THE ROYAL & ANCIENT, SPECIAL MALT.

COCKBURN & MURRAY

Blended Scotch, 8 Jahre, De Luxe, von →*P.J.Russell*.
Das kleine Whisky- und Weinhandelshaus wurde 1953 von Russel übernommen. Dieses Unternehmen bringt außerdem noch einen Vatted Malt von C. & M. heraus: THE SEVEN STILLS.

COCKBURN'S OF LEITH

Die 1796 gegründete Firma wurde weniger durch ihren Whisky berühmt, obwohl sie damit auch *Charles Dickens* und *Walter Scott* belieferte, sondern vor allem durch ihr 1815 in Porto eröffnetes Portwein-Haus. Zeitweise gehörte Cockburn zu →*Drambuie*, seit 1993 zur schottischen *Wine Company*, die es inzwischen allerdings vorzieht, selbst unter dem Namen Cockburn zu firmieren.
Außer einem Vatted namens COCKBURN'S HIGHLAND MALT bringt die Firma noch den 8jährigen Blend COCKBURN'S O.V. 8 heraus sowie die Marken THE DOMINIE und OLD DECANTER.

COLEBURN

Schottischer Single Malt (Speyside, Elgin) von →*UD*.
Ein leichter und gut ausbalancierter Malt, den es heute nur noch von unabhängigen Abfüllern gibt.
Gordon & MacPhail:
Jahrgänge 1965 und 1972, 40 vol.%
Cadenhead:
17 Jahre (dest. 1978), 62 vol.%
John MacArthur:
12 Jahre, 43 vol.%
Die Destillerie wurde 1897 erbaut und ist seit 1985 außer Betrieb. In ihrer aktiven Zeit produzierte sie den Basis-Malt für die USHER Blends.

COLERAINE

Blended Irish Whiskey, Standard, 40 vol.%, aus der Bushmills Distillery von →*IDG* (Pernod Ricard).

Eine kleine Marke mit einem großen Namen: Heute bekommt man Coleraine ausschließlich in Nordirland, doch im 19. Jahrhundert galt er als einer der besten Whiskeys Irlands. Auch in der Bar des britischen Unterhauses gab es damals einen 10jährigen Malt aus der Coleraine-Distillery, die 1820 ganz in der Nähe von *Bushmills* gegründet worden war. Wie für die meisten irischen Brennereien, brachte die US-Prohibition auch für Coleraine das Aus. In den 20er Jahren wurde sie geschlossen und später an Bushmills verkauft. Ende der 30er Jahre nahm die Destillerie den Betrieb wieder auf, seit 1978 steht sie endgültig still. Die Produktion wurde nach Bushmills verlegt, wo die Marke nur noch in kleiner Auflage – sozusagen als Nebenprodukt von →*Bushmills Original* – abgefüllt wird.

1993 kamen noch einmal 396 Flaschen eines 34jährigen Coleraine-Malts auf den Markt. Er wurde in Faßstärke abgefüllt (57.1 vol.%) und soll von ganz außerordentlicher Qualität sein.

COLONEL COLLINS

Ein →*Collins* auf Bourbon-Basis.

COLONEL LEE

Kentucky Straight Bourbon, Bottled in Bond, 50 vol.%, von →*Barton* (Canandaigua).

Ein passabler Alltags-Bourbon, aber Vorsicht: Unter dem gleichen Namen füllt Barton auch einen weniger empfehlenswerten Light Whiskey ab.

COLLINS

Collinses sind den Fizzes verwandte Mixgetränke; sie bestehen aus der Basisspirituose, die mit Zitronensaft und Zucker verrührt und mit Soda aufgegossen wird. Je nach Whisk(e)ysorte ändert sich der Name: Mit Scotch heißt er Sandy Collins, mit Bourbon Colonel Collins, mit Irish Mike Collins und mit Canadian Captain Collins.

Collinses werden auf Eis im Longdrinkglas serviert und sind prima Durstlöscher.

COLUMBA CREAM

Schottischer Whisky-Sahnelikör, 17 vol.%, von der Firma *John Murray* (Clagary, Isle of Mull). Die Marke ist relativ neu auf dem Markt und basiert auf angeblich 4 Jahre alten Malts.

CONNEMARA

Irischer Single Malt, 40 vol.%, von →*Cooley*.

Wohl der torfigste Irish Whiskey und im Gegensatz zu den meisten von ihnen nur zweifach gebrannt. Die Marke wird erst seit Mitte der 90er Jahre hergestellt und befindet sich sozusagen noch im Entwicklungsstadium (→*Pure Pot Still).*

CONSULATE

Blended Scotch von →*Wm Grant*, nur für den US-Markt abgefüllt.

CONVALMORE

Schottischer Single Malt (Speyside, Dufftown) von →*Wm Grant.*

Ein vielschichtiger, ausgewogener Digestif-Malt, dessen Aroma einen Autor einmal an ein »Kornfeld nach einem Sommerregen« erinnerte.

Gordon & MacPhail:

Jahrgang 1969, 40 vol.%

Cadenhead:

17 Jahre (dest. 1977), 65.3 vol.%, und 31 Jahre (dest. 1962), 48.9 vol.%

Die Destillerie wurde 1894 eröffnet und lange Zeit von der Firma →*Lowrie* geführt, für deren Blends sie eine wichtige Rolle spielt. Nachdem Lowrie von →*Buchanan* übernommen wurde, experimentierte man hier kurzzeitig mit kontinuierlich gebranntem Malt Whisky. Über Buchanan kam Convalmore zu →*UD*, die sie 1990 an die Grants verkauften; die benutzen die seit 1985 geschlossene Brennerei als Lagerhaus.

COOLEY DISTILLERY

Die einzige irische Destillerie in irischem Besitz wurde erst vor wenigen Jahren (wieder) eröffnet, und man darf gespannt sein, wie sich das Vorhaben des Eigentümers *John Teeling* entwickelt, das Monopol der →*IDG (Irish Distillers Group)* zu brechen und dem irischen Whiskey wieder Weltgeltung zu verschaffen. Nachdem sein Versuch, die IDG zu übernehmen, 1986 an der Intervention des französischen Getränkekonzerns →*Pernod Ricard* scheiterte, erwarb Teeling 1987 eine staatliche Spritfabrik in Cooley, Dundalk.

1989 begann

hier die Produktion von Pot Still- und Grain Whiskey. Durch den Erwerb der Konkursmasse von *A.A.Watt* und *John Locke* (→*Kilbeggan*) sicherte sich die *Cooley Distillery* die Rechte an den alten Irish-Marken *Tyrconnell* und *Locke's*. Der Versuch der IDG, nun ihrerseits Cooley zu übernehmen, scheiterte am irischen Wettbewerbsrecht, und so konnte die Firma schließlich 1992 erstmals ihren Malt TYRCONELL herausbringen, dem ein Jahr darauf die Blends KILBEGGAN und LOCKE'S folgten. Zu Cooleys Portfolio gehören inzwischen noch die Marken AVOCA, CONNEMARA, ERIN'S ISLE, INISHOWEN und MILLARS.

Die Destillerie liegt in der Nähe von Dundalk, County Westmeath, und benutzt die Lagerhäuser der stillgelegten Brennereien KILLBEGGAN und TULLAMORE. Im Gegensatz zu allen anderen Irish Whiskeys werden Cooley-Produkte unter Verwendung von getorftem Getreide nur zweifach destilliert.

Die Geschäftsleitung in Dublin sieht ihre Chancen vor allem im Export und arbeitet zu diesem Zweck mit Firmen wie →*Heaven Hill* und →*United Distillers* zusammen. Ihre Hauptmarke KILBEGGAN ist inzwischen der am zweithäufigsten verkaufte Irish in Deutschland, einem der wichtigsten Exportmärkte für irische Whiskeys.

CORBY

Kanadischer Hersteller mit Sitz in Montreal.

1857 von *Henry Corby* in der Nähe von Toronto gegründet. Seit den 30er Jahren gehört das Unternehmen zur →*Allied-Domecq*-Tochter →*Hiram Walker*, in deren Destillerie in Windsor, Ontario, die Corby-Marken produziert werden:

MCGUINNESS, MEAGHERS 1878, SILK TASSEL, ROYAL RESERVE, WISER'S.

CORBY'S

Blended American, 40 vol.%, von →*Barton* (Canandaigua), mit einem Bourbon-Anteil von 30%.

CORIO

Australischer Blended Whisky aus der gleichnamigen Destillerie in der Nähe von Melbourne. Die Marke gehörte zu den letzten Beständen der Gruppe *United Distilleries*, die 1995 ihren Whisky zu Gin umdestillierte und die Brennerei anschließend dichtmachte (→*Australischer Whisky*).

CORK DISTILLERIES →Midleton, Paddy, IDG

CORN BASE

Japanischer Blend im Bourbon-Stil, 8 Jahre, von →*Nikka*.
Der Whisky besteht aus amerikanischem Maisdestillat, das mit einheimischen Whiskies verschnitten wird.

CORN RIB

Kentucky Straight Corn von →*Barton* (Canandaigua).

CORN WHISKEY

US-Whiskey-Sorte der einfachsten Art. Corn Whiskey wird aus einer Maische mit über 80% Maisanteil gebrannt und in unbehandelten oder gebrauchten Fässern gelagert, allerdings meist nur kurz, weshalb er kaum Farbe hat. Sein Alkoholgehalt ist in der Regel sehr hoch, der Geschmack süß und simpel. Er gleicht in vieler Hinsicht dem Schwarzgebrannten (→*Moonshine*), und wie diesen findet man Corn Whiskey am ehesten im Süden der USA. Die bekannteste Marke dürfte Georgia Moon sein, außerdem gibt es noch: Cabin Hollow, Corn Rib, Golden Grain, McCormick, J.W.Corn, Mellow Corn, Old Dispensary.

CORNEY & BARROW

Blended Scotch der renommierten Londoner Wein- u. Spirituosenhandlung Corney & Barrow (gegründet 1780). Als C & B noch zur Firma →*Catto* gehörten, produzierten sie selbst, heute läßt man von →*P.J.Russell* herstellen und beliefert vor allem den japanischen Markt.
1994 taten sich C & B mit *Whighams of Ayr* zusammen, einer anderen Traditionsfirma, die sich unter anderem mit ihrem DUART CASTLE Whisky einen Namen gemacht hat.

CRABBIE'S

Blended Scotch von *John Crabbie & Co.* (Mcdonald Martin), einer alten Herstellerfirma aus Edinburgh (gegründet 1801), die zeitweise eine eigene Grain-Brennerei besaß und 1994 von *UD* an ihre heutigen Besitzer verkauft wurde.
Von Crabbie gibt es auch einen in Schottland sehr beliebten GREEN GINGER CORDIAL, der für die Zubereitung eines →*Whisky Mac* unentbehrlich ist.

CRAGGANMORE

Schottischer Single Malt (Speyside) von →*D.& J. McCallum* (UD).
Ein ausgesprochen nobler Malt, bei dem sich Malz und Torf aufs überzeugendste die Waage halten. Trotz seiner offenkundigen Qualitäten ist Cragganmore (noch) ziemlich unbekannt, was zum einen am relativ geringen Output der Destillerie liegt, zum anderen daran, daß er erst seit 1988/89 offiziell vermarktet wird.
Originalabfüllung:
12 Jahre, 43 vol.% (aus der Reihe »Classic Malts«)
Gordon & MacPhail: Jahrgänge 1976, 1977, 1978, je 40 vol.%, sowie 17 Jahre (dest. 1976), 53.8 vol.%
Cadenhead:
13 Jahre (dest. 1982), 60.9 vol.%
Cragganmore wurde 1869 von einem ehemaligen *Macallan*-Manager eröffnet und gehörte zeitweise zu →*White Horse*. Die Brennerei hat 4 *Stills*, das Wasser kommt vom Hügel *Craggan More*. Der Malt ist ein wesentlicher Bestandteil der McCALLUM Blends.
(Tel. 01807-50 02 02)

CRAIGELLACHIE

[kraigélleki] Schottischer Single Malt (Speyside) von →*White Horse* (UD). Ein ungewöhnlicher Malt, der gleichzeitig rauchig und fruchtig, in manchen Abfüllungen aber auch sehr torfig ist.

Originalabfüllung: 14 Jahre, 43 vol.% (»Flora & Fauna«-Reihe)
Gordon & MacPhail:
Jahrgang 1974, 1977, 40 vol.%
Cadenhead: hatte zuletzt einen 15jährigen mit 46 vol.%
Signatory: 17 Jahre (dest. 1978, Sherryfaß), 43 vol.%

Die Destillerie wurde 1891 von einem Konsortium errichtet, dem u.a. auch *Peter Mackie* angehörte, der Gründer von WHITE HORSE. In diesem Blend verschwindet bis heute ein großer Teil der Craigellachie-Bestände. 1927 wurde die Destillerie Teil der →*DCL*, über die sie später zu UD kam. Sie hat 4 *Stills*, das Wasser kommt vom *Little Convall Hill*.

(Tel. 01340–88 12 12)

CRAWFORD'S 3 STAR

Blended Scotch, 40 vol.%, von *A.& A. Crawford*, einer Tochterfirma von →*UD* (in Großbritannien ist →*Whyte & Mackay* Lizenzträger).

Die Marke kam 1900 auf den Markt und war zeitweise die Nr.1 in Schottland; die De-Luxe-Version CRAWFORD'S 5 STAR ist derzeit nicht im Handel. Die Firma A. & A. Crawford existierte von 1860 bis 1944 als unabhängiges Blending House, kam dann zu DCL, später zu UD, für die sie bis 1992 die Destillerie BENRINNES betrieb.

CRESCENT

Japanischer Blend, De Luxe, von →*Kirin-Seagram.* Wie alle Blends aus diesem Haus, ist auch Crescent eine Mischung aus einheimischen und schottischen Whiskies und für japanische Verhältnisse ziemlich trocken und rauchig.

CRESTED TEN

Blended Irish Whiskey, 40 vol.%, aus der Midleton Distillery von →*IDG* (Pernod Ricard).

Diese gut ausbalancierte Premium-Marke aus dem Hause →*Jameson* ist seit 1963 auf dem Markt. Sie genießt besonders bei Dubliner Geschäftsleuten einen guten Ruf und ist daher in einfacheren Pubs – und das sind in Irland meist die besten – als »Yuppie-Whiskey« verrufen.

CROWN ROYA

Canadian Blend von →*Seagram.* Dieser 10jährige De Luxe gilt allgemein als das beste, was die kanadische Whisky-Industrie zu bieten hat. Er wurde 1939 anläßlich eines Staatsbesuchs des britischen Königspaares kreiert, angeblich von Seagram-Chef *Samuel Bronfman* höchstpersönlich. Tatsächlich besitzt Crown Royal eine für einen Canadian erstaunliche Körperfülle. Seit 1995 gibt es mit Crown Royal Special Reserve auch eine Sonderedition aus ausgesuchten Fässern (vgl. *Small Batch).*

COUNTY

American Blended von →*Sherman.*

CUMBRAE CASTLE

Blended Scotch von →*Macduff International.*

Eine relativ junge Marke, die vor allem für den Export bestimmt ist.

CUSTODIAN

Blended Scotch von *Denham,* einer Tochterfirma von →*Red Lion Blending.* Hauptmarkt ist Venezuela.

CUTTY SARK

Blended Scots (!) Whisky, der von →*Lang Bros.* für →*Berry Bros. & Rudd* hergestellt wird.
Ein leichter Blend ohne Karamelfärbung, der führende Scotch in den USA.
Außer der Standard-Abfüllung gibt es einen Premium namens CUTTY SARK IMPERIAL KINGDOM, einen 12-jährigen CUTTY SARK EMERALD (früher CUTTY 12), einen 18jährigen CUTTY SARK DISCOVERY und einen CUTTY SARK GOLDEN JUBILEE, der bis zu 50 Jahre alte Malts enthält. Alle Cutty-Versionen haben 43 vol.%.
Basis-Malts sind u.a. höchstwahrscheinlich BUNNAHABHAIN und ganz sicher GLEN ROTHES.
Cutty Sark kam 1923 auf den Markt und war der erste der heute so erfolgreichen →*Light* Scotches. Er war in den USA gleich nach der Prohibition ein durchschlagender Erfolg, wurde dort aber auch schon während des Alkoholverbots in nicht geringen Mengen eingeführt, ja es spricht sogar einiges dafür, daß Cutty Sark nur zu dem Zweck kreiert wurde, in diesem heiß umkämpften Markt Fuß zu fassen. Sein leichter Körper und die helle Farbe entsprachen genau der Art von Whisky, an die sich das amerikanische Publikum durch das ausgiebige – weil lukrative – Verdünnen von seiten der illegalen Schnapshändler gewöhnt hatte und an der es bis heute festhält.
Cutty Sark hieß eine Hexe aus einem Gedicht des schottischen Nationaldichters *Robert Burns*, außerdem trug auch der damals schnellste Segler der Welt – er ist auf dem Etikett dargestellt – diesen Namen, und schnelle Boote waren genau das, was die Schnapsschmuggler der Karibik brauchten, um ihre Ladung möglichst ungehindert an die amerikanische Küste zu bringen. *William McCoy* – einer der berühmtesten dieser sogenannten *rum-runner* – war als Agent für Berry Bros. & Rudd tätig (»The Real McCoy« ist in der amerikanischen Umgangssprache noch heute ein Synonym für ordentlichen Whisky).

CWS (Co-operative Wholesale Society)

Britischer Abfüller mit eigener Ladenkette und einer riesigen Abfüllanlage in Manchester, die auch von anderen Herstellern benutzt wird. Ihre eigenen Marken (HEATHERDALE, HIGHLAND ABBEY, MAJORITY) läßt CWS von →*Invergordon* herstellen.

D

»Whiskey«, sagte Gage,
»Das Geheimnis meines Überlebens.«
William Boyd »Stars & Bars«

DAILUAINE

[*(daluejn)* gälisch: grünes Tal]
Schottischer Single Malt (Speyside, Carron) von →*UD*.
Ein beinahe üppiger Malt für jede Gelegenheit.
Originalabfüllung: 16 Jahre, 43 vol.% (»Flora & Fauna«-Reihe)
Gordon & MacPhail:
Jahrgänge 1971, 1974, 40 vol.%
Cadenhead: 27 Jahre (dest. 1962), 50.8 vol.%; 27 Jahre (dest. 1966, Sherryfaß), 45.7 vol.%
Die Brennerei wurde 1854 gegründet und später ausgiebig umgebaut; ab 1898 bestand eine geschäftliche Verbindung zu TALISKER, beide Malts bilden noch heute die Basis für die JOHNNIE WALKER Blends. 1916 kam die Destillerie zur →*DCL*.
Dailuaine hat 6 *Stills*, das Wasser kommt vom *Bailliemullich Burn*.
(Tel. 01340–81 03 61)

DALLAS DHU

Schottischer Single Malt (Speyside, Findhorn) von →*UD*.
Ein kompakter und sehr harmonischer Malt, ein guter Aperitif.
Originalabfüllung:
24 Jahre (dest. 1970), 59.9 vol.% (»Rare Malts Selection«)
Gordon & MacPhail:
Jahrgänge 1969, 1971, 1974, je 40 vol.%
Cadenhead:
18 Jahre (dest. 1977), 59.2 vol.%
Signatory:
18 Jahre (dest. 1974), 60.8 vol.%
Dallas Dhu wurde 1898 von *Charles Doig* entworfen, einem Architekten aus Elgin, der sich vor allem dem Destillerie-Design widmete und wahrscheinlich als Erfinder der typischen Pagodendächer gelten kann, die man so häufig auf den Mälzböden antrifft. Die Brennerei wurde 1983 endgültig geschlossen und später in ein Museum umgewandelt, in dem die traditionelle Herstellung von Whisky sehr anschaulich vorgeführt wird. Außerdem kann man dort einen Blend namens RODERICK DHU erwerben, eine Marke, die bereits um die Jahrhundertwende populär war.

Dallas Dhu selbst ist auch noch zu bekommen, doch die Bestände werden langsam rar, und die Preise steigen derart, daß nur noch wirkliche Genießer diesen Whisky seiner eigentlichen Bestimmung zuführen, statt ihn ins Regal zu stellen.

DALMENY

Blended Scotch, Standard und De Luxe, von *J. Townend & Sons*, einer alten Wein- und Spirituosenhandlung in Hull, die diese bereits Ende des 19. Jahrhunderts kreierte Marke in den 30er Jahren erwarb. Der Blend wird von einem ungenannten Hersteller aus Schottland bezogen und hauptsächlich an Restaurants und Supermärkte geliefert.

DALMORE

Schottischer Single Malt (Northern Highlands) von →*Whyte & Mackay* (American Brands).

Ein sehr eleganter Whisky – mit den Worten von →*W. Milroy: »another really good malt«* –, der bei weitem nicht die Wertschätzung genießt, die er eigentlich verdient hätte. Außerdem einer jener Malts, denen auch eine lange Lagerzeit nichts anhaben kann, im Gegenteil: Die äußerst raren 50 oder mehr Jahre alten Abfüllungen werden sehr gerühmt.

Originalabfüllung:
12 Jahre, 40 vol.%; 26 Jahre, 45 vol.% (»Stillman's Dram«)
Cadenhead: 30 Jahre (dest. 1963), 54.5 vol.%; 19 Jahre (dest. 1976), 58.7 vol.%

Nachdem *Alexander Matheson* in Hongkong sein Geld im Tee- und Opiumhandel gemacht hatte, begann er 1839 in Dalmore mit dem Whisky-Brennen. Die Destillerie wurde 1886 von der Familie *Mackenzie* übernommen, die vor allem die Firma *Whyte & Mackay* mit Whisky belieferte. Seit jener Zeit ist Dalmore einer der Basis-Malts für die Blends von Whyte & Mackay.

Die Brennerei hat 8 *Stills*, das Wasser kommt aus dem Fluß *Alness*. Außer Bourbon- werden auch Sherry-(Oloroso-)Fässer zur Reifung verwendet.

(Tel. 01349–88 23 62)

DALWHINNIE

Schottischer Single Malt (Highlands, Inverness-shire) von →*J.Buchanan & Co.* (UD).
Ein sanfter, aromatischer und sehr sinnlicher Malt.
Originalabfüllung: 15 Jahre, 43 vol.% (aus der Reihe »Classic Malts«)
Gordon & MacPhail:
Jahrgang 1970, 40 vol.%
Cadenhead: hatte zuletzt einen 27jährigen von 1966 mit 45.5 vol.%
Dalwhinnie wurde 1897 als Strathspey Distillery eröffnet und bekam ihren heutigen Namen erst einige Jahre später. 1926 kam sie zur →*DCL*, seither ist der Whisky ein wichtiger Bestandteil in den *Buchanan* Blends, z.B. Black & White, und in *Haig's* Dimple.
Die Destillerie hat 2 *Stills*, das Wasser kommt aus *Lochan an Doire-Uaine*.
(Tel. 01528–52 22 40)

DAVID NICHOLSON 1843

Kentucky Straight Bourbon, 7 Jahre, 45 und 50 vol.%. Ein sehr rares Privatlabel, das die Firma →*Rip Van Winkle* für ein Unternehmen in St. Louis abfüllt.

DAVIESS COUNTY

Blended American von →*Sherman.*
Die Marke kam früher von →*Medley*, einer im Daviess County, Kentucky, beheimateten Firma, die heute nicht mehr existiert.

DCL (Distillers Company Ltd.)

Der Name DCL hat heute nur noch historische Bedeutung – dies allerdings in einem Maße, das es nötig macht, hier einige Worte darüber zu verlieren: Das Unternehmen entstand 1877 aus einem Zusammenschluß von sechs Grain-Destillerien, dem sich in den folgenden Jahren immer mehr Firmen anschlossen. Was als bloße Interessenvertretung einiger Brennereien begonnen hatte, entwickelte sich nach und nach zum einflußreichsten Whisky-Konzern Schottlands. Man expandierte nach Irland, Australien und Kanada, und Ende der 20er Jahre fanden sich auch die großen Namen →*Buchanan, Dewar, Haig, Walker* und *White Horse* unter dem Dach der DCL wieder. Zeitweise kontrollierte die Firma über 40% der gesamten Scotchproduktion, außerdem war sie maßgeblich in der britischen Gin-Industrie vertreten *(Gordons, Tanqueray,*

Booth) und machte sich als wichtigster Hefezüchter des Landes unverzichtbar (noch heute verwenden die meisten Malt-Destillerien Abkömmlinge von DCL-Hefezüchtungen).
Doch schiere Größe macht nicht unverwundbar: Als in den 70er Jahren andere Spirituosen dem Scotch seine Rolle als Modegetränk streitig machten, erwies sich die DCL als schwerfälliger Koloß, unfähig, auf die veränderten Marktbedingungen zu reagieren.
Erste Kratzer hatte das schöne Bild bereits Anfang der 60er Jahre bekommen, als der Konzern in die *Contergan*-Tragödie verwickelt wurde: Die Tochterfirma DCL Biochemicals war für Herstellung und Vertrieb des Wirkstoffes dieses Medikaments verantwortlich, und die daraus folgenden Gerichtsverfahren sorgten bis Anfang der 70er Jahre für eine schlechte Presse. Der nächste Schlag kam aus Brüssel: Durch neue Wettbewerbsverordnungen der EG sah die DCL sich gezwungen, ihr Paradepferd *Johnnie Walker* vom britischen Markt zu nehmen, und überließ damit den Konkurrenzmarken *Bell's* und *Famous Grouse* die Führung (die sie bis heute nicht wieder abgaben). Derart geschwächt ging die DCL in die Wirtschaftskrise, die Großbritannien in den 80er Jahren heimsuchte, und so begann das große Destillerien-Sterben: Zwischen 1983 und 1985 wurden um die zwei Dutzend DCL-Betriebe stillgelegt. Mit anderen Worten: Die alte Festung war sturmreif, und die Eroberungsversuche ließen nicht lange auf sich warten. Als Sieger ging schließlich der irische Großbrauer *Guinness* hervor, der die DCL 1986 übernahm und sie ein Jahr darauf in *United Distillers* umbenannte (siehe *UD*). Die Namensgebung ist möglicherweise eine späte Rache der Iren, denn in den 20er Jahren hatte die DCL ein irisches Unternehmen dieses Namens geschluckt.

DEANSTON

Schottischer Single Malt (Southern Highlands) von →*Burn Stewart.*
Ein leichter und geschmeidiger Malt für jede Tageszeit.
Originalabfüllung:
12, 17 und 25 Jahre, jeweils 40 vol.%
Cadenhead:
18 Jahre (dest. 1977), 54.7 vol.%
Deanston ist eine relativ junge Destillerie, sie wurde erst 1965 eröffnet; 1972 kam sie zu →*Invergordon*, die sie 1982 schlossen und acht Jahre später an die heutigen Besitzer verkauften. Seit 1990 wird hier wieder gebrannt und zwar mit 4 *Stills* und dem Wasser des Flusses *Teith.*
(Tel. 01786-84 14 39)

DEFENDER

Blended Scotch, der von der Firma *Dalaruan*, Glasgow, in drei Versionen herausgegeben wird: als VERY CLASSIC PALE, als 5jähriger sowie als 12jähriger SUCCESS, alle mit 40 vol.%.
Die Marke existiert seit 1989 und wird vorwiegend in Frankreich, Japan und Spanien verkauft. Das Blending-Haus Dalaruan ist ein Gemeinschaftsuntenehmen mehrerer Firmen, darunter →*Robertson & Baxter, Asbach, Osborne, Taittinger* und *Takahashi*; es trägt den Namen einer historischen Destillerie, die einst in →*Campbeltown* stand und in den 30er Jahren abgerissen wurde.

DE LUXE
Obere Preiskategorie, vor allem bei Blended Scotch und Bourbon (vgl. Premium, Standard), die nicht zwangsläufig Rückschlüsse auf die Qualität der Marke zuläßt. Zwar gilt die Regel, daß De Luxe Scotches mindestens 35% Malt Whiskies enthalten, doch es gibt bereits Standard-Blends mit höherem Malt-Anteil.

DERBY SPECIAL
Blended Scotch von →*Kinross*, der in einer 3- und 5jährigen Version sowie als 12jähriger De Luxe angeboten wird.

DEUTSCHER WHISKY
Whisk(e)y wurde in Deutschland erst in den 60er Jahren populär, doch es gab bereits 1913 erste Versuche, auch hierzulande ein ähnliches Getränk herzustellen. Damals experimentierte man im Berliner *Institut für Gärungsgewerbe* mit der Entwicklung von Whisky »nach amerikanischer Art«: Man lagerte 45%igen Kartoffelsprit mehrere Jahre in angekohlten Eichenfässern aus Slawonien, und das Ergebnis hatte angeblich eine dem Bourbon durchaus ähnliche Beschaffenheit. Was weiterhin damit geschah, ist nicht überliefert. Erst 1958 rührte sich wieder etwas, als nämlich die Firma *Racke* in Bingen anfing, eine deutsche Variante von Scotch zu produzieren, d.h. importierten Malt mit einheimischem Getreidedestillat zu verschneiden (→Racke Rauchzart). Der Zeitpunkt war gut gewählt, denn der deutsche Geschmack der Nachkriegszeit orientierte sich zunehmend auch an fremdländischen Genüssen. Hollywood trug das seine zur Verbreitung des amerikanischen Lebensstils bei, und bald tauchten auch in hiesigen Filmproduktionen des öfteren elegante Herren und harte Männer auf, die dem Whisk(e)y zusprachen.

Importspirituosen waren zu jener Zeit noch Luxusartikel, *Racke Rauchzart* profitierte vom noblen Image des Whisk(e)ys und behielt, nicht zuletzt dank seines günstigen Preises, bis in die 70er Jahre die Position des Marktführers gegen die schottische und amerikanische Konkurrenz.

Bourbon war in Deutschland in den 60er Jahren populär geworden, doch weder Rackes Importmarke *Old Red Fox* noch der Bourbon-Imitation *Jacob Stück Whisky* aus dem Hause *Jacobi* war ein langes Leben beschieden.

Heute rangiert *Racke Rauchzart* immerhin unter den fünf meistverkauften Whisk(e)y-Marken in der Bundesrepublik. Weit abgeschlagen ist dagegen DER FALCKNER, der von der Firma *Falckenthal* bei Berlin ausschließlich aus einheimischem Getreide gebrannt wird. Seit 1995 gibt es auch einen deutschen Malt Whisky, er trägt den nicht gerade publicityträchtigen Namen PIRATEN WHISKY und kommt aus Franken.

DEW OF BEN NEVIS

Blended Scotch, der aus Whiskies der BEN NEVIS DISTILLERY von →*Nikka* hergestellt wird.

Versionen: »Extra Special« Premium, 12- und 21jähriger De Luxe.

DEW OF THE WESTERN ISLES

Blended Scotch von →*Speyside Distillery*.

DEWAR'S

Blended Scotch aus dem Hause →*John Dewar & Son*, einer Tochterfirma von →*UD*.

Die Geschichte dieser Marke ist in vielerlei Hinsicht identisch mit der Geschichte des Blended Scotch an sich. Im Alter von 23 Jahren begann *John Dewar* (1806–1880) als Angestellter in einer Wein- & Spirituosenhandlung in Perth, 18 Jahre später machte er sich selbständig und verkaufte seine eigenen Blends. Dewar war einer der ersten, die ihren Whisky in Flaschen (statt wie damals üblich in Krügen oder Fässern) anboten. Auch seine beiden Söhne *John Alexander* und *Tommy* erwiesen sich als geschickte Marketingstrategen:

1885 eröffneten sie eine Niederlassung in London und nutzten die dort gerade im Schwange befindliche romantische Vorstellung aus, derzufolge die »Edlen Wilden« in den Highlands tagaus, tagein merkwürdige Kostüme trugen und mit merkwürdigen Instrumenten merkwürdige Musik erzeugten. So wurden Dudelsack und Kilt feste Bestandteile all ihrer Kampagnen, und diese Stereotypen bestimmten das Bild vom Scotch Whisky bis in die 70er Jahre unseres Jahrhunderts. (Ein Großteil der angeblich typisch schottischen Gebräuche und Kostüme wurde eigens für den Schottland-Besuch des englischen Königs *Georg IV.* – des ersten eines britischen Staatsoberhaupts seit 200 Jahren – im Jahre 1822 erfunden; maßgeblich daran beteiligt war der schottische Romanautor *Walter Scott.*) Die Marke *Dewar's* wurde 1891 eingetragen.

Um der steigenden Nachfrage gerecht zu werden, begannen die Dewars 1896 mit dem Bau der Destillerie ABERFELDY, bis 1923 erwarben sie acht weitere Brennereien, darunter AULTMORE, BENRINNES, GLEN ORD, LOCHNAGAR und PULTENEY. Nachdem sie ein Vermögen verdient hatten, gingen die Brüder in die Politik (der eine für die Konservativen, der andere für die Liberalen) und wurden als erste einer Reihe von Whisky-Baronen in den Adelsstand erhoben. Tommy Dewar machte außerdem als der dritte Autobesitzer Großbritanniens von sich reden, der erste war der Tee-Magnat *Thomas Lipton*, der zweite der Prince of Wales.

1915 formierten die Brüder zusammen mit →*James Buchanan & Co.* die *Scotch Whisky Brands Ltd.* und hatten damit Zugriff auf den größten Whisky-Vorrat Schottlands; der Eintritt in die →*DCL*, wo Dewar bald eine entscheidende Rolle spielte, erfolgte 1925.

Heute gehört die Firma zu UD, für die sie die Lizenzen an ABERFELDY und GLEN ORD hält.

Aus ABERFELDY dürfte auch ein großer Teil der Basis-Malts für die Dewars Blends stammen. Hauptmarke ist der DEWAR'S WHITE LABEL, 43.5 vol.%, weltweit eine der größten Marken und in 140 Ländern zu haben, allerdings derzeit nicht in der BRD; in den USA dagegen ist White Label der meistverkaufte Scotch. Die De-Luxe-Version ist der 12jährige DEWAR'S ANCESTOR, ebenfalls mit 43.5 vol.%. Mit viel Glück findet man noch DEWAR'S PURE MALT, einen äußerst eleganten, 12-jährigen Vatted Malt, der leider nur von 1975 bis 1982 produziert wurde.

DIMPLE

Blended Scotch von →*J.Haig* (UD).
Ein herausragender Blend, 40 vol.%, weltweit eine der führenden De-Luxe-Marken. Neben dem bekannten 12jährigen gibt es auch einen 15-jährigen De Luxe und eine Standardversion namens Dimple Royal Sovereign; Basis-Malts sind Glenkinchie und Dalwhinnie.

Dimple bedeutet Grübchen oder Delle und bezieht sich auf die Form der Flasche, in der dieser Whisky bereits seit 1893 im Handel ist. In Nordamerika heißt die Marke Pinch, was ungefähr, aber weit weniger charmant, dasselbe bedeutet.

DINER'S

Scotch Whisky, den die Firma →*Red Lion Blending* von ihrer Tochter *Douglas Denham* für das Kreditkarten-Institut *Diner's Club* herstellen läßt.
Diner's gibt es als 5-, 8-, 12- und 21jährigen Blend sowie als 15jährigen Vatted Malt ausschließlich für Kunden des Instituts. Zwischen Blending und Abfüllung liegen 4 Jahre Faßlagerung.

DIPLOMATIC PRIVILEGE

Blended Scotch von →*W.Brown*.

DIRECTOR'S SPECIAL

Blended Scotch von →*Stenham.*
Wie alle Stenham Scotches auch als 3-, 5-, 8-, 10- und 12jähriger zu haben und wie die anderen auch hauptsächlich für den lateinamerikanischen und südostasiatischen Markt bestimmt.

DOCTOR'S SPECIAL

Blended Scotch von →*Hiram Walker* (Allied Domecq).
Bevor die Marke zu ihrem heutigen Besitzer kam, gehörte sie zu *R.Macnish* (→*Grand Macnish*), der sie in den 20er Jahren auf den Markt brachte; heute wird sie fast ausschließlich in Skandinavien verkauft.

The DOMINIE

Blended Scotch von →*Cockburn's of Leith.*

DONS DRAM

Blended Scotch, 5 Jahre, 40 vol.%, von →*Bennachie.*

Diese relativ junge Marke ist in ihrer Heimat auch als »The Official Aberdeen Football Club Scotch Whisky« bekannt.

DOUBLE Q

Blended Scotch, der von der Firma *Dethleffsen* in Flensburg für den deutschen Markt abgefüllt wird. Hier gehört er zu den zehn meistverkauften Whiskies/Whiskeys. Der schottische Hersteller ist nicht zu ermitteln.

DOWLING

Kentucky Straight Bourbon, 8 Jahre, 43 vol.%, 10 Jahre, 50 vol.%, von →*Heaven Hill* (die auf dem Etikett angegebene *Stonegate Distillery* ist ein Phantasieprodukt).

Eine Regionalmarke, die heute nur noch in der Gegend um Lawrenceburg angeboten wird, dort allerdings beliebter ist als viele der großen Namen.

Der Name geht auf eine schottische Einwandererfamilie zurück, die 1889 hier mit dem Brennen anfing, ihre Destillerie aber zu Beginn der Prohibition verkaufte und die Destillation nach Mexiko verlegte. Dort entstand damals aus naheliegenden Gründen ein boomendes Spirituosengeschäft.

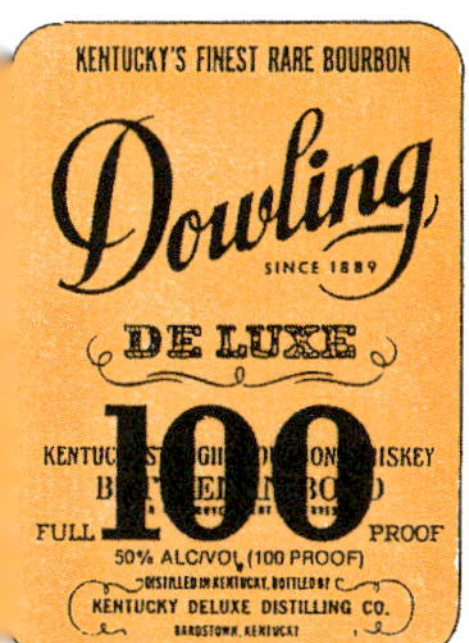

Im alten Familiensitz der Dowlings in Lawrenceburg führen heute zwei (für diese Gegend unverhältnismäßig) liebenswerte Ladies eine sehr gemütliche Pension.

DRAM

Britisches Apothekergewicht (3,8 g), außerdem gleichbedeutend mit »Schluck«, »Kleinigkeit«; in Schottland die gebräuchliche Bezeichnung für ein Glas Whisky. Über die Größe des Glases wird damit nichts ausgesagt, im Gegenteil, auch ein *wee dram*, also ein »Schlückchen«, kann eine durchaus ansehnliche Menge beinhalten.

DRAMBUIE

[gälisch: der Schluck, der zufrieden macht]
Schottischer Whisky-Kräuterlikör, 40 vol.%, von der *Drambuie Liquor Company*, einer Firma, die 1906 von den *MacKinnons* gegründet wurde. Sie waren Nachkommen jener Familie, die das Drambuie-Rezept angeblich 1746 von *Bonnie Prince Charles* aus Dankbarkeit dafür bekam, daß sie diesen schottischen Prinzen nach seiner Niederlage gegen die Engländer bei sich versteckt hielt (→*Moidart*).

Drambuie ist die älteste und sicherlich eine der feinsten Whisk(e)y-Likörmarken. Eine seiner Komponenten ist der Malt TEANINICH.

DREAM OF BARLEY

Blended Scotch von →*Allied Distillers* (Allied Domecq).

DRUMGRAY

Schottischer Whisky-Sahnelikör von →*Burn Stewart.*

DRUMGUISH

[*dramdschuisch*] Schottischer Single Malt (Northern Highlands) von →*Speyside Distillery & Bonding.*
Ein leichter, malziger Whisky, erstaunlich gut entwickelt für sein geringes Alter.
Originalabfüllung: 3 Jahre, 40 vol.%
Drumguish kommt aus der 1990 in Betrieb genommenen SPEYSIDE DISTILLERY und ist der jüngste Zuwachs in der Familie der schottischen Malts. Die Brennerei hat nur 2 *Stills* und bezieht ihr Wasser aus dem *River Tromie.*

DRURY'S

Brasilianischer Blended Whisky von →*IDV/Grand Metropolitan.*
Wie die meisten brasilianischen Whiskies besteht auch Drury's aus schottischem Malt, der mit einheimischen Destillaten verschnitten wird.

DUART CASTLE

Blended Scotch von *Whigham's of Ayr*, einem traditionsreichen Handelshaus, das 1766 unter dem schönen Namen *Alexander Oliphant & Co.* in der schottischen Kleinstadt Ayr mit dem Weinhandel begann. 1994 fusionierte die Firma mit dem Londoner Weinhändler →*Corney & Barrow.*
Duart Castle gab es früher auch als Vatted Malt.

DUBLINER

Irischer Whiskey-Sahnelikör, 17 vol.%, von →*IDV/Grand Metropolitan.*

DUFFTOWN

[*Dafton*] Schottischer Single Malt (Speyside, Dufftown) von →*UD.*
Ein einfacher Aperitif-Whisky von der süßen Seite. *M. Jackson* nennt ihn »*a good, no-nonsense Highland whisky*«.

Originalabfüllung:
15 Jahre, 43 vol.% (»Flora & Fauna«-Reihe); manchmal findet man noch Abfüllungen des Vorbesitzers →*A.Bell*, der einen 8- und einen 10jährigen herausbrachte.
Cadenhead:
12 Jahre (dest. 1979), 59.7 vol.%
Signatory:
13 Jahre (dest. 1979), 43 vol.%
James MacArthur:
17 Jahre, 58.5 vol.%
Dufftown, eine der acht Brennereien des gleichnamigen Ortes, wurde 1896 eröffnet und ein Jahr später von *Peter MacKenzie & Co.* übernommen (→*The Real MacKenzie*). MacKenzie wiederum kam 1933 zu →*Arthur Bell & Sons*, für deren Blends dieser Whisky seither benutzt wird. Bell ist seit 1985 Teil von UD. Die Destillerie arbeitet mit 6 *Stills* und bezieht ihr Wasser aus *Jock's Well*. (Tel. 01340-82 02 24)

DUMBARTON
Schottische Grain-Brennerei von →*George Ballantine & Son* (Allied Distillers, Allied Domecq).
Aus dieser 1938 von →*Hiram Walker* errichteten Destillerie stammt der Großteil der Grains für die Blends von Allied Distillers. Der Komplex beherbergt außerdem die Malt-Brennerei INVERLEVEN, die erste Destillerie, die mit →*Lomond Stills* ausgerüstet wurde.

The DUNDEE
Blended Scotch, die wichtigste Marke von →*Angus Dundee*.

DUN EIDEANN
Unter diesem Namen gibt der unabhängige Abfüller →*Signatory* bisweilen Einzelfaß-Abfüllungen heraus.

DUNHILL OLDMASTER
Blended Scotch, 43 vol.%, den der Londoner Herrenausstatter Dunhill seit 1981 von →*IDV* herstellen läßt. Er ist von außerordentlicher Qualität und wird exklusiv in Dunhill-Niederlassungen (und in Duty-free-Shops) angeboten – zu einem exklusiven Preis, versteht sich. Wem das noch nicht genug ist, der kann Oldmaster auch in der Version CRYSTAL DECANTER haben, in der limitierten CELEBRATION EDITION oder der sehr limitierten CENTENARY-CASK-Version. Seit 1993 gibt es auch einen nicht ganz so subtilen GENTLEMAN'S SPEYSIDE BLEND, Basis-Malt ist unter anderem STRATHMILL.

DUNKELD ATHOLL BROSE
Schottischer Whisky-Kräuterlikör, 35 vol.%, von →*Gordon & MacPhail.* Eine süffige Mischung aus 12jährigen Malts, Kräutern und Honig, die auf ein Rezept aus dem 18. Jahrhundert zurückgeht. Ursprünglich enthielt sie statt der Kräuter Hafermehl. Der merkwürdige Name hat mehrere Wurzeln: »brose« bezeichnet eine Art Hafergrütze, kann aber auch für ein beliebiges Getränk stehen; das Rezept selbst geht angeblich auf die Erfindung eines Grafen von Atholl zurück, außerdem existierte im frühen 19. Jahrhundert in einer Athol Street in der Ortschaft Dunkeld (Southern Highlands) eine Destillerie namens Dunkeld.

DUNPHYS
Blended Irish Whiskey, Standard, 40 vol.%, aus der MIDLETON DISTILLERY von →*IDG* (Pernod Ricard).
Eine kleine Billigmarke mit einer etwas eigenartigen Entstehungsgeschichte:

Als →*Irish Coffee* Anfang der 50er Jahre in den USA zum Modegetränk avancierte, kam man bei *Cork Distilleries* (→*Paddy*) auf die glorreiche Idee, eine Marke speziell für diese Mischung zu schaffen. Sie sollte nicht viel kosten und dem Käufer nicht das Gefühl geben, möglicherweise einen allzu guten Whiskey zu verschwenden. Genauso schmeckt Dunphys denn auch, und der britische Whisky-Journalist *Murray* empfiehlt: »Keep it in the coffee cup!«
Seit dem Abflauen des Irish-Coffee-Booms in den USA gibt es die Marke nur noch in Irland.

DUTHIE'S →Cadenhead

DYC
Spanischer Blended Whisky von *Destilerias y Crianza,* Segovia, einer Tochterfirma von →*Hiram Walker* (Allied Domecq).

DYC erfreut sich seit 1963 großer Beliebtheit in seinem Heimatland. Obwohl er fast ausschließlich in Spanien auf den Markt kommt, gehört er seit Jahren zu den 25 meistverkauften Whiskies weltweit. Er wird nach schottischem Muster hergestellt, d.h. mit torfgetrocknetem Malz, und im Bourbonfaß gelagert. Zeitweise bestand er auch aus spanischem Grain und importiertem Malt aus der schottischen LOCHSIDE DISTILLERY, die seit 1972 zu *Destilerias y Crianza* gehört.
DYC gibt es als Standard und als 8jährigen Blend, beide mit 40 vol.%.

E

Dr. Dolmler sah,
daß ihm Tränen in den Augen standen,
und erst jetzt fiel ihm auf,
daß sein Atem nach Whisky roch.

F. Scott Fitzgerald »Zärtlich ist die Nacht«

EAGLE OF SPEY

Schottischer Single Malt, 10 Jahre, 40 vol.%, von →*J.& G. Grant.*
Ein Zweitetikett von Glenfarclas, ausschließlich in neuen Eichenfässern gereift.

EAGLE RARE

Kentucky Straight Bourbon aus der Leestown Destillery von →*Sazerac.* Die Marke kam früher von →*Seagram* und ist heute in zwei Versionen auf dem Markt: als 10jähriger mit 50,5 vol.% und, für den Export, als 15jähriger mit 50,35 vol.%.
Beide sind äußerst süffige Digestif-Bourbons und trotz ihrer Qualität erstaunlich unbekannt.

EAGLESOME'S

Blended Scotch von *Eaglesome*, einer Firma, die in Campbeltown ein kleines Lebensmittelgeschäft betreibt. Sie gehört der Familie →*J.A.Mitchell* und hat mehrere Blends im Programm: Neben Eaglesome's, den es auch als 12jährigen De Luxe Blend gibt, sind das Allan's, Cairnbaan, Campbeltown Loch und Old Spencer.

EARLY TIMES DISTILLERY

US-Destillerien in Louisville und Shively, Kentucky, von →*Brown-Forman.* Die alte Early-Times-Brennerei wurde 1860 von *John H.Beam* in Louisville gegründet, einem Onkel des berühmten *Jim.* Während der Prohibition kam sie zu Brown-Forman, wo sie heute als Firmensitz und Abfüllanlage für jene Whiskeys benutzt wird, die in der neuen Destillerie gleichen Namens in Shively, Kentucky, gebrannt werden. Dies sind Old Forester und Early Times.
Early Times gilt als eine der ältesten Bourbon-Marken und kommt heute in zwei Versionen auf den Markt – beide übrigens in der schottischen Schreibweise ohne e:
Early Times Kentucky Straight Bourbon ist ein leichter, ausgewogener Whisky mit 40 und 43 vol.%. In den 50er Jahren war er ein Besteller in den USA, heute wird er nur noch für den Export hergestellt.
Early Times Old Style Kentucky Whisky kam in den 80er Jahren als

Ersatz für die Straight-Bourbon-Version auf den Markt und war sofort ein Erfolg. Er hat 40 vol.% und wird in gebrauchten Fässern gelagert, weshalb er nicht als Bourbon verkauft werden darf. Early Times Old Style ist ein leichter und trockener Whisky, nicht so süß wie ein Bourbon, aber auch nicht so flach wie ein Blended oder gar Light Whiskey.
In der Early Times Distillery werden zwei verschiedene Getreidemischungen verwendet: Für die Early Times Whiskies enthält die Maische 79% Mais, 11% Roggen und 10% Gerstenmalz, für Old Forester sind es 72% Mais, 18% Roggen und 10% Gerstenmalz; der *Sour-Mash*-Anteil beträgt in beiden Fällen 20 %. (Tel. 502-585 11 00)

EATON'S SPECIAL RESERVE

Blended Scotch von →*D.Laing*.

ECHO SPRING

Kentucky Straight Bourbon von →*Heaven Hill*.
Eine kleine Marke, die nördlich von Kentucky kaum zu finden ist.

EDEL FALCKE

Deutscher Blended Whisky, 40 vol.%, von *C.W. Falckenthal* (→*Der Falckner*).
Edel Falcke ist die Nachfolgemarke von *Oldmaster*, den Falckenthal Anfang der 90er Jahre als »Malz-Whisky« herausbrachte. Nachdem bekannt wurde, daß Oldmaster tatsächlich ein Blend war, wurde er vom Markt genommen und durch Edel Falcke ersetzt.

EDRADOUR

Schottischer Single Malt (Southern Highlands) von →*Campbell Distillers* (Pernod Ricard).
Ein leichter, charmanter Malt aus dem Sherryfaß.

Originalabfüllung:
10 Jahre, 40 vol.%

Cadenhead:
19 Jahre (dest. 1976), 49.2 vol.%

Signatory:
19 Jahre (dest. 1976), 49.3 vol.%

Edradour wird 1837 erstmals erwähnt, ist möglicherweise aber auch älter. 1933 wurde die Destillerie von →*Wm Whiteley* erworben, seither liefert sie einen der Basis-Malts für dessen Blend THE HOUSE OF LORDS. Als Single Malt ist Edradour offiziell erst seit der Übernahme durch Campbell Distillers 1982 erhältlich.

Edradour ist die kleinste und traditionellste Destillerie Schottlands. Ganze drei Angestellte produzieren hier im Stil der alten Farmhouse Distilleries in einem Jahr so viel Whisky wie andere Destillerien in einer Woche. Edradour hat 2 *Stills*, das Wasser kommt aus einer Quelle auf dem *Ben Vrackie*.

(Tel. 01796-47 35 24)

→GLENFORRES, KING'S RANSOM

EINZELFASS-ABFÜLLUNG

Besonders bei Liebhabern von Malt Whisky sind Einzelfaß-Abfüllungen in letzter Zeit beliebt geworden. Da jedes Faß einen individuellen Whisky hervorbringt, wird der Inhalt der zur Abfüllung bestimmten Fässer normalerweise miteinander vermischt, um die Unterschiede auszugleichen. Bei Einzelfaß-Abfüllungen dagegen wird jedes Faß für sich abgefüllt, und zwar in der Regel ungefiltert und unverdünnt. Das Ergebnis sind jeweils ein paar hundert einzigartige Abfüllungen, bei denen es durchaus vorkommen kann, daß zwei Whiskies einer Marke aus demselben Jahr sich in Farbe und Geschmack deutlich voneinander unterscheiden – ganz zu schweigen von den Unterschieden, die verschiedene Jahrgänge einer Marke aufweisen können. Das erhöht nicht nur den Sammlerwert, sondern gibt dem Genießer auch ein Gefühl von Exklusivität, um dessentwillen so mancher auch einem nicht eben gelungenen Malt den Vorzug vor einer perfekten regulären Abfüllung gibt.

Im Gegensatz zu →*Single Barrel* Bourbons werden in Schottland nicht die besten Fässer einzeln abgefüllt, sondern meist nur die Restposten.

(siehe auch *Abfüllung, Bush Pilot, Faß, Unabhängige Abfüller*)

EILEANDOUR

[*ihlandauer*] Schottischer Vatted Malt, 10 Jahre, von →*Isle of Arran Distillers*.

ELIJAH CRAIG

Kentucky Straight Bourbon, Super Premium, von →*Heaven Hill*.

Das Paradebeispiel eines Bourbons: üppig, rund und angenehm süß; als 12jähriger mit 47 vol.% und seit

1995 auch als →*Single Barrel* mit 18 Jahren und 45 vol.% erhältlich.

Die Marke trägt den Namen des Baptistenpredigers *E. Craig* (1743–1808), der auch als Brenner tätig war und häufig als Erfinder des Bourbons genannt wird. Kritische Stimmen behaupten jedoch, diese Legende sei erst Ende des 19. Jahrhunderts gestrickt worden, um die bigotten Alkoholgegner damit zu ärgern, daß ausgerechnet ein Mann der Kirche für die Entstehung dieses Teufelszeugs verantwortlich gewesen sei.

ELMER T. LEE

Kentucky Straight Bourbon aus der Leestown Distillery von →*Sazerac*.

Ein trotz seiner 45 vol.% samtweicher →*Single Barrel*, der 1992 auf den Markt kam und nach dem ehemaligen Master Distiller der Brennerei benannt ist, der auch heute noch einmal in der Woche dort nach dem Rechten sieht.

EL VINO CONNOISEUR'S BLEND

Blended Scotch, De Luxe, 7 Jahre, den die renommierte Londoner Weinhandlung *El Vino* seit Ende des 19. Jahrhunderts vertreibt. Er wird nach dem Blenden in Fässern gelagert (vermählt), die von der Firma früher zum Sherry-Import benutzt wurden. Unter dem Namen El Vino Islay Malt gibt es einen 13jährigen Bunnahabhain.

Beide Abfüllungen bekommt man in den Londoner Wine Bars der Firma, beispielsweise in der sehr zu empfehlenden »El Vino Bar« auf der Fleet Street oder dem »Old Wine Shades« in der Martin Lane; außerdem per Post über

El Vino Co. Ltd., Vintage House,1 Hare Place, London EC 4.

ELDRIDGE, POPE & CO.

Die englische Brauerei wurde 1833 in Dorchester, Dorset, gegründet und füllt seit 1907 auch eigene Whiskies ab: Chairman's, Old Highland Blend.

EMBLEM

Japanischer Blend, Premium, von →*Kirin-Seagram*.

Ein trockener und eher rauchiger Blend aus einheimischen und schottischen Whiskies.

EMMETS CLASSIC CREAM

Irischer Whiskey-Sahnelikör, 17 vol.%, von →*IDV/Grand Metropolitan*.

ERIN'S ISLE

Blended Irish Whiskey, Standard, 40 vol.%, von →*Cooley*.

Ein junger Whiskey, sowohl was seine Präsenz auf dem Markt als auch den Inhalt der Flasche anbelangt; Erin's Isle ist eine Billigmarke, die von →*Invergordon* abgefüllt und vertrieben wird.

EVAN WILLIAMS

Kentucky Straight Bourbon von →*Heaven Hill.*

Der britische Whisky-Papst *Michael Jackson* hat es vorausgesehen: Er bezeichnete Evan Williams 1987 als die kommende Marke auf dem Bourbon-Markt, und seit Anfang der 90er Jahre steht diese Abfüllung regelmäßig auf den vordersten Plätzen der Absatzlisten. Das ist auch kein Wunder, denn alle Evan-Williams-Versionen sind Bourbons ohne Ecken und Kanten: mittelschwer, weich und süß. Der Black Label mit 7 Jahren und 45 vol.% ist der Bourbon Nr.3 in den USA, daneben gibt es einen 8jährigen Green Label mit 43 vol.%, einen 10jährigen Evan Williams 1783 sowie einen Single Barrel Vintage mit 43.3 vol.%, der in der Regel 8 bis 9 Jahre alt ist; angegeben wird aber nur das Jahr der Destillation, der erste war von 1986, derzeit ist der 87er zu haben.

Die Marke kam um 1960 heraus und ist nach einem der ersten Whiskey-Brenner Kentuckys benannt. *Evan Williams* eröffnete seine Destillerie 1783 in Louisville, 20 Jahre später mußte er wegen Beschwerden der Nachbarn wieder schließen.

EZRA BROOKS

Kentucky Straight Bourbon von →*Sherman.*

Ein eher traditioneller Whiskey, mittelschwer und süffig, den es in zwei Versionen gibt: als Ezra Brooks Gold Label mit 45 vol.% und als Old Ezra Rare Old Sippin' Whiskey mit 7 bzw. 12 Jahren und 50.5 vol.%. (Die Bezeichnung »Sippin' Whiskey« gilt bei altmodischen Kentuckianern, also bei fast allen, so ziemlich als das größte Kompliment, das man einem Whiskey machen kann.)

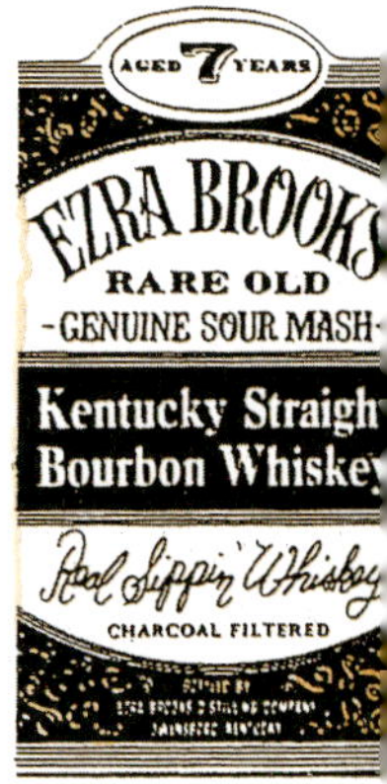

Diese alte Marke wurde in den 50er Jahren von →*Medley* gekauft und als Konkurrenzprodukt zu →*Jack Daniel's* vermarktet. Dabei ging man bei der Gestaltung von Etikett und Flasche soweit, daß die Hersteller von *Jack Daniel's* Klage einreichten – allerdings erfolglos. In der Folgezeit wechselte die Marke mehrmals den Besitzer, bis sie schließlich bei der in St. Louis, Missouri, beheimateten Firma *Sherman* landete. Hier wird Ezra Brooks auch heute abgefüllt; aus welcher Destillerie er stammt, bleibt allerdings ein Geheimnis. Sicher ist nur, daß er in Kentucky hergestellt wird.

F

Ich habe Whiskey schon immer
für das beste Stärkungsmittel gehalten

Eugene O'Neill »Eines langen Tages Reise in die Nacht«

Der FALCKNER

Deutscher Blended Whisky, 40 vol.%, von *C.W. Falckenthal*, einem Unternehmen in Luckenwalde bei Berlin, das 1759 gegründet wurde und sich vorwiegend als Likörhersteller hervortat. *Der Falckner* war bereits in der DDR ein bekannter Name, und die neuen Bundesländer sind noch heute sein Hauptabsatzmarkt. Seit kurzem gibt es mit EDEL FALCKE einen weiteren Whisky aus dem Hause Falckenthal, beide werden ausschließlich aus einheimischem Getreide gebrannt.

The FAMOUS GROUSE

Blended Scotch von *Matthew Gloag & Son*, einer Tochterfirma von →*Highland Distilleries*. Ein angenehm würziger Whisky für jede Tageszeit, außerdem der Lieblings-Blend der Schotten und weltweit unter den ersten zehn.

Als Premium hat er 40 vol.%, als 15-jähriger De Luxe 43 vol.%.

Nachdem *M. Gloag* einige Jahre in Frankreich im Weinhandel tätig war, kehrte er 1896 in seine Heimatstadt Perth zurück, übernahm die Wein- und Spirituosenhandlung seines Groß-

vaters und begann mit der Herstellung eines eigenen Blends. Er nannte ihn »The Grouse Brand« und war damit bald so erfolgreich, daß er »Famous« (= »berühmt«) hinzufügte. In den 20er Jahren wurde Famous Grouse zunehmend auch in die Karibik exportiert, von wo aus Schmuggler ihn in die prohibitionsgeplagten USA brachten. So hatten die Gloags bereits einen Fuß in der Tür, als die Prohibition abgeschafft wurde, und konnten ihren Whisky auf dem amerikanischen Markt etablieren. 1970 wurde die Firma an Highland Distillers verkauft, deren großangelegte Werbekampagne die Marke in den 80er Jahren zur Nr.1 in Schottland und Nr.2 in England machte (siehe auch *DCL*).

Basis-Malts: BUNNAHABHAIN, GLEN ROTHES, HIGHLAND PARK, TAMDHU.

FASS

Die Faßlagerung ist von entscheidender Bedeutung für die Entwicklung eines Whisk(e)ys. Der offensichtlichste Effekt ist die Farbgebung, denn jedes Destillat ist von Natur aus wasserklar; erst im Holz entsteht jene Vielfalt an Farbtönen, die allein schon optisch für Genuß sorgt.

Daneben laufen im Faß jedoch noch eine ganze Reihe von mechanischen und chemischen Prozessen ab, die den Geschmack in einer Weise beeinflussen wie kaum ein anderer Vorgang bei der Whisk(e)y-Herstellung. Legte man früher besonderes Gewicht auf den Einfluß des Wassers und die Form der Brennblasen, so wird in letzter Zeit der Wirkung der Fässer auf das Destillat immer mehr Aufmerksamkeit gewidmet.

Bis ins 19. Jahrhundert galt eine längere Reifezeit für Whisk(e)y als purer Luxus; falls man sich überhaupt Zeit dafür nahm, war jedes Faß recht, das zu bekommen war, und da neue Fässer teuer waren, besorgte man sich eben gebrauchte: Bordeaux-, Südwein- und Likörfässer, aber auch ehemalige Nahrungsmittelbehälter wie Butterfässer wurden mit Whisk(e)y gefüllt, nachdem sie vorher durch Ausbrennen gereinigt worden waren. Damit war eine Technik entstanden, die noch heute von Bedeutung ist: Jedes neue Faß wird vor der Benutzung innen angekohlt, in den USA ist dieses Vorgehen für die Herstellung von →*Straight Whiskeys* sogar vorgeschrieben. Die so entstehende Holzkohle-Schicht sorgt nicht nur für eine intensivere Farbgebung, sie enthält auch wichtige Aromastoffe wie Holzzucker und Öle, die während

der Reifezeit vom Whisk(e)y aufgenommen werden – die für Bourbon typischen Vanille- und Karameltöne beispielsweise sind darauf zurückzuführen.
Bourbonfässer dürfen nur einmal benutzt werden; sie werden nach Gebrauch exportiert, im wesentlichen nach Schottland und Irland. Dort finden neben Bourbonfässern außerdem neue Fässer und häufig auch ehemalige Sherryfässer Anwendung.

Sherryfässer waren schon im 19. Jahrhundert begehrt, denn sie tragen viel zur Abrundung des Geschmacks bei. Solcherart gelagerte Malt Whiskies erfreuen sich heute großer Beliebtheit, besonders bei Verehrern weicher Malts (→*Macallan*). Doch nicht jeder Whisky verträgt eine längere Sherryfaß-Lagerung, ohne etwas von seiner ursprünglichen Individualität zu verlieren. Man ist daher dazu übergegangen, Malts nacheinander in verschiedenartigen Fässer reifen zu lassen und Sherryfässer nur zum *finish*, also zur Abrundung, zu verwenden.
Experimentierfreudige Hersteller benutzen mitunter für einen mehr oder weniger langen Zeitraum auch Portwein-, Rum- und Brandyfässer. Solche Versuche machen den Einfluß des Fasses auf den Whisk(e)y deutlich, denn auch eine kurze Lagerung in einem derartigen Faß bringt ein völlig anderes Endprodukt hervor als die reguläre Bourbonfaß-Lagerung (→*Glenmorangie*).
Wichtig ist hier vor allem die Erkenntnis, daß der Reifeprozeß in jedem Faß anders verläuft, verschiedene Fässer also nie ein identisches Produkt hervorbringen. Daher sind Einzelfaß-Abfüllungenen sehr selten; in der Regel werden mehrere Whiskies/Whiskeys vor dem Abfüllen gemischt, um ein über Jahre hinweg gleichbleibendes Produkt zu gewährleisten.
Die neueste Entwicklung kommt aus den USA und wird auf dem asiatischen Markt lanciert, wo die Verwendung von Eichenfässern nicht vorgeschrieben ist: Rostfreie Stahlfässer mit Eichenholzdeckeln sollen zur Kostensenkung dienen, da sie mehrfach wiederverwendbar und leichter zu reinigen sind als Holzfässer und außerdem das Verdunsten des Whisk(e)ys verhindern (der »Anteil der Engel«, wie der Verdunstungsanteil genannt wird, beträgt bei normalen Bourbonfässern ca. 10% pro Jahr). Um den gewünschten Geschmack zu erhalten, können angekohlte Holzbretter in die Container gegeben werden.
(siehe auch *Abfüllung, Einzelfaß-Abfüllungen, Kelt, Single Barrel*)

FILTRATION

Mit Ausnahme der meisten sogenannten →Einzelfaß-Abfüllungen (siehe auch *Single Barrel*) werden alle Whiskies/Whiskeys vor dem Abfüllen gefiltert, um eventuelle Aromaveränderungen durch Faßrückstände oder säurehaltige Alkoholfette zu vermeiden. Dazu gibt es verschiedene Methoden:

Kühlfilterung: Bei diesem in Schottland angewandten Verfahren wird der Whisky auf -5°C heruntergekühlt, wodurch sich viele der unerwünschten Stoffe verfestigen und anschließend mechanisch herausgefiltert werden können.

Aktivkohlefilter sind besonders in Kentucky beliebt: Der frische Whiskey wird mit Druck durch eine Schicht von Kohlenstaub gepreßt, wodurch Bakterien gebunden werden; auch einer verdorbenen Maische kann man durch Aktivkohlezusatz wieder auf die Beine helfen.

Holzkohle-Filtration: Dieses *Lincoln County Process* genannte Verfahren ist für die Herstellung von →Tennessee Whisk(e)y vorgeschrieben.

Das frische Destillat wird (vor der Faßlagerung!) Tropfen für Tropfen durch eine ca. 3 Meter dicke Ahorn-Holzkohleschicht gefiltert, auf deren Grund es noch durch ein Wolltuch läuft. So werden nicht nur Fuselöle abgetrennt, sondern auch unerwünschte Aromastoffe aus dem Alkohol gelöst.

Dieses Verfahren dauert 10–12 Tage und ist als *charcoal mellowing* oder *leaching* bekannt. Es ist sehr zeit- und kostenaufwendig, verleiht dem Whisk(e)y aber ein spezielles Aroma

sowie eine außergewöhnliche Milde. Im Falle von →*Gentleman Jack* wird dieser Prozeß nach der Faßlagerung wiederholt.

Die gebrauchte, whiskeyhaltige Kohle wird abgepackt verkauft und erfreut sich großer Beliebtheit beim Barbecue.

FINDLATER'S FINEST

Blended Scotch, 5 und 21 Jahre, von *Findlater, Mackie Todd & Co.*, einer Tochterfirma von →*Invergordon*

(Whyte & Mackay, American Brands).

Möglicherweise brachte *Alexander Findlaters* Vater – einer der allseits verhaßten Steuerbeamten, die Jagd auf Schwarzgebrannten machten – ab und zu etwas von seiner Beute nach Hause und seinen Sohn damit auf den Geschmack. Der jedenfalls begann im Alter von 26 Jahren in Dublin mit dem Whisky-Handel, ging 1850 nach London und reüssierte dort mit den Blends, die er ab 1863 unter eigenem Namen herausgab.

Von Findlater, die seit 1990 bei Invergordon sind, gibt es außerdem einen Vatted Malt namens MAR LODGE.

FINE FARE

Blended Scotch der britischen Supermarkt-Kette gleichen Namens. Als 5jähriger Blend und als 12jähriger Vatted Malt erhältlich.

FINE OLD SPECIAL

Blended Scotch von →*Joseph Holt*. Diesen Scotch gibt es nur in der Umgebung von Manchester, wo die Brauerei der Firma Holt seit 1849 ansässig ist und neben Bier auch Whisky verkauft.

FLEISCHMANN'S PREFERRED

Blended American von →*Barton* (Canandaigua).

Eine alte Marke, die früher aus der *Fleischmann Distillery* in Owensboro, Kentucky, kam. Die fiel in den 80er Jahren an die Firma →*Glenmore*, welche wiederum seit 1995 bei Barton ist.

FLORIAN

Eine →*Whiskey-Sour*-Variante:

4 cl Bourbon, einige Spritzer Chartreuse Verte, einen Spritzer Angostura, einen Barlöffel Puderzucker und 2 cl Orangensaft auf Eis kräftig schütteln und ohne Eis servieren.

FORFARS

Blended Scotch von →*Angus Dundee*.

FORTNUM & MASON

das Londoner Prestige-Kaufhaus am Piccadilly Circus bietet eine Reihe von Whiskies unter eigenem Label; es gibt einen FORTNUM & MASON

Choice Old sowie einen 8jährigen Blended Scotch, einen 12jährigen Vatted Malt und einen 21jährigen Single Malt, dessen Herkunft nicht angegeben wird.
Fortnum & Mason verkaufen außerdem eine spezielle Abfüllung 21jährigen Linkwood Malts.

FOUR ROSES

Kentucky Straight Bourbon und Blended American von →*Seagram.*
Eine der großen alten Bourbon-Marken, registriert 1888, in den USA allerdings nur als *Blended Whiskey* zu bekommen. Die Bourbon-Versionen werden ausschließlich für den Export hergestellt, und zwar in derselben Destillerie in der Nähe von Lawrenceburg, in der die Marke schon vor der Prohibition gebrannt wurde. Sie hieß ursprünglich *Old Prentice Distillery* und produzierte auch einige weitere Marken, die heute von anderen Firmen kommen

(→*Benchmark, Eagle Rare*). Erbaut wurde sie 1910–12 in einer beeindruckenden Stilmischung aus Spanischer Mission und der Disneyland-Version einer Spanischen Mission. 1943 übernahm der Seagram-Konzern die Destillerie mitsamt der Marke Four Roses, die heute in vier Versionen angeboten wird: Die Standard-Abfüllung hat 40 vol.% und gehört zu den meistverkauften Bourbons in Europa, daneben gibt es den Premium Black Label mit 43 vol.% und den Superpremium Platinum, ebenfalls mit 43 vol.%. Seit kurzem bringt Seagram auch einen Single Barrel Reserve heraus, ohne Altersangabe, mit 43 vol.% (nicht zu reden von den hübschen gelben Dosen mit Four Roses Cola).

Während sich in den meisten US-Destillerien die verschiedenen Markennamen meist einfach aus dem unterschiedlichen Alter ein und desselben Whiskeys ergeben, wird bei Seagram ein Verfahren angewandt, das eher an kanadische oder irische Methoden erinnert: Die verschiedenen Four-Roses-Versionen entstehen aus der Kombination von Destillaten aus verschiedenen Getreidemischungen (75% Mais, 21% Roggen, 4% Gerstenmalz bzw. 60% Mais, 36% Roggen, 4% Gerstenmalz) und unterschiedlichen Hefekulturen. Einzig der *Sour-Mash*-Anteil bleibt immer gleich, er beträgt 25%.

(Tel: 502–839 34 36)

FRASER'S SUPREME

Blended Scotch von *Strathnairn Whisky*, einer Tochterfirma von →*Gordon & MacPhail.*

FRISCO SOUR

Eine →*Whiskey-Sour*-Variante, die außer Bourbon auch 1 cl Bénédictine enthält.

FRITH HOUSE

Blended Scotch, 5 Jahre, von *Brodie Crawford & Co.* (→Brodie's).

FROM THE BARREL

Japanischer Blend, 51.4 vol.%, von →*Nikka*, seit 1985 auf dem Markt. Auch wenn Name und Alkoholgehalt dies nahelegen, handelt es sich hier nicht um eine →Einzelfaß-Abfüllung.

G

Say, for what were hop-yards meant
Or why was Burton built on Trent?
Oh many a peer of England brews
Livelier liquor than the Muse,
And Malt does more then Milton can
To justify God's way's to man.
A. E. Housman »A Shropshire Lad«, LXII

GAIRLOCH

Blended Scotch von *McMullen & Sons*, eine der vielen britischen Brauereien, die eine eigene Scotch-Marke besitzen und sie in ihren eigenen Pubs vertreiben.

Gairloch existiert seit 1904 und wird von →*Robertson & Baxter* hergestellt, die sich dazu erstklassiger Malts wie GLENGOYNE, GLENROTHES, HIGHLAND PARK, TAMDHU und MACALLAN bedienen.

GALE'S

Blended Scotch, 8 Jahre, von *George Gale & Co.*.

Die Firma Gale, Inhaber der südenglischen Hampshire-Brauerei, gehört zu den wenigen Händlern, die angeben, aus welchen Whiskies ihre Marke hergestellt wird: Die Malts sind GLENLIVET, BEN NEVIS, DUFFTOWN, GLEN GRANT, BUNNHABHAIN, HIGHLAND PARK und DALMORE, die Grains kommen von STRATHCLYDE, DUMBARTON, CAMERON BRIG und NORTH BRITISH.

Gale's wird hauptsächlich in den Pubs, die der Hampshire-Brauerei angeschlossen sind, vertrieben.

GAMEFAIR

Schottischer Vatted Malt, 10 Jahre, von *Hynard Hughes*.

Eine kleine Marke, die seit 1926 von der Familie Hynard herausgegeben und in der Gegend um Leicester gerne getrunken wird (siehe auch HYNARD'S).

GARNHEATH

Schottische Destillerie in Moffat, Airdrie (Lowlands), 1965 von →*Inver House* errichtet. Die Brennerei hieß auch *Moffat* oder *Inver House Distillery*. Sie beherbergte fünf *Patent-* und eine *Pot Still*, die seinerzeit größte Mälzerei der Welt, 32 eigene Lagerhäuser sowie eine Blending- und Abfüllanlage. Es wurde größtenteils Grain Whisky produziert, aber auch ein Malt namens GLEN FLAGLER. Der gesamte Komplex wurde 1985 geschlossen, die Marke GLEN FLAGLER existiert aber noch (→KILLYLOCH).

GENTLEMAN JACK

Tennessee Sour Mash, 40 vol.%, aus der JACK DANIEL'S DISTILLERY von →*Brown-Forman*.

Gentleman Jack kam 1988 heraus und wird, anders als sein Stallgenosse *Jack Daniel's*, auch nach der Lagerung noch einmal durch Holzkohle gefiltert. Dies und der niedrigere Alkoholgehalt ergeben einen deutlich milderen, aber doch gehaltvollen Premium Whiskey (→*Filtration*).

Die Bezeichnung »Single Whiskey« auf dem Etikett soll offensichtlich eine Verwandtschaft zu →*Single Barrel* oder *Single Malt* suggerieren, inhaltlich besteht allerdings kein Zusammenhang.

GEORGE DICKEL

Tennesse Sour Mash aus der George Dickel Distillery, Tullahoma, von →*UD*.

Ein hocheleganter Whisky – man pflegt hier die schottische Schreibweise – und der ewige Geheimtip im Schatten des anderen großen Tennessee Whiskeys, *Jack Daniel's*.

Von den beiden Dickel-Versionen ist Old No.8 mit 43.4 vol.% und schwarzem Etikett der jüngere (4 bis 6 Jahre alt) und ein gutes Beispiel dafür, daß höheres Alter nicht zwangsläufig höhere Qualität mit sich bringt; denn der ältere Old No.12, 45 vol.%, weißes Etikett, kann es weder von der Eleganz noch von der Fülle her mit dem kleinen Bruder aufnehmen.

Seit 1994 gibt es von Dickel auch eine Art →*Small Batch* Bourbon namens Special Barrel Reserve mit 10 Jahren und 43 vol.%. Die alten George Dickel Whiskies aus der Zeit vor der Prohibition wurden gern als »mellow as moonlight« bezeichnet, und wer sich darunter nichts vorstellen kann, sollte diesen hier probieren.

Diese früheren Whiskies waren unter dem Namen *Cascade Whisky* bekannt. *Cascade* hieß auch die Destillerie, in der *George Dickel* (1818–1888) um 1880 begann, seinen Whisky zu brennen. Nach der Prohibition, die in Tennessee bereits 1908 begann, wurde der Name von →*Schenley* gekauft, die 1958 in der Nähe des alten Standortes eine neue Destillerie bauten. Erst in den 60er Jahren wurde der Whisky unter seinem heutigen Namen vermarktet. Zusammen mit *Schenley* fiel Dickel 1987 an UD.

Die Destillerie liegt in der Nähe von Tullahoma, einem Kaff im tiefsten Tennessee, und wird nicht weniger traditionell betrieben als die nur wenige Meilen entfernte *Jack Daniel's*-Brennerei (siehe auch Tennesse Whiskey).

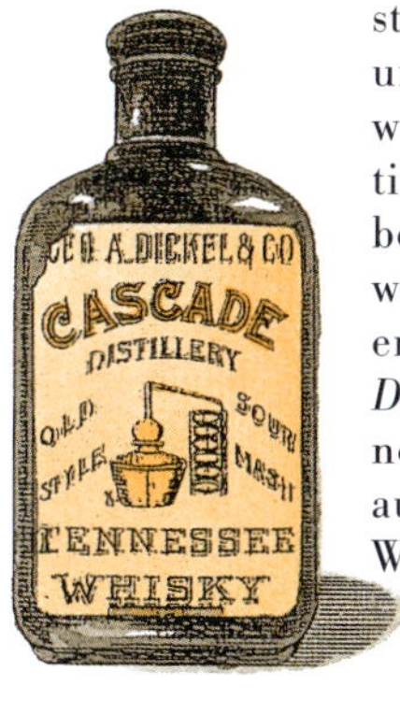

GEORGIA MOON

Kentucky Straight Corn von →*Heaven Hill.*

Die Marke kokettiert ganz offen mit dem Image von Schwarzgebranntem, der in den USA →*Moonshine* genannt wird. Wie dieser kommt auch Georgia Moon in Marmeladengläsern daher, zusätzlich trägt er die Aufschrift »weniger als 50 Tage alt« (manchmal sind es gar nur 30). Er ist folglich fast wasserklar und auch geschmacklich eher dem Moonshine verwandt als dem Bourbon, wie wir ihn kennen.

Georgia Moon ist der bekannteste Corn Whiskey in den USA und so ziemlich der einzige, den man auch nördlich von Kentucky findet.

GIBSON'S FINEST

Canadian Blend aus der Valleyfield Distillery von →*UD.*

Neben dem 12jährigen Premium gibt es noch die De-Luxe-Version Gibson's Finest Sterling Edition (mit der ehemaligen Firma *Gibson* hat diese Marke nichts zu tun (→*Barton*).

GILBEY'S

Indischer Blended Whisky von →*Gilbey* (IDV/Grand Metropolitan).

Versionen: Gilbey's Green, -Heritage, Old Gold, -White.

Die Firma *W & A Gilbey* begann 1857 in London als Weinhandlung. 1872 eröffnete sie dort ihre erste Gin-Brennerei (Gilbey's Gin ist derzeit die Nr. 5 auf dem Weltmarkt), seit 1887 ist die Firma auch im Whisky-Geschäft (siehe Glen Spey, Knockando, Strathmill). Auf dem Canadian-Markt ist sie seit 1945 mit Black Velvet erfolgreich.

Aus der Fusion von Gilbey und *Justerini & Brooks* (→J & B) entstand 1962 der Konzern →*IDV*, der inzwischen zu *Grand Metropolitan* gehört. Unter diesem Dach ist Gilbey heute u.a. für den Whiskey-Likör →*Baileys* zuständig.

Als Whisky-Marke ist der Name nur auf dem indischen Markt vertreten.

Siehe auch: Bond 7, Catto's, Redbreast.

GILLON'S

Blended Scotch von *John Gillon & Co.*, einer Tochterfirma von →*UD*, derzeit nur in Italien auf dem Markt.

Die Firma Gillon wurde 1917 gegründet und hatte bereits mehrere Besitzerwechsel hinter sich, als sie 1925 zu *DCL* kam. Ihr wurde die Lizenz für die Destillerie Glenury übertragen, die sie bis zu deren Abriß 1993 innehatte.

Gillon gibt auch einen Blend namens King William IV heraus.

GIRVAN

Schottischer Brennerei-Komplex der Firma ➔*Wm Grant & Sons.*

In dieser 1963 gegründeten Lowland-Destillerie wird der Grain Whisky für die Grant Blends produziert, die vor Ort zusammengestellt werden. Innerhalb des Komplexes gibt es auch eine Malt-Destillerie namens ➔Ladyburn. Seit neuestem gibt es Girvan auch als Single, und zwar von

Cadenhead: 15 Jahre (dest. 1979), 63.1 vol.% (siehe auch Blackbarrel).

GLAYVA

[*gälisch: sehr gut*] Schottischer Whisky-Kräuterlikör, 35 vol.%, mit Ingwer- und Anisaroma, von ➔*Invergordon* (Whyte & Mackay, American Brands), seit 1947 auf dem Markt.

GLEN ALBYN

Schottischer Single Malt (Highlands, Inverness).

Diesen malzigen Whisky mit mittelschwerem Körper gibt es nur noch von unabhängigen Abfüllern – und auch da nur selten.

Gordon & MacPhail:

Jahrgänge 1963, 1965, 1972, 1973, jeweils 40 vol.%

Cadenhead: 27 Jahre (dest. 1964), 51.4 vol.%; 30 Jahre (dest. 1964), 46.7 vol.%

Signatory:

15 Jahre (dest. 1980), 43 vol.%

Die 1846 gegründete Brennerei wurde im Ersten Weltkrieg von der US-Marine zur Minenproduktion zweckentfremdet, danach übernahm die Firma ➔*Mackinlay* den Betrieb und verwendete den Malt hauptsächlich für ihre Blends. 1972 wurde Glen Albyn von der ➔*DCL* übernommen, die sie 1983 schloß. Heute befindet sich auf dem Gelände ein Supermarkt.

GLENALLACHIE

[*glenálikai*] Schottischer Single Malt (Speyside, Aberlour) von ➔*Campbell Distillers* (Pernod Ricard).

Ein leichter und sehr eleganter Malt, der leider kaum noch zu finden ist.

Originalabfüllung:

12 Jahre, 40 vol.% (stammt noch vom Vorbesitzer Invergordon)

The Castle Collection:

18 Jahre (dest. 1976), 43 vol.%

Die Destillerie wurde 1967/68 von *Mackinlay McPherson* erbaut, einer Tochterfirma von ➔*Scottish & Newcastle Breweries.*

1985 kam sie zu *Invergordon*, 1989 zu Campbell, die den Whisky aber derzeit nicht abfüllen.

GLEN AVON

Schottischer Single Malt (Speyside), 8, 15, 21 und 25 Jahre alt, außerdem in den Jahrgängen 1953, 1955, 1958 und 1962, von *Avonside Whisky Ltd.*, einer Tochterfirma von →*Gordon & MacPhail.*

Es gab zwar einmal eine Destillerie Glenavon in Schottland, doch die ist schon seit weit über 100 Jahren geschlossen; bis heute ist nicht bekannt, aus welcher Brennerei Gordon & MacPhail diesen Whisky nun schon seit Jahrzehnten beziehen, den sie in eigenen Lagerhäusern reifen lassen.

GLEN BAREN

Schottischer Vatted Malt, 5 und 8 Jahre, von →*Kinross.*

GLEN BLAIR

Schottischer Vatted Malt von →*Burn Stewart.* Der meistverkaufte Vatted dieser Firma.

GLENBURGIE

Schottischer Single Malt (Speyside, Forres) von →*J.& G. Stodart* (Allied Distillers, Allied Domecq).

Ein seltener, weicher und eher süßer Malt.

Originalabfüllung: 5 Jahre, sehr rar; die Bezeichnung »Glenlivet« auf dem Etikett ist irreführend.

Gordon & MacPhail:
Jahrgänge 1948, 1960, 1967, 1968, jeweils 40 vol.%; 8 Jahre, 40 vol.%; 1966, 57.6 und 61.2 vol.%;
1984, 59.2 vol.%

Cadenhead:
28 Jahre (dest. 1963), 57.8 vol.%;
13 Jahre (dest. 1978), 59.8 vol.%

Die Destillerie wurde 1829 gegründet und hieß anfangs *Kilnflat.* 1930 wurde sie von →*Hiram Walker* erworben und dessen Tochterfirma *Stodart* übertragen, die sie noch heute führt. Der größte Teil des Whiskys fließt seither in die Ballantine's Blends. Glenburgie hat 2 *Stills*, das Wasser kommt aus örtlichen Quellen.

Die Brennerei besaß von 1958 bis in die frühen 80er Jahre zusätzlich zwei →*Lomond Stills*, mit denen ein Malt namens Glencraig produziert wurde.

(Tel. 01343-85 02 58)

GLENCADAM

Schottischer Single Malt (Eastern Highlands) von →*G.Ballantine & Co.*

(Allied Distillers, Allied Domecq). Ein voller und malziger Digestif, dessen Aroma einen inspirierten Autor einmal an »feuchte Wolle« erinnerte; Glencadam ist zur Zeit nicht leicht zu finden.

Gordon & MacPhail:
Jahrgang 1974, 40 vol.%

Cadenhead:
11 Jahre (dest. 1980), 61.2 vol.%

Die Brennerei wurde 1825 eröffnet und gehört seit 1954 zu *Hiram Walker*, also heute zur Allied-Gruppe. Der Löwenanteil des Malts geht in die BALLANTINE's Blends. Glencadam hat 2 *Stills*, das Wasser kommt aus *Loch Lee*. (Tel. 03562-22 17)

GLEN CALDER

Blended Scotch, 40 vol.%, von →*Gordon & MacPhail.*

Ein Blend mit hohem Maltanteil und außerdem einer der wenigen, die es auch als Jahrgangsabfüllung gibt, in diesem Fall von 1949.

GLEN CARREN

Schottischer Vatted Malt, 10 Jahre, von →*Hall & Bramley.*

GLEN CATRINE

Blended Scotch von *Glen Catrine Bonded Warehouse Ltd.*

Diese Firma war früher nur als Blender und Abfüller tätig, ist aber seit 1985 Besitzer einer eigenen Brennerei. Sie übernahm damals die Destillerie LOCH LOMOND von →*Invergordon* und begann 1993 mit dem Bau einer Grain-Brennerei.

1994 erwarb sie die Konkursmasse von *Gibson International* (→*Barton*), darunter die Destillerien GLEN SCOTIA und LITTLEMILL.

Außer Glen Catrin sind noch folgende Marken im Programm: CLANSMAN, GLENSHIEL, HIGH COMMISSIONER, INCHMURRIN, OLD ROSDHU, SCOTS EARL; von der großen Anzahl ehemaliger Gibson Blends sind nur noch wenige übrig: HIGHLAND MIST, HOUSE OF STEWART, HOWARD MACLAREN (siehe auch OLD COURT, ROYAL CULROSS, SCOTIA ROYAL).

GLEN CLOVA

Blended Scotch von →*Invergordon* (Whyte & Mackay, American Brands).

GLENCOE
Schottischer Vatted Malt, 8 Jahre, 57 vol.%, von →*Red Lion Blending*.

GLEN CORRIE
Schottischer Vatted Malt von →*Wm Grant & Sons*.

GLENCRAIG
Schottischer Single Malt (Speyside, Forres) von →*J.& G. Stodart* (Allied Distillers, Allied Domecq).

Der Whisky stammt aus der Destillerie GLENBURGIE. Sie war zeitweise (1958–1980) mit zwei →*Lomond Stills* ausgerüstet, und nur in diesen wurde Glencraig destilliert.

Gordon & MacPhail füllte ihn damals ab und bietet derzeit einen Jahrgang 1970 an.

GLENDARROCH
Blended Scotch,12jähriger De Luxe, von *William Gillies & Co.*, einem Handelshaus in Glasgow (nicht zu verwechseln mit *A.Gillies* →*Glen Scotia*). Seinen Namen hat dieser Scotch von einer ehemaligen Highland-Destillerie, die eine Zeitlang von der Familie Gillies geführt wurde. Die Brennerei hieß auch Glenfyne, wurde 1937 geschlossen und beherbergt heute eine Fischfarm und eine Tischlerei.

Gillies & Co. war kurze Zeit auch Besitzer der OBAN DISTILLERY.

GLEN DEVERON
Schottischer Single Malt (Speyside, Banff) aus der MACDUFF DISTILLERY von →*Wm Lawson* (Bacardi).

Der ideale Malt für Anfänger: weich, sauber und malzig.

Originalabfüllung:
12 Jahre, 40 vol.%, für den Export mit 43 vol.%, und auch als 5jähriger mit 43 vol.%

Gordon & MacPhail: füllen Glen Deveron unter dem Destillerienamen MACDUFF ab, derzeit haben sie einen 1975er mit 40 vol.%

Cadenhead: ebenfalls als MACDUFF: 16 Jahre (dest. 1978), 55.8 vol.%; 20 Jahre (dest. 1975), 58.9 vol.%

Macduff wurde 1962–63 errichtet und wechselte mehrmals den Besitzer: zeitweise gehörte sie der Familie →*Morrison*, ab 1972 dann Wm Lawson, einer Firma, die 1980 von dem Luxemburger Konzern *General Beverage* übernommen wurde. General Beverage kontrolliert den italienischen Getränkehersteller *Martini & Rossi* und ist seit 1995 Teil des Bacardi-Imperiums. Der Großteil des Malts von Macduff ist für die Lawson Blends bestimmt. Produziert wird mit 4 *Stills*, das Wasser kommt aus dem *Gelly Burn*. (Tel. 01261–81 26 12)

GLEN DEW
Schottischer Vatted Malt, 5 Jahre, von *Mitchell Bros.*, Glasgow. Eine heute äußerst seltene Marke, in der der Malt NORTH PORT eine Rolle spielt.

GLEN DOWAN
Blended Scotch von →*J.&G.Grant.*

THE GLENDRONACH DISTILLERY Cº LIMITED

The GLENDRONACH
Schottischer Single Malt (Speyside, Huntly) von →*Allied Distillers* (Allied Domecq).
Ein eleganter Whisky, der vor allem von Liebhabern weicher Malts geschätzt wird.
Originalabfüllung:
TRADITIONAL, 12 Jahre, 40 vol.% und 43 vol.%; die Ende der 80er Jahre herausgegebenen Abfüllungen SHERRY CASK (12 und 18 Jahre) und ORIGINAL, die diesen Malt erst populär machten, werden heute nicht mehr produziert.

Die Destillerie wurde 1826 eröffnet und gehörte zeitweise der Familie →*Wm Grant*. Seit 1960 ist sie Eigentum der Firma →*Teacher*, in deren Blends Glendronach eine wichtige Rolle spielt. Teacher & Sons ist seit 1976 bei Allied.

Die Herstellung findet noch auf traditionelle Art statt: Glendronach hat eigene *Malting Floors*, und die 4 *Stills* werden mit Kohle beheizt; das Wasser kommt aus einer Quelle vier Meilen östlich der Brennerei. Glendronach wird nur leicht getorft und lagert in neuen Eichen- sowie in Sherryfässern. (Tel. 01466-73 02 02)

GLENDROSTAN
Blended Scotch, 8 und 12 Jahre, von *Longman*, einer Tochterfirma von →*Invergordon* (Whyte & Mackay, American Brands).

GLEN DRUM
Schottischer Vatted Malt von →*D. Laing.*

GLEN DRUMMOND
Schottischer Vatted Malt von →*Inver House.*

GLENDULLAN

Schottischer Single Malt (Speyside, Dufftown) von ➔*Macdonald Greenlees* (UD).

Ein üppiger Digestif-Malt, der einen größeren Bekanntheitsgrad verdient hätte.

Originalabfüllung:
12 Jahre, 43 vol.% (»Flora & Fauna«-Reihe), außerdem in der »Rare Malt Selection«; die ebenfalls 12jährige Prä-UD-Abfüllung von ➔*DCL* hat heute Seltenheitswert.

Cadenhead: 25 Jahre (dest. 1965), 51.1 und 52.4 vol.%;
17 Jahre (dest. 1978), 65.3 vol.%

James MacArthur:
11 Jahre, 43 vol.%

Die Destillerie wurde 1897–98 von *Wm Williams* erbaut, einer Vorgängerfirma des heutigen Lizenzträgers Macdonald Greenlees. 1927 übernahm die DCL die Regie und fügte in den 70er Jahren eine neue Destillerie mit 6 *Stills* hinzu. Das Wasser kommt von den *Conval Hills*, ein Großteil des Malts wird für die Old Parr Blends verwendet.

(Tel. 01340–82 02 50)

GLEN ELGIN

Schottischer Single Malt (Speyside, Elgin) von ➔*White Horse* (UD).

Ein angenehmer, weicher Malt für jede Gelegenheit.

Originalabfüllung: Die 12jährige Ausgabe mit 43 vol.% ist leider nicht mehr auf dem Markt, eine neue Version ohne Altersangabe wird fast ausschließlich nach Japan geliefert.

Gordon & MacPhail:
Jahrgang 1968, 40 vol.%

Cadenhead: hatte zuletzt einen 22-jährigen von 1971 mit 50.3 vol.%

Die Brennerei wurde im Jahr 1900 eröffnet; sie ist eine der 9 Destillerien, die im Einzugsgebiet der Stadt Elgin liegen, einem bedeutenden Zentrum der Whisky-Industrie. Glen Elgin hat 6 *Stills*, das Wasser kommt aus Quellen am *Millbuies Loch*. Der Whisky ist einer der Basis-Malts für den White Horse Blend.

(Tel: 01343–86 02 12)

GLENESK

Schottischer Single Malt (Highlands, Montrose) von →*UD*.
Ein gut ausbalancierter Malt, der nur noch schwer zu finden ist.
Originalabfüllung:
Bis 1985 wurde Glenesk von *Wm Sanderson* als 12jähriger mit 43 vol.% abgefüllt; inzwischen gibt es ihn von UD in der »Rare Malt Selection« unter dem Namen Hillside.
Gordon & MacPhail:
Jahrgang 1982, 40 vol.%
Cadenhead:
13 Jahre (dest. 1982), 66.5 vol.%
Eine Destillerie mit wechselvoller (Namens-)Geschichte: Sie entstand unter dem Namen Highland Esk 1897 aus einer umgebauten Flachsmühle, wurde zwei Jahre später North Esk genannt, im Ersten Weltkrieg zur Kaserne umfunktioniert und anschließend geschlossen; 1938 kam sie in US-Besitz, wurde zur Grain-Brennerei umgerüstet und Montrose genannt.
1964 kam die Brennerei zur →*DCL*, die sie 10 Jahre später wieder auf Malt-Produktion umstellen ließ und in Hillside umtaufte. Ab 1980 hieß sie dann Glenesk und lieferte den Basis-Malt für den Blend Vat 69. Seit 1985 dient sie nur noch als Mälzerei für andere UD-Brennereien.

GLENFAIRN

Schottischer Vatted Malt von →*Invergordon* (Whyte & Mackay, American Brands).

GLENFARCLAS

[gälisch: Tal des grünen Grases]
Schottischer Single Malt (Speyside) von →*J. & G. Grant.*

Für diesen herausragenden Malt muß man wohl oder übel so abgedroschene Epitheta wie »klassisch« oder »quintessentiell« bemühen; er hat alles, was man speziell von einem Highland Malt erwartet: Kraft, Weichheit und Würze, aber auch Liebhaber der eher schweren und torfigen Whiskies zeigen sich beeindruckt von Glenfarclas' Komplexität und Finesse. Bereits *Tommy Dewar* (→Dewar's) nannte ihn »König der Whiskies«, *Michael Jackson* spricht schlicht von »Nektar«.

Glenfarclas gibt es in einer Reihe von Altersstufen, die alle ihre jeweiligen Verehrer haben und es einem schwer machen, sich zu entscheiden. Nicht wenige Kapazitäten sehen allerdings im 15jährigen den Höhepunkt erreicht.

Originalabfüllung:
10 Jahre, 40 vol.%; 12 Jahre, 43 vol.%; 15 Jahre, 46 vol.%; 17 Jahre, 43 vol.%; 21, 25 und 30 Jahre, jeweils 43 vol.%; als GLENFARCLAS 105 gibt es einen 8jährigen mit 60 vol.%, lange Zeit der einzige *Cask Strength* Malt, der offiziell abgefüllt wurde. Außerdem sind Jahrgangsabfüllungen von 1961, 1970, 1971, 1976, 1978 mit 43 vol.% erhältlich.

Cadenhead: 13 Jahre (dest. 1980, Sherryfaß) 46 vol.%;
14 Jahre (dest. 1980) 58.7 vol.%

Signatory:
24 Jahre (dest. 1969), 56.5 vol.%;
21 Jahre (dest. 1964) 54.1 vol.%;
36 Jahre (dest. 1959), 52.6 vol.%

Glenfarclas gehört zu den wenigen unabhängigen Familienbetrieben der schottischen Whisky-Industrie. Die Destillerie wurde wahrscheinlich 1836 gegründet, mit Sicherheit ist sie seit 1844 in Betrieb. Seit 1865 befindet sie sich im Besitz der Familie *J. & G. Grant*, die sie nun schon in der fünften Generation führt (und mit *Grants* von *Glenfiddich* nicht verwandt ist). Die Brennerei hat 6 *Stills*, das Wasser kommt vom *Ben Rinnes*. Bis vor einigen Jahren wurden Bourbon-, Sherry- und neue Eichenfässer zur Lagerung benutzt, inzwischen sind nur noch Sherryfässer in Gebrauch.
(Tel. 01807-50 02 09)
→EAGLE OF SPEY, HIGHLAND CATTLE

GLENFERN

Blended Scotch von →*UD.*

GLENFIDDICH

Schottischer Single Malt (Speyside, Dufftown) von →*Wm Grant & Sons.* Der weltweit mit Abstand meistverkaufte Malt ist ein guter Einsteiger-Whisky, leicht und angenehm zu trinken, mit zunehmender Komplexität in den älteren Versionen.

Originalabfüllung: Special Reserve ohne Altersangabe, 40 vol.%; Excellence, 18 Jahre, 43 vol.%; Ancient Reserve, 18 Jahre, 43 vol.%; Wedgwood, 21 Jahre, 43 vol.% im Porzellan-Decanter; Stag's Head, 30 Jahre (dest. 1963), 51.7 vol.%, sowie eine Reihe weiterer Abfüllungen, die speziell in Duty-free-Shops des Fernen Ostens verkauft werden. Der 50jährige, der vor einigen Jahren in einer Auflage von nur 500 Stück auf den Markt kam, ist ein reines Sammlerstück. Seit kurzem gibt es auch einen 15jährigen Cask Strength.

Cadenhead: 15 Jahre (dest. 1979), 58.3 vol.%

Seit ihrer Gründung in den Jahren 1886/87 ist die Brennerei im Besitz der Familie *Wm Grant,* die den Whisky 1963 als ersten Single Malt überhaupt auf den Weltmarkt brachte. Dieser Schritt wurde von anderen Herstellern ebenso belächelt wie die für damalige Verhältnisse reichlich exzentrische, dreieckige Flaschenform, die heute das Markenzeichen von Glenfiddich ist. In jener Zeit des Blended-Scotch-Booms galt Malt Whisky wegen seiner Intensität außerhalb Schottlands als unverkäuflich. Es dauerte ungefähr 10 Jahre, bis die Konkurrenz realisierte, wie groß der Markt für Single Malts ist, doch bis dahin hatten die *Grants* bereits ihr Terrain abgesteckt; heute kommen 35 % des exportierten Malts aus der Glenfiddich-Destillerie. Malt-Trinker in aller Welt, die diese Marke gerne wegen ihres »mainstream«-Charakters abtun, sollten zumindest den Mut der Firma respektieren: Ohne sie würden möglicherweise noch heute die meisten unserer geliebten Tropfen eine anonyme Existenz in Blends fristen. Abgesehen davon, sind die älteren Versionen von Glenfiddich alles andere als langweilig.

Die größte Destillerie Schottlands hat inzwischen 28 *Stills,* das Wasser kommt aus den *Robbie-Dubh*-Quellen. Vom Mälzen bis zur Abfüllung findet der ganze Produktionsprozeß innerhalb des Brennereigeländes statt, gelagert wird in Bourbon- und Sherryfässern. (Tel. 01340–82 03 73)

GLEN FLAGLER

Schottischer Lowland Malt aus der Garnheath Distillery von →*Inver House*. Die Brennerei schloß zwar 1985, doch die Restbestände werden mit anderen Malts gemischt und als Vatted Malt unter dem Namen Glen Flagler Pure Malt Special Reserve (8 Jahre, 40 vol.%) angeboten. 1994 brachte der unabhängige Abfüller **Signatory** noch einmal 350 Flaschen Glen Flagler als Single Malt (23 Jahre, dest. 1970, 50.1 vol.%) auf den Markt.

GLENFORRES

Schottischer Vatted Malt, 12 Jahre, von →*Wm Whiteley* (Pernod Ricard). Einer der Basis-Malts kommt aus der Destillerie Edradour, die zeitweise auch Glenforres genannt wurde.

GLENFOYLE RESERVE

Blended Scotch, 12 Jahre, von *Longman*, einer Tochterfirma von →*Invergordon* (Whyte & Mackay, American Brands).

GLEN FRASER

Schottischer Single Malt, 8, 12, 15 und 21 Jahre, 40 vol.%, von →*Gordon & MacPhail*.

Aus welcher Destillerie dieser rauchige Malt kommt, bleibt das Geheimnis des Abfüllers, nur die Region wird verraten: Highlands.

GLENGALWAN

[illegible] Vatted Malt [illegible]

GLEN GARIOCH

[*glen gieri*] Schottischer Single Malt (Eastern Highlands) von →*Morrison Bowmore* (Suntory).

Ein guter Durchschnitts-Malt, für einen Highland reichlich torfig.

Originalabfüllung:
8 Jahre, 43 vol.%; 10 Jahre, 40 vol.%; 12 Jahre, 40 vol.%; 15 Jahre, 43 vol.%; 21 Jahre, 43 vol.%; 1984, 40 und 55 vol.%

Die Brennerei wurde 1798 gegründet und zeitweise von →*Wm Sanderson* geführt. 1970 übernahm die Familie *Morrison* die Geschäfte. Bis zu ihrer Stillegung im Jahre 1995 arbeitete die Destillerie mit 4 *Stills*, das Wasser kam von dem Hügel *Perock*, Glen Garioch hatte eigene *Malting Floors* und benutzte Bourbon- und Sherryfässer zur Lagerung.

(Tel. 01651–87 27 06)

GLEN GARRY

Blended Scotch von *John Hopkins & Co.*, einer Tochterfirma von →*UD*, der ausschließlich nach Spanien

GLEN GARRY

Blended Scotch von *John Hopkins & Co.*, einer Tochterfirma von →*UD*, der ausschließlich nach Spanien exportiert wird.

Nachdem John Hopkins eine Zeitlang sein Geld in Glasgow als Cognac-Importeur verdient hatte, verlegte er sich auf die Herstellung von Blended Whisky. 1878 brachte er die Marke Glen Garry heraus, zwei Jahre später OLD MULL (heute bei →*Whyte & Mackay*).

Hopkins & Co. besaß zeitweise die Destillerien SPEYBURN (1897–1916) und TOBERMORY (1890–1916); 1916 wurde die Firma von →*DCL* erworben. Heute gehört sie zu *United Distillers*, für die sie seit 1992 die OBAN DISTILLERY führt.

GLENGLASSAUGH

[*glenglassoch*] Schottischer Single Malt (Speyside, Banff) von →*Highland Distilleries*.

Ein charmantes Mittelgewicht, dessen eigentümliches Aroma einen bekannten Autor sagen ließ, dieser Whisky rieche nach frisch gemachten Betten.

Originalabfüllung:

Die 40%ige Version ohne Altersangabe ist ebenso wie der 12jährige mit 43 vol.% kaum noch zu finden.

Gordon & MacPhail:

Jahrgang 1983, 40 vol.%

Cadenhead:

13 Jahre (dest. 1977), 59.8 vol.%

Glenglassaugh wurde 1875 gegründet und ist seit den 1890er Jahren im Besitz von Highland Distilleries. Die Brennerei wurde immer wieder stillgelegt (zuletzt 1986), ist zur Zeit aber wieder in Betrieb. Sie hat 2 *Stills* und bezieht ihr Wasser aus der Quelle des *River Glassaugh*. (Tel. 01261–84 23 67)

GLEN GHOIL

Blended Scotch von →*Hall & Bramley*, seit Ende das 19. Jahrhunderts auf dem Markt.

GLEN GORDON

Schottischer Single Malt (Speyside), 15 Jahre, 40 vol.%, sowie in den Jahrgängen 1947 und 1958 von *Glen Gordon Whisky Co.*, einer Tochterfirma von →*Gordon & MacPhail*.

Hier handelt es sich nicht um die Originalabfüllung einer Brennerei, sondern um eine sogenannte Markenabfüllung, d.h. der Abfüller bezieht den Whisky von einer ungenannten Destillerie und füllt ihn unter einem eigenen Label ab (→*Unabhängige Abfüller*).

GLENGOYNE

Schottischer Single Malt (Southern Highlands) von ➔*Lang Bros.* (Robertson & Baxter).

Ein leichter, malziger Whisky ohne jede Torfnote.

Originalabfüllung:
10 und 12 Jahre, 40 vol.%;
17 Jahre, 43 vol.%;
25 Jahre (dest. 1968), 51.1 vol.%;
25 Jahre (dest. 1969) 47 vol.%

Cadenhead: hat Glengoyne seit April 1996 im Programm.

Die Destillerie entstand 1833 aus einer kleinen Schwarzbrennerei und ist seit 1876 im Besitz der Lang Bros. (➔*Lang's*); zeitweise hieß sie auch Glen Guin. Sie hat 3 *Stills*, eine eigene Quelle und verwendet Bourbon- und Sherryfässer. (Tel. 01360–55 02 29)

GLEN GRANT

Schottischer Single Malt (Speyside, Rothes) von ➔*Chivas & Glenlivet* (Seagram).

Eine der großen alten Single-Malt-Marken (Nr. 2 auf dem Weltmarkt) und ein angenehmer, ausgewogener Whisky, der auch eine lange Reifezeit gut verträgt.

Originalabfüllung: mindestens zwei verschiedene Abfüllungen ohne Altersangabe (5–9 Jahre alt), 40 vol.%; 5 Jahre, 40 vol.% (die Nr.1 auf dem wichtigen italienischen Markt); 10 und 12 Jahre, 43 vol.%

Gordon & MacPhail: Hier gibt es eine Fülle von Versionen, 21 und 25 Jahre alt, vor allem aber Jahrgangsabfüllungen, die bis 1936 zurückreichen; sie werden von Gordon & MacPhail in Lizenz heraugegeben, d.h. mit dem Originaletikett der Destillerie.

Cadenhead:
21 Jahre (dest. 1974), 54.6 vol.%

Die Brüder *John* und *James Grant*, die die Destillerie 1840 eröffneten, hatten ihr Handwerk als Schwarzbrenner und Schmuggler gelernt. James war außerdem auch als Rechtsanwalt tätig gewesen und brachte somit die nötigen Voraussetzungen für eine vielversprechende Karriere in zweierlei Hinsicht mit. Glen Grant war die erste der heute fünf Brennereien in der Ortschaft Rothes, und die Grants waren damit derart erfolgreich, daß sie 1897 mit

dem Bau einer zweiten Destillerie begannen (sie hieß Glen Grant No. 2, wurde 1902 geschlossen und ist seit 1965 unter dem Namen Caperdonich wieder in Betrieb). Glen Grant wurde bereits um die Jahrhundertwende als Single Malt abgefüllt und kann damit als eine der ältesten Marken dieser Sorte gelten. Zu jener Zeit wurden Malts allerdings nur innerhalb Schottlands als Single verkauft, und es dauerte noch bis in die zweite Hälfte unseres Jahrhunderts, bis sie auch im Ausland bekannt wurden. Auch dabei spielte Glen Grant eine Vorreiter-Rolle: Noch bevor eine der anderen Grant-Whisky-Familien – *Wm Grant & Sons* – ihren →*Glenfiddich* weltweit zu vermarkten begann, fand Glen Grant seinen Weg auf einen fremden Markt, genauer gesagt, nach Italien. Das war das Verdienst eines Mailänder Hoteliers namens *Armando Giovanni*, der in den 50er Jahren einige Kisten dieses Malts in seine Heimat brachte und ihm dort erste Anerkennung verschaffte (heute hat allein die 5jährige Version von Glen Grant hier einen Marktanteil von 70%).
1953 tat sich die Firma Grant mit *George & J.G. Smith*, den Betreibern der Glenlivet Distillery, zusammen, knapp 20 Jahre später kamen die Destillerie Longmorn und die Firma →*Hill, Thomson & Co.* hinzu. Der so entstandene Konzern wurde *Glenlivet Distillers* getauft und 1977 vom kanadischen Spirituosengiganten *Seagram* übernommen, dessen Scotch-Zweig er heute als *The Chivas & Glenlivet Division* führt.
Im selben Jahr kamen zu den 4 alten, kohlebefeuerten *Stills* 6 neue hinzu, die mit Gas betrieben werden. Trotz der damit erreichten hohen Kapazität der Destillerie steht zu befürchten, daß die große Menge an jungen Abfüllungen, die heute auf den Markt kommt, den Nachschub an prächtigen alten Glen Grants langsam ausdünnen wird – verschlingen doch schon die populären Seagram-Marken Chivas Regal und Passport eine ganze Menge des guten Stoffs. Das Wasser kommt aus dem *Caperdonich Well.*
(Tel. 01542-78 33 00)

GLEN KEITH

Schottischer Single Malt (Speyside, Keith) von →*Chivas & Glenlivet* (Seagram).

Die meiste Zeit gab es diesen Malt nur von den unabhängigen Abfüllern **Gordon & MacPhail** (dest. 1965, 40 vol.%), **Cadenhead** (22 Jahre, dest. 1973, 57.1 vol.%), **James MacArthur** (22 Jahre, 51.2 vol.%) und **Signatory** (dest. 1967 mit 46 vol.%). Der Löwenanteil ging in die Blends der *Chivas & Glenlivet Group*, die diese Destillerie 1957–60 errichtete, um der gewaltigen Nachfrage nach Weltmarken wie Chivas Regal, Passport und anderen gerecht zu werden (zeitweise gab es auch einen Blend namens Glen Keith). Ende 1994 kamen die ersten Flaschen der **Originalabfüllung** auf den Markt – allerdings ohne Altersbezeichnung, nur mit dem Hinweis: »Distilled before 1983«, 43 vol.%.

Wie der Name vermuten läßt, liegt die Destillerie in Keith, einem der Whisky-Zentren der Speyside-Region. Die Brennerei war die erste in Schottland, die ihre – damals 3 – *Stills* mit Gas betreiben und die gesamte Herstellung von Mikroprozessoren steuern ließ. Bis 1970 wurde hier dreifach destilliert, dann kehrte man zur allgemein üblichen zweifachen Destillation zurück. Heute hat Glen Keith 6 *Stills*, das Wasser kommt von den *Balloch Hills*. (Tel. 01542–78 30 44)

GLEN KELLA MANX WHITE WHISKEY

Malt und Blended Whiskey der Firma *Glen Kella Distillers* auf der Isle of Man.

Es muß die Sehnsucht nach dem Wodka seiner Heimat gewesen sein, die den Exil-Polen *Lucian Landau* dazu brachte, auf der Insel mitten in der Irischen See einen dreifach gebrannten, »weißen« – also klaren – Whiskey herstellen zu wollen. Seit Anfang der 70er Jahre experimentierte Landau in dieser Richtung, bis er ein Verfahren fand, das nicht nur schneller (d.h. immer auch: billiger) sein soll als die schottische Methode, sondern seiner Meinung nach auch bessere Ergebnisse erzielt. Was genau

in seiner Destillerie abläuft – sie hat nur 1 *Still* und bezieht ihr Wasser aus einem nahegelegenen See –, wird dem Fremden nicht verraten. Sicher ist nur, daß dort bereits gelagerte schottische Malt- und Grain Whiskies geblendet und anschließend noch einmal gebrannt werden. Mit dem Ergebnis ist man offensichtlich sehr zufrieden, denn der 12jährige Vatted Glen Kella – er kam 1990 auf den Markt – wird inzwischen gar nicht mehr hergestellt, sei doch der 8jährige angeblich schon so gut, daß jede längere Lagerung die reinste Zeitverschwendung wäre. Abgesehen davon gibt es bereits seit 1984 Blended Glen Kella, und zwar 3 und 5 Jahre alt mit 40 vol.%. Wichtigstes Exportland für Glen Kella Whiskey ist die Bundesrepublik Deutschland.

GLENKINCHIE

Schottischer Single Malt (Eastern Lowlands) von →*J.Haig & Co.* (UD). Ein leichter und für Lowland-Verhältnisse recht würziger Malt.

Originalabfüllung: 10 Jahre, 43 vol.% (aus der Reihe »Classic Malts«)

Die Brennerei wurde 1825 als *Milton Distillery* gegründet und trägt ihren heutigen Namen seit 1837. Glenkinchie ist die Hauptkomponente in Haig's Dimple Blend. Die Destillerie hat 2 *Stills* und bezieht ihr Wasser aus den *Lammermuir Hills.*

(Tel. 01875–34 03 33)

GLEN KINDIE
Blended Scotch, 40 vol.%, von →*Montrose Whisky*.

GLENLEVEN
Schottischer Vatted Malt, 12 Jahre, von →*J.Haig* (UD), aus 6 Malts, darunter GLENLOSSIE.

The GLENLIVET
Schottischer Single Malt (Speyside) von *George & J.G.Smith* (Seagram). Glenlivet, das Tal des Flusses *Livet*, gilt als Herzstück der Speyside, und der Whisky, der dessen Namen trägt, ist die älteste und renommierteste Marke dieser Region.

Es handelt sich um einen sehr eleganten, malzigen Whisky, der mit zunehmendem Alter eine erstaunliche Fülle entwickelt. Glenlivet ist eine der internationalen Spitzenmarken (Nr.1-Malt in den USA).

Originalabfüllung:
12 Jahre, 40 vol.%;
18 Jahre, 43 vol.% (derzeit nur in den USA erhältlich);
21 Jahre, 43 vol.%

Gordon & MacPhail: Unter dem Namen GEORGE & J.G. SMITH'S GLENLIVET gibt es hier eine ganze Reihe von Versionen: 12 Jahre, 40 vol.%;
15 Jahre, 40, 46 und 57 vol.%;
21 Jahre, 40 vol.%;
außerdem Jahrgangsabfüllungen, die von 1943 bis 1978 reichen, letztere mit 58.6 vol.%;

Cadenhead: 16 Jahre (dest. 1976, Sherryfaß), 46 vol.%

Signatory:
21 Jahre (dest. 1973), 56 vol.%

Die offizielle Gründung der Destillerie im Jahre 1824 markiert den Beginn des legalen Brennwesens in Schottland.

Wie die meisten Bauern der Highlands, brannte auch *George Smith* (1792–1871) seinen Whisky selbst und ließ sich von den britischen Steuerbeamten auch nicht daran hindern, seine Ware auf die lukrativen Märkte des Südens zu schmuggeln. Smith war jedoch der erste, der die neuen Steuergesetze von 1823 dazu nutzte, seinen Geschäften eine legale Basis zu geben. Die Energie und Sorgfalt, mit der er sich bis dahin der Geheimhaltung seiner Tätigkeiten widmete, kam von nun an der Herstellung sei-

nes Whiskys zugute und trug zur Entstehung der gefeierten, oft kopierten Marke Glenlivet bei. Bevor es soweit war, mußte Smith sich allerdings erst des Zorns seiner weiterhin illegal arbeitenden Nachbarn erwehren, für die die Schwarzbrennerei nach wie vor auch ein Akt des Widerstandes gegen die verhaßte britische Oberherrschaft war (mit den Worten des schottischen Nationaldichters *Robert Burns*: »Freiheit und Whisky gehören zusammen«). Smith setzte sich schließlich durch, denn er genoß die Unterstützung der adeligen Grundbesitzer, denen viel daran lag, ihre Autorität bei den nicht sonderlich obrigkeitshörigen Highlandern geltend zu machen.
In den folgenden Jahrzehnten wuchs der Ruf Glenlivets derart, daß auch andere Hersteller ihre Produkte unter diesem Namen verkauften und Glenlivet bald ironisch »das längste Tal Schottlands« genannt wurde. Erst ein Gerichtsbeschluß regelte 1880 den Fall dahingehend, daß Whisky, der nicht aus der Glenlivet-Destillerie kam, den Namen nur als Zusatz tragen durfte. Von dieser Möglichkeit machten auch heute so renommierte Firmen wie *Glen Grant* und *Macallan* bis vor nicht allzu langer Zeit Gebrauch.

1953 tat sich die Firma Smith mit *J.& J. Grant*, den Betreibern der GLEN GRANT DISTILLERY, zusammen, knapp 20 Jahre später kamen die Destillerie LONGMORN und die Firma → *Hill, Thomson & Co.* hinzu. Der so entstandene Konzern wurde *Glenlivet Distillers* benannt und 1977 vom kanadischen Spirituosengiganten *Seagram* übernommen, dessen Scotch-Zweig er heute als *The Chivas & Glenlivet Division* führt.
Die Destillerie hat 8 *Stills* und bezieht ihr Wasser aus *Josie's Well*.
(Tel. 01542-78 32 20)

GLENLOCHY

Schottischer Single Malt (Highlands, Fort William) von →*UD*.
Ein leichter, aromatischer Aperitif-Malt, dessen Bestände zur Neige gehen.
Originalabfüllung: nur noch in der »Rare Malt Selection«
Gordon & MacPhail:
Jahrgänge 1974, 1977, 40 vol.%
Cadenhead: hatte zuletzt einen 17jährigen mit 58.5 vol.%
Signatory:
30 Jahre (dest. 1963), 52.2 vol.%
Die Brennerei wurde 1898 erbaut und kam 1953 zur →*DCL*, die sie 1983 schloß und in Appartements umwandelte. Sie hatte 2 *Stills* und bezog ihr Wasser aus dem *River Nevis*.

GLENLOSSIE

Schottischer Single Malt (Speyside, Elgin) von ➔*J.Haig & Co.* (UD).
Ein sehr weicher und malziger Digestif-Malt.
Originalabfüllung: 10 Jahre, 43 vol.% (aus der »Flora & Fauna«-Reihe)
Gordon & MacPhail: Jahrgänge 1968, 1969, 1974, 1975, jeweils 40 vol.%
Cadenhead:
17 Jahre (dest. 1978), 57 vol.%
Die Destillerie stammt von 1876 und kam 1919 unter die Kontrolle der ➔*DCL*. Haig hat die Lizenz seit 1962 und benutzt den Malt für seine Blends. Im selben Komplex befindet sich auch die 1971 errichtete ➔Mannochmore Distillery. Beide Brennereien bekommen ihr Wasser vom *Bardon Burn*; Glenlossie hat 6 *Stills* und benutzt außerdem sogenannte *purifier*, zylindrische Apparate, die den frischen Brand klären und so einen leichteren Geschmack erzeugen. (Tel. 01343-86 03 31)

GLEN LYON

1) Blended Scotch von *Glen Lyon Blending*, einer Tochterfirma von ➔*MacleayDuff* (UD). Die Marke war früher ein Vatted Malt und wird heute vor allem nach Südafrika exportiert.
2) Blended Scotch von ➔*Invergordon* (Whyte & Mackay, American Brands).

GLEN MHOR

[*glen wohr*] Schottischer Single Malt (Highlands, Inverness) von ➔*UD*.
Ein Leichtgewicht von der süßen Sorte, immer schwerer zu bekommen.
Gordon & MacPhail:
8 Jahre, 40 und 57 vol.%;
Jahrgänge 1965, 40 vol.%;
1978, 62.2 vol.%;
1979, 66.7 vol.%
Cadenhead:
15 Jahre (dest. 1976), 60.9 vol.%;
19 Jahre (dest. 1976), 57.8 vol.%
Signatory: 14 Jahre, 43 vol.%
Glen Mhor wurde 1892 von *Mackinlay & Birnie* (➔*Mackinlay's*) erbaut, 1972 von der ➔*DCL* übernommen und 1983 geschlossen; die Destillerie hatte 2 *Stills*, das Wasser kam aus *Loch Ness*. Heute steht auf dem Gelände ein großes Einkaufszentrum.

GLEN MIST

Schottischer Whisky-Kräuterlikör von ➔*Hallgarten*. In alten Whisky-Fässern gereift und vergleichsweise trocken.

GLENMORANGIE

[(*glenmóransche)* gälisch: Tal der Ruhe]
Schottischer Single Malt (Northern Highlands) von →*Macdonald Martin Distillers.*
Ein feiner, sehr ausgewogener Malt, der in Schottland schon seit Jahren Marktführer ist.
Originalabfüllung:
10 Jahre, 40 vol.% und 57 vol.% (100° Proof); 18 Jahre, 43 vol.%; Jahrgang 1963 (23 Jahre), 43 vol.%; THE NATIVE ROSS-SHIRE GLENMORANGIE, 10 Jahre (dest. 1980), 57.6 vol.%; PORT WOOD FINISH, ohne Altersangabe (15 Jahre), 46.8 vol.%; MADEIRA FINISH, ohne Altersangabe (12–15 Jahre), 43 vol.%; TAIN L'HERMITAGE 1978 (17 Jahre), 43 vol.%

Die Destillerie entstand 1843 aus einer Brauerei an einer Stelle, an der schon im 17. Jahrhundert nachweislich Schnaps gebrannt wurde. 1918 wurde Glenmorangie von Macdonald Martins Vorgängerfirma *Macdonald & Muir* erworben, die den Malt 1920 als Single auf den Markt brachte. (Die Tatsache, daß eine Glenmorangie-Abfüllung schon um 1880 in den Kellern des Vatikans gesichtet wurde, bedeutet nicht, daß der Malt damals schon außerhalb Schottlands auf dem Markt war, sie spricht eher für die ausgezeichneten Beziehungen des Heiligen Stuhls.) Die Destillerie ist relativ klein – 16 Mann reichen aus, um sie zu betreiben –, hat aber die höchsten *Stills* Schottlands (insgesamt 8). Auch sonst leistet man sich hier einige Extras: Gehen Experten z.B. im allgemeinen davon aus, Whisky-Wasser könne gar nicht weich genug sein, so ist man bei Glenmorangie der Ansicht, nur das harte, mineralienreiche Wasser aus den *Tarlogie Hills* oberhalb der Destil-

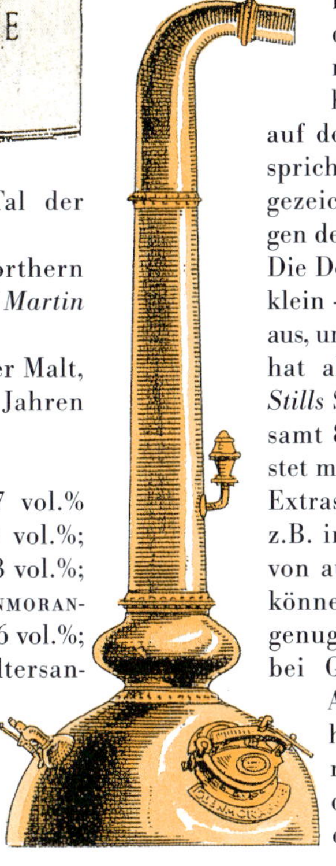

lerie ermögliche die Entfaltung aller gewünschten Aromastoffe. Der Großteil des Malts wird ausschließlich in Bourbonfässern gelagert, bei deren Auswahl nichts dem Zufall überlassen wird: Um Qualität und Nachschub zu sichern, erwarb man eigens einen Eichenwald in Missouri und überläßt die neuen Fässer ausgewählten Bourbon-Destillerien (z.B. →*Maker's Mark*) zur Konditionierung. Daneben wird auch mit anderen Sorten experimentiert: Der 1963er hat ein Jahr in Sherryfässern hinter sich, und das Port Wood Finish fand 3 Jahre in alten Ruby-Fässern der Firma *Cockburn* statt. 1995 kamen zwei Sonderabfüllungen heraus, ein Madeira- und ein Rotwein-Finish; letzteres dauerte immerhin 5 Jahre. Ein weiteres Experiment läuft gerade in Zusammenarbeit mit der *Maker's Mark Distillery* in Kentucky:

Dort lagert derzeit ein Faß Glenmorangie, während in Schottland ein Faß Bourbon reift. Auf diese Weise sollen die Auswirkungen unterschiedlicher klimatischer Verhältnisse erforscht werden (→*Alkoholgehalt*). Auch bei den Faßstöpseln unterscheidet Glenmorangie sich von den meisten anderen Betrieben: Sie sind hier (wie auch bei →*Aberlour*) aus Kork und nicht wie üblich aus Holz. Das erleichtert die Verdunstung gröberer Aromastoffe, die dem feinen Körper von Glenmorangie abträglich wären. (Tel. 01862-89 20 43)

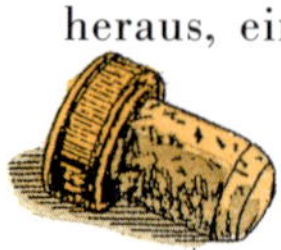

Trade Mark THE IMMORTAL SIR WALTER SCOTT

GLEN MORAY

[*glen marri*] Schottischer Single Malt (Speyside, Elgin) von →*Macdonald Martin Distillers.*

Ein malziger Whisky für jede Gelegenheit – nicht unelegant.

Originalabfüllung:

5 Jahre, 40 vol.% (nur für Italien);
12 Jahre, 40 vol.%;
15 und 17 Jahre, 43 vol.%;
außerdem Jahrgangsabfüllungen mit 43 vol.%, zur Zeit 1962, 1963, 1966, 1967

Cadenhead: hatte zuletzt einen 27jährigen von 1962 mit 55.1 vol.%
Adelphi: 13 Jahre, 56 vol.%
Dun Eideann: 14 Jahre (dest. 1980), 43 vol.%
Wie ihre Schwester-Destillerie GLENMORANGIE ging auch Glen Moray aus einer Brauerei hervor, allerdings fand die Umwandlung erst 1897 statt. Seit 1923 in den Händen der heutigen Besitzer, produziert die Brennerei hauptsächlich den Basis-Malt für deren HIGHLAND QUEEN Blend. Sie hat 4 *Stills*, das Wasser kommt vom *River Lossie*, gelagert wird in Bourbonfässern.
(Tel. 01343–54 25 77)

GLENMORE DISTILLING

US-Destillerie in Louisville, Kentucky, von →*Barton* (Canandaigua). Die Brennerei wurde 1890 von einer irischen Einwandererfamilie namens *Thompson* gegründet, die mit den *Browns* von →*Brown-Forman* verwandt ist. Eine ihrer ersten Marken war KENTUCKY TAVERN, später kam noch YELLOWSTONE hinzu, beide gehörten in den 50er und 60er Jahren zu den erfolgreichsten Bourbons in den USA. 1970 erwarben die Thompsons die Firma *Mr. Boston Distiller*, die Barkeepern in aller Welt weniger durch ihre Spirituosen als durch den *Old Mr. Boston Official Bartender's Guide* ein Begriff ist.

MR. BOSTON

Ende der 80er Jahre übernahm Glenmore die Destillerien →*Medley* und →*Fleischmann*, 1991 wurde das Unternehmen selbst von →*UD* geschluckt. Die gaben den Betrieb 1995 an *Barton* ab, die ihn erstmal schlossen – allerdings nur vorübergehend, wie es heißt.

GLENMORISTON

Schottischer Vatted Malt, eine kleine Marke aus dem Hause →*Burn Stewart*.

The GLENMOY

Schottischer Vatted Malt, 10 Jahre, von *Brodie Crawford & Co.* (→Brodie's).

GLEN NIVEN

Blended Scotch von *Douglas MacNiven & Co.*, einer Tochterfirma von ➔*Macdonald Martin.*

GLEN ORD

Schottischer Single Malt (Northern Highlands) von ➔*J.Dewar & Sons* (UD).

Ein sehr weicher, mittelschwerer Malt, der einen größeren Bekanntheitsgrad verdient hätte; das sieht man wohl auch bei UD nicht anders, denn seit 1993 wird Glen Ord verstärkt auf den europäischen Markt gebracht (der Großteil verschwindet allerdings noch immer in Dewar's Blends). Bis dahin fiel die Marke vor allem durch die verwirrende Namensvielfalt auf, unter der sie im Lauf der Zeit angeboten wurde:

Originalabfüllung:

Glen Ord 12 Jahre, 40 vol.%;
bis 1992 gab es die gleiche Abfüllung vom damaligen Lizenzinhaber ➔*Peter Dawson* als Glenordie, davor gab ihn die ➔*DCL* als Ord heraus.

Cadenhead:

Ord 31 Jahre (dest. 1962), 53 vol.%
Die Destillerie selbst heißt Ord oder Muir of Ord und wurde 1838 gegründet (siehe auch *Baxter's Barley Bree*). 1924 wurde sie von den *Dewars* übernommen, ein Jahr später kam sie zur *DCL*. Eine Zeitlang war die Firma *Dawson* mit der Leitung beauftragt, seit 1992 ist es wieder *Dewar & Sons*. Ord hat 6 *Stills*, das Wasser kommt aus den *Lochs Nan Eun* und *Nam Bonnach*. Die Destillerie betreibt außerdem eine große Mälzerei, die auch für andere Brennereien produziert. (Tel. 01463-87 04 21)

GLENROB

Blended Scotch von ➔*Mayerson & Co.*

GLEN ROSA

Blended Scotch von ➔*Isle of Arran Distillers.*

The GLENROTHES

Schottischer Single Malt (Speyside, Rothes) von ➔*Highland Distilleries.*
Ein brillanter Malt, samtig, perfekt ausbalanciert und viel zu selten als Single abgefüllt.

Berry Bros. & Rudd:

Jahrgang 1979 (15 Jahre), 43 vol.%;
Jahrgang 1984 (11 Jahre), 43 vol.%;
diese Jahrgangsabfüllungen kommen in begrenzter Auflage und preisgekrönter Aufmachung heraus.

Gordon & MacPhail:

8 Jahre, 40 vol.%; 1978, 40 vol.% (Centenary Reserve Bottling)

Cadenhead: 16 Jahre, 46 vol.%
Signatory:
27 Jahre (dest. 1966), 51.3 vol.%
Die Brennerei wurde 1878 erbaut und schloß sich 1887 mit der BUNNAHABHAIN Distillery zu *Highland Distilleries* zusammen. Glenrothes hat heute 10 *Stills*, das Wasser kommt aus lokalen Quellen. Der Whisky wird für die Blends FAMOUS GROUSE und CUTTY SARK verwendet.
(Tel. 01340-83 12 48)

GLEN SCOTIA

[*glen skuscha*] Schottischer Single Malt (Campeltown) von →*Glen Catrine Bonded Warehouse.*
Ein weicher, aber frischer, leicht salziger Whisky mit mittlerem Körper.
Originalabfüllung:
14 Jahre, 40 vol.%; es gibt zur Zeit auch noch Abfüllungen, die der frühere Besitzer *Gibson* durch *A.Gillies & Co.* herausbringen ließ (8 und 12 Jahre, 40 vol.%).
Cadenhead:
16 Jahre (dest. 1977), 57.6 vol.%
Signatory:
27 Jahre (dest. 1966), 51.5 vol.%
Die Destillerie wurde 1832 unter dem Namen Scotia gegründet und wechselte häufig die Besitzer. Zeitweise gehörte sie →*Hiram Walker*, seit 1955 dann der Firma *A. Gillies*, die 1970 in einem Konzern namens *ADP* aufging. Der schloß die Brennerei 1984, nachdem er sie für £ 1 Million hatte renovieren lassen. In diesem Jahr begann der Untergang des *DCL*-Imperiums, und im Strudel dieser Ereignisse ging auch die ADP (→*DCL, UD*) unter. Durch ein Management-Buy-Out entstand daraus die Firma *Gibson*, die Glen Scotia 1989 wieder eröffnete; doch schon bald war die Existenz der neben →*Springbank* letzten Destillerie Campbeltowns wieder gefährdet: Gibson machte 1994 Pleite, und bei Glen Scotia gingen mal wieder die Lichter aus. Die Konkursmasse wurde zwar von →*Glen Catrine* übernommen, doch die Destillerie bleibt (vorerst) geschlossen. Sie hat 2 *Stills* und bezieht ihr Wasser aus dem *Crosshill Loch* sowie aus zwei Bohrlöchern unter der Brennerei. Noch immer soll hier der Geist eines früheren Besitzers umgehen, der sich 1930 im nahen *Campbeltown Loch* ertränkte.
(Tel. 01586-55 22 88)

GLENSHIEL

Schottischer Vatted Malt, 12 Jahre, 43 vol.%, von →*Glen Catrine.*
Eine neue Marke, ausschließlich für den Export; Basis-Malts dürften Glen Scotia, Inchmurrin und Littlemill sein.

GLENSIDE

Blended Scotch von *Tresher Ltd.*, den es nur in den Läden der britischen Off-licence-Kette Tresher's zu kaufen gibt. Glenside war der Name eines Rennpferdes, das 1911 einen spektakulären Sieg im *Grand National Derby* errang.

GLEN SLOY

Schottischer Vatted Malt von *Longman*, einer Tochterfirma von →*Invergordon* (Whyte & Mackay, American Brands).

GLEN SPEY

Schottischer Single Malt (Speyside, Rothes) von →*IDV/Grand Metropolitan.*
Ein leichter und duftiger Malt, dessen Aroma einen Autor einmal an frisch gemähte Wiesen erinnerte. Derselbe Herr empfahl auch, man solle Glen Spey zum Pudding trinken – oder anstatt dessen. Beides ist schwierig, denn der Malt wird nur noch selten als Single abgefüllt.
Originalabfüllung: 8 Jahre, 40 vol.%, kaum noch zu bekommen
Cadenhead:
13 Jahre (dest. 1981), 62.3 vol.%
James MacArthur:
21 Jahre, 55.4 vol.%
Glen Spey wurde um 1878 eröffnet und bereits 1887 von dem Londoner Gin-Hersteller →*Gilbey* übernommen, der wiederum seit 1962 Teil von IDV ist. Für dessen Blend J & B wird der Großteil der Produktion geopfert. Die Destillerie hat 4 *Stills*, das Wasser kommt aus dem *Doonie Burn.* (Tel. 01340–83 12 15)
Es gibt auch einen Blended Scotch namens Glen Spey; der gehört ebenfalls IDV und basiert hauptsächlich auf Strathmill Malt.

GLEN STUART

Blended Scotch von →*W.Brown.*
Als 5jähriger Standard und als Pure Malt, also Vatted Malt, mit 5, 8 und 12 Jahren zu haben.

GLENTAUCHERS

[*glentockers*] Schottischer Single Malt (Speyside, Mulben) von →*Allied Distillers* (Allied Domecq).
Ein würziger Mittelgewichts-Malt.
Gordon & MacPhail:
Jahrgang 1979, 40 vol.%
Cadenhead:
16 Jahre (dest. 1977), 63.8 vol.%
Die Destillerie wurde 1897–98 von →*W.P. Lowrie* und →*J. Buchanan* er-

baut und gehörte zu jenen Brennereien, in denen Buchanan mit kontinuierlich gebranntem Malt Whisky experimentierte. Die meiste Zeit lieferte Glentauchers einen der Basis-Malts für Buchanans BLACK & WHITE Blend; doch ob das heute noch so ist, nachdem die Destillerie 1985 geschlossen und 1989 an Allied verkauft wurde, war nicht zu erfahren. Sicher ist nur, daß Glentauchers wieder in Betrieb ist; nicht sicher ist, ob und wann der Malt wieder auf den Markt kommt.
Die Destillerie hat 6 *Stills* und bezieht ihr Wasser aus verschiedenen Quellen in den umliegenden Hügeln.
(Tel. 01542-86 02 72)

GLENTROMIE

Schottischer Vatted Malt, 12 und 17 Jahre, von →*Speyside Distillers.*
Dieser Whisky besteht im wesentlichen aus Highland Malts und wird hauptsächlich in Frankreich, Japan und den USA verkauft.

GLENTURRET

Schottischer Single Malt (Southern Highlands) von →*Highland Distilleries.*
Ein ganz erstaunlicher, würziger Malt, der hierzulande viel zu wenig Wertschätzung genießt.
Originalabfüllung:
8 Jahre, 40 vol.%; 12 Jahre, 40 vol.%; 15 Jahre, 43 und 50 vol.%; 18 Jahre, 40 vol.%; 21 Jahre, 40 vol.%; 25 Jahre, 43 vol.%; Jahrgänge 1966, 1968, 1972, jeweils 40 vol.%;
außerdem gibt es besondere Versionen nur in 5-cl-Miniaturen: 10 Jahre, 57.1 vol.%; 5000 Tage, 40 vol.%; 10 000 Tage, 40 vol.%; schließlich gibt es noch einen Glenturret MALT LIQUEUR mit 35 vol.%.
Signatory:
20 Jahre, 53.5 vol.%
The Castle Collection:
13 Jahre (dest. 1979), 43 vol.%
Glenturret erhebt neben *Littlemill* und *Strathisla* Anspruch auf den Titel »Älteste Destillerie Schottlands«, stammt sie doch aus dem Jahre 1775. Damals hieß sie allerdings noch HOSH, den heutigen Namen bekam sie erst 1875, und zwar von einer

anderen Brennerei, die 1814 von einem Herren mit dem schönen Namen *Thomas McComish* eröffnet worden war und in den Jahren um 1850 den Betrieb einstellte.
Auch Glenturret wurde später geschlossen und in ein Lagerhaus umgewandelt. Daß es diesen wunderbaren Whisky heute wieder gibt, ist allein das Verdienst von *James Fairlie*, der die Destillerie in den 50er Jahren wieder aufbaute. Von 1981–1990 gehörte Glenturret dem französischen Getränkehersteller *Cointreau*, seither ist die Brennerei bei Highland Distilleries. Sie ist eine der kleinsten Schottlands, hat 2 *Stills* und bezieht ihr Wasser aus dem *Loch Turret*. Gelagert wird in Bourbon- und Sherryfässern. (Tel. 01764-65 65 65)

GLENUGIE

Schottischer Single Malt (Eastern Highlands).
Nicht gerade eine große Marke, heute allerdings ein Sammlerstück, denn die Produktion wurde 1983 eingestellt und die Vorräte gehen zur Neige.
Gordon & MacPhail:
Jahrgang 1967, 40 vol.%
Cadenhead:
12 Jahre (dest. 1980), 59.8, 59.7 und 58.1 vol.%;
13 Jahre (dest. 1978), 60.9 vol.%
Die Brennerei wurde 1831 gegründet und gehörte längere Zeit zu →*Long John*.
Deren späterer Besitzer, die Brauerei *Whitbread*, schloß Glenugie 1983, heute stehen nur noch einige der mit Gußeisen verschalten Gebäude.

GLEN URQUHART
Blended Scotch, 40 vol.%, von →*Gordon & MacPhail.*
John Urquhart arbeitete bereits ab dem Gründungsjahr 1895 bei Gordon & Macphail; seine Nachkommen übernahmen die Firma später und leiten sie noch heute.

GLENURY-ROYAL
Schottischer Single Malt (Eastern Highlands) von →*UD.*
Ein bodenständiger, trockener und rauchiger Whisky, der kaum noch zu bekommen ist –es ist daher fraglich, ob noch viele Genießer, der Empfehlung der *Scotch Malt Whisky Society* folgend, Glenury zu griechischen Oliven zu sich nehmen werden.
Gordon & MacPhail:
12 Jahre, 40 vol.%

Signatory:
15 Jahre (dest. 1978), 62.3 vol.%
Die Destillerie wurde 1825 gegründet und gehörte einige Jahre dem Parlamentsmitglied *Robert Barclay*, dessen Bekanntschaft bei Hofe – von Barclay schlicht »Mrs. Windsor« genannt – die Brennerei das Suffix »Royal« verdankt. Später kam Glenury in amerikanischen Besitz, 1953 schließlich zur *DCL*, die den Whisky für die Gillon Blends benutzte. 1985 wurde die Destillerie geschlossen, 1993 begann man mit dem Abriß.

GLORIOUS 12th
Blended Scotch, 12jähriger De Luxe, von *John Buckmaster & Sons*, einem Londoner Blending- und Handelshaus, seit 1980 auf dem Markt. Der »Glorreiche Zwölfte« ist der 12. August, der Tag, an dem die Fasanen-Saison eröffnet wird.

GODFATHER
Ein Digestif-Cocktail: 4 cl Bourbon und 2 cl Amaretto in einem Becherglas auf Eis verrühren.

GOLD & GOLD
Japanischer Blend von →*Nikka.*

GOLD BLEND
Blended Scotch von →*Kinross*.

GOLD KING
Blended Scotch, De Luxe, von *Gold King Whisky*, einer kleinen Londoner Firma, die früher *John Makay* hieß.

GOLD LABEL
Blended Scotch, 40 vol.%, von →*Red Lion Blending*.

GOLDEN AGE
Blended Scotch von →*J.Haig* (UD). Dieser 12jährige De Luxe kam 1979 als Ersatz für den vorübergehend vom britischen Markt genommenen DIMPLE heraus. Derzeit spielt er nur eine sekundäre Rolle.

GOLDEN CAP
Blended Scotch von *J.C. & R.H.Palmer*, einer kleinen Brauerei in Dorset, die diese Marke seit den 30er Jahren in den ihr angeschlossenen Pubs verkauft (→*Bier*).

GOLDEN GRAIN
Kentucky Straight Corn von →*Barton* (Canandaigua).
Mit einem Alkoholgehalt von 95 vol.% ein echter Hit und eine beliebte Punsch-Basis für die lokalen College-Parties.

GOLDEN NAIL
Ein Digestif-Cocktail: 4 cl Bourbon und 2 cl Southern Comfort in einem Becherglas auf Eis verrühren.

GOLDEN PIPER
Blended Scotch, 40 vol.% von →*Lombard Scotch Whisky Ltd.*

GORDON & MacPHAIL
Diese schottische Hersteller- und Handelsfirma mit Sitz in Elgin gilt als der bedeutendste unabhängige Abfüller von Malt Whiskies, ein Ruf, den ihr höchstens →*Cadenhead* streitig machen könnte. Während jene für die Wiederaufnahme der →Einzelfaß-Abfüllungen berühmt wurde, ist es Gordon & MacPhail zu verdanken, daß Single Malt den großen Boom des Blended Scotch überlebte: Besonders in der Nachkriegszeit war es keineswegs selbstverständlich, daß die Hersteller ihre Malts auch selbst abfüllten; nahezu die gesamte Produktion verschwand in Blends, und kaum ein Whiskytrinker außerhalb Schottlands wußte, daß es so etwas wie Single Malt überhaupt gibt. In diesen finsteren Zeiten waren Gordon & MacPhail tatsächlich der einzige nennenswerte Abfüller von Single Malt. Eine Reihe von

Marken überlebte gar als Single Malt nur unter dem Gordon & MacPhail-Label. Dabei war der Firma ihr enormer Vorrat an alten Malts von Nutzen, denn die Herren in Elgin gehörten zu den ersten, die auf ausgereifte Malts Wert legten und daher frühzeitig Vorräte anlegten. Noch heute kann niemand auch nur annähernd so viele alte Jahrgänge (bis in die 30er Jahre) anbieten wie Gordon & MacPhail.

Neben ihrer berühmten *Connoisseur's-Choice*-Reihe, die über 40 verschiedene Marken umfaßt, gibt die Firma inzwischen auch eine *Cask-Strength*-Serie heraus, also unverdünnte und ungefilterte Einzelfaß-Abfüllungen. Außerdem gibt es von Gordon & MacPhail auch einige sogenannte *Marken-Malts*, das sind inoffizielle Single-Malt-Abfüllungen, die aus rechtlichen Gründen nicht den Namen der Destillerie tragen dürfen (➔Glen Avon, Glen Fraser, Glen Gordon, MacPhail's). Manchmal füllen Gordon & MacPhail auch unter dem Namen *Speymalt Whisky* ab.

Seit dem Erwerb von Benromach im Jahre 1993 sind Gordon & MacPhail auch stolzer Besitzer einer eigenen Destillerie.

Berühmt ist die Firma ferner für ihre *Vatted Malts*; besonders die regionalen Spezialabfüllungen, die unter dem Namen Pride of Islay etc. geführt werden, genießen einen exzellenten Ruf und gelten zum Teil sogar als den jeweiligen Single Malts überlegen (weitere Vatteds von Gordon & MacPhail: Highland Fusilier, Old Elgin).

Schließlich gibt die Firma noch eine ganze Reihe von zum Teil hervorragenden *Blends* heraus: Avonside, Ben Aigen, Ben Alder, Fraser's Supreme, Glen Calder, Glen Urquhart, Immortal Memory, James Gordon's, Monster's Choice, Old Orkney, Royal Findhorn, Spey Cast, Ubique.

Gordon & MacPhail wurde 1895 von *James Gordon* und *John MacPhail* in Elgin gegründet. Heute wird sie von der Familie *Urquhart* geführt, Nachkommen von *John Urquhart*, der bereits im Gründungsjahr als Angestellter hier beschäftigt war. Wie viele der heute berühmten Whisky-Pioniere begannen die Gründer als *Italian Warehousemen*. Das war die damals übliche Bezeichnung für Lebensmittelhändler, die mehr als nur regionale Erzeugnisse anboten; dazu gehörten auch Tee, Wein und Spirituosen. Noch heute befindet sich die Firmenzentrale in einem Nebenzimmer des alten Ladengeschäfts, und man muß sich erst an Regalen voller Wurst und Käse vorbeizwängen, um in den »Tempel der Whisky-Liebhaber« zu kommen, wie dieser Ort einmal treffend genannt wurde.

(Tel. 01343–54 51 11)

GRAIN

Getreidedestillat, das zur Herstellung von →Blended Whisk(e)y dient. Es wird in →*Patent Stills* vorwiegend aus Mais gebrannt und ist reiner und geschmacksneutraler als Malt, Pure Pot Still oder Straight Whisk(e)y (→*Scotch*).

In Schottland wird Grain Whisky mitunter auch als Single abgefüllt, derzeit sind dort 7 Grain-Destillerien in Betrieb:

Cameron Brig, Dumbarton, Girvan, Invergordon, North British, Port Dundas, Strathclyde (siehe auch Ben Nevis, Blackbarrel, Cambus, Caledonian, Carsebridge, Lochside).

GRAND AGE

Japanischer Blend, Super Premium, von →*Nikka*, seit 1989 auf dem Markt.

GRAND MACNISH

Blended Scotch, Standard und 12jähriger De Luxe, von →*MacDuff International*.

Die Marke wurde Ende des letzten Jahrhunderts von *Robert McNish* kreiert, der ab 1863 in Glasgow mit Tee, Tabak und Whisky handelte. Grand Macnish wechselte später mehrfach den Besitzer, landete schließlich bei *Hiram Walker* und verschwand zeitweise völ-

lig von der Bildfläche. Erst 1992 wurde die Marke vom heutigen Besitzer erworben und international wieder auf den Markt gebracht, vor allem in Nord- und Mittelamerika (siehe auch Doctor's Special).

GRANDE CANADIAN

Canadian Blend von →*Heaven Hill.* Die in Kentucky beheimatete Firma Heaven Hill importiert diesen Whisky en gros und füllt ihn für den US-Markt ab.

GRANT, J. & G.

→Glenfarclas, Glen Dowan

GRANT, J. & J.

→Glen Grant

GRANT'S ROYAL

Blended Scotch von →*Wm Grant & Sons.*

Ein 12jähriger De Luxe Blend aus der Reihe →William Grant's.

GRANT, William & Son

Schottische Herstellerfirma mit Sitz in Glasgow. Angesichts der zunehmenden Konzentration und internationalen Verflechtung, die das Bild der Whisk(e)y-Industrie heute bestimmen, mutet es beinahe anachronistisch an, daß ausgerechnet Glenfiddich, die weltweit mit Abstand erfolgreichste Malt-Marke Schottlands, im Besitz eines unabhängigen Familienbetriebs ist. Tatsächlich wird diese Brennerei inzwischen in der fünften Generation von den Nachkommen *William Grants* geführt, der sie 1887 eröffnete. Wenig später erfolgte der Bau der Balvenie Distillery, und heute gehören auch Convalmore, Girvan und Kininvie den Grants (siehe auch Ladyburn, Blackbarrel).

Daneben besitzt die Familie mit der Marke William Grant's einen der erfolgreichsten Blended Scotches der Welt. Außerdem gibt es noch eine Reihe von Marken, die von der Tochterfirma *Quality Spirits International* produziert und weltweit vertrieben werden: Consulate, Glen Corrie, The Great Macaulay, Highland Bird, Highland Reserve, King Charles, Loch Kindie, Oldmoor, The Scottish Collie.

GREAT COUNT O'BLATHER
Irischer Whiskey von *B. O'Nolan*, Strabane. Eine kleine Marke, die in Dubliner Literatenkreisen sehr geschätzt wird; Whiskey ist hier auch als das »Öl der Sonne« bekannt.

GREAT MAC
Blended Scotch von →*Montrose*.

GREAT MACAULAY
Blended Scotch von →*Wm Grant & Sons*.

GREEN HIGHLANDER
Blended Scotch, 43 vol.%, von *G. & F. Greenall*, Edinburgh.

GREEN SPOT
Irischer Pure Pot Still Whiskey, 40 vol.%, den das Dubliner Handelshaus *Mitchell & Son* seit den 20er Jahren im Programm hat. Früher bezogen die Mitchells den frisch gebrannten Whiskey aus der Destillerie JAMESON, lagerten ihn selbst in Sherryfässern und füllten ihn als 10jährigen ab. Seit dem Zusammenschluß der großen irischen Brennereien (→*IDG*) wird Green Spot von Jameson selbst ohne Altersangabe abgefüllt. Er besteht aus 7- und 8jährigem Whiskey und ist zusammen mit →*Redbreast* der letzte Vertreter der einst so gerühmten Pure-Pot-Still-Gattung – ein vollmundiger, eleganter Whiskey, von dem jährlich nur etwa 6000 Flaschen auf den Markt kommen.
Er ist außerhalb Irlands nur schwer erhältlich, und am stilvollsten kauft man ihn in der Wein- und Spirituosenhandlung der Mitchells in Dublins Kildare Street. (Tel. 01–676 07 66).
In den großen Zeiten des irischen Whiskeys gab es von *Mitchell & Son* noch mehr Marken:
Blue Spot (7 Jahre), Yellow Spot (12 Jahre) und Red Spot (15 Jahre).

GREGSON'S
Brasilianischer Blended Whisky von →*IDV/Grand Metropolitan*.

GRIERSON'S Nr. 1
Schottischer Vatted Malt, 12 Jahre, der *Grierson's Ltd.*, einer traditionsreichen Londoner Weinhandlung, die hauptsächlich Hotels und Restaurants beliefert.

H

Chasin' my misery away
Scotch, Scotch, Scotchin' with the soda today
Nat King Cole / I. W. J. Riley »Scotchin' with the Soda«

A HALF AND A NIP

Eine auf den britischen Inseln populäre Art, (Blended) Whisky zu trinken: Ein kleiner Whisky (a nip) wird mit einer Menge Bier (a half) heruntergespült. Der Brauch stammt aus der Zeit, als selbst in Schottland kaum noch jemand Malt Whisky trank; es ist dabei ziemlich egal, welche Qualität der Whisky hat, Hauptsache, er brennt, und man hat einen Grund zum Löschen, so wie er umgekehrt dem schalen Bier ein bißchen Pep verleiht; die amerikanische Variante heißt →BOILER MAKER.

HAIG GOLD LABEL

Blended Scotch, 40 vol.%, aus dem Hause →*Haig* (UD).

Gold Label gehört zu den ältesten und erfolgreichsten Blended-Scotch-Marken (»Don't be vague, ask for Haig« war ein berühmter Werbeslogan), kann aber qualitativ keinesfalls als Massenprodukt bezeichnet werden. Die 12jährige De-Luxe-Version heißt →DIMPLE (zur Geschichte siehe HAIG & CO.).

In Großbritannien wird die Marke von →*Whyte & Mackay* vertrieben.

HAIG & CO., JOHN

Schottisches Whisky-Haus im Besitz von →*UD.*

Die Dynastie der Haigs, deren Vorfahren mit *Wilhelm dem Eroberer* nach England kamen und sich im 13. Jahrhundert in den Lowlands niederließen, trug maßgeblich zur Industrialisierung der schottischen Whisky-Herstellung bei. Der Weg von dem Gebräu, das die Highlander früher als Nebenprodukt ihrer Feldarbeit zum eigenen Verbrauch brannten, zur Weltspirituose Scotch Whisky, wie wir sie heute kennen, wäre ohne ihr Dazutun sicherlich anders verlaufen. Auch wenn das von der Firma angegebene Gründungsjahr 1627 bezweifelt werden darf, so können die Haigs doch mit einigem Recht für sich in Anspruch nehmen, den ältesten Namen im Whiskygeschäft zu tragen. Urkundlich erwähnt werden sie in diesem Zusammenhang erstmals 1655, als *Robert Haig* sich wegen sonntäglichen Schnapsbrennens vor den lokalen Kirchenoberen rechtfertigen mußte.

Die Heirat seines Ur-Ur-Enkels *John* († 1773) mit *Margaret Stein* brachte nicht nur zwei der damals größten Destillerien Schottlands in die Familie, sondern auch die – zukünftige – Verwandtschaft mit *Robert Stein*, der 1826 die →*Patent Still* erfinden sollte, mit der die Herstellung von Grain Whisky (und damit das Blending von Whisky) erst möglich wurde. (Diese Ehe war auch sonst sehr fruchtbar: Vier der fünf Söhne gründeten eigene Destillerien, eine der beiden Töchter heiratete →*John Jameson*.)

Die Haigs gehörten dann auch zu den ersten, die sich die neue Technik zunutze machten und ihre CAMERONBRIDGE DISTILLERY mit Patent Stills ausrüsteten (1830, →CAMERON BRIG). Damals führte jener John Haig (1802–1878), der eine treibende Kraft hinter dem Zusammenschluß der großen Lowland-Brennereien zu einem Konzern war, die Geschäfte, aus dem 1877 die →*DCL* entstand. Dieser Gruppe aus mehr als 30 Destillerien und einer Vielzahl von Herstellerfirmen trat John Haig & Co. selbst 1919 bei. Seit die DCL von →*UD* kontrolliert wird, ist Haig dort als selbständige Firma für die Destillerien CAMERONBRIDGE, GLENKINCHIE und GLENLOSSIE verantwortlich.

Außerdem gibt Haig die beiden Blends HAIG GOLD LABEL und DIMPLE heraus.

HAIR OF THE DOG

Dieses Anti-Kater-Getränk hat seinen Namen von einer alten Weisheit, die erstmals 1546 von dem englischen Dichter *John Heywood* vermerkt wurde. Demzufolge sei die beste Kur ein Haar jenes Hundes, der einen abends zuvor gebissen habe.

4 cl Scotch, 1 Eßlöffel Honig und 1 Eßlöffel Sahne auf Eiswürfeln kräftig schütteln, abseihen und ohne Eis servieren.

HALL & BRAMLEY

Traditionsreiches schottisches Blending- und Handelshaus, das 1860 in Glasgow gegründet wurde und sich seine Unabhängigkeit bis heute bewahren konnte. Seine älteste Marke ist GLEN GHOIL, außerdem gibt es noch CLAN ARDOCH, GLEN CARREN und HIGHLAND PEARL.

HALLGARTEN LIQUEURS

Aus der Londoner Firma von *Peter Hallgarten* kommen einige der bekanntesten Liköre Englands, darunter zwei auf Whisky-Basis: GLEN MIST und CAN-Y-DELYN. Über die Tochterfirma *Savermo* wurde lange Zeit auch ein Whisky-Likör namens REDALEVN herausgegeben; der wurde ausschließlich für den Fußball-Club

Manchester United produziert, wo man heute offenbar keine Verwendung mehr dafür findet. Ebenfalls eingestellt wurden die Blended-Scotch-Marken von Hallgarten.

HAMASHKEH

Blended Scotch, →koscherer Whisk(e)y, 40 vol.%, von *EMA Kosher Foods*, London.

HANCOCK'S RESERVE

Kentucky Straight Bourbon, 44.45 vol.%, aus der Leestown Distillery von →*Sazerac*.

Ein gut ausbalancierter →*Single Barrel* (ausgewählt von Master Distiller *Gary Gayheart*), der seit 1991 auf dem Markt ist.

HANKEY BANNISTER

Blended Scotch, Standard und 12-jähriger De Luxe, von →*Inver House*. Seit Ende des letzten Jahrhunderts belieferte die Londoner Wein- und Spirituosenhandlung Hankey Bannister (gegründet 1757) ihre vornehmlich aristokratische Kundschaft mit eigenem Scotch und Irish Whisk(e)y. Die Firma wechselte nach ihrer Gründung mehrmals den Besitzer, seit 1988 gehört die Marke zu Inver House, das vor allem auf Exportmärkten und auf dem Duty-free-Sektor damit erfolgreich ist.

HARROD'S

Selbstverständlich hat das Londoner Edel-Kaufhaus ein eigenes Label. Der Blended Whisky dahinter kommt wahrscheinlich von →*Whyte & Mackay*.

HART'S

Blended Scotch, 8 Jahre, von der Firma *Donald Hart & Co.*, Glasgow, die noch folgende Blends im Programm hat: Old Curlers, Old Fox, Old Glasgow, Old Keg, Scots Lion, Speakers.

HARVEY'S SPECIAL

Blended Scotch von *J.&R. Harvey*, Glasgow, einer Tochterfirma von →*UD*.

Die Marke gibt es seit etwa 1870, sie wird heute hauptsächlich in die USA exportiert.

HARWOOD
Canadian Blend von →*Heaven Hill.* Die in Kentucky beheimatete Firma Heaven Hill importiert diesen Whisky en gros und füllt ihn für den US-Markt ab.

HEATHER CREAM LIQUEUR
Schottischer Whisky-Sahnelikör, 17 vol.%, von *Carmichael & Sons*, einer Tochterfirma von →*Inver House.* Angeblich war dies der erste Likör, der auf Malt Whisky basierte, und zwar auf BLADNOCH.

HEATHERDALE
Blended Scotch von →*CWS.*

HEATHWOOD
Blended Scotch von →*C.&J. McDonald* (UD).

HEAVEN HILL DISTILLERS
US-Hersteller in Bardstown, Kentucky.
Die Destillerie wurde 1935 von der Familie *Shapira* gegründet, die noch heute die Mehrheit hält. Damit ist Heaven Hill der letzte unabhängige Whiskey-Produzent der Vereinigten Staaten. (Der Name der Destillerie geht auf eine Familie Heavenhill zurück, die an dieser Stelle schon im 18. Jahrhundert Schnaps gebrannt haben soll.)
Die Shapiras hatten ihr erstes Geld mit Immobilien verdient und merkten schnell, daß sich mit Whiskey auch etwas anderes machen läßt, als ihn nur auf Flaschen zu ziehen. Sie entwickelten ein Großhandels-Konzept, das heute weltweit angewandt wird:
Der Hersteller verkauft dabei seinen Whisky noch während der Lagerzeit an einen Makler, der auch die Lagerhaltungskosten trägt und dafür frei über die Ware verfügen kann. Für den Hersteller bedeutet dies einen zwar geringeren, dafür aber schnellen und sicheren Gewinn und den Wegfall von Transportkosten, während der Makler beim Weiterverkauf – meist an Abfüller ohne eigene Destillerie – den tatsächlichen Marktwert erhält. Auf diesem Wege kommen beispielsweise auch die in Deutschland angebotenen Bourbons →*Medley* und →*Pennypacker* von Heaven Hill.

Gleichzeitig erwarben die *Shapiras* eine Vielzahl von Labels – z.T. kleine Regionalmarken, aber auch berühmte Traditionsnamen, deren Besitzer während der Prohibition untergegangen waren –, die sie selbst herausgeben:

Heaven Hill, Kentucky Straight Bourbon 4 Jahre, 40 vol.%, und 6 Jahre, 45 vol.%, beides leichte bis mittelschwere Alltagswhiskeys, die gut für Longdrinks geeignet sind.

Für den japanischen Markt gibt es auch eine 28-jährige Version – ein für Bourbon exorbitantes Alter, das wohl weniger eine geschmackliche als eine prestigeträchtige Berechtigung hat.

Andere Altersstufen des gleichen Produkts laufen unter anderen Labels: Evan Williams, Elijah Craig, Henry McKenna, Old 1889

Weitere Marken von Heaven Hill sind:

Bourbon: Cabin Still, Echo Spring, J.T.S.Brown, J.W.Dant, Mattingly & Moore, T.W.Samuels, W.W.Beam

Blend: Paul Jones, Philadelphia, Wilson

Rye: Pikesville, Rittenhouse

Corn: Georgia Moon, J.W.Corn

Canadian: Harwood, Heaven Hill Canadian Blend (nur für den US-Markt abgefüllt)
Scotch: Heaven Hill Blended Scotch (nur für den US-Markt abgefüllt)
Neben den USA werden vor allem Südeuropa, Skandinavien und Japan beliefert.
(siehe auch: Medley, Old Kentucky Rifle, Pennypacker)
Die Herstellung verläuft bei Heaven Hill noch ganz traditionell: Seit drei Generationen sind hier Brennmeister aus der Familie ➔*Beam* tätig, die sorgsam über die Vererbung ihrer Hefekultur (mit Hopfenbeigabe) wachen.
Für die eigenen Whiskeys verwenden sie eine Getreidemischung aus 78% Mais, 10% Roggen und 12% Gerstenmalz, der *Sour-Mash*-Anteil ist mit ca. 30% außergewöhnlich hoch. Die Destillerie verfügt über 6 Wasserquellen und, mit 44 Lagerhäusern zu je 20 000 Fässern, über einen der größten Whiskey-Vorräte der USA.
(Tel. 502-348-39 21)

HEDGES & BUTLER

Blended Scotch von *Hedges & Butler*, einer Tochterfirma von *Bass Charrington.*
Die 1667 in Glasgow gegründete Weinhandlung belieferte vornehmlich Fürsten- und Königshöfe in ganz Europa, ehe sie sich nach dem Ersten Weltkrieg auch ans Blending und Exportieren von Scotch machte. Heute gehört das Unternehmen dem britischen Brauereiriesen Bass Charrington, und von den ehemals sechs verschiedenen Hedges & Butler-Marken sind nur noch zwei übriggeblieben: ein Standard Blend und ein 12jähriger De Luxe, beide nur für den Export.

HENRY McKENNA

Kentucky Straight Bourbon von ➔*Heaven Hill.*
Ein anständiger Alltags-Bourbon, der als 4jähriger mit 40 vol.%, als 50 vol.%iger Bottled in Bond und neuerdings auch als 10jähriger Single Barrel angeboten wird.
Der Bourbon, den der irische Einwanderer *H. McKenna* ab 1855 in Fairfield (Nelson County) brannte, gehörte im 19. Jahrhundert zu den populärsten US-Marken und war berühmt für seine Qualität. Dazu mag beigetragen haben, daß McKenna wahrscheinlich der erste Brenner war, der seinen Whiskey nicht unter einem Alter von drei Jahren verkaufte, im Gegensatz zu all den anderen Her-

stellern, die ihren Whiskey nach der Destillation weitergaben und sich nicht darum kümmerten, in welcher Form er auf den Markt kam.
Während der Prohibition wurde die Destillerie geschlossen, ihre Bestände verkaufte die →*Stitzel Distillery* als »medizinischen Whiskey«. Später eröffneten McKennas Nachfolger die alte Brennerei wieder und produzierten zusammen mit den alten Brennmeistern bzw. deren Schülern einen Bourbon, der ziemlich genau demjenigen entsprochen haben soll, den der alte Henry ab 1855 gebrannt hatte. Diese erstaunliche Kontinuität währte bis 1941, als →*Seagram* die Brennerei – nicht aber das alte Rezept – übernahm und die Marke bald darauf einstellte. Die Destillerie wurde 1976 abgerissen, der Markenname von Heaven Hill erworben.

HEUBLEIN INC.

Einer der größten Spirituosenhersteller der USA und seit 1987 Teil von →*IDV/Grand Metropolitan.*
1875 gründeten *Gilbert* und *Louis Heublein* in Connecticut, USA, eine Weinhandelsgesellschaft. Das große Geld machten sie (ab 1892) mit einer Erfindung, die heute mit einigem Recht als der Anfang vom Ende der amerikanischen Barkultur angesehen wird: in Flaschen abgefüllte Fertig-Cocktails (pre-mixes).
Nach der Prohibition begann Heublein mit der Produktion seiner bis heute erfolgreichsten Marke: *Smirnoff Vodka* (derzeit die Nr.9 auf dem Spirituosen-Weltmarkt).
Zeitweise gehörte die Firma dem US-Tabakkonzern *Reynolds*, seit 1987 ist sie bei IDV, für die sie u.a. folgende Marken herausgibt: AMERICAN CREAM, BLACK VELVET und MCMASTERS (siehe auch ROCK AND RYE).

HEWITTS

Blended Irish Whiskey, Premium, 40 vol.%, aus der MIDLETON DISTILLERY von →*IDG* (Pernod Ricard).
Ein für irische Verhältnisse recht kräftiger Whiskey, der aus zwei Malts (6 und 10 Jahre alt) und einem Grain besteht. Er kam in den 60er Jahren heraus und war als Konkurrenz zu den schottischen Blends konzipiert, die in jener Zeit zunehmend auf den irischen Markt drängten. Zu diesem Zweck enthielt er damals auch getorften Malt Whiskey.
Hewitts ist eine relativ kleine Marke und

außerhalb Irlands nur selten zu finden. Das ist nicht nur schade, sondern auch unverständlich, denn er gibt mehr her als manch anderes Produkt aus Midleton und könnte dem angeschlagenen internationalen Ruf des Irish Whiskey nur von Nutzen sein. Der Whiskey ist nach einer Familie *Hewitt* benannt, die 1793 in Cork die Destillerie *Watercourse* eröffnet hatte. Der Betrieb wurde 1975 eingestellt.

HI

Japanischer Blend, De Luxe, 39 vol.%, von → *Nikka*.

HIELANMAN

Blended Scotch, 40 vol.%, von →*Cadenhead*.

Eine alte Marke, die derzeit nicht abgefüllt wird, in naher Zukunft aber wieder aufgelegt werden soll.

HIGH COMMISSIONER

Blended Scotch, 8 Jahre, 43 vol.%, von →*Glen Catrine Bonding*.

HIGHLANDS

Schottische Whisky-Region; der Begriff Highlands hat in erster Linie geographische, historische und kulturelle Bedeutung: Im Norden der industrialisierten →*Lowlands* liegt jener Teil Schottlands, mit dem all die Klischees assoziiert werden, die schon früh für die Whisky-Werbung entdeckt wurden (→*Dewar's*): rauhe Naturschönheit, rebellische Mac-Sonstwas-Clans und rauschebärtige Karo-Träger, die sich die Zeit vornehmlich mit Dudelsack und Whisky vertreiben.

Als Herkunftsgebiet für Whisky sind die Highlands nur ein Oberbegriff, unter den alles fällt, was nicht näher spezifiziert werden kann, also alles, was nicht →*Campbeltown, Islay* oder *Lowlands* ist. Die Unterteilung in nördliche, östliche, südliche und westliche Highlands bringt hier auch nicht mehr als geographische Klarheit – zu unterschiedlich sind die Produkte der Destillerien, als daß man aus deren Lage allgemeingültige Rückschlüsse auf den Charakter ihrer Whiskies schließen könnte.

Für zusätzliche Verwirrung sorgt der Umstand, daß auch die Malts von den Inseln *Arran, Jura, Mull, Orkney* und *Skye* den Highlands zugerechnet werden.

HIGHLAND ABBEY
Blended Scotch von →*CWS.*

HIGHLAND BIRD
Blended Scotch von →*Wm Grant & Sons.*

HIGHLAND BLEND
Blended Scotch, 15jähriger Premium, von →*Avery's of Bristol.*
Auch wenn Avery's die Marke nicht mehr selbst produziert, sondern von einem ungenannten Hersteller bezieht, ist Highland Blend immer noch von der alten Qualität, d.h. jenseits aller körperleichten Mode-Blends. Der Großteil wird in Japan verkauft.

HIGHLAND CATTLE
Schottische Vatted Malt von →*J. & G. Grant.*
Die wichtigsten Komponenten für diese Marke dürften aus der Destillerie GLENFARCLAS kommen.

HIGHLAND CLAN
Blended Scotch von *Highland Bonding*, einer Tochterfirma von →*Seagram.*

HIGHLAND CLUB
Blended Scotch von →*UD.*

HIGHLAND DEW
Blended Scotch von →*UD.*

HIGHLAND DISTILLERIES CO.
Einer der wenigen Malt-Whisky-Produzenten, die noch in schottischen Händen sind. Die Firma entstand 1887 aus dem Zusammenschluß der Destillerien BUNNAHABHAIN und GLENROTHES; später kamen noch GLENGLASSAUGH (1892), TAMDHU (1898), HIGHLAND PARK (1935), GLENTURRET (1990) und MACALLAN (1996) hinzu.
Außerdem werden seit 1988 die Lagerhäuser der seit langem nicht mehr aktiven Brennerei PARKMORE genutzt. Die Firma hält Anteile an einem ihrem ältesten und besten Kunden, dem Blending House →*Robertson & Baxter* (das seinerseits an Highland Distilleries beteiligt ist).
1970 übernahmen Highland Distilleries *Matthew Gloag & Son* und wurden damit Besitzer der Blended-Scotch-Marke FAMOUS GROUSE.
Weitere Labels: BLACK BOTTLE und LANG'S.

HIGHLANDER
Blended Scotch von →*Stenham.*
Wie alle Stenham Scotches auch als 3-, 5-, 8-, 10- und 12jähriger zu haben und wie die anderen auch vor allem für den lateinamerikanischen und südostasiatischen Markt bestimmt. Highlander gibt es außerdem als Vatted: HIGH-LANDER STRAIGHT MALT.

HIGHLAND FUSILIER

Schottischer Vatted Malt, 5, 8, 15, 21 und 25 Jahre, von →*Gordon & MacPhail*.

Ein fruchtig-weicher und mit internationalen Auszeichnungen versehener Whisky, der 1959 anläßlich der Gründung des gleichnamigen Regiments herausgegeben wurde.

HIGHLAND GATHERING

Blended Scotch von →*Lombard Scotch Whisky*.

Seit 1992 auf dem Markt; als Standard-Abfüllung sowie mit 8, 12, 15, 18, 21 und 25 Jahren zu haben.

HIGHLAND LEGEND

Blended Scotch von →*Angus Dundee*.

HIGHLAND MIST

Blended Scotch von →*Glen Catrine*.

HIGHLAND NECTAR

Blended Scotch von →*UD*.

HIGHLAND PARK

Schottischer Single Malt (Orkney Islands) von *James Grant & Co.*, einer Tochterfirma von →*Highland Distilleries*.

Ein sehr komplexer Whisky, rauchig, malzig und trocken. Highland Park ist ein Mittelgewicht mit ausgezeichnetem Ruf; er gilt als der größte Allrounder in der Welt des Malt (so der renommierte und bekannte britische Whisky-Papst *Michael Jackson*) und ist auch bei Blends sehr beliebt, da ihm Katalysator-Fähigkeiten zugeschrieben werden.

Originalabfüllung: 12 Jahre, 40 vol.%

Gordon & MacPhail:
8 Jahre, 40 und 57 vol.%; Jahrgang 1982, 56.8 vol.%; 15 Jahre (dest. 1970, Centenary Reserve), 40 vol.%

Cadenhead:
17 Jahre (dest. 1977), 56.6 vol.%;
18 Jahre (dest. 1977), 52.3 vol.%

Signatory: 20 Jahre, 53.5 vol.%

Die nördlichste Destillerie Schottlands wurde wahrscheinlich bereits 1795 erbaut und zwar genau dort, wo schon der legendäre Priester *Magnus Eunson* eine Schwarzbrennerei betrieb. Eunson gilt als der erste, der die inzwischen aus Gangsterfilmen hinlänglich bekannte Methode anwendete, Särge als Versteck für die illegale Ware zu benutzen, um die Steuerfahnder irrezuführen; auch seine Kanzel verbarg in der Regel einige Fässer. Inzwischen geht aber auch auf Orkney alles mit rechten Dingen zu, und zwar auf sehr traditionelle Weise: die *Malting Floors* sind noch in Betrieb, und der hauseigene Torf wird mit Heidekraut aromatisiert. Die Destillerie hat 4 *Stills* und bezieht ihr Wasser aus der *Cattie Maggie's* Quelle. Sie gehört seit 1935 zu Highland Distilleries und wird noch immer von jenen *Grants* betrieben, die Highland Park 1895 erwarben. (Tel. 01856-87 31 07)

HIGHLAND PEARL
Blended Scotch, 12 Jahre, von →*Hall & Bramley*.

HIGHLAND QUEEN
Blended Scotch von *Macdonald & Muir*, einer Tochterfirma von →*Macdonald Martin Distillers*.
Außer als Standard-Abfüllung gibt es Highland Queen als Grand Reserve, 15 Jahre, und als Supreme mit 21 Jahren.

HIGHLAND RESERVE
Blended Scotch von →*Wm Grant & Sons*.

HIGHLAND ROSE
Blended Scotch von →*Burn Stewart*.
Als Standard Blend und als 12jähriger De Luxe erhältlich.

HIGHLAND STAG
Blended Scotch von →*Red Lion Blending*.
Highland Stag wurde in den 70er Jahren von einem Urenkel des großen →*Long John Macdonald* herausgebracht und wird heute in Großbritannien exklusiv von *Aldi* vermarktet.

HIGHLAND STAR
Blended Scotch von →*Stenham*.
Wie alle Stenham Scotches auch als 3-, 5-, 8-, 10- und 12jähriger zu haben und wie die anderen auch vor allem für den lateinamerikanischen und südostasiatischen Markt bestimmt.

HIGHLAND WOODCOCK
Blended Scotch von *J.T. Davies*, Croydon.
Die Marke wird hauptsächlich in den Pubs der 1875 gegründeten Firma Davies angeboten, die außerdem die Weinhandelskette »Davisons« besitzt und vorwiegend im Großraum London tätig ist.

HILL & HILL
Blended American von →*Jim Beam Brands* (American Brands).
Bis in die 80er Jahre war diese Marke ein Kentucky Straight Bourbon, der allerdings nur lokale Bedeutung hatte.

HILL, THOMSON & CO.

Schottische Blending-Firma, gegründet 1857 in Edinburgh; aus diesem Haus kommen so bekannte Blends wie QUEEN ANNE und SOMETHING SPECIAL, ferner die Marken BLACK WATCH, ST.LEGER und TREASURY. Seit 1977 sind Hill, Thomson & Co. Teil von →*Seagram.*

HILLSIDE →Glenesk

HIRAM WALKER & SONS

Kanadischer Getränkekonzern mit Sitz in Walkerville, Ontario, und Nebenstelle in Detroit, Teil des Spirituosenimperiums →*Allied Domecq.*
Die Entstehungsgeschichte dieses Unternehmens findet sich unter dem Stichwort *Canadian Whisky.* Auf dem internationalen Parkett brillierte Hiram Walker erstmals während der Prohibition, als er die durst- bzw. fuselgeplagten Amerikaner mit sauberem Canadian versorgte. Dort knüpfte Walker auch Kontakte zu dem notorischen Schnapsschmuggler *Jimmy Barclay* (→*Stodart*), von dem er 1936 u.a. die Scotch-Marke →*Ballantine's* erwarb. Aus dieser Beziehung ergab sich die schottische Niederlassung des Konzerns. 1968 wurde gemeinsam mit dem spanischen Wein- und Brandy-Hersteller *Pedro Domecq* die Firma *Hiram Walker Europa* gegründet, die u.a. die spanische Whisky-Marke →*DYC* herstellt; Domecq und Walker sind inzwischen Teil von Allied Domecq. Innerhalb dieser Gruppe ist Hiram Walker für den US-Vertrieb des Allied-Portfolios zuständig und natürlich für die Herstellung der eigenen Marken CANADIAN CLUB, MAKER'S MARK, ROCK AND RYE, WALKER'S DELUXE sowie der →*Corby* Blends MCGUINNESS, MEAGHERS 1878, ROYAL RESERVE, SILK TASSEL, WISER'S.

Außer der *Hiram-Walker*-Destillerie in Windsor, Ontario, verfügt das Unternehmen noch über zwei weitere Brennereien in Kanada, eine in Illinois, USA, und eine in Buenos Aires (siehe auch *Lomond Still*).

HORSE'S NECK

Eine →*Bourbon-Highball*-Variation: 5 cl Bourbon auf Eis in ein Longdrinkglas geben, einige Spritzer Angostura dazu, mit Ginger Ale aufgießen und Zitronenspirale garnieren.

HOT BUTTERED WHISKEY

Ein Whisky-Cocktail, der kanadischen Holzfällern über die schlimmste Kälte hinweghilft.
In einem feuerfesten Glas wird ein Stück Würfelzucker zerdrückt, mit 5 cl Whisky übergossen und erhitzt. Dann gießt man kochendes Wasser auf und raspelt eiskalte Butterflocken darüber. Das liest sich vielleicht etwas merkwürdig und sieht auch nicht besonders schön aus, schmeckt aber hervorragend.

HOT WHISKEY
Eine irische Spezialität bei feuchtem Wetter (also meistens): 2–3 cl Whiskey (am besten POWER's), etwas Zuckerwasser, Nelken und Zitronenscheibe mit heißem Wasser aufgießen und in einem Weinglas servieren.

HOUSE OF CAMPBELL
Blended Scotch von →*Campbell Distillers* (Pernod Ricard).

HOUSE OF LORDS
Blended Scotch, Standard und 8- bzw. 12jähriger De Luxe, von →*Campbell Distillers* (Pernod Ricard).

Die Marke wurde ursprünglich nur für das britische Oberhaus abgefüllt, während der Prohibition dann auch für den amerikanischen Markt.

House of Lords wurde damals in extra gehärtete Flaschen abgefüllt, denn die eher unkonventionellen Transportmethoden der Schmuggler stellten hohe Ansprüche an das Material:

Der Whisky wurde in Torpedos verladen und nachts von ehemaligen Navy-Booten an die Strände Long Islands gefeuert. Von dort fand er seinen Weg nach New York City in Müllkähnen.

House of Lords basiert auf den Malts von ABERLOUR, GLENALLACHIE und EDRADOUR.

HOUSE OF PEERS
Blended Scotch von →*D.Laing & Co.* Standard-Versionen: HOUSE OF PEERS, GOLD LABEL;
De Luxe: X.O. EXTRA OLD, 12 YEARS OLD;
außerdem einen 22 jährigen Vatted Malt.

House of Peers gibt es seit 1947; alle Abfüllungen werden nach dem Blending noch einmal faßgelagert. Der Vatted Malt enthält Islay-, Speyside- und Lowland Malts.

HOUSE OF STUART
Blended Scotch von →*Glen Catrine.*

HOWARD MACLAREN de LUXE
Blended Scotch von →*Glen Catrine.*

100 PIPERS
Blended Scotch aus dem Hause →*Seagram.*

Seit 1965 auf dem Markt, heute überwiegend in Spanien, Lateinamerika und im Fernen Osten erfolgreich. Basis-Malts sind GLENLIVET, GLEN GRANT und LONGMORN (siehe auch BLACK WATCH).

HUNTLY
Blended Scotch von *Huntly Blending*, einer Tochterfirma von →*UD.*

Die Marke wird in Ungarn, im Libanon und in Rest-Jugoslawien verkauft.

HYNARD'S FINEST
Blended Scotch von *Hynard Hughes & Co.* (→GAMEFAIR).

I

Die leichte Musik
des in die Gläser fallenden Whiskys
bildete ein angenehmes Zwischenspiel

James Joyce »Dubliner«

IDG (Irish Distillers Group)

Die größte Herstellerfirma von Irish Whiskey entstand 1966 aus dem Zusammenschluß der Destillerien JAMESON, POWERS und CORK DISTILLERIES. Einige Jahre später (1972) kam auch die nordirische Destillerie BUSHMILLS dazu, und damit hatte IDG das Monopol in Irland. 1975 konzentrierte die Gruppe ihre Arbeit in der neuen MIDLETON DISTILLERY und schloß alle anderen Betriebe außer Bushmills. Doch die Rationalisierungsmaßnahmen halfen nicht über die sinkende Nachfrage hinweg, und der Konzern wurde zusehends schwächer. Ende der 80er Jahre begann dann eine Übernahmeschlacht, die in Irlands Geschichte ihresgleichen sucht. Alle internationalen Spirituosengiganten waren daran beteiligt, und schließlich setzte sich der französische Konzern PERNOD RICARD gegen die Konkurrenten *Allied Distillers*, *Guinness* und *Grand Metropolitan* durch, der Kaufpreis betrug $ 525 Millionen. Seither konzentriert sich die IDG auf die internationale Vermarktung von BUSHMILLS und JAMESON, alle anderen Marken spielen nur noch eine untergeordnete Rolle: COLERAINE, CRESTED TEN, DUNPHYS, HEWITTS, MIDLETON, PADDY, POWERS und THREE STILLS (siehe auch BUENA VISTA, TULLAMORE DEW).

Das Monopol der IDG bestand bis zur Gründung der Firma →*Cooley* im Jahre 1991.

IDV (International Distillers & Vintners)

Der britische Wein- und Spirituosenkonzern mit Sitz in London entstand 1962 aus dem Zusammenschluß der Firmen ➔*W. & A.Gilbey* und *United Wine Traders* und wurde 1972 von *Grand Metropolitan* übernommen. Für diesen internationalen Getränke- und Lebensmittel-Giganten führt IDV unter anderem auch die Spirituosen-Geschäfte. Dazu gehört die Leitung der Destillerien Auchroisk, Glen Spey, Knockando und Strathmill und eines damit verbundenen Lagerhaus-Komplexes (mit eigener Küferei) in Blythswood, Renfrew, sowie einer Abfüllanlage in Dumbarton. Zu IDV gehören außerdem die Firmen Gilbey, Heublein, Justerini & Brooks, North British (zu 50%).

Malt: Glen Spey, Knockando, Singleton, Strathmill

Blended Scotch: J & B (➔Dunhill)

Likör: Baileys, Dubliner, Emmets, O'Darby

Canadian: Black Velvet

Australien: Bond 7

IDV engagiert sich inzwischen auch stark in den sogenannten Schwellenländern, in denen man – als Gegensatz zu den gesättigten Märkten Europas und Nordamerikas – die Spirituosenmärkte der Zukunft erkannt hat. Große Hoffnungen werden auf Indien gesetzt, wo außer den eigenen Produktionsstätten (➔Spey Royal, Gilbey's) seit 1994 ein Joint-venture mit dem lokalen Whisky-Hersteller *Polychem* besteht. Außerdem besitzt IDV einige Marken in Brasilien (Drury's, Gregson's, Old Eight; weitere IDV-Spirituosen: *Smirnoff* Wodka, *Gilbey's* Gin, *Malibu*, *Metaxa*, *Veterano* u.a.).

Bisher unbestätigten Berichten zufolge plant der Guinness-Konzern noch im Jahre 1996 IDV samt seiner Muttergesellschaft zu übernehmen. Der Spirituosenbereich würde dann wohl der Guinness-Tochter ➔UD einverleibt werden.

IMMORTAL MEMORY

Blended Scotch, 8 Jahre, 40 vol.%, von ➔*Gordon & MacPhail.*

Die »Unsterbliche Erinnerung« gilt dem schottischen Nationaldichter *Robert Burns* (1759–1796), dessen Geburtstag am 25. Januar bei überzeugten Schotten einen ähnlichen Durst auslöst wie der »St. Patrick's Day«

beim irischen Nachbarn. Zu Burns' 200. Todestag 1996 gaben Gordon & MacPhail eine limitierte Sonderabfüllung dieser hochklassigen Marke heraus (➔JOHN BARLEYCORN, ROBBY BURNS).

IMPERIAL

Blended American, 40 vol.%, von ➔*Barton* (Canandaigua).

IMPERIAL

Schottischer Single Malt (Speyside) von ➔*Allied Distillers* (Allied Domecq).

Ein charaktervoller Malt mit einer guten Balance zwischen Malz und Torf.

Gordon & MacPhail:
Jahrgang 1979, 40 vol.%
Cadenhead:
16 Jahre (dest. 1976), 64.3 vol.%
James MacArthur:
15 Jahre, 43 vol.%

Die Brennerei wurde 1897 eröffnet und bereits zwei Jahre später wieder geschlossen. Das blieb sie auch während der meisten Zeit ihrer Existenz, abgesehen von den Jahren bei der ➔*DCL*, die sie von1955 bis 1985 betrieb. 1989 wurde sie dann von Allied erworben und wieder geöffnet. Man darf gespannt sein, ob der Malt unter den neuen Eigentümern seinen schön altmodischen Charakter beibehält, sollte er denn einmal als Single abgefüllt werden.

Imperial hat 4 *Stills*, das Wasser kommt aus dem *Ballintomb Burn*.

(Tel. 01340–81 02 76)

IMPERIAL GOLD MEDAL

Blended Scotch von *Cockburn's of Leith* (➔*Cockburn's*).

INCHGOWER

Schottischer Single Malt (Northern Speyside) von ➔*A.Bell & Sons* (UD).

Ein leicht salziger Malt mit weichem Körper.

Originalabfüllung:
14 Jahre, 43 vol.% (»Flora & Fauna«-Reihe); die 12jährige Abfüllung vom Vorbesitzer Bell & Sons ist nicht mehr auf dem Markt.

Die Destillerie wurde 1872 erbaut und 1938 von *Arthur Bell & Sons* übernommen, die wiederum später zu UD kamen, aber noch heute Lizenzinhaber sind.

Inchgower hat 4 *Stills*, das Wasser kommt von den *Menduff Hills*.

(Tel. 01542–83 11 61)

INCHMURRIN

Schottischer Single Malt (Southern Highlands) aus der LOCH LOMOND DISTILLERY von →*Glen Catrine Bonded Warehouse.*

Ein leichter und trockener Malt mit einer etwas verwirrenden Familiengeschichte.

Originalabfüllung:
10 Jahre, 40 vol.%

Cadenhead: hatte zuletzt einen 9jährigen von 1985 mit 64 vol.%

Inchmurrin ist einer von zwei Malts aus der Loch Lomond Distillery, der andere heißt →*Old Rosdhu.* Die Destillerie wurde 1965–66 erbaut und war ab 1971 im Besitz der Firma →*Barton*, die sie 1984 schloß und ein Jahr später an →*Inver House* abgab. Geschlossen, wie sie war, kam sie 1986 an ihre heutigen Besitzer und wurde kurz darauf wieder in Betrieb genommen. Kompliziert wird das Ganze dadurch, daß der Name *Lomond* in verschiedenen Zusammenhängen auftaucht: Zum einen bezeichnet er eben diese Brennerei (und den See, an dem sie liegt), dann gibt es aber noch einen Malt Whisky, der ebenfalls Lomond heißt, aber aus einer anderen Destillerie stammt (→*Inverleven*), und einen Destillierapparat, der →*Lomond Still* genannt wird. Weder Inchmurrin noch Old Rosdhu werden allerdings mit solchen Stills erzeugt, auch wenn dies immer wieder behauptet wird (zum Unterschied zwischen den beiden Malts siehe Old Rosdhu).

Um die Angelegenheit noch etwas verwirrender zu machen, gab es Inchmurrin zeitweise auch als *Pure Malt* (ohne Altersangabe), womit in der Regel ein Vatted Malt gemeint ist. Diese Version stammt aus der Zeit, als noch nicht genügend ausgereifter Malt vorhanden war, um ihn als Single abfüllen zu können.

(Tel. 01389–75 27 81)

INDISCHER WHISKY

Beinahe unbemerkt vom Westen hat sich Indien in den letzten Jahren zu einem der größten Whisky-Produzenten der Welt entwickelt und inzwischen sogar die Japaner hinter sich gelassen (die Zuwachsrate in den Jahren 1990–94 betrug 75%).

Es werden hier verschiedene Whisky-Sorten produziert: Indische Blends, Blends aus indischen Malts und schottischen Blends (!), und auch einen indischen Single Malt gibt es (→McDowell's).

Die bedeutendsten Hersteller sind die *UB Group (United Brewers of India), Shaw Wallace, Jagatjit, Khoday, Mohan Meakins* und *Polychem*. Die wichtigsten Marken sind Bagpiper, Director's Special, Jagatjit, McDowell's und Diplomat.

Hauptkonsumenten sind die Angehörigen der Mittelschicht, deren Zahl ungefähr der der Bevölkerung der USA entspricht. Ein so gewaltiger Markt zog natürlich die großen internationalen Konzerne an, die sich seit Anfang der 90er Jahre verstärkt um die Zusammenarbeit mit einheimischen Herstellern bemühen: *UD* betreibt ein Joint-venture mit der UB Group, *IDV* ist mit Polychem verbunden (siehe auch Gilbey's) und *Hiram Walker* mit →*Jagatjit*; auch die eher kleine Firma *D. Laing* ist inzwischen hier vertreten.

INISHOWEN

Blended Irish Whiskey, Standard, 40 vol.%, von →*Cooley*.

Ein leichter und fast zu sauberer Whiskey, der erst kürzlich auf den Markt kam. Er trägt den Namen einer Gegend in Nordwest-Irland, die früher für die Qualität ihres Whiskeys und als Zentrum der Schwarzbrennerei bekannt war.

INTERNATIONAL DISTILLERS & VINTNERS

→IDV

INVERGORDON DISTILLERS

Schottischer Whisky-Produzent, Edinburgh, Tochterfirma von →*Whyte & Mackay* (American Brands).

Als die königliche Marine Ende der 50er Jahre ihren Stützpunkt in der nordschottischen Hafenstadt Invergordon aufgab, wurde zur Schaffung von Arbeitsplätzen 1959 mit dem Bau eines riesigen Brennerei-Komplexes begonnen. Hier wird größtenteils Grain Whisky hergestellt, seit 1965 aber auch ein Malt namens Ben Wyvis. *Carlton Industries*, der damalige Besitzer, engagierte sich mehr und mehr im Malt-Bereich: 1966 errichtete er die Tamnavulin Distillery, in den folgenden Jahren erwarb

er die Brennereien BRUICHLADDICH, TULLIBARDINE und DEANSTON. 1978 übernahm die *Hawker Siddely Group* die Geschäfte und kaufte GLENALLACHIE sowie ISLE OF JURA hinzu. Durch ein Management-Buy-Out wurde Invergordon 1988 selbständig, doch nicht für lange: Ein Übernahmeversuch durch Whyte & Mackay konnte zwar 1991 noch abgewehrt werden, 1994 allerdings war es dann soweit, und Whyte & Mackay riß sich die Firma unter den Nagel. Seither werden die Malts vom neuen Besitzer herausgegeben, Invergordon selbst ist nur noch für die gleichnamige Brennerei und die Blended Scotches bzw. Liköre zuständig:
CLUNY, FINDLATER'S, GLAYVA, GLEN CLOVA, GLENDROSTAN, GLENFAIRN, GLEN LYON, GLEN SLOY, INVERNESS CREAM, JOCK SCOTT, LEGACY, MACKINLAY'S, NORTHERN SCOTT, PIG'S NOSE, SCOTS CLUB, SCOTS GREY, SCOTS POET, SHEEP DIP (siehe auch BENEAGLES, CWS, SCOTTISH & NEWCASTLE BREWERIES).

The INVERGORDON

Schottischer Single Grain (Northern Highlands) von →*Invergordon Distillers* (Whyte & Mackay, American Brands).
Dieser Whisky ist seit 1990 auf dem Markt und gehört zu den wenigen Grains, die als Single erhältlich sind; außerdem ist er der einzige, der in den Highlands gebrannt wird. Normalerweise wird er mit 10 Jahren und 43 vol.% abgefüllt, manchmal auch in einer älteren Version in der«Stillman's Dram«-Reihe von Invergordon (siehe auch BEN WYVIS). Die Hersteller beschreiben sein Aroma als »destilliertes Sonnenlicht« – wem das zu poetisch ist: Invergordon ist naturgemäß sehr leicht, aber durchaus nicht ohne Geschmack.

INVER HOUSE DISTILLERS

Die schottische Produktionsfirma wurde 1965 vom US-Spirituosenkonzern *Publicker* mit dem Bau der GARNHEATH DISTILLERY ins Leben gerufen. Sie besaß zeitweise auch die Brennereien BLADNOCH (1973–83) und LOCH LOMOND (1985–86). Als Publicker in finanzielle Schwierigkeiten geriet, wurde Inver House 1988 von

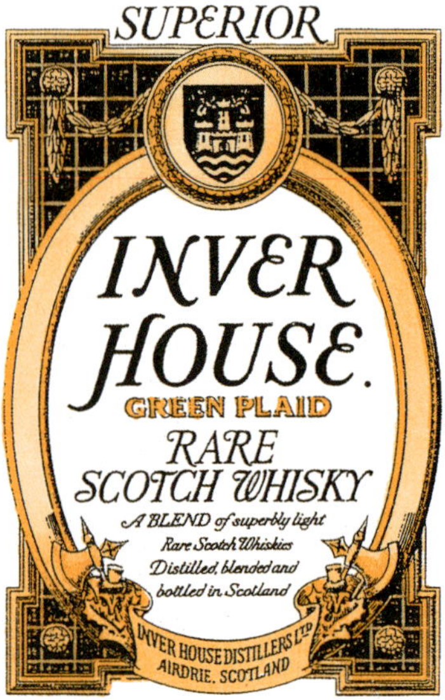

den eigenen Managern übernommen und als selbständige Gesellschaft etabliert.

In den folgenden Jahren erwarb Inver House die Destillerien Knockdhu und Speyburn sowie die Scotch Labels Catto's und Hankey Bannister. Seit 1995 besitzt die Firma auch den Malt Old Pulteney.

Weitere Marken: Blairmhor, Glen Flagler, Glengalwan, Heather Cream, Inver House Green Plaid, MacArthur's und Pinwinnie (siehe auch Erin's Isle).

Inver House produziert außerdem Gin und Wodka und kooperiert seit 1994 mit der chinesischen Brennerei *Tuo Pai Distillers.*

INVER HOUSE GREEN PLAID

Blended Scotch, Standard, 12 und 17 Jahre, von ➔*Inver House.* Ein typischer ➔Light Whisky, nur für den Export, vor allem nach Südeuropa, Holland und Mexiko.

INVERLEVEN

Schottischer Single Malt (Lowland, Dumbarton) von ➔*Ballantine & Son* (Allied Distillers, Allied Domecq). Ein leichter, eher süßer Malt, der nie offiziell abgefüllt wurde.

Gordon & MacPhail:

Jahrgänge 1979, 1984, 40 vol.%

Inverleven wurde 1938 als Teil des riesigen Brennereikomplexes von *Ballantine* in *Dumbarton* errichtet, wo hauptsächlich Grain Whisky produziert wird. Zur Malt-Herstellung gab es eine *Pot-Still-* und eine *Lomond-Still*-Anlage; beide wurden 1991 eingemottet, dieser Whisky wird also nicht mehr lange zu haben sein.

(Tel. 01389–76 51 11)

INVERNESS CREAM

Blended Scotch von *Longman,* einer Tochterfirma von ➔*Invergordon* (Whyte & Mackay, American Brands).

IRISH COFFEE

Einer der wenigen Drinks, dessen Erfinder namentlich bekannt ist: *Joe Sheridan*, Barkeeper auf dem irischen Flughafen Shannon, wo seinerzeit viele Transatlantikflüge einen Zwischenstop einlegten (und wo die Firma →*IDG* inzwischen eine Gedenktafel als Dank für Sheridans Verdienste um die irische Whiskey-Industrie anbringen ließ).

In den 50er und 60er Jahren erlebte Irish Coffee in den USA einen derartigen Boom, daß eigens Whiskey-Marken dafür geschaffen wurden:→Buena Vista, Dunphy.

In einem feuerfesten Irish-Coffee-Glas 4 cl Irish Whiskey erhitzen (nicht kochen), mit braunem Zucker verrühren und mit kräftigem, heißem Kaffe aufgießen; noch einmal umrühren und mit leicht geschlagener Sahne auffüllen (die Sahne darf weder zu flüssig noch zu fest sein, sonst sinkt sie ab; dasselbe passiert, wenn man mit dem Whiskey spart).

IRISH MIST

Irischer Whiskey-Kräuterlikör, 35 vol%, von →*Cantrell & Cochrane* (Allied Domecq).

IRISH WHISKEY

Zunächst die Klischees: Die Iren haben den Whiskey erfunden. Sie tun den ganzen Tag nichts anderes, als Whiskey zu trinken und zu singen. Irish Whiskey schmeckt öligweich und duftig. Wie bei allen schönen Geschichten, sind auch hier Zweifel erlaubt:

Weder die Behauptung, irische Mönche hätten als erste Whiskey gebrannt, noch die weitverbreitete Ansicht, sie hätten die Kunst der Destillation bereits im Mittelalter nach Schottland gebracht, lassen sich tatsächlich belegen. Wohl gibt es Hinweise auf *aqua vitae* aus dem 14. Jahrhundert, doch handelte es sich dabei eindeutig um gebrannten Wein. Der erste schriftliche Beleg für irischen Getreidebrand stammt, wie der britische Autor *Jim Murray* in einer gründlichen Studie zeigt, aus dem 16. Jahrhundert – ist also um einiges jünger als der Nachweis für schottischen Whisky (1494). Tatsache ist allerdings, daß Irish Whiskey die Frühzeit der Whisk(e)y-Geschichte dominierte. Um 1800 gab es hier über 2000 Destillerien, und bis ins 19. Jahrhundert – in den USA sogar bis zur Prohibition – spielte Irish eine weitaus bedeutendere Rolle als Scotch. Noch vor 100 Jahren gab es allein in den USA über 400 Irish-Whiskey-Marken, und in Portugal war es damals durch-

aus üblich, Irish als Verschnittspirituose für Portwein zu verwenden. Heute sind von den großen Namen aus dieser Zeit nur noch Power's und Jameson übrig, und die Zahl der Destillerien stieg erst kürzlich wieder von zwei auf drei. Für den Niedergang der irischen Whiskey-Industrie gibt es mehrere Gründe: Der vielleicht bedeutendste war die Entstehung des →*Blended Whisk(e)y*. Ausgerechnet der Ire *Aeneas Coffey* erfand die *kontinuierliche Destillation* und leitete damit um 1830 diese fatale Entwicklung ein (→*Patent Still*). Mit der neuen Technik wurde es möglich, billigeren und leichteren Kornbrand (→*Grain*) zu produzieren; doch während die Iren weiterhin kompromißlos an ihrem unverschnittenen und gehaltvollen →*Pure Pot Still* festhielten, gingen in Schottland immer mehr Hersteller dazu über, ihren schweren Malt mit Grain zu verschneiden. Das Resultat war nicht nur billiger, es entsprach auch viel eher dem Geschmack des neuen Whisk(e)y-Publikums, den Bewohnern der wachsenden Industriezentren. Der nächste Schlag kam mit dem irischen Unabhängigkeitskampf gegen England (1916) und dem darauffolgenden Bürgerkrieg (1919–1921). Abgesehen von dem Elend, das er über das Land brachte, hatte vor allem der Verlust des britischen Marktes inklusive des Commonwealth (Kanada, Australien, Südafrika etc.) ruinöse Folgen für die gesamte irische Wirtschaft. Der letzte verbliebene Auslandsmarkt waren die USA – und die begannen 1920 mit ihrem »*noble experiment*«, der →Prohibition. Damit war auch der bedeutendste Exportmarkt für irischen Whiskey verloren. In der Folge fehlte es den Iren nicht nur am kriminellen Unter-

nehmensgeist, mit dem die Schotten die amerikanischen Gesetze umgingen (siehe dazu z.B. *Cutty Sark, Stodart*), sondern auch an ausreichenden Vorräten für die Zeit nach dem Ende von Prohibition und Handelsembargo. Die Zeit des großen Brennereisterbens zog sich bis in die 50er Jahre, und nur der Zusammenschluß der großen Firmen *Powers, Jameson, Bushmills* und *Cork Distilleries* zur →IDG bewahrte auch die letzten Destillerien vor dem Ende. Selbst der IDG gelang es nicht, den verlorenen Boden wieder wettzumachen, und erst seit der Übernahme durch den französischen Spirituosenkonzern Pernod Ricard (1988) geht es langsam wieder aufwärts. Mit Jameson und Bushmills gibt es heute erneut zwei international erfolgreiche Irish-Whiskey-Marken (in Irland selbst ist nach wie vor Power's die Nr. 1, in Deutschland Tullamore Dew). Der Erfolg der (1987) neugegründeten Firma Cooley deutet darauf hin, daß die schlimmsten Zeiten des Irish Whiskey überwunden sein könnten.

Was den Durst der Iren angeht, so trinken diese hauptsächlich Bier, denn Irish Whiskey ist hier nicht nur teuer, sondern verliert auch zusehends Marktanteile an Scotch und (irischen) Wodka. Den gestandenen irischen Arbeiter, der sein Guinness mit *Powers* hinunterspült, trifft man allenfalls noch in Dubliner Vorstadt-Pubs und auf dem Lande. Die Jugend trinkt, wenn Schnaps, dann Wodka, die Geschäftswelt Scotch.

Der zunehmende Scotch-Konsum mag der Grund dafür sein, daß die Cooley Distillery sich bei der Herstellung eher an schottischen Methoden orientiert als an der irischen Whiskey-Tradition. Alle Cooley-Produkte werden nur zweifach gebrannt und basieren wenigstens teilweise auch auf getorftem Getreide. Dies gibt dem Whiskey einen kräftigeren Körper und eine leichte Rauchnote, während die einst an Irish Whiskey so gerühmte Öligkeit verlorengeht. Doch auch die IDG-Marken aus der Destillerie →*Midleton* lassen dieses Charakteristikum mehr und mehr vermissen, obwohl hier dreifach gebrannt und überhaupt kein Torf benutzt wird, so wie es der irischen Tradition entspricht. In den großen Zeiten des Irish Whiskey wurde nur sogenannter *Pure Pot Still* Whiskey hergestellt. Das ist eine in Kupferblasen (→*Pot Stills*) gebrannte Mischung aus gemälzter und ungemälzter Gerste, der früher

auch Hafer (bis in die 60er Jahre) sowie eine kleine Menge Weizen und Roggen beigegeben wurde. Diese Getreidemischung verlieh dem Irish seine Eigenart und machte Pure Pot Still auch gehaltvoller als irischen Malt Whiskey, der in der Regel die bei seinem schottischen Pendant so geschätze Rauchnote vermissen läßt. Zwar wird auch heute noch Pure Pot Still hergestellt, allerdings nur noch aus Gerste; außerdem wird er kaum noch als solcher abgefüllt (→GREEN SPOT, REDBREAST) sondern zum größten Teil in Blends verbraucht.

Seit Mitte dieses Jahrhunderts beugen sich nämlich auch die Iren dem internationalen Geschmacksdiktat und produzieren vor allem Blended Whiskey. Dieser kann aus Malt, Pot Still und Grain bestehen oder auch nur aus einer Kombination von zwei dieser Typen.

Die meisten Marken kommen aus MIDLETON, dem riesigen Destillerie-Komplex der IDG, in dem gleichzeitig verschiedene Malt-, Pot-Still- und Grain Whiskeys je nach Bedarf hergestellt und kombiniert werden können. Die zweite IDG-Destillerie, BUSHMILLS, brennt ausschließlich Malt Whiskey, der entweder als Single abgefüllt oder mit Midleton Grain verschnitten wird.

Zur Lagerung werden gebrauchte Sherry- und Bourbonfässer verwendet, die Mindestlagerzeit beträgt drei Jahre. Eine längere Vermählung der einzelnen Komponenten eines Blends ist äußerst selten.

ISLAND PRINCE

Blended Scotch, 12-, 15- und 21jähriger De Luxe, von →*Isle of Arran Distillers*.

Kartenausschnitt von Seite 297

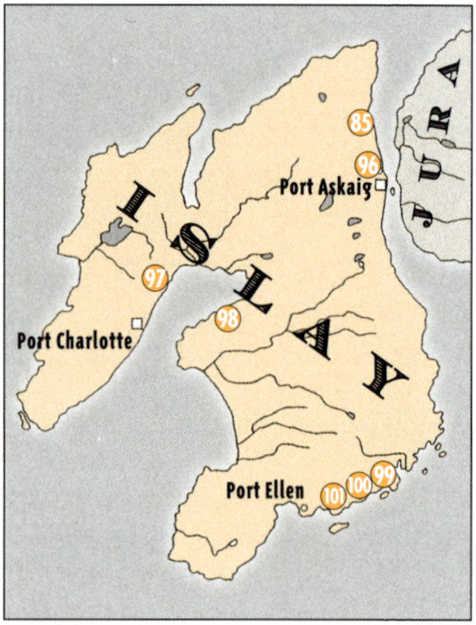

99 Ardbeg
98 Bowmore
97 Bruichladdich
85 Bunnhabhain
96 Caol Ila
100 Lagavulin
101 Laphroaig

ISLAY

[*eila*] Schottische Whisky-Region. Die Insel Islay im Westen Schottlands ist nicht nur die Heimat einiger großer Malts, sie ist auch das Herkunftsge-

biet, das am ehesten einen eigenständigen Geschmacksstil erkennen läßt. Islay Malts sind in der Regel von extremer Wucht, sie haben ein intensives Torfaroma – fast die ganze Insel ist von einer Torfschicht bedeckt, die das Grundwasser gelb färbt – und lassen die Nähe der See ahnen (alle Islay-Destillerien liegen an der Küste).

Sie sind auch für Blends sehr beliebt, denn schon eine kleine Menge Islay Malt verleiht ihnen das typische Torfrauch-Aroma (Markenliste im Anhang).

ISLAY LEGEND

Blended Scotch von →*Morrison Bowmore* (Suntory).

Basis-Malt ist BOWMORE, die Marke wird vor allem in Frankreich verkauft.

ISLAY MIST

Blended Scotch, De Luxe und 17 Jahre, von →*MacDuff International*.

Seine kraftvolle Eleganz hat diesem Whisky bei den wenigen, die ihn kennen, zu einem außergewöhnlichen Ruf verholfen. Islay Mist wurde 1928 von *D. Johnston & Co.* herausgebracht, dem damaligen Betreiber der Destillerie LAPHROAIG. Außer diesem Malt enthält der Blend auch GLENLIVET und GLEN GRANT.

Die früheren Besitzer →*Allied Distillers* gaben die Marke 1992 an MacDuff ab.

ISLE OF ARRAN DISTILLERS

Schottischer Hersteller; 1991 begann *Harold Currie*, Ex-Manager bei *Chivas* und *House of Campbell*, mit dem Bau der LOCHRANZA DISTILLERY, der ersten legalen Brennerei auf der Insel Arran seit 150 Jahren. Sie hat 5 *Stills* und bezieht ihr Wasser aus einer Quelle namens *Eason Biorach*.

Die ersten Single-Malt-Abfüllungen werden für das Jahr 2001 erwartet. Unabhängig davon gibt die Firma den Vatted Malt EILEANDOUR heraus sowie die Blends GLEN ROSA, ISLAND PRINCE und LOCH RANZA.

ISLE OF JURA

Schottischer Single Malt (Isle of Jura) von →*Invergordon* (Whyte & Mackay, American Brands).

ein leichter, eher süßer Whisky, dessen feiner Salzgeschmack die Insel-Herkunft verrät.

Originalabfüllung:
10 Jahre, 40 und 43 vol.%; 26 Jahre, 45 vol.% (»Stillman's Dram«)

Cadenhead: bringt unter dem Namen Jura einen 12jährigen heraus (dest. 1983, 63 vol.%)

Die Brennerei wurde 1810 gegründet und produzierte früher einen sehr viel kräftigeren und torfigeren Malt als heute, ähnlich denen von der be-

nachbarten Insel Islay. Anfang der 60er Jahre wurde sie jedoch von den damaligen Besitzern ➔*Scottish & Newcastle Breweries* umgebaut und mit größeren *Stills* versehen (heute sind es insgesamt 4), so daß der Whisky inzwischen eher an einen Highland Malt erinnert. Das Wasser kommt aus dem *Loch a'Bhaile Mhargaidh.*
(Tel. 01496-82 02 40)

In jedem Bericht über die Insel Jura muß vermerkt werden, daß *George Orwell* hier »1984« schrieb und daß hier mehr Hirsche (ca. 5000) leben als Menschen (ca. 200).

I.W.HARPER

Kentucky Straight Bourbon aus der Bernheim Distillery von ➔*UD.*

Ein charaktervoller, eher trockener Whiskey und mit dem Entstehungsjahr 1875 eine der ältesten Bourbon-Marken. Die Standardversion heißt I.W. Harper Gold Medal und hat 43 vol.%; die 15jährige Gold-Medal-Abfüllung hat 40 vol.%; daneben gibt es einen Bottled in Bond, der I.W. Harper 101 heißt und 50.5 vol.% hat, sowie einen 12jährigen mit 43 vol.%, zweifellos die ausgereifteste Version; sie wird in einer traditionellen Karaffenflasche geliefert und ist der meistverkaufte Bourbon in Japan, daher auch in den USA nicht leicht zu finden. Die kürzlich erschienene President's Reserve mit 43 vol.% ist ausschließlich für den Export bestimmt.

J

»Möchten Sie ein Glas oder einen Trichter?«

Paul Cain »Null auf Hundert«

JACK & JILL

Slowenischer Blended Whisky von der Firma *Dana* in Mirna.
Ein Blend aus importiertem Scotch Malt und lokalem Getreidebrand.

JACK DANIEL'S OLD No.7

Tennessee Sour Mash aus der Jack Daniel's Old Time Distillery, Lynchburg, von →*Brown-Forman.*
Eine der ganz großen Marken in der Welt der Spirituosen und wirklich ein sehr guter Whiskey.
Jack Daniel's Old No.7 Black Label hat 43 vol.% und ist in der Regel 4 bis 5 Jahre alt. Er hält genau die richtige Balance zwischen Milde und Kraft und ist sehr vielseitig, d.h. man kann ihn pur, auf Eis oder als Cocktail trinken. Die Marke, die heute zu den 30 meistverkauften Spirituosen der Welt gehört, ist in den USA seit den 50er Jahren populär, nicht zuletzt deshalb, weil sie damals als Lieblings-Whiskey *Frank Sinatras* bekannt wurde. Der antwortete einmal auf die Frage, ob er an Gott glaube: »Ich bin für alles zu haben, was einen durch die Nacht bringt, sei es ein Gebet, Tranquilizer oder eine Flasche Jack Daniel's.«
Jack Daniel's Old No.7 Green Label ist ein unprätentiöser Geradeaus-Whiskey; in Alter und Stärke identisch mit dem Black Label, aber aus den weniger gut entwickelten Fässern zusammengestellt und daher etwas gröber. Er ist vor allem im Süden verbreitet und hier, wo die Bevölkerung ärmer und der Whiskey teurer ist als in den meisten Gegenden der USA, kaufen ihn die, die gerade nicht genug Geld für einen Black Label haben. Alle paar Jahre bringt die Destillerie limitierte Sonderauflagen heraus; zur Zeit gibt es eine anläßlich des 200jährigen Bestehens des Staates Tennessee (48 vol%). Daneben werden hier noch die Marken Gentleman Jack und Lem Motlow produziert.
In manchen Duty-free-Shops findet man einen One-Day-Old Whiskey aus Lynchburg, der die Aufschrift trägt: »For Taste-Testing Only« (45 vol.%).

Jack Daniel (1846–1911), der legendäre Namenspatron, war schon im Alter von 13 Jahren als selbständiger Brenner tätig. Die jetzige Brennerei gründete er im Jahre 1866, seine erste Marke hieß *Belle of Lincoln*, sein *Old No.7* wurde 1887 eingetragen. Der Nachkomme walisischer Einwanderer war trotz seiner geringen Körpergröße ein ausgemachter Dandy und verstand wohl ebensoviel von Marketing wie seine heutigen Kollegen. Bereits um 1890 füllte er seinen Whiskey in die viereckige Flasche, die noch heute typisch für die Marke ist, und schon Anfang dieses Jahrhunderts gab es Jack Daniel's auch in Europa. Nach Daniels Tod übernahm sein Neffe *Lem Motlow* die Leitung des Betriebs, und ihm gelang etwas schier Unmögliches: Die Prohibition ging zwar in den USA 1933 zu Ende, doch manche Counties (Landkreise) behielten das Alkoholverbot weiterhin bei, darunter auch das *Moore County*, in dem diese Destillerie liegt. Motlow schaffte es dennoch, eine Brennlizenz zu erhalten, wenn auch mit der Auflage, seinen Whiskey nicht auszuschenken (Moore County ist auch heute noch trocken, und wer die Destillerie besucht, bekommt nur hausgemachte Zitronenlimonade angeboten). Motlows Nachkommen verkauften 1956 an Brown-Forman, doch als Inhaber der Destillerie wird bis heute Lem Motlow geführt. Nach ihm ist auch eine Marke benannt, die hier für den regionalen Markt produziert wird. Seinen besonderen Charakter erhält Jack Daniel's durch eine besondere Form der Filtration (näheres unter dem Stichwort *Tennessee*). Er wird aus einer Getreidemischung von 80% Mais, 12% Roggen und 8 % Gerstenmalz gebrannt, der *Sour-Mash* -Anteil beträgt 20%.

Jack Daniel's braut seit 1994 in Cincinnatti, Ohio, ein ganz ordentliches Bier für den regionalen Markt und ist außerdem verantwortlich für eine Reihe der scheußlichen pre-mixes, die in den USA so beliebt sind.

(Tel. 615–759 61 80)

The JACOBITE

Blended Scotch, den →*Invergordon* seit 1983 für *Nurdin & Peacock* herstellt, eine britische Supermarkt-Kette, in deren Läden die Marke hauptsächlich angeboten wird.

JACOB'S WELL

Kentucky Straight Bourbon, 42 vol.% von *Jeam Beam Brands* (American Brands).

Eine neue Marke aus dem Hause Beam, die in einem besonderen – dem spanischen Solera-System verwandten – Verfahren gewonnen wird: Dieser Bourbon verbringt nicht seine gesamte Reifezeit von 7 Jahren in den Originalfässern, sondern wird zwischenzeitlich mit anderen, besonders ausgereiften Whiskeys vermischt und dann wieder in die Originalfässer umgefüllt.

Der Name bezeichnet die erste Wasserquelle, die *Jacob Beam*, Gründervater der Beam-Dynastie, im Jahre 1795 zur Whiskey-Herstellung anzapfte.

JAGATJIT ARISTOCRAT

Indischer Blend von *Jagatjit Industries*, dem drittgrößten Whisky-Produzenten des Landes.

JAMES E. PEPPER

Kentucky Straight Bourbon, 40 vol.%, aus der BERNHEIM DISTILLERY von →*UD*.

Ein leichter Mittelklasse-Whiskey, der nur für den Export produziert wird. Bereits 1776 war die Familie *Pepper* im Brennwesen tätig, weshalb sie später auch mit dem Slogan »Born with the Republic« für ihren Bourbon warb (ein Witzbold hängte zu Beginn der Prohibition »Died with Democracy« dran). Sie gründete mehrere Brennereien, darunter auch die berühmte *Old Oscar Pepper Distillery*, in der *E.H.Taylor* sein Metier erlernte (→OLD TAYLOR) und *James Crow* seinen ersten OLD CROW brannte. Pepper Whiskeys waren bis zur Prohibition sehr beliebt, danach fiel der Name an →*Schenley*, in den 60er Jahren wurde die Produktion eingestellt. Die heutige Marke wird seit Ende der 80er Jahre vom neuen Besitzer UD herausgebracht.

JAMES FOXE

Canadian Blend von →*Sazerac*.

Eine der vielen Marken, die in Kanada hergestellt, aber nur in den USA ab-gefüllt und vertrieben werden. Die Destillerie bleibt, wie meist in solchen Fällen, ungenannt.

JAMES GORDON'S

Blended Scotch, Premium, 8 Jahre, 40 vol.%, von *James Gordon & Co.*, einer Tochterfirma von →*Gordon & MacPhail*.

Dieser herausragende Whisky ist nach einem der Gründer der Firma Gordon & MacPhail benannt.

JAMES MARTIN'S

Blended Scotch von *James Martin & Co.*, einer Tochterfirma von →*Macdonald Martin*.
Als 8jähriger V.V.O. sowie als 12-, 17- und 20jähriger De Luxe erhältlich.
James Martin, wegen seiner Boxkünste auch »Sparry« Martin genannt, machte sich 1878 in Edinburgh als Whisky-Händler selbständig. Er engagierte sich vor allem im Export, was auch *Macdonald & Muir* beibehielt, die Firma, die seine Geschäfte seit 1912 weiterführt. Martins Whisky wurde nach der Prohibition eine der führenden Scotch-Marken in den USA. (Macdonald & Muir firmieren seit 1953 unter Macdonald Martin.)
Zu literarischen Ehren kam die Marke durch ein Schiffsunglück: Im Februar 1941 sank vor den Äußeren Hebriden der britische Dampfer *SS Politican* mit einer Ladung von ca. 50 000 Kisten Whisky, ein Großteil davon Martins Whisky. Dieser Vorfall inspirierte den schottischen Erzähler Sir Compton Mackenzie zu seinem Erfolgsroman *Whisky Galore* (dt.: »Das Whisky-Schiff«), der später mehrfach verfilmt wurde. Das Wrack konnte 1990 gehoben werden, der geborgene Whisky wird heute unter dem Namen →SS POLITICIAN angeboten.

JAMESON

Blended Irish Whiskey, Premium, 40 vol.%, aus der MIDLETON DISTILLERY von →*IDG* (Pernod Ricard).
Die weltweit populärste Irish-Whiskey-Marke gibt es erst seit den 60er Jahren. Damals entschloß sich die Firma *John Jameson & Son*, ihren Whiskey selbst herauszubringen, anstatt ihn faßweise an andere Abfüller zu verkaufen. Die erste eigene Marke war →*Crested Ten*, 1968 folgte *Jameson*, der heute nahezu 75% des gesamten Irish-Whiskey-Bedarfs deckt. Er ist leicht und weich und besteht jeweils etwa zur Hälfte aus Pot-Still- und Grain Whiskey, 10% davon werden im Sherryfaß gelagert. Außer der Premium-Version gibt es noch den eleganten 12jährigen De Luxe JAMESON 1780, der Ende der 80er Jahre herauskam

und einen sehr hohen Anteil an Pot Still Whiskey hat. Er enthält rund ein Drittel sherryfaßgelagerte Destillate und gilt mit Recht als einer der feinsten Irish Whiskeys.
Die exklusivste Marke aus der Jameson-Reihe ist die 12jährige Distillery Reserve, die nur in der Destillerie in Midleton zu erwerben ist.
Aufgrund des hohen Anteils an sherryfaßgelagerten Whiskeys wurde die *Distillery Reserve* auch schon »der *Macallan* Irlands« genannt; das ist in diesem Fall aber nicht unbedingt ein Kompliment, denn im Gegensatz zu den kräftigen schottischen Malts laufen ihre ungetorften irischen Vettern schnell Gefahr, vom Sherrygeschmack dominiert zu werden.
Weitere Marken aus dem Hause Jameson sind →*Green Spot* und *Red Breast*. Die Firma **Cadenhead** füllte vor einigen Jahren einen 27jährigen Whiskey aus der alten Jameson-Destillerie ab (dest. 1963, 68.1 vol.%) und nannte ihn nach deren Adresse einfach Bow Street.
Diese Brennerei wurde 1971 stillgelegt und beherbergt heute ein Whiskey-Museum. Bis dahin war sie das Zentrum der irischen Whiskey-Industrie. Sie wurde wahrscheinlich 1780 von *John Jameson* (1740–1823) gegründet oder übernommen – sicher ist das heute nicht mehr zu rekonstruieren.

Sicher ist hingegen, daß Jameson aus Schottland kam und mit der legendären Whisky-Dynastie →*Haig* verschwägert war. Einer seiner Söhne heiratete eine Tochter aus der Familie *Robert Steins*, des (Mit-)Erfinders der kontinuierlichen Destillation, und führte die Destillerie durch die Zeiten der großen Expansion bis zum Ende des 19. Jahrhunderts. Die Jamesons waren bekannt für ihre handwerkliche Präzision und den Wert, den sie dem Reifeprozeß bereits in Zeiten beimaßen, als Whiskey noch sehr jung verkauft wurde; sie gelten auch als Pioniere der Sherryfaß-Lagerung. 1966 schloß sich die Firma Jameson mit *John Power* (→Power's) und *Cork Distilleries* (→Midleton, Paddy) zur IDG zusammen, die heute zu Pernod Ricard gehört.

JAMIE STUART

Blended Scotch von →*Whyte & Mackay* (American Brands).
Die Marke gehörte früher zu *J.&G. Stewart* (→*Stewart's Finest Old*).

JAPANISCHER WHISKY

Nippons Whisky ist stilistisch von seinem schottischen Vorbild geprägt, seit Anfang der 80er Jahre gibt es aber auch bourbonartige Varianten. Für Scotch oder Bourbon gewöhnte Gaumen muten die japanischen Whiskies dennoch etwas sehr zart an. Sie sind zwar zum Teil äußerst sorgfältig komponiert, lassen aber einen individuelleren Charakter vermissen. Das soll nicht heißen, daß man es hier mit schlechten Kopien westlicher Vorbilder zu tun hätte; es ist wohl eher so, daß japanische Gaumen nicht unbedingt auf allzu wuchtige Genüsse aus sind. Dementsprechend wird Whisky hier grundätzlich mit reichlich Wasser verdünnt (auch die enormen Mengen gerade der teuersten Cognacs, die Japan importiert, finden sich hier – *horribile dictu* – in Longdrinkgläsern mit Eis und Wasser wieder).

Der japanische Whisky-Markt wird von SUNTORY beherrscht (ca. 70% Marktanteil), einem der größten Spirituosenhersteller der Welt. Firmengründer *Shinjiro Torii* baute 1923 die erste Whisky-Brennerei Japans; sein Produktionsleiter war *Masataka Taketsuru*, der in Schottland Chemie studiert hatte und später die Firma NIKKA ins Leben rief, heute die Nr. 2 in Japan. Der erste einheimische Whisky kam 1929 auf den Markt, er war jedoch nicht sonderlich erfolgreich – Japans weltoffene, britisch orientierte Oberschicht der 20er Jahre trank Scotch. Erst als nach dem Zweiten Weltkrieg westlicher Lebensstil auf breiterer Basis Fuß faßte, wurde Whisky aus heimischer Produktion populär, denn Importe blieben bis zur Aufhebung der Einfuhrzölle im Jahre 1989 Luxusartikel. Die bislang einzige westliche Firma, die sich den japanischen Whisky-Boom zunutze machte, war *Seagram* (wer sonst), die in den 70er Jahren gemeinsam mit dem Brauereikonzern KIRIN südlich von Tokio eine Destillerie eröffnete (➔*Kirin-Seagram*).

Trotz rückläufiger Tendenzen seit Beginn der 90er Jahre gehört der japanische Whisky-Markt heute zu den umsatzträchtigsten der Welt. Alle wichtigen Marken kommen aus dem Hause Suntory (z.B. Kakubin, Reserve, Old und Royal).

Herstellung: Es gibt nur wenige Destillerien in Japan, die aber haben in der Regel riesige Ausmaße, sind hoch technisiert und sehr effizient. Ganze Batterien von *Stills* produzieren verschiedene Malts innerhalb ein und derselben Brennerei. Das ist notwendig, um ausreichend viele unterschiedliche Komponenten für Blends zu erhalten. Trotzdem enthalten japanische Blends nicht annähernd so viele Einzel-Malts wie beispielsweise die schottischen (➔*Suntory*).

Streng nach schottischem Vorbild bestehen japanische Whiskies aus einem Blend von zweifach Pot-Still-destilliertem Malt und kontinuierlich gebranntem Grain Whisky. Böse Zungen behaupten allerdings, daß die billigen Sorten aus allem möglichen – z.B. Melasse – destilliert würden, nur nicht aus Gerste. Das läßt sich schwer nachprüfen, und es gibt meines Wissens auch keine gesetzlichen Vorschriften, die hier Klarheit schaffen könnten. Sicher ist nur, daß Japan der weltgrößte Importeur von tankweise verschifftem schottischen Malt Whisky ist. Dieser wird mit einheimischen Whiskies verschnitten und hat in höherwertigen japanischen Whiskies einen Anteil von 15–20%. Einige Firmen haben sich auch in Schottland eingekauft: Suntory besitzt seit 1994 die Gruppe *Morrison Bowmore*, Nikka die Destillerie *Ben Nevis* und Takara, Shuzo & Okura die *Tomatin Distillery*.

Auch Gerstenmalz und Torf stammen zum Teil aus Schottland. Allerdings wird mit dem Torf hier recht sparsam umgegangen, geschmacklich steht eher das Malz im Vordergrund. Die Mindestreifezeit beträgt 3 Jahre, teuere Marken lagern 12, 15 oder 20 Jahre. Die Japaner verwenden angekohlte Eichenfässer aus eigener Produktion, aber auch Sherry- und Bourbonholz.

Die allgemein übliche Klassifizierung in Standard, Premium und De Luxe Whiskies gibt es zwar auch in Japan, weitaus gebräuchlicher ist aber die Bezeichnung *Special*, die für Marken mit einem Malt-Anteil von 30% und mehr gilt.

Reinen Malt Whisky füllen die Japaner erst seit den 80er Jahren und nur in vergleichsweise geringen Mengen ab (z.B. Suntory Yamazaki, Nikka Hokkaido, Karuizawa), dafür importieren sie schottische Marken um so lieber.

J & B

Blended Scotch von *Justerini & Brooks*, einer Tochterfirma von ➔*IDV/Grand Metropolitan.*

Ein sauberer, körperleichter Whisky und weltweit eine der erfolgreichsten Spirituosenmarken.

Versionen: Rare 8jähriger Premium, Edwardian Premium, Jet 12jähriger De Luxe, Reserve 15jähriger De Luxe, Victorian De Luxe; zu den offiziellen 500-Jahr-Feiern der schottischen Whisky-Industrie 1994 brachte die Firma einen einzigartigen Blend heraus: Er heißt Ultima und besteht aus sämtlichen verschiedenen Malt- und Grain Whiskies, derer man habhaft werden konnte. Das sind insgesamt 128, (116 Malts und 12 Grains), viele davon aus längst stillgelegten Brennereien.

J & B Rare ist die Nr. 2 auf dem internationalen Whisk(e)y-Markt und steht auf der Liste der meistverkauften Spirituosen an 17. Stelle. Der Erfolg dieser Marke begann in den USA der 30er Jahre, von wo aus J & B den Weltmarkt eroberte. Ein Grund dafür war und ist der sogenannte »Light« -Charakter, mit dem J & B und andere Marken die intensiven Blends der alten Schule ablösten (➔*Light Whisky*).

Die Geschichte des Hauses Justerini & Brooks beginnt schon viel früher: 1749 war der Bologneser *Giaccomo Justerini* aus Liebe zu einer Opernsängerin nach London gekommen; um sich seinen Lebensunterhalt zu verdienen, besann er sich auf die Likör-Rezepte seines Vaters und eröffnete noch im selben Jahr zusammen mit *George Johnson* – dem Neffen eines Opernproduzenten – eine Spiri-

tuosenhandlung. Was aus seiner Liebe wurde, ist nicht überliefert, sein Geschäft jedoch blühte, und elf Jahre später kehrte Justerini als vermögender Mann in seine Heimat zurück. Die Johnsons führten das Geschäft weiter und verkauften 1831 an *Alfred Brooks*, der ihm seinen heutigen Namen gab.

Als in den 1880er Jahren der Whisky-Boom in England begann, gehörte Justerini & Brooks zu den ersten Firmen, die selbst Vorräte an alten Whiskies anlegten, um einen eigenen Blend herzustellen (➔CLUB).

In den 50er Jahren dieses Jahrhunderts fusionierten Justerini & Brooks mit einem anderen Unternehmen zur *United Wine Traders Ltd.*; zehn Jahre später entstand daraus zusammen mit *W.A. Gilbey* (➔Gilbey's) der Konzern ➔*IDV*. Bei beiden Fusionen stand die Ausweitung des internationalen Vertriebsnetzes im Vordergrund.

Die Basis-Malts aller *J & B*-Abfüllungen stammen aus den Brennereien KNOCKANDO, AUCHROISK, GLEN SPEY und STRATHMILL. Die abschließende Vermählung der über 40 Einzelwhiskies findet in den Lagerhäusern von AUCHROISK statt.

JIM BEAM

Kentucky Straight Bourbon von *Jim Beam Brands*, einer Tochterfirma des Mischkonzerns ➔*American Brands*.

Der Name *Beam* hat historisch und wirtschaftlich das höchste Gewicht in der Welt des Bourbons. Die Marke *Jim Beam* gibt es seit 1942, derzeit in folgenden Versionen:

JIM BEAM WHITE LABEL, 4 Jahre, 40 vol.%, der meistverkaufte Bourbon und eine der 20 meistverkauften Spirituosen der Welt; mittelschwer und gut ausbalanciert, ein echter *mainstream*-Whiskey, der sich gut zum Mixen eignet. In den USA gibt es davon auch eine 7jährige Version. Wie es sich für ein echt amerikanisches Produkt gehört, wird dieser

Whiskey auch in der Dose verkauft und zwar als Jim Beam & Cola. Die Produktion des 5jährigen Beam's Choice Green Label mit 43 vol.% wurde kürzlich eingestellt, leider, möchte man sagen, denn der hatte den ausgeprägtesten Bourbon-Charakter. Beam's Black Label ist die 8jährige Nobel-Variante mit 45, für den Export mit 40 vol.%.

Außerdem gibt es den 6jährigen Jim Beam Rye (Yellow Label) mit 40 vol.%, der für einen Rye ziemlich süß ist.

Beam's 8 Star schließlich ist ein Blend mit hohem Bourbon-Anteil.

Die Firma wurde 1935 als James B. Beam Distilling Company von *H. Homel, O. Jacobson, H. Blum* und *Jeremiah Beam* gegründet. Letzterer war ein Nachkomme von *Jacob Beam* (1770–1834), der wiederum von einem deutschen Einwanderer namens *Böhm* abstammte und bereits 1795 mit dem Whiskey-Brennen begann. Die Beams haben die Entwicklung des Bourbon in einem Maße beeinflußt wie wohl niemand sonst. Sie betrieben eine ganze Reihe von Brennereien (darunter die →*Early Times Distillery*) und brachten immer wieder talentierte Brennmeister hervor, die die Erfahrung der Familie auch an andere Destillerien weitergaben. *Parker* und *Craig Beam* beispielweise sind heute bei →*Heaven Hill* für die Herstellung verantwortlich (siehe auch *A.W.Hirsch*). *Booker Noe* – ein Enkel des Namensgebers *Jim Beam*

(1864–1947) und lange Zeit Brennmeister bei →*Ancient Age* – war es, der die Idee zu den sogenannten →*Small Batch* Bourbons hatte und damit den Beams den Aufstieg in die Bourbon-Upper-Class ermöglichte.
Die Firma behielt auch nach der Übernahme durch den Konzern →*American Brands* im Jahre 1967 die Kontrolle über die Herstellung und ist inzwischen unter dem Namen Jim Beam Brands für die gesamte Spirituosenproduktion dieses Konzerns zuständig.
Dazu gehören seit 1987 so berühmte Marken wie *Old Crow* und *Old Grand-Dad* sowie eine Reihe von Canadians. Hergestellt werden die Whiskeys in den Beam-Destillerien in Clermont und Boston, Kentucky, sowie in der Alberta Distillery in Calgary, Kanada; eine zusätzliche Abfüllanlage steht in Cincinnati, Ohio.
Das gesamte Whiskey-Programm von Jim Beam umfaßt folgende Marken:
Bourbon: Bellow's, Bourbon Deluxe, Hill & Hill, Jacob's Well, Jim Beam, Old Crow, Old Grand-Dad, Old Taylor, Sunny Brook, sowie die **Small Batch Bourbons** Baker's, Basil Hayden, Booker's, Knob Creek
Rye: Jim Beam, Old Overholt
Blend: Beam's, Bellow's, Calvert, Hill & Hill, Kessler, P.M., Sunny Brook
Canadian: Alberta, Autumn Gold, Canada House, Lord Calvert, Windsor
Likör: Rock and Rye
Herstellung: Die Beams halten ihre Getreidemischung geheim, es ist aber zu vermuten, daß sie drei verschiedene Mischungen und damit drei Whiskey-Stile haben: einen für die Ryes, einen für Old Grand-Dad und Basil Hayden (hier wird angeblich mehr Roggen beigegeben als bei jedem anderen Bourbon auf dem Markt) und einen für die restlichen Marken.
Die Hefe-Kultur wird seit dem Ende der Prohibition kultiviert. Sie ist für alle Marken gleich und wird vor der Gärung mit etwas Hopfen versetzt.
(Tel. 502–543 98 77)

J.M. & Co SUPERIOR MOUNTAIN DEW

Blended Scotch von *Malpas Stallard*, einem Handelshaus in Worcester, das erstmals 1642 erwähnt wurde, möglicherweise aber auch schon älter ist.

JOCK

Blended Scotch, 5 Jahre, 40 vol.%, von →*Bennachie*.
Die Marke hieß bis vor kurzem noch Black Jock. Sie ist hauptsächlich für den schottischen Markt bestimmt.

JOCK SCOTT

Blended Scotch von *Findlater, Mackie Todd & Co.*, einer Tochterfirma von →*Invergordon* (Whyte & Mackay, American Brands), seit den 30er Jahren auf dem Markt, derzeit als 3- bzw. 5jähriger Standard und als 12jähriger De Luxe zu haben (→*Findlater's*).

JOHN BARLEYCORN

Unter diesem Pseudonym publizierte der schottische Nationaldichter *Robert Burns* (1759–96) mehrere Werke, unter anderem einen offenen Brief an den britischen Premier *William Pitt*, in dem er gegen die hohen Whiskysteuern protestierte. Seither wird John Barleycorn (Gerstenkorn) auch als literarisches Eponym für

Whisky verwandt. *Jack London* veröffentlichte unter diesem Titel einen Roman über seine persönlichen Erlebnisse mit Whisk(e)y und anderen Getränken (Untertitel: »Alcoholic Memoirs«, dt.: »König Alkohol«).
(siehe auch Immortal Memory, Robbie Burns).

JOHN BARR

Blended Scotch von →*Whyte & Mackay* (American Brands).
Ursprünglich kam die Marke von *J.Walker & Co.* (→Johnnie Walker); sie war nur für den britischen Markt gedacht, nicht gerade das, was man einen Hit nennt, und wurde von Walkers neuem Besitzer →*UD* Anfang der 90er Jahre abgestoßen.

JOHN BEGG BLUE CAP

Blended Scotch von *J.Begg*, einer Tochterfimra von →*UD*.
John Begg, der bereits mit dem Malt aus seiner 1845 errichteten Royal Lochnagar Distillery sehr erfolgreich war, setzte früh auf die Marktchancen des Blended Scotch und verfügte bald über ein weltweites Vertriebsnetz für seinen »Blue Cap«. Sein Sohn machte aus der Marke einen Verkaufsschlager, unter anderem mit dem lange Zeit sehr populären Werbeslogan: »Take a Peg of John Begg« (der in Anbetracht des hohen jüdischen Bevölkerungsanteils von Glasgow dort auch auf Jiddisch inseriert wurde: »Nem a schmeck fun Dzon Bek«). Er gab die Firma, die zeitweise

auch die Destillerie Ben Wyvis führte, 1916 an *DCL* ab; heute gehört sie zu UD, für die sie die Lizenz an Royal Lochnagar hält.
Ein Basis-Malt für den eher altmodischen »Blue Cap« kommt nach wie vor aus dieser Brennerei, die De-Luxe-Version John Begg Gold Cap wurde inzwischen eingestellt.

JOHN FINCH

Blended American von ➔*Kentucky Bourbon Distillers.*

JOHN PLAYER SPECIAL (JPS)

Blended Scotch von ➔*D.Laing.*
JPS Whiskies erscheinen nur in relativ kleinen Auflagen und sind vor allem für den Fernen Osten bestimmt. Die gleichnamige Zigarettenfirma überließ Laing den Namen auf Franchise-Basis. Es gibt folgende Versionen: Standard Fine Old, Premium Special Rare und 15 Years Old, De Luxe 12 Years Old.

JOHNNIE WALKER

Blended Scotch, 43 vol.%, von *John Walker & Sons*, einer Tochterfirma von ➔*UD.*
Johnnie Walker kann fast als Synonym für Scotch Whisky gelten, und die einfache, aber kräftige Standardversion Red Label ist nun schon seit Jahrzehnten weltweit der meistverkaufte Whisk(e)y überhaupt; der etwas weichere 12jährige Black Label beansprucht den gleichen Titel für die Kategorie Premium Blended Scotch. Daneben gibt es noch einen sündhaft teuren Blue Label, der hauptsächlich in Duty-free-Shops angeboten wird und bis zu 60jährige Malts enthält; ferner einen Johnnie Walker Swing, der in manchen Ländern auch Celebrity heißt; er hat einen abgerundeten Flaschenboden, der die Flasche leicht schaukeln läßt, wenn man sie anstößt. Diese Form wurde in den 20er Jahren speziell für die großen Ozeandampfer kreiert und soll verhindern, daß die Flasche bei hohem Seegang umfällt. Auf verschiedenen asiatischen Märkten sind weitere De-Luxe-Versionen vertreten, z.B. Johnnie Walker Gold in Japan, Johnnie Walker Superior in Taiwan, ferner die Marken Johnnie Walker Premium und Honour. Ein neuer

18jähriger Gold Label ist seit 1996 auf dem Markt. Er basiert angeblich auf einem alten Rezept von *Alexander Walker* und wird nur in limitierter Auflage hergestellt.
Basis-Malts sind Talisker, Cardhu und Dailuaine.
Der Erfolg der Marke dürfte zum guten Teil auf die geschickte Vermarktung zurückgehen: Seit 1908 kommt Johnnie Walker in der gleichen viereckigen Flasche mit dem roten bzw. schwarzen Etikett daher, und der rotbefrackte Dandy gehört wohl zu den bekanntesten Firmenlogos in der Geschichte des Marketings. Daß *Winston Churchill* ein erklärter Anhänger der Marke war, hat ihr auch nicht geschadet.

Die Firma *John Walker & Sons* begann im Jahre 1820 als kleines Delikatessengeschäft im schottischen Kilmanrock; ab 1856 versuchte sie sich in der Herstellung von Blended Whiskies und war damit gegen Ende des Jahrhunderts so erfolgreich, daß zur Nachschubsicherung die *Cardhu Distillery* erworben wurde. 1925 trat die Firma der →*DCL* bei, für die sie zeitweise auch die Brennerei *Talisker* betrieb.

JOHNNY DRUM
Kentucky Straight Bourbon, 15 Jahre, 50.5 vol.%, von →*Kentucky Bourbon Distillers.*

JOHNS'S LANE →Power's

JONES ROAD
Irischer Pure Pot Still Whiskey aus der *Dublin Whiskey Distillery.*
Die Brennerei wurde 1873 gegründet und Anfang der 40er Jahre geschlossen. Nur der Rührigkeit der unabhängigen Abfüllerfirma **Cadenhead** ist es zu verdanken, daß vor einigen Jahren noch einmal einige Flaschen dieses Whiskeys auf den Markt kamen. Er wurde 1942 gebrannt, 1991 mit 65 vol.% abgefüllt und nach der Adresse der Brennerei benannt (ursprünglich hieß die Marke *DWD*). Nach so langer Zeit im Faß ist der Whiskey natürlich nicht mehr repräsentativ für die einstigen Produkte der Destillerie und heute eher ein Sammlerstück. Der britische Autor *Jim Murray* bezeichnet ihn fairerweise als »nicht völlig untrinkbar«.

JPS →John Player Special

J.W. CORN

Straight Corn Whiskey von →*Heaven Hill.*

J.T.S. BROWN

Kentucky Straight Bourbon,
40 vol.%, von →*Heaven Hill.*
Ein leichter, eher trockener Alltags-Bourbon mit einem geschichtsträchtigen Namen: *John Thompson Street Brown* war Ende des 19. Jahrhunderts eine hinlänglich bekannte Persönlichkeit in der Whiskey-Industrie. Er gehörte zu den Mitbegründern des Konzerns →*Brown-Forman*, verließ die damals aber noch kleine Firma, als man dort allen Ernstes damit begann, den Whiskey länger zu lagern, statt das schnelle Geld damit zu machen. Er verschwand zeitweise von der Bildfläche und gründete später noch mindestens zwei weitere Brennereien, denen allerdings kein langes Leben beschert war. Seine Nachkommen entwickelten ein ähnliches Talent für Kurzzeitgeschäfte, und auf diese Weise bestand der Name *J.T.S. Brown & Sons* weiter bis in die 80er Jahre. Dann übernahm *Heaven Hill* – immer auf der Suche nach alten Namen und neuen Beständen – die Überreste der Firma und machte daraus eine kleine Marke für den lokalen Markt.
J.T.S.Brown gibt es auch als Blended American.

J.W. DANT

Kentucky Straight Bourbon,
50 vol.%, von →*Heaven Hill.*
Ein einfacher Alltags-Bourbon, der den Namen einer alten Brennerfamilie trägt. Die *Dants* waren ab 1836 im Whiskey-Geschäft; sie gründeten mehrere Destillerien und verdienten viel Geld mit ihrer Marke →*Yellowstone.* Die Prohibition überstanden sie als Hersteller von medizinischem Alkohol, danach wechselte die Firma mehrmals den Besitzer, um schließlich bei →*UD* zu landen. Die verkauften die restlichen Bestände an Heaven Hill, wo sie derzeit unter dem Namen J.W. Dant abgefüllt werden. Sobald der Inhalt der alten Fässer aufgebraucht ist, will man den Whiskey selbst produzieren, allerdings nur für den lokalen Markt.

JUSTERINI & BROOKS →J&B

K

Im Umfallen versuchte ich instinktiv,
die Whiskyflasche zu schützen,
ich versuchte mich auf den Rücken
fallen zu lassen und sowohl Flasche
als auch Kopf oben zu behalten.
Die Flasche blieb heil,
aber mein Kopf knallte voll auf's Pflaster.

Charles Bukowski »Die große Zen Hochzeit«

KANADISCHER WHISKY→Canadian

KARUIZAWA

Japanischer Single Malt, 43 vol.%, von *Sanraku Ocean.*

KELT »Tour du Monde«

Schottischer Vatted Malt, 40 vol.%, von →*Invergordon* (Whyte & Mackay, American Brands).

Die Hersteller dieser erst seit 1995 erhältlichen Marke besannen sich auf eine jahrhundertealte Erfahrung: In den Zeiten, als Whisky und andere geistige Getränke noch nicht flaschen-, sondern faßweise gehandelt wurden, stellte sich heraus, daß längere Seereisen den Reifeprozeß

förderten. Daran anknüpfend, werden Fässer mit KELT Whisky heute nach der regulären Lagerzeit noch einmal für 3 Monate auf eine Seereise um die Welt geschickt. Die dabei angelaufenen Häfen sind auf jeder Flasche vermerkt.

KENTUCKY BOURBON DISTILLERS

Unabhängiger Abfüller bei Bardstown, Kentucky.

Die Brennerei hieß früher *Willet Distillery*, sie wurde während der Prohibition geschlossen und erst Ende der 80er Jahre von einem Nachkommen der Familie Willet wieder eröffnet. Die Produktion soll in naher Zukunft erneut aufgenommen werden; im Moment ist die Firma noch auf Whiskey anderer Hersteller angewiesen. Hauptlieferant ist die Destillerie HEAVEN HILL, die nur einen Steinwurf entfernt liegt.

Der Whiskey wird hier unter Markennamen abgefüllt, die zum Teil noch aus der Zeit der alten Willet-Brennerei stammen. (Die auf den jeweiligen Etiketten angegebenen Destillerienamen sind, wie so oft bei US-Whiskey, frei erfunden.)

Ein Großteil der Ware wird exportiert, in Europa hauptsächlich nach Großbritannien.

Marken: BOURBONTOWN CLUB, JOHN FITCH, JOHNNY DRUM, KENTUCKY VINTAGE, NOAH'S MILL, OLD BARDSTOWN, OLD DISTILLER, PURE KENTUCKY, ROWAN'S CREEK.

KENTUCKY DALE

Kentucky Straight Bourbon aus der Leestown Distillery von ➔*Sazerac*.

KENTUCKY GENTLEMAN

Kentucky Straight Bourbon von ➔*Barton* (Canandaigua).

Unter diesem Namen werden seit den 40er Jahren einige mittelschwere Alltags-Bourbons angeboten: einer mit 40 vol.%, einer mit 50 vol.% (Bottled in Bond) sowie ein 6jähriger mit 43 vol.%.

Kentucky Gentleman gibt es auch als Blend (40 vol.%).

KENTUCKY LEGEND

Kentucky Straight Bourbon, *Single Barrel*, aus der Boulevard Distillery von ➔*Austin Nichols* (Pernod Ricard). Dieser wuchtige Bourbon ist nichts anderes als ein ➔Kentucky Spirit, der mit Faßstärke abgefüllt wird; er ist nur in Duty-free-Shops erhältlich.

KENTUCKY SPIRIT

Kentucky Straight Bourbon, 50.5 vol.%, *Single Barrel* aus der Boulevard Distillery von →*Austin Nichols* (Pernod Ricard).

Der Empfehlung eines Autors, diesen Bourbon nur in abgedunkelten Räumen bei Kaminfeuer zu sich zu nehmen und sich dazu alte Stiche mit Jagdszenen anzuschauen, muß man nicht unbedingt folgen – ein Genießer-Whiskey ist dies allemal und keinesfalls mit Eis zu trinken.

KENTUCKY TAVERN

Kentucky Straight Bourbon, 40 und 50 vol.% (Bottled in Bond), von →*Barton* (Canandaigua).

Die Marke entstand um die Jahrhundertwende; sie wurde ab 1917 in regierungseigenen Krankenhäusern und Veteranenheimen ausgeschenkt und zu diesem Zweck auch während der Prohibition hergestellt – »medizinischer Whiskey« wurde das damals genannt. Daher war auch nach dem Ende der großen Trockenperiode

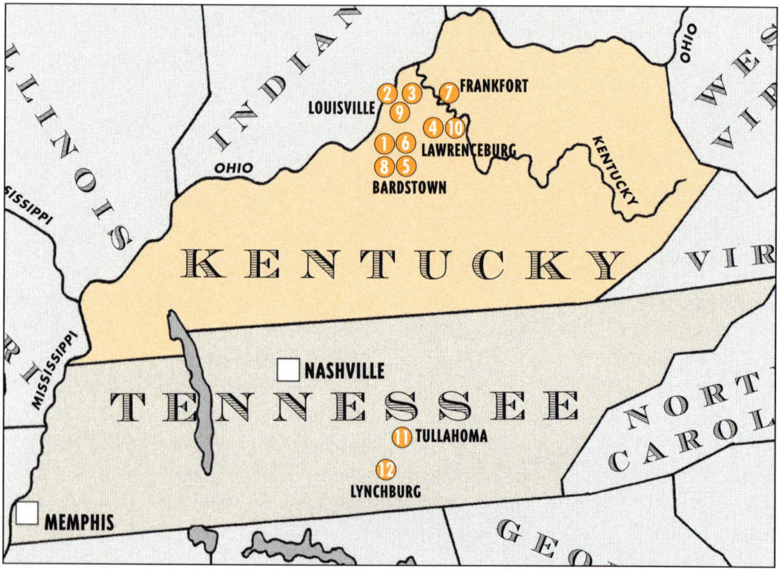

1 Barton
2 Bernheim
3 Early Times
4 Four Roses
5 Heaven Hill
6 Jim Beam
7 Leestown
8 Maker's Mark
9 Stitzel-Weller
10 Wild Turkey
11 George Dickel
12 Jack Daniel's

ausreichend Kentucky Tavern vorhanden, und die Marke wurde ein Verkaufsschlager. Heute wird sie hauptsächlich in Kentucky selbst getrunken und ist auch als Blend (40 vol.%) zu haben.

KENTUCKY VINTAGE

Kentucky Straight Bourbon von →*Kentucky Bourbon Distillers*.

KESSLER

Blended American von →*Jim Beam Brands* (American Brands).

In den USA ein Bestseller, in Europa nicht auf dem Markt.

KHODAY

Indischer Hersteller mit Sitz in Bangalore, Südindien.

Der viertgrößte Whisky-Produzent auf dem Subkontinent begann als Bierbrauer und Hersteller von Malzextrakt, bevor er ins expandierende Spirituosen-Geschäft einstieg. Marken: Peter Scot, Red Knight.

KILBEGGAN

[gälisch: kleine Kirche]

Blended Irish Whiskey, 40 vol.%, von →*Cooley*.

Standard-Blend mit ca. 30 % Maltanteil, seit 1994 auf dem Markt. Kilbeggan wurde von dem großen Blendmaster *Jimmy Lang* kreiert, der früher für *Chivas* arbeitete und dort beispielsweise für die Marke →*Passport* verantwortlich zeichnete. Von ihm stammt auch die Premiumversion Kilbeggans, der etwas kräftigere Blend Locke's. In beiden Fällen standen ihm nur wenige und relativ junge Malt- und Grain Whiskeys als Basismaterial zur Verfügung. Mit zunehmender Reife und Vielfalt der Ausgangsprodukte könnte sich der Geschmack dieser Marke in den nächsten Jahren noch deutlich verbessern. Erst kürzlich wurde z.B. der Gehalt an getorftem Malt erhöht.

Kilbeggan ist heute nach *Tullamore Dew* der Irish Whiskey Nr. 2 in Deutschland.

Beide Marken werden in Cooleys Riverstown Distillery gebrannt, ihre Namen beziehen sich aber auf die historische Brennerei *Locke* in Kilbeggan. Sie erlebte die großen Zeiten des Irish Whiskey und dient heute nur noch als Lagerhaus für Cooley Whiskeys (siehe auch Locke's).

KILLYLOCH

Schottischer Lowland Single Malt aus der Garnheath Distillery von →*Inver House*.

Dieser Whisky wurde nie offiziell als Single abgefüllt, sondern ausschließlich zum Blending benutzt; zeitweise gab es auch einen Killyloch Vatted Malt. Da die Brennerei seit 1985 geschlossen ist, erregte die Abfüllung, die **Signatory** 1994 herausbrachte (22 Jahre, 52.6 vol.%, im Sherryfaß gelagert), einiges Aufsehen in interessierten Kreisen – sie ist heute nur noch zu Sammlerpreisen zu haben. Der Name geht auf einen Schreibfehler zurück, denn eigentlich hieß der Whisky nach der Wasserquelle *Lillyloch*; die erste Serie der Fässer trug jedoch den heutigen Namen, und da der Malt nicht für die Öffentlichkeit bestimmt war, beließ man es dabei.

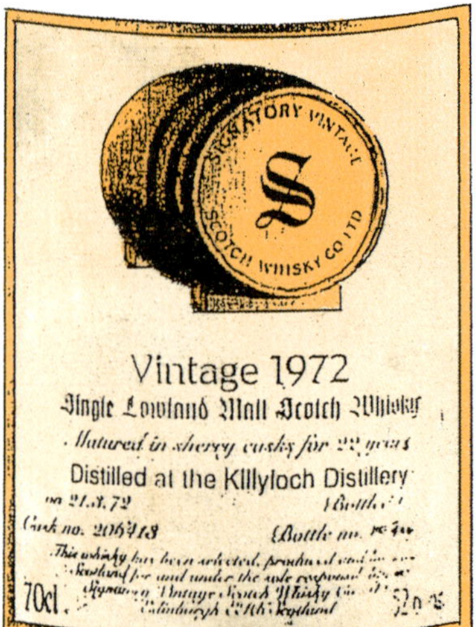

KINCLAITH

Schottischer Single Malt (Lowland, Glasgow).

Ein leichter Malt von der süßen Seite, dessen Aroma *M. Jackson* an »mit Ingwer bestäubte Melonen« erinnert.

Gordon & MacPhail: Jahrgänge 1966, 1967, 1968, jeweils 40 vol.%

Cadenhead: hatte ihn zuletzt mit 24 Jahren (dest. 1965) und 46 vol.%.

Kinclaith wurde 1957–58 als Teil des Strathclyde-Komplexes errichtet, in dem die Firma →*Long John* hauptsächlich Grain Whisky produzierte. Als der britische Brauereikonzern →*Whitbread* hier 1975 die Regie übernahm, wurde Kinclaith abgerissen. Die Vorräte dürften also begrenzt sein.

KING ARTHUR

Blended Scotch von →*Bulloch Lade* (UD).

KING BARLEY

Tschechischer Single Malt, 43 vol.%, aus der Tesetice-Destillerie von *Seliko*.

Die Herstellung dieses Whiskys verläuft nach schottischem Muster (zweifache Pot-Still-Destillation), der nötige Torf wird sogar aus Schottland importiert. King Barley lagert mindestens 6 Jahre in Eichenfässern. In Tesetice wird bereits seit 20 Jahren Whisky gebrannt.

KING CHARLES

Blended Scotch von →*Wm Grant & Sons.*

KING EDWARD I

Blended Scotch von →*Wm Lawson*, einer Tochtergesellschaft von *Bacardi.*

KING GEORGE IV

Blended Scotch von *Distillers Agency*, einer Tochterfirma von →*UD.*

Die Marke kam Ende des 19. Jahrhunderts heraus und war damals wie heute hauptsächlich für den Export bestimmt (zur Zeit ist *King George IV* der Scotch Nr.1 in Dänemark).

Der Besuch George IV. in Schottland 1822 war der erste eines englischen Königs seit 200 Jahren. Zu diesem Anlaß wurde ein großer Teil dessen, was heute als typisch schottische Folklore gilt, tatsächlich erst erfunden (→*Dewar's*).

KING HENRY VIII

Blended Scotch von →*Stenham.*

Wie alle Stenham Scotches auch als 3-, 5-, 8-, 10- und 12jähriger zu haben und wie die anderen auch vor allem für den lateinamerikanischen und südostasiatischen Markt bestimmt. In manchen europäischen Ländern findet man King Henry VIII auch als Supermarkt-Whisky der unteren Preisklasse.

KING JAMES VI

Blended Scotch von *Forth Wines*, einem 1963 in Kinross-shire gegründeten Handelsunternehmen, das ausser dieser Marke noch einen Blend namens STRATHFILLAN herausgibt. Beide sind hauptsächlich für den britischen Markt bestimmt.

KING JOHN

Blended Scotch von →*Stenham.*

Wie alle Stenham Scotches auch als 3-, 5-, 8-, 10- und 12jähriger zu haben und wie die anderen auch vor allem für den lateinamerikanischen und südostasiatischen Markt bestimmt.

KING OF KINGS
Blended Scotch von *James Munro & Son*, einer Tochterfirma von →*UD*.

KING OF SCOTS
Blended Scotch von →*D.Laing*.
Unter diesem Namen gibt es eine Reihe von De Luxe Blends, die alle in aufwendige Keramik- oder Kristallkaraffen abgefüllt und hauptsächlich in Lateinamerika und dem Fernen Osten verkauft werden. Außer einem 12-, einem 17- und einem 25jährigen gibt es noch:
Rare Extra Old, Proclamation, Flagship sowie die Standard Blends Gold Label und Numbered Edition.
Die Marke existiert schon seit etwa 1880 und wurde in den 50er Jahren von Laing erworben.

KING ROBERT II
Blended Scotch, Standard und 12-jähriger De Luxe, von *Wm Maxwell*, einer Tochterfirma von →*P.J.Russel*.
Der namengebende Robert war der erste schottische König aus dem tragödienreichen Hause Stuart.

KING'S PRIDE
Blended Scotch von →*Morrison Bowmore* (Suntory).

KING'S RANSOM
Blended Scotch, De Luxe, von →*Wm Whiteley*, einer Tochterfirma von →*Campbell Distillers* (Pernod Ricard).
Von diese Marke heißt es, sie enthalte stets etwas Whisky, der auf See gefahren sei – ein Brauch aus der Zeit, als Fässer mit Whisky oder anderen ausbaufähigen Getränken noch als Ballast auf Schiffen mitfuhren, was die Reife förderte. Ferner wird erzählt, *Truman*, *Stalin* und *Churchill* hätten nach der Unterzeichnung des Potsdamer Abkommens im Jahre 1945 mit *King's Ransom* angestoßen.

KING'S WHISKY
Blended Scotch von *Northern Blending*, einer Tochterfirma von →*Burn Stewart*.
Die Marke ist zwar noch im Handel, wird aber nicht mehr hergestellt.

KING WILLIAM IV
Blended Scotch von →*J.Gillon* (UD).

KININVIE
Schottische Malt-Destillerie inDufftown, Speyside. Die Brennerei wurde erst 1990 von →*Wm Grant & Sons*

eröffnet, und es wird noch etwas dauern, bis der Malt reif zur Abfüllung ist.

KINROSS WHISKY CO.

Scotch-Hersteller in Sussex. Das Familienunternehmen wurde 1970 von *John Stoppani* gegründet und produziert vor allem für den Export (Europa, Ferner Osten u.a.). Marken: ALBION'S FINEST OLD, DERBY SPECIAL, GLEN BAREN, GOLD BLEND.

KIRIN-SEAGRAM

Japanischer Hersteller mit eigener Destillerie in der Nähe von Tokio.

Seit Anfang der 70er Jahre ist *Kirin*, Japans größter Bierbrauer und Teil des Industrie-Imperiums *Mitsubishi*, auch als Whisky-Produzent tätig. Gemeinsam mit dem kanadischen Spirituosenkonzern ➔*Seagram* errichtete Kirin eine Brennerei am Fuße des Fujiyama, in der sowohl Malt- als auch Grain Whiskies hergestellt werden. Die Blends, die dort entstehen, enthalten aber auch schottische Malts (vermutlich aus den Seagram-Destillerien). Kirin Whiskies gelten als die trockensten in Japan und sind nur dort im Handel:

CRESCENT, EMBLEM, ROBERT BROWN.

KNOB CREEK

Kentucky Straight Bourbon, 9 Jahre, 50 vol.%, von ➔*Jim Beam Brands* (American Brands).

Ein süßer, aber doch kräftiger ➔*Small Batch* Bourbon, der 1992 auf den Markt kam und ein außergewöhnliches, sehr gelungenes Etikett trägt.

Knob Creek ist nach einem Flüßchen benannt, das sich in der Nähe von Abraham Lincolns Geburtsort Hodgeville, Kentucky, befindet. Dort stand früher auch die Destillerie, in der Abes Vater zeitweise sein Brot verdiente.

KNOCKANDO

[(*nockándhu*) gälisch: schwarzes Hügelchen]

Schottischer Single (Speyside) von *Justerini & Brooks*, einer Tochterfirma von ➔*IDV/Grand Metropolitan*.

Ein weicher, nicht uneleganter Malt für jede Gelegenheit und eine große internationale Marke.

Originalabfüllung: Knockando wird nur als *Vintage* abgefüllt, in der Regel mit 10–15 sowie mit 20–25 Jahren. Das Etikett trägt das Jahr der Destillation und der Abfüllung, derzeit gibt es beispielsweise einen 1980er, abgefüllt 1995, und einen 1969er, abgefüllt 1993.

Dieses Vorgehen beruht auf der Erkenntnis, daß Whisky sich nicht konstant entwickelt und der gewünschte Reifegrad also nicht immer in der gleichen Lagerzeit, z.B. 12 Jahren, erreicht wird. Die verschiedenen Jahrgänge unterscheiden sich daher zwar im Alter, kaum aber im Geschmack – der Begriff *Vintage* hat demnach hier eine andere Bedeutung als z.B. bei Portwein oder Champagner.

Die Destillerie wurde 1898 gegründet und 1904 von →*Gilbey* übernommen, der Firma, die 1962 zusammen mit *Justerini & Brooks* den IDV-Konzern bildete. Justerini ist innerhalb dieser Gruppe für die Whisky-Produktion zuständig und verwendet Knockando als wichtigen Basis-Malt für den J & B Blend.

Die Brennerei hat 4 *Stills* und bezieht ihr Wasser aus der *Cardnach* Quelle, zeitweise lagert der Whisky in Sherryfässern. (Tel. 01340-81 02 05)

KNOCKDHU

[*nockdhú*] Schottischer Single Malt (Speyside, Banffshire) von →*Inver House*. Die offizielle Version dieses Malts heißt →An Cnoc; nur die unabhängigen Abfüller verwenden den Destillerienamen.

Gordon & MacPhail:
Jahrgang 1974, 40 vol.%

Adelphi:
11 Jahre (dest. 1982) 62.5 vol.%

KONTINUIERLICHE DESTILLATION

→Patent Still

KOSCHERER WHISK(E)Y

Unter der Aufsicht eines Rabbiners hergestellter Whisk(e)y, der den jüdischen Speisegesetzen entsprechend rein ist, →Hamashkeh, Old Williamsburg.

L

»Was möchtest Du essen?«

»Drinks! Whisky, Whisky, Whisky, Whisky, Whisky!«

Sam Peckinpah »Getaway«

LADYBURN

Schottischer Single Malt (Lowlands) von ➔*Wm Grant & Sons.*

Die Destillerie ist ein kleiner Teil der Grain-Brennerei GIRVAN. Nur zwischen 1966 und 1976 wurde hier Malt Whisky gebrannt; die Abfüllungen kamen seinerzeit nur von **Cadenhead.**

LAGAVULIN

[*(lagawúlin)* gälisch etwa: die kleine Höhle mit der Mühle]

Schottischer Single Malt (Islay) von ➔*White Horse* (UD).

Einer der gefeiertsten Whiskies Schottlands, von überwältigender Komplexität, souverän, maskulin und unverwechselbar rauchig.

Originalabfüllung: 16 Jahre, 43 vol.% (aus der Reihe »Classic Malts«)

Cadenhead: hatte zuletzt einen 15-jährigen von 1978 mit 64.4 vol.%

Die genauen Ursprünge der Destillerie sind unklar, denn Mitte des 18. Jahrhunderts gab es in dieser Gegend um die 10 Brennereien; die erste legale Gründung datiert von 1816, und möglicherweise entstand daraus die heutige Lagavulin-Destillerie.

1867 übernahm die Firma *James L. Mackie* deren Leitung (➔*Logan*), 1924 wurden daraus *White Horse Distillers*, die noch heute die Lizenz halten. Lagavulin ist auch einer der Basis-Malts für den WHITE HORSE Blend.

Die Destillerie arbeitet mit 4 *Stills* und bezieht ihr Wasser aus den *Solan Lochs*.

(Tel. 01496–30 24 00)

LAING, Douglas & Co.
1950 in Glasgow gegründete, unabhängige Blending-Firma mit folgenden Marken:
Eaton Special, Glen Drum, House of Peers, JPS, King of Scots, Langside, McGibbon's, 77, Sir Walter Raleigh (siehe auch SS Politician).
Seit 1994 besteht ein Joint-venture mit der indischen Spirituosenfirma *Kedir.*

LAMMERLAW
Neuseeländischer Single Malt, 10 Jahre, 43 vol.%, von ➔*Wilson* (Seagram).
Lammerlaw ist seit 1984 auf dem Markt und wird in Dunedin, der ersten Siedlung schottischer Auswanderer auf Neuseeland, hergestellt (Dunedin ist der gälische Name für Edinburgh). Gute Gerste, Torfböden und weiches Wasser sind auf der Südinsel Neuseelands reichlich vorhanden. Sie ermöglichen eine Herstellung nach traditionellem schottischen Verfahren und prägen den Geschmack dieses Malts.
Die Destillerie hat nur 1 *Still* (aus Stahl statt des üblichen Kupfers) und bezieht ihr Wasser aus dem *Deep Creek*; gelagert wird in amerikanischen Eichenfässern.
Lammerlaw ist heute im ganzen pazifischen Raum auf dem Markt und auch in Großbritannien zu finden.

LANG'S
Blended Scotch von *Lang Bros.*, einer Tochterfirma von ➔*Robertson & Baxter.*
Ein sehr gepflegter Scotch, angeblich *Queen Mum's* Hausmarke.

Lang's Standardversion heißt SUPREME, die De-Luxe-Ausgaben sind SUPREME DE LUXE und SELECT 12 YEARS OLD.
Die Gebrüder *Lang* begannen 1861 im Keller einer Glasgower Kirche mit dem Whisky Blending und erwarben 1875 die Destillerie GLENGOYNE.
Seit 1965 sind sie bei *Robertson & Baxter* und dort für den CUTTY SARK Blend von →*Berry Bros. & Rudd* zuständig. Lang's Whiskies basieren auf Glengoyne und lagern nach dem Blending mindestens 9 Monate im Eichenfaß.

LANGSIDE
Blended Scotch von →*D.Laing*.

LAPHROAIG
[*lafroig*] Schottischer Single Malt (Islay) von *D. Johnston & Co.*, einer Tochterfirma von →*Allied Distillers* (Allied Domecq).
Die aberwitzigsten Vergleiche wurden herangezogen, um den Geschmack dieses überwältigenden Whiskys zu beschreiben: Desinfektionsmittel, Diesel, Teer, Seetang und was nicht noch alles. Es hilft nichts – man muß ihn selbst probieren und ist entweder hingerissen oder rührt ihn nie wieder an.

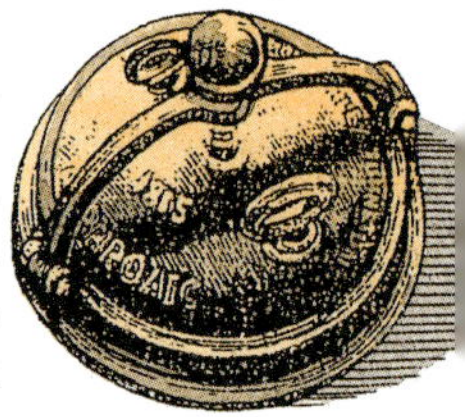

Originalabfüllung: 10 Jahre, 40 und 43 vol.%; 15 Jahre, 43 vol.%; in Duty-free-Shops findet man manchmal auch einen 1977er mit 43 vol.%.
Auf dem in seiner Schlichtheit sehr überzeugenden Etikett wird 1815 als Gründungsjahr angegeben, nach-

weisbar ist allerdings erst das Jahr 1826. Der Gründer *Donald Johnston* starb den Tod eines Brenners: Er ertrank in einem Faß halbfertigen Whiskys. Die Familie Johnston führt die Destillerie, die seit den 60er Jahren zu →*Long John* gehört, noch heute. Laphroaig ist eine der wenigen Brennereien, deren *Malting Floors* noch in Betrieb sind. Auch den Torf sticht man hier noch selbst. Die 7 *Stills* laufen mit Wasser vom *Kilbride Dam*, gelagert wird in Bourbonfässern. Laphroaig ist ein Basis-Malt in den Blends ISLAY MIST und LONG JOHN. (Tel. 01496–30 24 18)

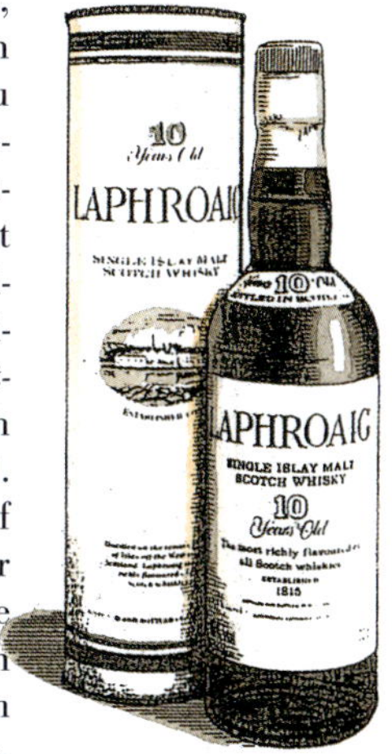

LAUDER'S

Blended Scotch von →*MacDuff International.*

Eine alte und bereits im 19. Jahrhundert erfolgreiche Marke, die heute besonders in Lateinamerika gut verkauft wird. Ursprünglich gehörte sie der Firma *Archibald Lauder & Co.*, die später von →*Hiram Walker* erworben wurde und seit 1991 beim heutigen Besitzer ist.

LAWSON, WILLIAM

Schottische Herstellerfirma, die 1972 in Coatbridge, Lanarkshire, entstand und die Whisky-Interessen der italienischen Gruppe *Martini & Rossi* wahrnimmt; diese wiederum ist seit 1995 Teil eines der größten Spirituosenherstellers der Welt, *Bacardi Ltd.*, Bermuda.

Für diese Gruppe führt Lawson die Destillerie MACDUFF (→*Glen Deveron*), einen Blending- und Abfüll-Komplex in Coatbridge sowie eine Lager- und Abfüllhalle in Glasgow. Lawson kooperiert außerdem mit der Firma →*Lundie* und hat drei Blends im Programm: WILLIAM LAWSONS, CLAN MUNRO, KING EDWARD I.

Der Name Lawson geht auf einen schottischen Whisky-Händler zurück, der Ende des 19. Jahrhunderts für die Dubliner Firma *E.&.J. Burke* einen »Lawson's Liqueur Whisky« herausgab. Lawson wurde 1903 gefeuert, doch sein Name blieb bei den Burkes, die die Marke während der Prohibition in größeren Mengen auf die Bahamas lieferten (→*Light Whisky*). 1963 wurde das Label von Martini & Rossi erworben und europaweit vermarktet. Später bündelten Martini & Rossi ihre Whisky-Aktivitäten unter dem Namen Wm Lawson Distilleries, 1980 wurde die gesamte Gruppe von dem Luxemburger Konzern *General Beverage* übernommen, der seit 1995 mit Bacardi verbunden ist.

LEDAIG→Tobermory

LEESTOWN DISTILLING COMPANY

US-Destillerie in Frankfort, Kentucky, im Besitz von →*Takara Shuzo & Okura* bzw. →*Sazerac*. Weithin sichtbar markiert ein Wasserturm mit der Aufschrift »*The Home of Ancient Age*« die Stelle etwas außerhalb von Kentuckys Hauptstadt Frankfort, an der seit etwa 1860 Whiskey gebrannt wird. Die Destillerie wechselte den Namen ebenso häufig wie die Eigentümer: Unter *E.H.Taylor* (→Old Taylor) hieß sie *O.F.C.* (1870–1886), unter *G.T. Stagg* hieß sie *G.T. Stagg*, und als sie 1929 von →*Schenley* übernommen wurde, dauerte es nicht lange, und sie hieß *Schenley*. In den 70er Jahren trug sie den Namen ihres bekanntesten Produkts →*Ancient Age Distilling Co.* Seit 1982 wird sie von der Firma SAZERAC geführt, die ihr 1992 ihren heutigen Namen gab und sie im gleichen Jahr an den japanischen Konzern →*Takara Shuzo & Okura* verkaufte. Dieser besitzt nun die Brennerei selbst, die Marken aber gehören nach wie vor zu Sazerac.

Die Leestown Company war die erste Firma, die (1984) mit einem →*Single Barrel* Bourbon auf den Markt kam, und zwar mit BLANTON'S. Die gesamte Produktion umfaßt folgende Marken: ANCIENT AGE, BENCHMARK, BULLEIT, CANADIAN AGE, EAGLE RARE, ELMER T.LEE, HANCOCK RESERVE, ROCK HILL FARMS.

Die Destillerie arbeitet nicht mehr ganz nach dem traditionellen Muster, denn die Maische wird unter Druck gekocht und in Vakuumtanks gekühlt, außerdem werden die Lagerhäuser im Winter geheizt. Die verwendete Getreidemischung *(mashbill)* ergibt mit ihrem hohen Maisanteil eher süßere Whiskeys: 80% Mais, 10% Gerstenmalz, 10% Roggen; der *Sour-Mash*-Anteil beträgt 33%, die Hefekultur stammt noch aus Schenley-Zeiten. (Tel. 502–223 76 41)

LEGACY

Blended Scotch (Premium) von →*Invergordon* (Whyte & Mackay, American Brands);
siehe auch *Mackinlay's*.

LEM MOTLOW'S

Tennessee Sour Mash aus der JACK DANIEL'S DISTILLERY von →*Brown-Forman*.
Ein einjähriger Whiskey mit 45 vol.%, der außerhalb von Tennessee und Georgia kaum zu finden ist.

LIGHT WHISK(E)Y

Bei diesem Begriff muß zwischen einer schottischen und einer amerikanischen Variante unterschieden werden.
Scotch: helle, mildere Scotches mit hohem Lowland-Malt-Anteil und wenig (wenn nicht ganz ohne) Karamel-Färbung, die vorwiegend in die USA exportiert werden (CUTTY SARK, J & B, PASSPORT, WILLIAM LAWSONS). Es spricht einiges für die Vermutung, die Vorliebe der Amerikaner für Light Scotches gehe auf alte Gewohnheiten zurück, da die während der →Prohibition verkauften Whiskies meist ziemlich verdünnt waren. Auch die kanadischen Whiskies, die in den USA während dieser Zeit boomten, entsprechen diesem Geschmacksmuster (siehe auch CUTTY SARK, SANDERSON'S GOLD, INVER HOUSE GREEN PLAID).
USA: Amerikanischer Light Whiskey wird sehr hochprozentig gebrannt, was letztlich darauf hinausläuft, daß er erstmal nach gar nichts schmeckt. Er wird dann in gebrauchten oder unbehandelten neuen Fässern gelagert, was ihn auch nicht besser macht, und schließlich mit Aromastoffen und Zuckercouleur versetzt, damit er wenigstens entfernt wie Whiskey schmeckt und aussieht. Diese Unsitte kam Anfang der 70er Jahre in Mode, allerdings eher bei den Herstellern als bei den Konsumenten. Während erstere wohl dachten, damit dem allgemeinen Trend zu klaren, weniger intensiven Spirituosen (wie z.B. Wodka) etwas entgegensetzen zu können, ging die Kundschaft eher vom Gegenteil aus, daß man nämlich gleich Wodka trinken könne, wenn man nicht auf wuchtige Geschmackserlebnisse aus ist. Light Whiskey wurde links liegengelassen, und heute stellt nur noch die Firma →*Barton* einige nennenswerte Marken dieser Sorte her: BARTON'S QT, COLONEL LEE, KENTUCKY GENTLEMAN, TOM MOORE.

LIKÖRE, WHISK(E)Y-

Die Likörherstellung hat, wie auch die Kunst der Destillation, ihren Ursprung im Orient. Möglicherweise gelangten beide Techniken gleichzeitig nach Europa, mit ziemlicher Sicherheit aber wurde Whisk(e)y bereits in seiner Frühzeit gern mit Kräutern, Honig, Milch und ähnlichem vermischt getrunken.

Heute wird in diesem Zusammenhang zwischen Kräuter-, Sahne- und Zitruslikören unterschieden.

Kräuterliköre sind die älteste Gattung, sie wurden bereits im Mittelalter von Mönchen zubereitet und waren in erster Linie Arznei. Der Basisalkohol – in diesem Falle also Whisk(e)y – wird mit natürlichen oder naturidentischen Kräuteressenzen und mit Honig aromatisiert; meist wird die Mischung einige Monate in Holzfässern oder anderen Behältern gelagert, damit sich die verschiedenen Aromen verbinden können. Kräuterliköre sind in der Regel stärker als andere Likörsorten. Neben dem Marktführer Drambuie gibt es eine Reihe anderer, guter Produkte, z.B. Dunkeld Atholl Brose, Glayva, Glen Mist, Irish Mist, Lochan Ora, Mulligan's, Oran Mhor, Stag's Breath.

Sahneliköre sind eine relativ junge Erfindung: Als die Firma R & A Bailey erstmals 1975 mit ihrem *Irish Cream* herauskam, war dies auf Anhieb ein durchschlagender Erfolg, den andere Firmen sofort zu kopieren versuchten. Der Markt für diese im wesentlichen aus Sahne (Mindestfettgehalt: 10%) und Whisk(e)y bestehenden, leichten Digestifs (Mindestalkoholgehalt: 15%, selten mehr als 17 vol.%) wächst anscheinend immer noch, und die Menge der Marken ist kaum mehr überschaubar; außer Baileys gibt es z.B. Carolan's, Columba Cream, Dubliner, Emmets, Heather Cream, Meadow und viele andere.

Zitrusliköre: Die Methode, Alkohol mit Schalen von Zitrusfrüchten zu aromatisieren, wurde bereits im Orient angewandt. In den USA hat sich daraus eine Likörsorte namens ➔Rock and Rye entwickelt, außerdem gibt es einen Zitruslikör von Wild Turkey.

Der weltberühmte Southern Comfort ist zwar gar kein Whiskey-Likör, da er aber allgemein dafür gehalten wird, ist er unter seinem Stichwort auch zu finden.

LINKWOOD

Schottischer Single Malt (Speyside, Elgin) von →*UD.*

Ein mittelgewichtiger Malt, dessen Finesse von vielen gerühmt wird.

Originalabfüllung: 12 Jahre, 43 vol.% (»Flora & Fauna«-Serie)

Gordon & MacPhail: 15 und 21 Jahre, 40 vol.%; Jahrgänge 1961, 1968, jeweils 40 vol.%;
14 Jahre (dest. 1979), 58.5 vol.%

Cadenhead: 17 Jahre (dest. 1978, Sherryfaß) 55.5 vol.%

James MacArthur:
11 Jahre, 60.5 vol.%

Linkwood wurde 1820 gegründet und mehrfach renoviert, ohne allerdings das viktorianische Äußere der Gebäude zu verändern. Das Traditionsbewußtsein ging so weit, daß zeitweise nicht einmal Spinnweben entfernt werden durften, um die Qualität des Whiskys nicht aufs Spiel zu setzen. 1933 kam Linkwood zur →*DCL*, die die Destillerie bis vor kurzem von *John McEwan & Co.* betreiben ließ (→*Abbot's Choice*). Zwischen 1985 und 1990 war sie geschlossen, heute arbeitet sie wieder mit 6 *Stills* und bezieht ihr Wasser aus Quellen in der Nähe des *Milbuies Loch.* (Tel. 01343–54 70 04)

LINLITHGOW →St. Magdalene

LISMORE

Blended Scotch von →*William Lundie & Co.*.

In einer ganzen Reihe von Abfüllungen erhältlich: Finest, Signature, Select 8 ys (Standard), Special Reserve 12 ys (Premium), Special Reserve 15 ys, 18 ys (De Luxe), Highland Malt, Pure Malt 8 ys (Vatted); außerdem gibt es einen Lismore Single Malt, 21 ys und 25 ys, dessen Herkunft nicht genannt wird. Die Marke wird hauptsächlich nach Europa und in den Fernen Osten exportiert.

LITTLEMILL

Schottischer Single Malt (Lowland, Dumbarton) von →*Glen Catrine Bonded Warehouse.*

Ein typischer Lowland: leicht, weich und rund.

Originalabfüllung: 8 Jahre, 40 und 43 vol.%; mitunter findet man noch den ebenfalls 8jährigen des Vorbesitzers *Gibson* in der gedrungenen Flasche.

Cadenhead und **Signatory** bringen ab und zu eine Abfüllung heraus.

Mit dem Gründungsjahr 1772 kann die Destillerie einigen Anspruch auf den begehrten Titel »Älteste Brennerei Schottlands« geltend machen. Sie wechselte häufig den Besitzer, zuletzt 1994, als *Glen Catrine* sie mit der Konkursmasse der Firma *Gibson* (→Barton) übernahm. Die hatte Littlemill nach einer Ruheperiode von fünf Jahren erst 1989 wieder geöffnet und 1992 erneut geschlossen. Das ist sie auch heute noch, es besteht aber Hoffnung auf eine erneute Wiederinbetriebnahme.

Bis in die 30er Jahre wurde in Littlemill dreifach gebrannt, bis in die 70er Jahre gab es außerdem noch zwei weitere Malts aus dieser Destillerie: *Dumbuck* und *Dunglass*, letzterer ein Vatted Malt. Die Brennerei hat 2 *Stills*, das Wasser kommt von den *Kilpatrick Hills*, also aus den Highlands. (Tel. 01389-87 41 54)

LOCHAN ORA
[gälisch: Goldsee]
Schottischer Whisky-Kräuterlikör von →*Chivas & Glenlivet* (Seagram).

LOCH DHU →Mannochmore

LOCH KINDIE
Schottischer Vatted Malt von →*Wm Grant & Sons.*

LOCH LOMOND
Schottische Destillerie (Highland) von →*Glen Catrine Bonded Warehouse.* Hier werden zwei Single Malts hergestellt: Inchmurrin und Old Rosdhu (mehr darüber bei *Inchmurrin*; siehe auch *Glenshiel*).

Die Destillerie hat 4 *Stills* und bezieht ihr Wasser aus dem *Loch Lomond.*

LOCHRANZA →Isle of Arran

LOCH RANZA
Blended Scotch von →*Isle of Arran Distillers.*

LOCHSIDE
Schottischer Single Malt (Eastern Highlands) von *Macnab Distilleries*, einer Tochterfirma von *Destilerias y Crienza* (→DYC), die wiederum zu →*Hiram Walker* und damit zu →*Allied Domecq* gehören.

Ein mittelschwerer Malt mit deutlicher Sherrynote, der kaum noch zu finden ist.

Originalabfüllung: 10Jahre, 40vol.%
Gordon & MacPhail: hatten zuletzt einen 1966er mit 40 vol.%
James MacArthur:
27 Jahre, 60.5 vol.% (Grain)

Die Destillerie entstand 1957 aus

einer ehemaligen Brauerei; sie war ursprünglich für die Herstellung von Malt- und Grain Whisky ausgerüstet, beide Sorten wurden an Ort und Stelle zu Blends verarbeitet und abgefüllt. 1970 wurde die Grain-Produktion eingestellt, 1973 kam Lochside in den Besitz des spanischen Spirituosenkonzerns D.Y.C. Dieser Schritt verursachte einiges Stirnrunzeln in Schottland: Die kanadischen und US-amerikanischen Einkäufe in die schottische Whisky-Industrie konnten noch unter der Prämisse hingenommen werden, hier handle es sich schließlich um entfernte Verwandte, die selbst etwas von Whisky verstünden; was aber die »Continentals« in Schottland verloren hätten, sei nun wirklich nicht einzusehen. Schon gar nicht, als bekannt wurde, daß die neuen Eigentümer den größten Teil des Malts nach Hause verschifften, um ihn dort zu spanischem Whisky zu verarbeiten (→DYC). Möglicherweise wäre der ganze Ärger vermeidbar gewesen, hätte man damals bereits gewußt, daß hinter *Distillerias y Crienzas* der allseits bekannte Konzern *Hiram Walker* steckt. Jedenfalls war aller Patriotismus vergebens, denn seit 1992 sind die 4 *Stills* außer Betrieb, und Lochside steht zum Verkauf. (Tel. 01674–67 27 37)

LOCKE'S

[*lox*] Blended Irish Whiskey, 40 vol.%, von →*Cooley*.

Die Premium-Version der Marke →Kilbeggan, seit 1994 auf dem Markt.

Beide Marken werden (seit 1989) in Cooleys Riverstown Distillery gebrannt, ihre Namen beziehen sich aber auf die historische Destillerie *Locke* in Kilbeggan.

Kilbeggan ist schon lange Schauplatz der wechselhaften Geschichte des Irish Whiskey: Hier gründete 1757 *Gustavus Lambert* in einem ehemaligen Kloster die *Brusna Distillery*. Sie wurde Mitte des 19. Jahrhunderts von *John Locke* übernommen, umbenannt und zu einem florierenden Unternehmen ausgebaut. Doch auch »Locke's Liquor« bekam die große Krise des Irish Whiskey in den 20er Jahren unseres Jahrhunderts zu spüren (→*Irish Whiskey*, Geschichte). Schwarzmarktgeschäfte sowie eine politische Affäre des damaligen Inhabers taten ein übriges, und die Locke-

Destillerie wurde 1953 geschlossen (Restbestände des Whiskeys kamen in den 60er Jahren unter dem Namen »Old Galleon« in Deutschland auf den Markt).
Nachdem die *Pot Stills* verkauft waren und die Brennerei zeitweise als Schweinefarm diente, übernahm Cooley 1987 die Überreste der Anlage, die nun als Lagerhaus für alle Cooley Whiskeys dient. Es gibt allerdings Pläne, hier in Zukunft wieder eine kleine Malt-Produktion ins Leben zu rufen; zu diesem Zweck wurden kürzlich die alten *Pot Stills* der stillgelegten Destillerie →*Tullamore* erworben.

LOGAN

Blended Scotch (12jähriger De Luxe) von →*White Horse* (UD).
Dieser ausdrucksstarke Scotch der alten Schule ist nach *James Logan Mackie* benannt, der 1856 die Firma *Mackie & Co.* gründete. Sein Neffe und Nachfolger Peter Mackie kreierte die Marke WHITE HORSE, deren Namen die Firma seit 1924 trägt. Logan – früher Laird of Logan's – ist eine De-Luxe-Version von White Horse und leider nur noch schwer zu finden; Basis-Malts sind wahrscheinlich CRAIGELLACHIE und LAGAVULIN.

LOMBARD'S

Schottischer Whisky von *Lombard Scotch Whisky Ltd.*, einer kleinen Blending- und Handelsfirma mit Sitz auf der Isle of Man.
Der Standard-Blend heißt GOLD LABEL, daneben gibt es einen 5jährigen und einen 12jährigen De Luxe Blend sowie einen 12jährigen PURE MALT (Vatted).
Die Firma hat noch weitere Blends: AGE OF SAIL, GOLDEN PIPER, HIGHLAND GATHERING und ist außerdem für die Serie *Bird's fo Prey* von →*Beneagles* verantwortlich.

LOMOND

Schottischer Single Malt (Lowland, Dumbarton) von →*Ballantine & Son* (Allied Distillers, Allied Domecq).
Der Whisky stammt aus INVERLEVEN, der 1991 stillgelegten Malt-Destillerie innerhalb der großen Grain-Fabrik von Ballantine in Dumbarton, und war ausschließlich für Blends bestimmt. Er wurde in →*Lomond Stills* gebrannt und kam nur einmal (1992) als Single Malt heraus, in einer Abfüllung der →*Scotch Malt Whisky Society*, mit 19 Jahren (dest. 1972) und 58.3 vol.%.

LOMOND STILL

Destillationsapparat; eine Variante der →*Pot Still*, die die Herstellung von kräftigeren, öligeren Whiskies ermöglicht. Diese Form der Brennblase wurde von →*Hiram Walker* entwickelt und in den Destillerien

→*Glenburgie, Inverleven, Miltonduff* und *Scapa* installiert. In den ersten 3 Brennereien arbeiteten die Lomond Stills parallel zu den Pot Stills und dienten zur Herstellung von Zweit-Whiskies, die ausschließlich für Blends benutzt wurden, →GLENCRAIG, LOMOND, MOSSTOWIE. Im Laufe der 80er Jahre wurden die Lomond Stills dieser Destillerien wieder entfernt. Bei SCAPA war die gesamte Produktion umgerüstet worden: Bis zur Stillegung im Jahre 1993 fand hier jeweils die erste Destillation in Lomond Stills statt.

LONG JOHN

Blended Scotch von →*Allied Distillers* (Allied Domecq).

Ein internationaler Bestseller, derzeit als Standard und als 12jähriger De Luxe auf dem Markt.

»*Long*« *John Macdonald* gründete 1825 die Brennerei BEN NEVIS; die Firma *Long John International* führt heute die Destillerien LAPHROAIG und TORMORE. siehe auch GLENUGIE, HIGHLAND STAG, KINCLAITH, THE REAL MACKAY, SCHENLEY, SCORESBY RARE.

LONGMORN

Schottischer Single Malt (Speyside, Elgin) von →*Chivas & Glenlivet* (Seagram).

Ein herausragender, üppiger und komplexer Malt, der allzu lange im Schatten seiner großen (Chivas-)Brüder *Glen Grant* und *Glenlivet* stand und erst in den letzten Jahren mit etwas mehr Aufwand vermarktet wird.

Originalabfüllung:
15 Jahre, 45 vol.%

Gordon & MacPhail:
12 Jahre, 40 vol.%;
Jahrgänge 1963, 1964, 40 vol.%; 1969, 61.2 vol.%

Cadenhead: 11 Jahre (dest. 1984, Sherryfaß), 60.7 vol.%

Blackadder: 12 Jahre, 58.6 vol.%

Die Destillerie wurde 1894-95 erbaut und gehört zu den wenigen Brennereien, die seit ihrer Gründung kontinuierlich in Betrieb sind. Sie hat 8 *Stills* und bezieht ihr Wasser aus örtlichen Quellen. (Tel. 01542-78 34 00)

LONGROW

Schottischer Single Malt (Campbeltown) aus der SPRINGBANK DISTILLERY von →*J.&A. Mitchell & Co.*

Ein charaktervoller, torfiger und leider sehr rarer Malt, der eher an Islay- als an Campbeltown Malts denken läßt. Das britische Weinmagazin *Decanter* schrieb ihm einmal das Aroma nasser Schafe und die Aggressivität eines Tigers zu.

Originalabfüllung: 16 und 18 Jahre (dest. 1974), 46 vol.%; beide Versionen sind nicht mehr auf dem Markt, 1997 soll allerdings eine neue 10jährige Abfüllung herauskommen.

Cadenhead: hatte zuletzt einen 18-jährigen (dest. 1974) mit 52.2 vol.%.

Signatory: 8 Jahre (dest. 1987), 43 vol.%
Longrow wird, im Gegensatz zu seinem großen Bruder Springbank, ausgiebig über Torf geräuchert und ganz regulär zweifach gebrannt. Der Malt trägt den Namen einer Destillerie, die bis Ende des 19. Jahrhunderts ganz in der Nähe von Springbank stand und deren Überreste heute als Abfüllhalle dienen.

LORD CALVERT

Canadian Blend von →*Jim Beam Brands* (American Brands).
Ein internationaler Bestseller und eine der vielen Canadian-Marken, die einer US-Firma gehören.

LOWLAND

Schottische Whisky-Region. Südlich einer alten Bezirksgrenze zwischen Greenock im Westen und Dundee im Osten sind die Lowland-Destillerien angesiedelt, von denen derzeit nur noch zwei betrieben werden: Auchentoshan und Glenkinchie.
Lowland Malts sind unspektakuläre Whiskies, leicht, trocken und vergleichsweise arm an Torfaroma. Ihr Image leidet seit jeher unter der – rein geographischen – Nähe zu den industriell betriebenen Grain-Destillerien, die ebenfalls in den Lowlands liegen.
Lowland Malts sind vor allem für Blends beliebt, da sie als Ausgleich zwischen den kräftigen Highland- und Islay Malts und den eher neutralen Grains dienen.

LOWRIE'S

Blended Scotch von →*UD*.
Eine sehr alte und heute sehr rare Marke.
William P. Lowrie hatte bereits als Manager der Port Ellen Distillery Erfahrung gesammelt, bevor er sich 1869 als Whisky-Händler selbständig machte. Er gilt als einer der ersten Hersteller von →*Blended* Whisky und besaß zeitweise die Destillerien Glentauchers und Convalmore; letztere führte die Firma *William P. Lowrie & Co.* bis 1985.

LUNDIE, Wm & CO.

Schottische Herstellerfirma mit Sitz in Glasgow.
Die *Lundies* sind bereits in der dritten Generation im Whisky-Geschäft tätig. Sie waren zeitweise an →*Chivas* beteiligt, vor allem aber galten sie als renommierte Makler, d.h., sie traten als Zwischenhändler zwischen Brennern, Blending-Firmen und Abfüllern auf. Seit diese Tätigkeiten meist innerhalb der inzwischen gewachsenen Konzerne stattfinden, verlegte Lundie & Co. sich seinerseits aufs Blending und kooperiert dabei mit →*Wm Lawson.*
Blends: Award, Lismore, Prestige d'Ecosse, Royal Heritage, Tribute.

M

… sie läßt ein kleines damenhaftes Schmatzen hören
und blumengleich den Duft von altem Scotch aufsteigen …

Thomas Pynchon »Das Ende der Parabel«

The MACALLAN
Schottischer Single Malt (Speyside) von →*Highland Distilleries*.
So zahlreich sind die Lobeshymnen, die auf diesen Whisky inzwischen gesungen werden, daß er manchen jener

aficionados, die um die Exklusivität ihres Geschmacks besorgt sind, schon wieder suspekt geworden ist.
Das ändert nichts – Macallan ist und bleibt ein Meisterwerk von beeindruckender Fülle und Komplexität; auch führt der ausschließliche Gebrauch von Sherryfässern bei der Lagerung hier keineswegs dazu, daß der Sherrygeschmack andere Komponenten dominiert – die Balance stimmt.
Originalabfüllung: 7 Jahre, 40 vol.%, für den italienischen Markt; 8 Jahre, 40 vol.%, für den französischen Markt; 10 Jahre, 40 und 57 vol.%; 12 Jahre, 43 vol.%; 18 Jahre (mit Jahrgang, derzeit 1976; viele Macallan-Freunde sind der Meinung, 18 Jahre sei das beste Alter für diesen Whisky), 43 vol.%; 25 Jahre (dest. 1968), 43 vol%; ältere Jahrgänge werden bewertet wie die noblen Gewächse aus den Châteaux von Bordeaux: 1950, 1963 und 1964 gelten als Jahrhundert-Malts, und ein 60jähriger Macallan von 1926 brachte 1993 bei einer Versteigerung immerhin £ 15.000 – zwei Jahre zuvor kostete eine gleichalte Flasche noch nicht einmal die Hälfte (→As We Get It).
Cadenhead: 19 Jahre (dest. 1976, Sherryfaß), 55.8 vol.%
Die Destillerie wurde 1824 gegründet und wird seit 1892 von der Familie *Kemp* geführt. Sie hat noch heute Anteile bei Macallan; die Mehrheit halten Highland Distilleries, nachdem die füheren Teilhaber Rémy Martin und →*Suntory* ihre Beteiligungen 1994 bzw. 1996 abgaben. Diese Beteiligungen datierten aus den 70er Jahren, als die Destillerie in wirtschaftliche Schwierigkeiten geriet, weil →*Seagram*, damals einer der Hauptabnehmer, die Zusammensetzung seiner Marke →*Chivas Regal*

geworden. Macallan erwirbt sie deshalb direkt in Spanien und läßt sie dort auf eigene Kosten konditionieren. Bis so ein Faß dann drei oder vier Jahre später in die Highlands kommt, kostet es ungefähr das Zehnfache eines Bourbonfasses.

Die Destillerie hat 21 ungewöhnlich kleine *Stills* und bezieht ihr Wasser aus eigenen Bohrlöchern. (Tel. 01340-87 14 71)

änderte; Macallan hatte bis dahin eine wichtige Rolle in diesem Blend gespielt und war als Single in jener Zeit nur von lokaler Bedeutung. Das änderte sich in den 80er Jahren, als Macallan mit großem Elan auf den Markt gebracht wurde. Die treibende Kraft dahinter war *Allan Shiach*, Firmenchef und außerdem Autor so erfolgreicher Drehbücher wie »Wenn die Gondeln Trauer tragen«.
Bei der Herstellung dieses Whiskys wird vor allem auf die Lagerung in Sherryfässern (meist Oloroso) Wert gelegt. Tatsächlich ist Macallan der einzige Malt, der ausschließlich in solchen Fässern reift (der für Blends bestimmte Whisky muß allerdings mit Bourbonfässern vorlieb nehmen). Das ist ein erheblicher Kostenfaktor, denn seit Sherry nur noch in Flaschen exportiert werden darf, sind die Fässer in Schottland sehr rar

MacANDREW'S

Blended Scotch von ➔*Macdonald Martin*.

MacARTHUR'S

Blended Scotch, Standard und 12-jähriger De Luxe, von ➔*Inver House*. Die Marke existiert bereits seit 1877; seit den 70er Jahren ist sie in Großbritannien als Supermarkt-Billig-Marke populär.

MacARTHUR, JAMES & CO.
Unabhängiger Abfüller in Glasgow.
Ein verhältnismäßig kleines Haus, das nur wenige Malts abfüllt, meist 12-jährig, zunehmend auch in Faßstärke.

MACDONALD GREENLEES LTD.
Tochterfirma von →*UD*, für die sie mehrere Blends herausgibt und die Destillerien CRAGGANMORE und GLENDULLAN führt.
Das Unternehmen wurde um 1900 von *James Calder* gegründet und besitzt so renommierte Blended-Scotch-Marken wie OLD PARR, GILLON's und SANDY MACDONALD.

MACDONALD MARTIN DISTILLERS
Schottischer Hersteller, der 1953 aus der Firma *Macdonald & Muir* hervorging. Macdonald Martin besitzt die Destillerien GLENMORANGIE (seit 1918) und GLEN MORAY (1923) und gibt eine Reihe von Blends heraus: BAILIE NICHOL JARVIE, CLAN MURDOCK, CRABBIE's, GLEN NIVEN, HIGHLAND QUEEN, JAMES MARTIN's, MAJOR GUNN's, MILORD's UND MUIRHEAD's.

MACDUFF →Glen Deveron

MACDUFF INTERNATIONAL
Schottische Herstellerfirma mit Sitz in Glasgow, die 1992 von *Stewart MacDuff, Charles Murray* und *Ted Thomson* – drei alten Hasen der schottischen Whisky-Industrie – gegründet wurde und folgende Blends besitzt: CUMBRAE CASTLE, GRAND MACNISH, ISLAY MIST, LAUDER's, THE STEWART MACDUFF, STRATHBEG.

MACKINLAY'S
Blended Scotch von →*Invergordon* (Whyte & Mackay, American Brands).
Einer der ältesten Namen im Blended Scotch Business; den ersten »Mackinlay's« gab es bereits Mitte des 19. Jahrhunderts, 1985 wurde die Marke als THE ORIGINAL MACKINLAY wieder aufgelegt. Sie gehört heute zu den erfolgreichsten Blends in Großbritannien.
Charles Mackinlay begann 1815 in Leith als Weinhändler, seine Nachkommen verlegten sich auf Whisky und kontrollierten zeitweise die Destillerien *Mortlach, Glen Mhor, Glen Albyn, Littlemill, Isle of Jura* und *Glenallachie.*
Nach dem Verlust seiner Selbständigkeit wurde Mackinlay 1961 mit *J.E.McPherson* (→CLUNY) zusammengeschlossen; seit 1985 ist *Mackinlay-McPherson* bei *Invergordon.* Außer dem erwähnten Original Mackinlay gibt es noch einen 12jährigen LEGACY und einen MACKINLAY's RESERVE.
Basis-Malts: BRUICHLADDICH, GLENALLACHIE, ISLE OF JURA, TAMNAVULIN und TULLIBARDINE.

MACLEAY DUFF

Blended Scotch von →*UD.*

Der Name dieses Blends geht auf ein 1863 in Glasgow gegründetes Unternehmen zurück, das lange Zeit die MILLBURN DISTILLERY führte (siehe auch GLEN LYON).

MacLEOD'S ISLE OF SKYE

Blended Scotch, Standard, 12 Jahre Premium, 18 Jahre De Luxe, von *Ian MacLeod & Co.*, einer Tochterfirma von →*P.J.Russell.*

Diese Marke gibt es seit über 100 Jahren; der Name läßt vermuten, daß der von der Insel Skye stammende TALISKER als Basis-Malt eine Rolle spielt. Die Standard-Abfüllung enthält 8jährige Malts und 4jährige Grains und wird, wie die älteren Abfüllungen auch, nach dem Blending noch einmal 6 Monate im Faß vermählt.

MAC NA MARA

Blended Scotch, 40 vol.%, von →*Praban na Linne.*

Die dritte Marke dieser kleinen Firma kam 1995 auf den Markt. Der Name ist gälisch und bedeutet »Sohn des Meeres«, was für einen Whisky, der von der Insel Skye kommt, kein schlechter Name ist. Ein Basis-Malt dürfte TALISKER sein.

MacNAUGHTON

Canadian Blend aus der VALLEYFIELD DISTILLERY von →*UD.*

Der Whisky wird zwar in Kanada hergestellt, aber ausschließlich in den USA verkauft. Die Marke gehörte früher zu →*Glenmore*, blieb aber, als dieses Unternehmen an →*Barton* verkauft wurde, bei UD.

MacPHAIL'S

Schottischer Single Malt von →*Gordon & MacPhail.*

Diesen vollen und gut ausbalancierten Malt gibt es mit 10, 15, 21, 25, 30 und 40 Jahren, außerdem aus den Jahrgängen 1960 und 1973, jeweils mit 40 vol.%, sowie als MACPHAIL'S GOLD »106« mit 10 Jahren und 60.5 vol.%. Die Herkunft des Malts wird nicht angegeben. Zum 100jährigen Bestehen der Firma Gordon & MacPhail im Jahre 1995 kam ein Vatted Malt namens MACPHAIL'S CENTENARY heraus, der aus 100 bis zu 50 Jahre alten Singles zusammengestellt wurde.

MAJOR GUNN'S

Blended Scotch von →*Macdonald Martin.*

MAJORITY

Blended Scotch von →*CWS.*

MAKER'S MARK

Kentucky Straight Bourbon von →*Hiram Walker* (Allied Domecq).

Ein herausragender Whisky, dem es bei aller Geschmeidigkeit nicht an Tiefe fehlt. Maker's Mark kommt aus der kleinsten Destillerie Kentuckys und gilt wegen seiner vergleichsweise geringen Auflage als Vorbild für die sogenannten →*Small Batch* Whiskeys. Er gehört zu den wenigen Bourbons, bei deren Herstellung Weizen statt Roggen verwendet wird, was viel zur hoch gelobten Milde dieser Marke beiträgt.

Derzeit gibt es sie in drei Versionen (alle in der schottischen Schreibweise ohne e): Red Seal, 43 und 45 vol.%, mindestens 6 Jahre alt; der Marktführer in Kentucky und inzwischen auch aus den Szene-Kneipen New York Citys nicht mehr wegzudenken.

Gold Seal Limited Edition, 50.5 vol.%, begrenzte Auflage ist hier leider wörtlich zu nehmen.

Vintage, Single Barrel mit Faßstärke (dest. 1983, 1984), seit 1996 auf dem Markt.

Black Seal, 47 vol.%, Spezialausgabe für den japanischen Markt.

Ein »Maker's Mark« ist ein Meistersiegel, wie man es auf Silber- oder Zinngeschirr findet. Auch die Etiketten dieses Whiskys tragen so ein Siegel, es zeigt einen Stern, den Buchstaben S und die römische Ziffer IV. Der Stern steht für Star Hill Distillery, das S für den Namen der Familie *Samuels*, und die IV für die vier Generationen, die in dieser Familie bereits Whisky brannten (inzwischen sind es fünf).

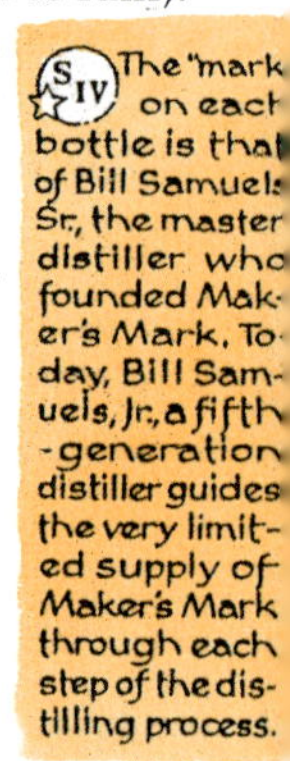

Begonnen hatte damit *Taylor W. Samuels*, der 1844 eine Destillerie in Deatsville eröffnete (und mit *Daniel Boone* und *Jesse James* verwandt war). Die heutige Star Hill Distillery entstand 1889 in Loretto, Nelson County, Kentucky. Sie war schon lange außer Betrieb, als *Bill Samuels Sen.* sie 1953 erwarb; er renovierte sie sorgfältig (so sorgfältig, daß sie heute unter Denkmalschutz steht) und brachte 1959 erstmals einen Maker's Mark heraus. Lange Zeit war die Brennerei nur ein liebevoll betriebener Nebenerwerb für die Familie, die ihr Geld hauptsächlich mit der Holzverarbeitung verdiente. So konnte sie es sich leisten, mehr Gewicht auf die Qualität des Whiskys zu legen als auf Quantität. Der Durchbruch von einer kleinen, nur von Eingeweihten geschätzten Provinzmarke zum Mode-Whisky der Metropolen kam 1980 mit einem Zeitungsbericht über das Unternehmen, den das *Wall Street Journal* auf der Titelseite veröffentlichte. Plötzlich wollte jeder Maker's Mark haben, und ganz besonders wollte dies der kanadische Konzern *Hiram Walker*, der die Destillerie 1981 erwarb (und inzwischen selbst von *Allied Domecq* geschluckt wurde). Trotz der erhöhten Nachfrage wird in der Star Hill Distillery noch immer an einigen zeitraubenden Verfahrensweisen festgehalten, von denen die wichtigste die niedrige Ab-

zugsstärke (Brennintensität) ist: Statt der erlaubten 80 vol.% beträgt sie hier nur 60 bis 65 vol.%, was ein weniger reines, dafür aber aromatischeres Destillat zur Folge hat. Zur Filterung wird anschließend gemahlene Holzkohle eingerührt, die mit den unerwünschten Feststoffen absinkt. Auch mit den Fässern läßt man sich Zeit: Das Holz wird vor der Verarbeitung ein Jahr luftgetrocknet, um die adstringierende Wirkung des Tannins zu vermindern (die gebrauchten Fässern gehen nach Schottland zu →*Glenmorangie*). Weitere Besonderheiten sind die Getreidemischung von 70% Mais, 16% Weizen und 14% Gerstenmalz sowie der hohe *Sour-Mash*-Anteil von 32%. Die Hefekultur ist wahrscheinlich die älteste Kentuckys, sie stammt noch aus Zeiten vor der Prohibiton und enthält Hopfenzusätze.

Der Ausstoß beträgt 38 Fässer pro Tag, nicht gerade viel, verglichen mit den über 1000 Fässern, die andere Destillerien in der gleichen Zeit füllen. Um die vornehme Zurückhaltung nicht zu übertreiben, bietet Maker's Mark auch einen *Mint Julep* Pre-mix an. (Tel. 502-865 20 99)

MALT WHISKY

Destillat aus vergorenem Gerstenmalz. Schottlands älteste Whisky-Sorte gilt heute im allgemeinen als die vollendetste und vielfältigste Form von Whisk(e)y.

Der Geschmack von Malt Whisky wird im wesentlichen von Malzzucker und vom Rauch bestimmt, der bei der Zubereitung des Malzes eine Rolle spielt.

Traditionellerweise findet der gesamte Herstellungsprozeß innerhalb einer Destillerie statt, und jede legt großen Wert auf die Verwendung eigenen Quellwassers. Qualität und Charakter des Wassers haben großen Einfluß auf Geschmack und Eigenart jedes Whisk(e)ys. Man verwendet heute verschiedene Gerstensorten, die größtenteils aus Schottland stammen.

Um die Getreidestärke in gärfähigen Malzzucker zu verwandeln, wird die Gerste angefeuchtet und zum Keimen gebracht. Sobald die Umwandlung abgeschlossen ist, wird das Malz über einem Torffeuer getrocknet und dann gemahlen. Anschließend setzt man eine Maische *(mash)* an, versetzt

also das Malzmehl mit heißem Wasser, um den Zucker zu verflüssigen. Die so entstandene *wort* (Würze) wird nun durch Hefezusatz zum Gären gebracht, wodurch ein bierähnliches Gebräu entsteht, das destilliert werden kann.

Nur noch die wenigsten Brennereien in Schottland führen diesen gesamten Prozeß selbst durch. Die meisten der sogenannten *Malting Floors* sind geschlossen, und die Darrböden mit ihren pagodenförmigen Dächern dienen nur noch zur Verzierung. Das Getreide wird heutzutage in externen Mälzereien maschinell verarbeitet und mit Heißluft getrocknet, der je nach Bedarf ein bestimmter Anteil an Torfrauch zugesetzt wird.

Nur das Maischen und die Destillation finden noch in den Brennereien selbst statt. Die Form und Größe der dabei verwendeten kupfernen Brennblasen (→*Pot Stills*) variiert von Destillerie zu Destillerie, was wesentlich zur Individualität der verschiedenen Whiskies beiträgt.

Nur wenige schottischen Brennereien destillieren ihren Malt dreifach, die Regel ist ein zweimaliges Brennen. Das erste Destillat wird *low wine* genannt und hat ungefähr 25 vol.%; die zweite Destillation findet in einer kleineren *Pot Still* statt; hier ist darauf zu achten, daß der Mittellauf sorgfältig abgetrennt wird, denn nur er besitzt die gewünschte Qualität. Der fuselölhaltige Vorlauf (*foreshot*) wird ebenso abgetrennt wie der wässrige Nachlauf (*feints*). Die Entschei-

dung, welcher Teil des Destillats als Mittellauf gelten kann, ist Hauptaufgabe und Kunst des Brennmeisters (*stillman*).

Der frische, sogenannte *baby whisky* ist farblos und enthält um die 70 vol.% Alkohol; auf keinen Fall darf der Alkoholgehalt 95 vol.% übersteigen, da der Brand sonst zu rein und geschmacklos wäre. Er wird vor der Faßlagerung mit Quellwasser auf etwa 63 vol.% verdünnt. Diese Stärke hat sich als optimal für den Reifungsprozeß erwiesen.

Der Dauer und Art der Lagerung wird heute der größte Einfluß auf den Charakter des Whiskys zugesprochen (siehe auch *Faß*).

Der weitaus größte Teil der gesamten Produktion kommt in Form von →*Blended Whisky* auf den Markt, nur ein verschwindend geringer Teil wird als Malt Whisky abgefüllt. Man unterscheidet hier zwischen →*Single Malt* und →*Vatted Malt*:

Ein Single Malt stammt aus einer einzigen Destillerie, Vatted Malts bestehen aus Singles verschiedener Brennereien (siehe auch *Abfüllung, Einzelfaß-Abfüllungen*).

Schottische Malts werden nach ihrer geographischen Herkunft klassifiziert, doch nur in Ausnahmefällen läßt dies Rückschlüsse auf den Charakter eines Whiskies zu. Die verschiedenen Regionen sind:

HIGHLANDS (mit der Unterregion SPEYSIDE), LOWLANDS, CAMPBELTOWN und ISLAY.

MANHATTAN

Einer der berühmtesten Cocktails der Bargeschichte. Er existiert in unzähligen Variationen, und von den vielen Geschichten über seine Entstehung sei hier nur diejenige erwähnt, derzufolge *Churchills* Mutter ihn im »Manhattan Club« erfand.

Manhattan Perfect: 4 cl Canadian Whisky, 1 cl Vermouth Dry, 1 cl Vermouth Rosso und einige Spritzer Angostura auf viel Eis im Rührglas

kräftig verrühren, in eine vorgekühlte Cocktailschale abseihen und mit einer Stielkirsche garnieren

Manhattan Dry: 4 cl Canadian, 2 cl Vermouth Dry, Angostura, mit einer Zitronenschale abspritzen

Manhattan Sweet: 4 cl Canadian, 2 cl Vermouth Rosso, Angostura, Stielkirsche

Canadian als ursprüngliche Basis-Spirituose für Manhattan spricht dafür, daß dieser Cocktail während der →Prohibition entstand. Nicht nur, weil es damals besonders angesagt war, Spirituosen in bunten Mixturen zu verstecken, sondern auch, weil Canadian damals in den USA der am ehesten erhältliche echte Whisky war. Dort wird der Manhattan heute meist mit Bourbon zubereitet. Das ist durchaus sinnvoll, denn dessen intensiverer Geschmack kann sich besser gegen den Vermouth durchsetzen, und man muß daher nicht so viel Whiskey verwenden (ein Manhattan ist eigentlich ein Aperitif-Cocktail und sollte daher nicht zu stark sein).

Weitere Versionen:
Blackthorn, Bobby Burns, Brooklyn, Rob Roy, Rory O'Moore, Scoff Law.

MANNOCHMORE

Schottischer Single Malt (Speyside, Elgin) von →*J. Haig* (UD).

Ein eher leichter Malt, trocken und gut ausbalanciert.

Originalabfüllung: 12 Jahre, 43 vol.% (»Flora & Fauna«-Serie); kürzlich kam unter dem Namen Loch Dhu (gälisch für »Schwarzer See«) ein 10jähriger Mannochmore auf den Markt, der in erneut ausgekohlten, ehemaligen Bourbonfässern gelagert wurde und daher beinahe schwarz ist.

Cadenhead:
18 Jahre (dest. 1977), 60.9 vol.%

Signatory: hatte zuletzt einen 12jährigen (dest. 1976) mit 62.4 vol.%

Die Destillerie wurde erst 1971 erbaut und produzierte die meiste Zeit nur Malt für die Blends von *Haig*. Nach einer Ruhezeit von vier Jahren nahm UD sie 1989 wieder in Betrieb und brachte einige Jahre später erstmals eine offizielle Version heraus. Seit 1995 ist Mannochmore allerdings erneut geschlossen. Die Brennerei hat 6 *Stills*, das Wasser kommt aus dem *Bardon Burn*.
(Tel. 01343–86 03 31)

MAR LODGE

Schottischer Vatted Malt, 12 Jahre, von →*Findlater*, einer Tochterfirma von →*Invergordon* (Whyte & Mackay, American Brands).

MASON'S

Blended Scotch von →*P.J.Russell*.

MASTER BLEND

Thailändischer Blended Whisky von →*Seagram*.
Der Blend besteht aus 5jährigen schottischen und neuseeländischen Malts sowie einheimischem Reis-Schnaps; die Marke kam 1995 heraus und ist der bisher einzige Blend dieser Art in Thailand, das als einer der aufstrebenden Märkte des Fernen Ostens gehandelt wird. Bislang werden hier vorwiegend einheimische Reis-Whiskies (Marken: GUNN, SINGHA CHAO PRAYA, SINGHARAJ, VO THAI WHISKY, SANG THIP), Blended Scotch (*Johnnie Walker Black Label* ist Marktführer) und japanische Blends konsumiert.

MATTINGLY & MORE

Kentucky Straight Bourbon, 40 vol.%, von →*Heaven Hill*.
Ein passabler Alltags-Whiskey, der heute nur noch für den regionalen Markt Kentuckys produziert wird. 1876 gründeten *Ben Mattingly* und *Tom Moore* eine Brennerei unter diesem Namen im Nelson County, Kentucky. Die Marke kam nach der Prohibition zu →*Seagram*, in den 80er Jahren zu →*UD*, die sie 1992 an Heaven Hill abgaben.

Die andere Destillerie, die Moore und Mattingly 1889 als *Tom Moore Distillery* gründeten, ist seit der Prohibition die →*Barton*-Destillerie, aus der wiederum heute eine Marke namens →*Tom Moore* kommt.

MAYERSON & CO.

Londoner Whisky-Handelsgesellschaft. Die Firma wurde 1953 gegründet und gehört zu den wichtigen britischen Whisky-Brokern, d.h., sie erwirbt Whisky noch während seiner Reifezeit, um ihn dann an Blending-Firmen weiterzuverkaufen. Daneben besitzt Mayerson & Co. auch eigene Blends: GLENROB, SCOTTISH ENVOY, STRATH-ROYE.

McCALLUM'S

McCALLUM'S PERFECTION

Blended Scotch von →*UD*.
Ein herausragender Blend auf Cragganmore-Basis, der größtenteils in den Fernen Osten exportiert wird. Die Marke existiert seit 1911.
Die Brüder *Duncan* und *John McCallum* waren bereits Anfang des 19. Jahrhunderts Kneipiers, Wein- und Spirituosenhändler und galten als eine gute Adresse in Edinburgh; sie betrieben mehrere Destillerien, die heute nicht mehr existieren, und waren zeitweise Lizenzträger der Brennereien Benromach und Cragganmore.

McCLELLAND LTD., T. & A.

Blending- und Handelsfirma, die 1818 in Glasgow gegründet wurde und im selben Jahr die Destillerie Bladnoch eröffnete. McClelland wurde zeitweise von *Jimmy Barclay* (→Stodart) geleitet, heute gehört die Firma zu →*Morrison Bowmore* und damit zu →*Suntory*, für die sie den Blend Clan Roy herstellt und eine Reihe von Morrison Malts herausgibt: McClelland's Highland (das ist ein 5jähriger Glen Garioch), McClelland's Islay (5jähriger Bowmore), McClelland's Lowland (5jähriger Auchentoshan).

McCAULEY'S

Canadian Blend von →*Sazerac*.
Eine der vielen Marken, die in Kanada hergestellt, aber nur in den USA abgefüllt und vertrieben werden. Die Destillerie bleibt, wie meist in solchen Fällen, ungenannt.

McCORMICK

Die McCormick-Brennerei in Wetson, Missouri, galt mit dem Gründungsjahr 1856 lange Zeit als eine der ältesten kontinuierlich arbeitenden Destillerien der USA. Seit Mitte der 80er Jahre ist der Betrieb eingestellt, McCormick kauft den Whiskey jetzt in Kentucky ein und füllt ihn unter eigenem Namen ab.
Es gibt einen Straight Bourbon, einen Blended American sowie je einen (importierten) Scotch und Canadian (außerdem auch Gin, Wodka, Brandy, Rum und Tequila).
Weitere McCormick-Marken sind: B.J. Holladay, Platte Valley Straight Corn, Stillbrook.

McDONALD'S SPECIAL BLEND

Blended Scotch von →*C. & J. McDonald*, einer Tochterfirma von →*UD*. Die Marke wird vor allem in der Republik Südafrika verkauft.

McDOWALL

Blended Scotch von *Brodie Crawford & Co.* (→Brodie's).

McDOWELL'S

Indischer Whisky der *UB Group*.
Eine der großen indischen Marken; McDowell's gibt es als No.1, als Travel sowie als Premium; auch der einzige Single Malt Indiens kommt von McDowell (aus einheimischem Malz, Pot-Still-gebrannt und in ehemaligen Bourbonfässern gereift).

McEWAN, JOHN & Co.

Schottischer Hersteller mit Sitz in Leith. 1863 stieg der schottische Bauer *John McEwan* ins Whisky-Geschäft ein und war mit seiner Marke →Abbot's Choice bald sehr erfolgreich. Seine Firma wurde 1933 von der →*DCL* übernommen und gehört heute zu →*UD*; seit 1945 ist McEwan Lizenzträger von →Linkwood; weiterer Blend: Chequer's.

McGAVINS

Blended Scotch
von →*Speyside Distillery*.

McGIBBON'S

Blended Scotch von *Douglas McGibbon & Co.*, einer Tochterfirma von →*D.Laing*.
Es sind zwei Standard-Versionen erhältlich, Premium Reserve und Special Reserve, außerdem drei De Luxe Blends, 12 Years Old, Golf Bag und Golf Club. Alle Abfüllungen werden in Keramikkrügen in Form von Golfutensilien (Bällen, Schlägern, Säcken etc.) angeboten. Sie erfreuen sich großer Beliebtheit bei Sammlern und sind hauptsächlich in Duty-free-Shops zu bekommen.

McGUINNESS

Canadian Blend von →*Corby*, einer Tochterfirma von →*Hiram Walker* (Allied Domecq).
Ein eher einfacher Blend, den es in zwei Versionen gibt: Old Canada und Silk Tassel.

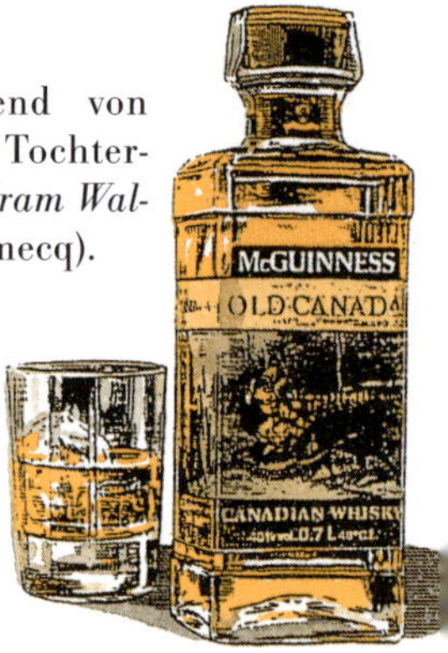

McMASTERS

Canadian Blend von →*Heublein* (IDV/Grand Metropolitan).
Eine der vielen Marken, die in Kanada hergestellt, aber nur in den USA abgefüllt und vertrieben werden. Die Destillerie bleibt, wie meist in solchen Fällen, ungenannt.

MEADOW CREAM

Irischer Whiskey-Sahnelikör;
14.5 vol.%, von →*Pernod Ricard*.

MEAGHERS 1878

Canadian Blend von →*Corby*, einer Tochterfirma von →*Hiram Walker* (Allied Domecq).

MEDLEY
Kentucky Straight Bourbon, der von *Dethleffsen*, Flensburg, für den deutschen Markt herausgebracht wird. Er stammt aus der →HEAVEN HILL DISTILLERY und wird in Deutschland abgefüllt.
Das ist alles, was von dem stolzen Namen übrigblieb. Die Medleys waren seit 1812 im Bourbon-Geschäft und betrieben mehrere Destillerien. In den 50er Jahren hatten sie einigen Erfolg mit der Marke EZRA BROOKS, die heute von →*Sherman* kommt.
Das Unternehmen kam nach mehreren Besitzerwechseln 1995 schließlich zu →*Barton*, die die alte Medley-Destillerie in Owensboro, Kentucky, heute als Lagerhaus nützt.

Einige ehemalige Medley-Marken werden heute von anderen Firmen herausgegeben: →DAVIESS COUNTY, EZRA BROOKS, RITTENHOUSE.

MELDRUM HOUSE
Unter diesem Namen füllt der im Burgund beheimatete *Michel Couvreur* diverse Malt- und Grain Whiskies ab. Die jeweilige Herkunft wird nicht angegeben, auch nicht, ob es sich um Singles oder Vatteds handelt. Trotz dieser Geheimnistuerei und der eher hohen Preise haben *Meldrum House* Whiskies ihre Anhänger, insbesondere unter neugierigen Whisky-Freunden, die gerne abseits der belebten Pfade wandeln.
Old Meldrum ist ein alter Name für die Malt-Brennerei →*Glen Garioch.*

MEN'S CLUB

Indischer Blend von *Polychem.*
Die 1974 eingeführte Marke gibt es als BLACK LABEL und RED LABEL.
Der Hersteller Polychem, Bombay, ist seit 1993 durch ein Joint-venture mit der britischen Firma →*IDV* verbunden und besitzt außerdem die Marken WHITE HOUSE und ROYAL SECRET.

MERLYN
Walisischer Whisky-Sahnelikör von →*The Welsh Whisky Co.*

MICHTER'S →A.H.Hirsch

MIDLETON
Irische Destillerie und Marke von →*IDG* (Pernod Ricard).
1825 in Midleton, County Cork, von den Gebrüdern *Murphy* gegründet. 1867 schlossen sich die Murphys mit vier anderen Brennereien der Gegend zur *Cork Distilleries Company (CDC)* zusammen, die später durch die Marke →*Paddy* berühmt wurde. Nachdem diese CDC 1966 wiederum mit *John Power* (→Power's) und →*Jameson* zur *Irish Distillers Group* (→IDG) fusionierte, entschloß

man sich, alle Brenntätigkeiten in Midleton zu bündeln. Wenige hundert Meter von der alten Brennerei entfernt wurde 1975 die neue Midleton-Destillerie eröffnet. In dieser hochmodernen Schnapsfabrik, die äußerlich eher an ein Kraftwerk als an eine traditionelle Brennerei erinnert, stehen insgesamt neun riesige *Pot* - und *Patent Stills*. Sie produzieren die verschiedenen Whiskey-Sorten, darunter drei Malts, auf denen alle IDG-Marken basieren, die nicht aus *Bushmills* kommen (➔*Irish Whiskey*). Außerdem werden hier Gin und Wodka hergestellt, denn auch in Irland laufen klare Spirituosen besonders bei der jüngeren Generation dem Whiskey den Rang ab.

Die alte Midleton-Destillerie ist heute ein Whiskey-Museum und als solches nahezu identisch mit dem, das IDG in der alten Jameson-Destillerie in Dublin einrichten ließ.

Unter dem Namen MIDLETON VERY RARE gibt die Destillerie seit 1984 einen Super Premium Blend heraus. Er trägt das Jahr der Abfüllung auf dem Etikett und wird nur in gerin-

gen Mengen aufgelegt. Der Blend wird jedes Jahr neu zusammengestellt, und nach bescheidenen Anfängen reift hier langsam eine hochklassige Marke mit zunehmendem Gehalt an *Pot Still* Whiskeys heran (der Preis war von Anfang an unbescheiden).

MIKE COLLINS

Ein ➔*Collins* auf der Basis von Irish Whiskey.

MILLARS SPECIAL RESERVE

Blended Irish Whiskey, Standard, 40 vol.%, von ➔*Cooley*. Anfangs hieß die Marke MILLARS BLACK LABEL, seit sie auch außerhalb Irlands angeboten wird, trägt sie ihren jetzigen Namen, um *Johnnie Walker Black Label* nicht in die Quere zu kommen.

Daneben gibt es noch einen Millars Gold, der wegen seines geringen Alkoholgehalts von 30 vol.% nicht als Whiskey bezeichnet werden darf und deshalb die Bezeichnung *Specially Selected Spirits* trägt.

Auf der Suche nach neuen Marken mit alten Namen stieß die junge Firma Cooley Anfang der 90er Jahre auf *Adam Millar & Co.* Diese Handelsfirma für Wein, Tee und Spirituosen hatte ein Vetter *John Jamesons* 1843 in Dublin gegründet; sie war zeitweise Eigentum von *Peter Barry*, einem Abgeordneten der »Fin Gael« (einer der zwei maßgeblichen politischen Parteien Irlands), und hatte früher auch einen Blended Scotch namens *Glenmillar* im Programm.

MILLBURN

Schottischer Single Malt (Highlands, Inverness) von →*UD*.

Ein weicher Malt mit vollem Körper.

Originalabfüllung:

18 Jahre (dest. 1975), 58.9 vol.% (»Rare Malts Selection«)

Gordon & MacPhail:

Jahrgang 1972, 40 vol.%

Cadenhead:

11 Jahre (dest. 1983), 58.4 vol.%

James MacArthur: 12 Jahre, 43 vol.%

Die Destillerie wurde wahrscheinlich bereits 1807 gegründet, nachweislich war sie 1825 in Betrieb. 1943 kam sie zur →*DCL*, die sie 1985 schloß. Heute beherbergt sie das »*Beefeater Distillery Restaurant*«. Die Bestände sind also beschränkt, der 12jährige Vatted Malt, den der Lizenzinhaber →*Macleay Duff* früher unter dem Namen The Mill Burn herausgab, ist bereits nicht mehr zu finden.

MILLIONAIRE

Eine →*Whiskey-Sour*-Variation: 4 cl Bourbon, 2 cl Zitronensaft, 1 Eiweiß, 1 cl Triple Sec und einige Spritzer Grenadine kräftig auf Eis schütteln.

MILLWOOD WHISKEY CREAM

Irischer Whiskey-Sahnelikör von *Koninklijke Cooymans B.V.*, Tilburg, Holland, 14,5 vol.%, also eine irisch-holländische Koproduktion, bei der die Sahne nicht aus Irland kommt.

MILNER'S BROWN LABEL

Blended Scotch, der von *W.H.Milner* für die Brauerei *Marston, Thompson & Evershed* hergestellt und in deren rund 900 Pubs in England und Wales angeboten wird.

MILORD'S

Blended Scotch, 12 Jahre, De Luxe, von →*Macdonald Martin.*

Die Marke wurde ursprünglich für den venezolanischen Markt kreiert, inzwischen verkauft sie sich vorwiegend in Dänemark.

MILROY'S

Eigentlich heißt diese Londoner Whisky-Handlung »Soho Wine Market«, doch Malt-Liebhaber in aller Welt kennen sie nur unter dem Namen der Brüder *John* und *Wallace Milroy*. John, der den Laden 1964 eröffnete, führt ihn noch heute, während Wallace sich als Autor eines bereits in der 6. Auflage erschienenen »Malt Whisky Almanac« einen Namen machte.

Für die nächste Zukunft sind eigene Single-Malt-Abfüllungen geplant, z.B.Talisker und Glenfarclas

(3 Greek Street, London W1).

MILTONDUFF

Schottischer Single Malt (Speyside, Elgin) von →*G. Ballantine & Son* (Allied Distillers, Allied Domecq).

Ein malziges Mittelgewicht, das besonders für Blends geschätzt wird.

Originalabfüllung:

12 Jahre, 40 vol.%

Cadenhead:

30 Jahre (dest. 1964), 50.9 vol.%

Miltonduff wurde 1824 gegründet und kam 1936 zu →*Hiram Walker* (heute Teil von Allied). In den 70er Jahren wurde in großem Stil erweitert, zeitweise waren hier auch 2 →*Lomond Stills* installiert, in denen ein Malt namens MOSSTOWIE gebrannt wurde.

Heute arbeitet Miltonduff mit 6 *Stills* und bezieht ihr Wasser wahrscheinlich aus dem *Black Burn*; dieser kleine Fluß diente bereits im Mittelalter den Mönchen einer Benediktinerabtei, zumindest zum Bierbrauen. Miltonduff ist ein Basis-Malt der BALLANTINE'S Blends.

(Tel. 01343-54 74 33)

MINT JULEP

Eines der ältesten und populärsten amerikanischen Mixgetränke. Der britische Reisende *John Davis* beschrieb ihn 1803 als »ein spirituosenhaltiges Getränk mit Minze, das in Virginia am Morgen getrunken wird«, und *Webster's Dictionary* von 1806 definiert den Mint Julep als »eine Art flüssige Medizin«.

Früher wurde er mit Pfirsichschnaps zubereitet, der ursprünglichsten amerikanischen Spirituose; seit dem 19. Jahrhundert trinkt man ihn meist auf Bourbon-Basis. Im alten Süden der USA, der Heimat des Mint Juleps, wechselt das Rezept von Familie zu Familie; wesentlich ist die Verbindung von Minze, Zucker und Whiskey. Man sollte darauf achten, daß die Minze wirklich frisch ist.

In einem Becherglas zwei Stück Würfelzucker zerdrücken, einige Minzeblätter dazugeben und leicht quetschen, mit gestoßenem Eis auffüllen

und 4 cl Bourbon dazugießen, gut verrühren und einen Minzezweig dazugeben. Fügt man noch 1 cl Peach Brandy hinzu, hat man einen GEORGIA MINT JULEP.

Mint Julep ist der traditionelle Drink beim Kentucky Derby, das jeden Mai – dem Beginn der Minze-Saison – in Louisville stattfindet.

MITCHELL, J. A.

Schottischer Hersteller in Campbeltown.

Die *Mitchells* betreiben seit 1837 die SPRINGBANK DISTILLERY in Campbeltown, den ältesten und neben *Glenfarclas* letzten unabhängigen Familienbetrieb der schottischen Whisky-Industrie.

Sie sind außerdem Inhaber des renommierten Abfüllers CADENHEAD und der Firma EAGLESOME.

MOFFAT → Glen Flagler, Inver House

MOIDART

Schottischer Vatted Malt, 10, 21, 25 und 30 Jahre, 46 vol.%, von → *Cadenhead.*

Der Name dieses wunderbar ausgewogenen Whiskys bezieht sich auf die kleine Ortschaft an der Westküste Schottlands, in der *Bonnie Prince Charles* aus dem Hause Stuart 1745 an Land ging, um ein letztes Mal für die Unabhängigkeit seines Landes zu kämpfen; und es war auch Moidart, von wo aus er ein Jahr später, nach seiner Niederlage, endgültig ins Exil aufbrach.
(siehe auch *Drambuie*)

The MONARCH

Blended Scotch, 10jähriger Premium, von →*Lambert Bros.*
Während des Ersten Weltkriegs war *The Monarch* ein Favorit in den Messen der Alliierten in Frankreich, heute kommt er hauptsächlich im Fernen Osten auf den Markt.

MONSTER'S CHOICE

Blended Scotch, 40 vol.%, von *Strathnairn Whisky*, einer Tochterfirma von →*Gordon & Macphail.*
Die Marke existiert bereits seit der Jahrhundertwende und ist, wenn schon nicht »Nessie's liebster Drink«, wie das Etikett behauptet, so doch bei den Touristen, die Loch Ness besuchen, sehr willkommen.

MONTROSE WHISKY

Britische Handelsfirma mit Sitz in London, gegründet 1973, deren Marken vor allem nach Asien und Lateinamerika exportiert werden:
Glen Kindie, Great Mac, Old Montrose, Pipe Major.

MOONSHINE

Amerikanische Bezeichnung für Schwarzgebrannten. Ein Moonshiner ist ein Alkoholschmuggler. Wohl wird auch in Schottland und Irland noch heute illegaler Whisk(e)y gebrannt (→Poitín), doch nicht annähernd in dem Maße wie in den USA, wo z.B. allein im Jahre 1969 an die 10 000 illegale Produktionsstätten entdeckt und zerstört wurden. Moonshine ist dort nicht nur deshalb so populär, weil es bis jetzt noch Gegenden gibt, in denen Alkoholverbot herrscht (so z.B. ausgerechnet in dem County, in dem die *Jack Daniel's Distillery* liegt), sondern auch aus prinzipieller Widerborstigkeit der südlichen Landbevölkerung, der hohen Steuern wegen und wohl auch einfach spaßeshalber. In Kentucky bekennt man sich freimütig zum Moonshine, und jeder hat dort irgendeinen Onkel oder Cousin, der den Stoff herstellt. Die Zentren der Schwarzbrennerei liegen im unzugänglichen und dünn besiedelten Grenzgebiet von Kentucky und Virginia. Dem Besucher wird allerdings von Nachforschungen abgeraten, denn jeder Fremde könnte ein Bundesbeamter sein, und die leben hier gefährlich.

Da Moonshine heute in erster Linie für den Hausgebrauch gebrannt wird, ist er meist ziemlich sauber. Vor dem Genuß wird er getestet, indem man etwas davon auf einen Löffel gibt und anzündet: Sauberer Schnaps brennt gleichmäßig mit blauer, »Blindmacher« mit gelber Flamme. Vor sorglosem Umgang mit Feuer in der Nähe von Moonshine sei jedoch gewarnt, denn das Zeug ist ob seines hohen Alkoholgehalts leicht entzündlich.

MOORLAND

Blended Scotch von →*Grierson's.*

MORNING GLORY FIZZ

Eine *Fizz*-Variation auf Scotch-Basis: 4 cl Scotch, 2–3 cl Zitronensaft, 1–2 cl Zuckersirup, 1 Eiweiß, 1 Barlöffel Puderzucker und 1 Dash Pernod werden auf Eis sehr kräftig geschüttelt, in ein Longdrinkglas abgeseiht und mit Soda aufgefüllt.

MORRISON BOWMORE DISTILLERS

Schottischer Hersteller, im Besitz des japanischen Konzerns →*Suntory.*

Das Unternehmen wurde 1951 von *Stanley P. Morrison* gegründet und betreibt die Destillerien AUCHENTOSHAN, BOWMORE und GLEN GARIOCH. Zu Morrison gehören ferner das Blending House →*McClelland* und die Marken CLAN ROY, ISLAY LEGEND, KING'S PRIDE, PREMIER, ROB ROY, SWORDS.

Bevor *Suntory* 1994 die Firma übernahm, hatte die Familie *Morrison* die Mehrheit.

MORTLACH

Schottischer Single Malt (Speyside, Dufftown) von →*UD*.

Ein charaktervoller und komplexer Malt, der besonders in jungen Jahren sehr beeindruckt.

Originalabfüllung: 16 Jahre, 43 vol.% (»Flora & Fauna«-Serie)

Gordon & MacPhail: 15 und 21 Jahre, 40 vol.%; Jahrgänge 1960, 1966, 1984, jeweils 40 vol.%;
außerdem eine Reihe älterer Jahrgänge und – nur noch selten – mit 50 Jahren (dest. 1942) und 40 vol.%

Cadenhead: 8 Jahre (dest. 1987), 62.7 vol.%

James MacArthur: 10 Jahre, 43 vol.%

Adelphi: 11 Jahre (dest. 1984), 59.7 vol.%

Mortlach stammt aus dem Jahre 1824 und ist damit die älteste der sieben Destillerien in Dufftown. Kurze Zeit war sie im Besitz der *Grants*, genauer gesagt der →*Glen Grant-Grants*, die sie allerdings nur ausschlachteten und dann stillegten. Ein paar Jahre gehörte sie einem gewissen *John Gordon*, der den Whisky, bescheiden wie er war,

als *The Real John Gordon* verkaufte. 1854 übernahm dann *George Cowie* den Betrieb; er wurde später Bürgermeister von Dufftown und stellte einen jungen Mann namens →*William Grant* ein. Grant arbeitete 20 Jahre bei Mortlach, bevor er meinte, nun genug vom Geschäft zu verstehen, sich selbständig machte und durch die Gründung von *Glenfiddich* eine der erfolgreichsten Whisky-Dynastien Schottlands begründete. Mortlach selbst wurde 1923 von *John Walker & Sons* übernommen, die die Destillerie weiter unter dem Namen Cowie führten und später über die →*DCL* zu UD kamen.

Mortlach hat 6 *Stills*, das Wasser kommt von den *Conval Hills*.

(Tel. 01340–82 03 18)

MOSSTOWIE

Schottischer Single Malt (Speyside, Elgin) aus der Miltonduff Distillery von →*G. Ballantine & Son* (Allied Distillers, Allied Domecq).

Ein malziger Aperitif-Whisky, der kaum noch zu finden ist.

Gordon & MacPhail: Jahrgänge 1975, 1979, jeweils 40 vol.%

Mosstowie wurde in den →*Lomond Stills* hergestellt, die zwischen 1964 und 1981 bei Miltonduff in Betrieb waren. Er kam damals schon selten in den Handel und ist dementsprechend beliebt bei Sammlern.

MOUNT ROYAL LIGHT

Canadian Blend von →*Seagram*.

MUIRHEAD'S BLUE SEAL

Blended Scotch von *Charles Muirhead & Son*, einer Tochterfirma von →*Macdonald Martin*.

Die Marke existiert seit den 20er Jahren und wird heute auf der ganzen Welt verkauft.

MURDOCH'S PERFECTION

Blended Scotch
von →*Speyside Distillery*.

Als Murdoch's noch *Campbell & Clark* gehörte, war er leichter zu finden als heute, doch die Suche lohnt sich noch immer.

The MURRAYFIELD

Blended Scotch, De Luxe, 10, 12 und 17 Jahre, 43 vol.%, von →*Bennachie*.

Ein neuer, bereits mehrfach ausgezeichneter Blend, der hauptsächlich für den schottischen Markt bestimmt ist.

N & O

I'll buy my own whisky,
I'll make my own stew;
If I get drunk, madam,
It's nothing to you.

Chorus

Rye whisky rye whisky
Rye whisky I cry,
If you don't give me rye whisky
I surely will die.

Amerikanisches Volkslied

NATU NOBILIS

Brasilianischer Blend von →*Seagram.* Früher war dies eine kleine Scotch-Marke, heute wird Natu Nobilis aus brasilianischem Grain und schottischem Malt zusammengestellt und ausschließlich in Lateinamerika verkauft.

NEUSEELAND

Mit den ersten schottischen Siedlern kam Mitte des 19. Jahrhunderts auch der Whisky nach Neuseeland, genauer gesagt, auf die Südinsel, nach Dunedin (gälisch für Edinburgh). Es gab dort ausreichende Torfvorkommen sowie weiches Wasser, und auch der Anbau von Gerste erwies sich als erfolgreich, so daß der Herstellung von Whisky schottischen Stils nichts im Wege stand. Die erste Destillerie wurde von *Howden & Robertson* gegründet. Extrem hohe Besteuerung führte jedoch ab 1875 zum Niedergang der kommerziellen Whiskyproduktion, so daß man seither auf Importware und Schwarzgebrannten angewiesen war; letzterer wurde besonders unter dem Namen *Hokonui* populär. Erst 1968 wagte sich die Firma →*Wilson* wieder ins Geschäft, sie wurde 1981 von →*Seagram* übernommen und hat heute zwei erfolgreiche Marken: einen Malt namens LAMMERLAW und den Blend WILSON'S. Neuseeländische Whiskies werden zunehmend auch nach Australien exportiert, seit die dortige Whisky-Industrie ihren Geist aufgab.

NEW YORKER

Eine →*Whiskey-Sour*-Variation: 4 cl Bourbon, der Saft einer viertel bis halben Limone und einige Spritzer Grenadine werden auf Eis im Tumbler verrührt.

NICHOLS

American Blend, 43 vol.%, auf Wild-Turkey-Basis von →*Austin Nicols* (Pernod Ricard).

NIKKA
Japanischer Hersteller mit Sitz in Yoichi, Hokkaido.
Nikka ist mit einem Marktanteil von knapp 20% nach →*Suntory* der zweitgrößte Whisky-Produzent Japans.
Das Unternehmen betreibt zwei Malt- und eine Grain-Brennerei, deren Produkte in einem eigenen Lagerhaus- und Blending-Komplex verarbeitet werden (seit 1989 besitzt die Firma außerdem die schottische →BEN NEVIS Distillery).
Nikka wurde 1952 von *Masataka Taketsuru* gegründet, der in den 20er Jahren in Schottland Chemie studiert und nebenbei auch in einer Destillerie gearbeitet hatte. Zurück in Japan, begann er bei Suntory als Brennmeister und machte sich 1934

als Apfelsaftproduzent selbständig, experimentierte aber auch weiterhin mit verschiedenen Möglichkeiten der Whisky-Herstellung. Seine erste Marke kam 1940 heraus, doch erst in den 60er Jahren stieg Taketsuru groß ins Geschäft ein (→Japanischer Whisky).

Heute ist Nikka ein Tochterunternehmen von *Asahi Brewing*, einem der drei großen Bierbrauer des Landes, und gibt folgende Marken heraus:

All Malt, Corn base, From the Barrel, Gold & Gold, Grand Age, Hi, Nikka Hokkaido, Pure Malt, Rye Base, Super Nikka, Super Session, The Blend, Tsuru.

NIKKA HOKKAIDO

Japanischer Vatted Malt, 12 Jahre, von →*Nikka*, seit 1984 auf dem Markt.

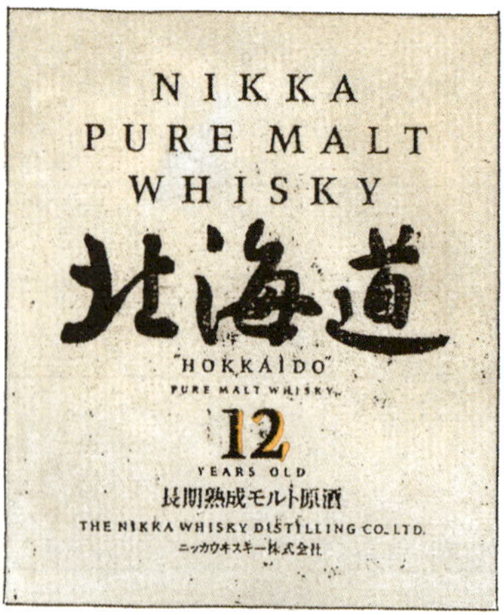

NOAH'S MILL

Kentucky Straight Bourbon, 15 Jahre, 57.1 vol.%, von →*Kentucky Bourbon Distillers*.

NORTH BRITISH

Schottische Grain-Brennerei in Edinburgh im Besitz von *Lothian Distillers*, einem Konsortium der Firmen →*IDV* und →*Robertson & Baxter*.
Die Destillerie wurde 1886 von →*A. Usher* und anderen Blending-Firmen gegründet und war lange Zeit der einzige unabhängige Grain-Lieferant Schottlands. Seit 1993 wird sie von den heutigen Besitzern kontrolliert, die u.a. auch die Firma →*Seagram* mit Grain versorgen.
North British Grain wird normalerweise nicht als Single abgefüllt, doch derzeit gibt es zwei 16jährige Abfüllungen von **Signatory:** einen im Sherryfaß gelagerten von 1979 mit 43 vol.% und einen von 1964 mit 46 vol.%.

NORTHERN LIGHT

Canadian Blend von →*Barton* (Canandaigua).
Die in Kentucky beheimatete Firma Barton importiert diesen Whisky en gros und füllt ihn für den US-Markt ab.

NORTHERN SCOT

Blended Scotch von →*Invergordon* (Whyte & Mackay, American Brands).

NORTH PORT (BRECHIN)

Schottischer Single Malt (Eastern Highlands) von →*UD*.
Ein leichter, etwas scharfer Whisky, der durch die niedrige Plazierung auf der Bewertungsskala der Whisky-Autorität *Michael Jackson* nicht gera-

de an Beliebtheit gewonnen hat; das sollte jedoch niemanden davon abhalten, sich einmal mit den Cadenhead-Abfüllungen zu beschäftigen.

Originalabfüllug:
»Rare Malts Selection«
Gordon & MacPhail:
Jahrgänge 1970, 1974, jeweils 40 vol.%
Cadenhead:
18 Jahre (dest. 1976), 61.4 vol.%

Die Destillerie, die auch Brechin hieß, wurde 1820 gegründet. 1922 kam sie zur →*DCL*, die sie 1983 abreißen ließ. North Port war früher Bestandteil eines Vatted Malt namens *Glen Dew*.

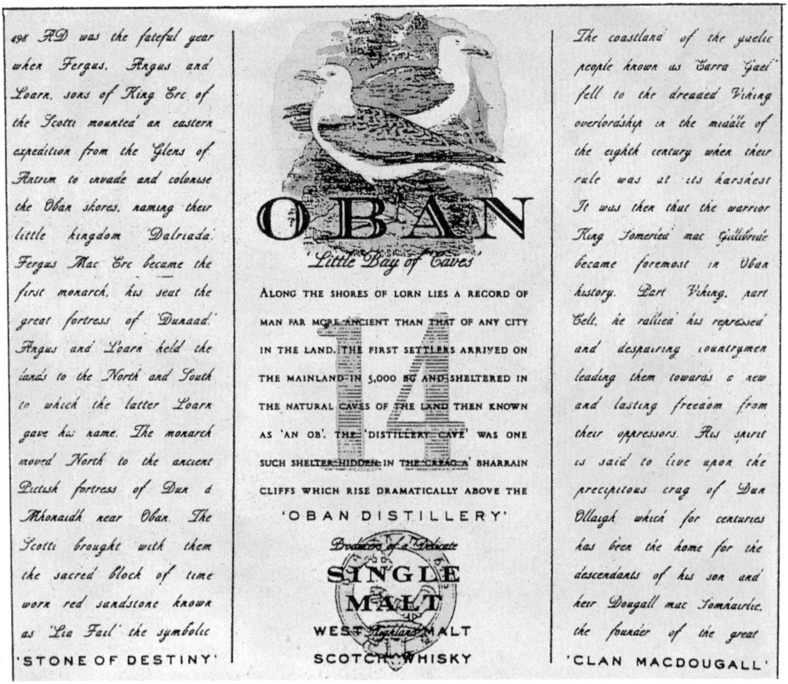

OBAN

Schottischer Single Malt (Western Highlands) von →*UD*.

Ein weicher Malt mit rauchigem Charme und einer herrlichen Balance.

Originalabfüllung:

14 Jahre, 43 vol.% (aus der Reihe »Classic Malts«); mit etwas Glück findet man auch noch den 12jährigen in der allseits beliebten Karaffenflasche (40 vol.%).

Die Brennerei wurde wahrscheinlich schon 1794 gegründet, 1923 kam sie zu →*Dewar* und so zum heutigen Besitzer. Sie hat 2 *Stills*, das Wasser stammt aus dem *Loch a' Bhearraidh*.

Lizenzinhaber ist die Firma *John Hopkins & Co.*, die Oban in ihre Blends einfließen läßt (→*Glen Garry*).

(Tel.01631–56 21 10)

OCEAN

Japanischer Blend von →*Sanraku Ocean*.

O'DARBY

Irischer Whiskey-Sahnelikör, 17 vol.%, von ➔*IDV/Grand Metropolitan.*

ODDBINS

Die britische Weinhandelskette Oddbins bietet in ihren Läden eine ganze Reihe günstiger Single-Malt-Jahrgangsabfüllungen an, deren Herkunft sie allerdings nicht verrät. Zur Zeit gibt es einen »Single Lowland« von 1985, einen »Single Highland« (dest. 1984), einen »Single Islay« (dest. 1984), einen »Single Island« (dest. 1978) und zwei »Single Speyside« (dest. 1973, 1984).

Oddbins gehört dem Spirituosengiganten ➔*Seagram.*

OLD 1889

Kentucky Straight Bourbon, 4 Jahre, 40 vol.% von ➔*Heaven Hill.*

OLD ANGUS

Blended Scotch von *R.H.Thomson*, einer Tochterfirma von ➔*UD.*

Eine sehr alte Marke, wahrscheinlich auf Basis von Teaninich, heute hauptsächlich auf außereuropäischen Märkten vertreten.

OLD ARGYLL

Blended Scotch, Premium, von ➔*Burn Stewart.*

OLD BARDSTOWN

Kentucky Straight Bourbon, 6 Jahre, 40 vol.%, und 10 Jahre, 50.5 vol.%, von ➔*Kentucky Bourbon Distillers.*

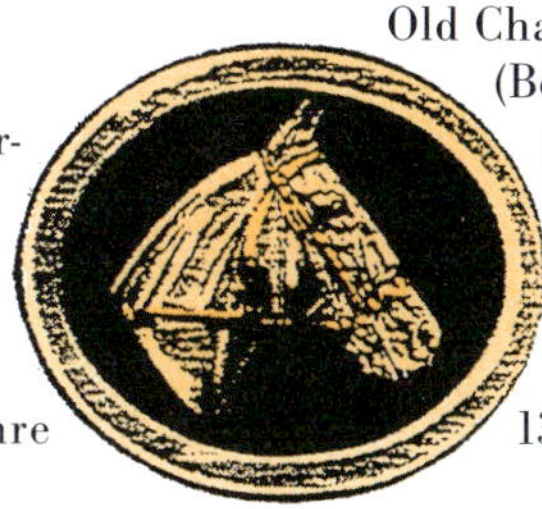

Eine bis in die 50er Jahre sehr bekannte Marke, damals aus dem Hause *Willet.* Ein Nachkomme dieser Familie füllt den Whiskey auch heute ab, gebrannt wird er allerdings von ➔*Heaven Hill.*

OLD CHARTER

Kentucky Straight Bourbon aus der Bernheim Distillery von ➔*UD.*

Ein robuster Whiskey, der mit zunehmendem Alter eine geradezu üppige Fülle erreicht.

Old Charter gibt es mit 50 vol.% (Bottled in Bond), als 8jährigen mit 40 vol.%, als 10jährigen mit 43 vol.% sowie als The Classic 90, 12 Jahre, 45 vol.%, und Propietor's Reserve, 13 Jahre, 45 vol.%.

Die Marke tauchte erstmals 1874 auf, seit dem Ende der Prohibition kommt sie aus der Destillerie *Bernheim*. In Deutschland ist sie leider nicht zu haben.

OLD COMBER

Irischer Pure Pot Still Whiskey aus der Old Comber Distillery in Belfast.

Nur wenige Flaschen dieser Marke sind heute noch in Umlauf; sie werden von der nordirischen Weinhandelsfirma *James E. McCabe* angeboten, die 1970 die Restbestände der 1953 geschlossenen Destillerie aufkaufte. Leider entschloß sie sich

erst Anfang der 80er Jahre, den Whiskey abzufüllen, der nun zwar die eindrucksvolle Aufschrift »mindestens 30 Jahre alt« vorweisen kann, dadurch aber nur als Beispiel für einen Whiskey dient, der zu lange im Holz war – ein reines Sammlerstück.

OLD COURT

Blended Scotch von *A.Gillies*, einer Firma, die früher zu *Gibson International* gehörte. Gibson ging 1994 bankrott, die Konkursmasse wurde von →*Glen Catrine* übernommen, die nun also auch diese Marke besitzen, sie aber derzeit nicht herausbringen. Ein Basis-Malt war Glen Scotia.

OLD CROW

Kentucky Straight Bourbon von →*Jim Beam Brands* (American Brands).

Ein typischer Alltags-Bourbon der alten Schule, d.h. süß, aber nicht zu mild und daher sehr gut zum Mixen geeignet. In den Schwarzen-Ghettos der USA kannte man die Marke früher auch als »Dirty Bird«.

Außer der Standardversion mit 40 vol.% gibt es auch einen mit 50 vol.%, Bottled in Bond.

Old Crow ist eine der ältesten Whiskey-Marken der Vereinigten Staaten. Ihr Schöpfer war der schottische Emigrant *Dr. James*

Crow, ein Chemiker, der die →*Sour-Mash*-Methode zwar nicht erfand, sie aber mit wissenschaftlichen Methoden perfektionierte; er arbeitete in der *Old Oscar Pepper Distillery* (→James E. Pepper) und führte heute allgegenwärtige Instrumente wie Saccharo- und Thermometer ins US-Brennwesen ein, um den gesamten Gärvorgang unter Kontrolle zu

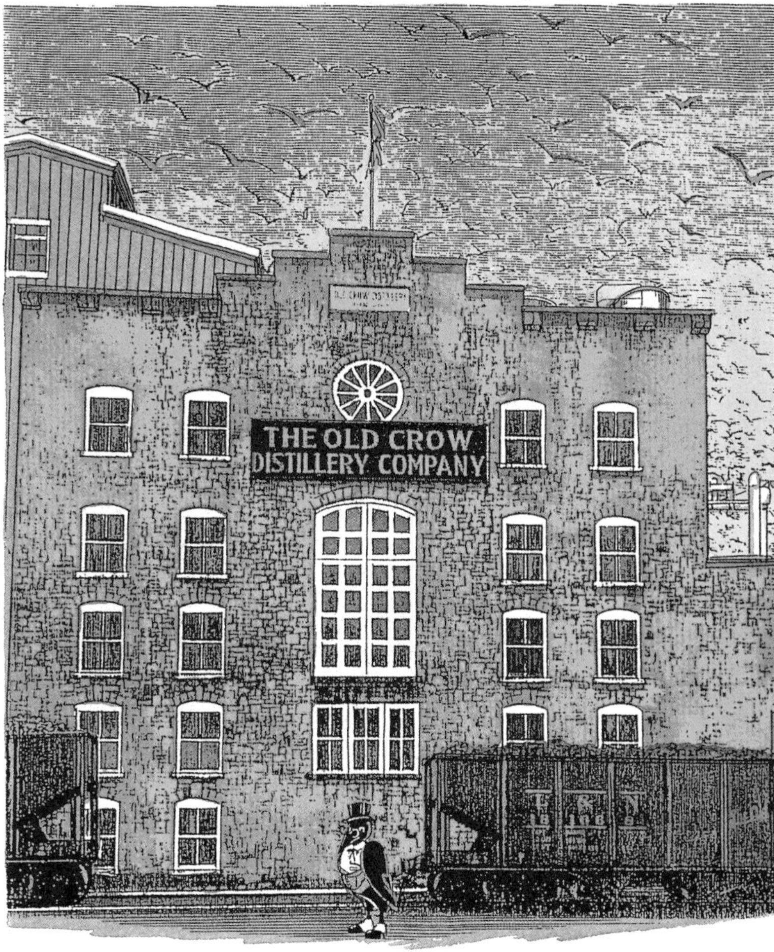

bringen. 1872 wurde in Frankfort, Kentucky, eine *Old Crow Distillery* eröffnet, deren Bourbon im 19. Jahrhundert als einer der besten galt und seine Popularität bis in die 50er Jahre unseres Jahrhunderts halten konnte. Anfang der 60er Jahre begann der Sinkflug der »Alten Krähe«, und die Brennerei wurde 1987 von American Brands, dem neuen Besitzer, geschlossen. Old Crow kommt seither aus dem Hause Beam.

OLD CURLERS
Blended Scotch von *Donald Hart & Co.* (→Hart's).

OLD DECANTER
Blended Scotch, 12 Jahre, De Luxe, von →*Cockburn's of Leith.*

OLD DISPENSARY
Kentucky Straight Corn, 50 vol.%, von →*Barton* (Canandaigua).
Der Name sagt alles: Ein *dispensary* ist eine Apotheke für Wohlfahrtsempfänger. Der Whiskey ist nur in den Südstaaten zu finden.

OLD DISTILLER
Kentucky Straight Bourbon von →*Kentucky Bourbon Distillers.*

OLD DUBLIN
Blended Irish Whiskey, 40 vol.%, aus der MIDLETON DISTILLERY von →*IDG* (Pernod Ricard).

Eine kleine Marke der unteren Preiskategorie.

OLD EIGHT
Brasilianischer Blended Whisky von →*IDV/Grand Metropolitan.*

OLD ELGIN
Schottischer Vatted Malt von *Gordon & MacPhail.*
Dieser Whisky besteht ausschließlich aus Speyside Malts und wird mit 8, 15 und 21 Jahren sowie in den Jahrgängen 1938, 1939, 1940, 1947 und 1949 angeboten.

OLD EZRA →Ezra Brooks

OLD FASHIONED
Ein wunderbarer Cocktail, der angeblich erstmals in Louisville, Kentucky, zubereitet und 1870 von →*James E. Pepper* in New York City populär

gemacht wurde. In einem Tumbler einen mit Angostura getränkten Zuckerwürfel, ein Orangen- und ein Zitronenviertel mit einem Stößel zerdrücken, mit 5 cl Rye oder Bourbon vermischen, Eis dazugeben und mit Soda oder Leitungswasser aufgießen.

OLD FETTERCAIRN

Schottischer Single Malt (Eastern Highlands) aus der Fettercairn Distillery von →*Whyte & Mackay* (American Brands).

Ein leichter, gut ausbalancierter Malt, dessen eigentümliches Aroma schon manchen Tester an nasse Erde erinnert hat.

Originalabfüllung:
10 Jahre, 40 und 43 vol.%

Cadenhead:
13 Jahre (dest. 1980), 46 vol.%

Signatory:
14 Jahre (dest. 1980), 43 vol.%

Fettercairn wurde 1824 eröffnet und ist seit den 80er Jahren bei Whyte & Mackay. Die Destillerie hat 4 *Stills*, bezieht ihr Wasser aus den nahegelegenen *Cairngorm*-Bergen und lagert in Bourbon- und Sherryfässern.
(Tel. 01561–34 02 44)

OLD FITZGERALD

Kentucky Straight Bourbon aus der Stitzel-Weller Distillery von →*UD*. Ein sehr kultivierter Whiskey, maskulin und luxuriös; derzeit gibt es drei Versionen:

Old Fitzgerald Prime Bourbon, 40 und 43 vol.%; Old Fitzgerald's 1849, 8 Jahre, 45 vol.%; Very Special Old Fitzgerald, 12 Jahre, 45 vol.%.

Sein vornehmes Image hat dieser Bourbon vom ersten Tag an, denn *John E. Fitzgerald*, der 1870 eine Brennerei in Frankfort, Kentucky, eröffnet hatte, belieferte anfangs nur Privatclubs und die großen Schifffahrtslinien, deren Raddampfer den Mississippi und Ohio River befuhren. Erst ab 1889 wurde die Marke einem breiteren Publikum zugänglich gemacht, ab 1904 war sie auch in Europa erfolgreich. Die Fitzgerald-Destillerie war die erste Brennerei, die regelmäßig Weizen statt Roggen verwendete, und sie gehörte zu den letzten, die ihren Whiskey nur in *Pot Stills* brannten (wie sie noch heute auf dem Etikett zu sehen sind).

Seit dem Ende der Prohibition wird Old Fitzgerald in der Stitzel-Weller-Destillerie hergestellt, nach wie vor mit Weizen statt Roggen (siehe auch Old Rip Van Winkle).

OLD FORESTER

Kentucky Straight Bourbon aus der Early Times Distillery von →*Brown-Forman*.

Der große, alte Name in Kentucky und immer noch ein hervorragender Whisky (schottische Schreibweise) der alten Schule; sehr beliebt in Louisville und bei *Raymond Chandler*, in Europa aber so gut wie nicht zu finden.

Old Forester gibt es mit 43 vol.% und 50 vol.% (Bottled in Bond); beide zeichnen sich durch einen relativ hohen Roggen-Anteil aus (18%). Old Forester ist dementsprechend herb im Vergleich zu den neumodischeren, roggenarmen Bourbons, deren Maislastigkeit sie für manchen Gaumen allzu ausgeglichen macht.

Mit dem Entstehungsjahr 1872 ist

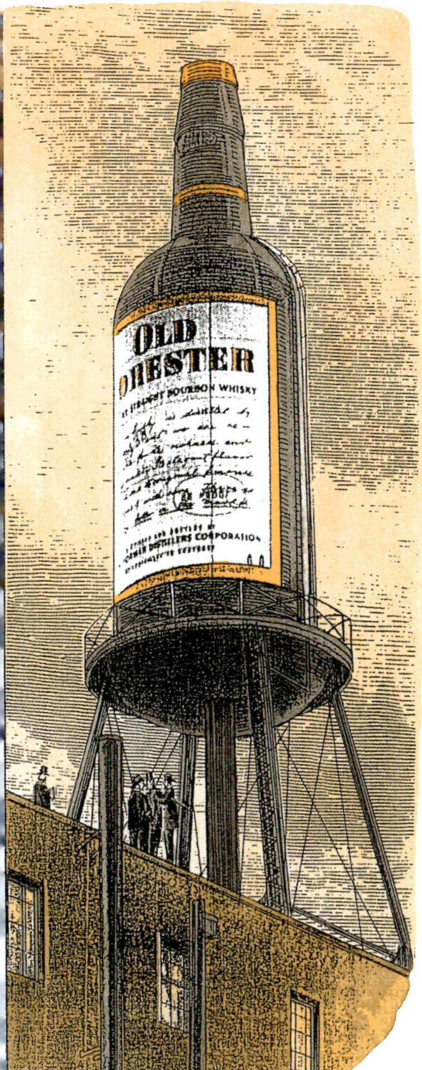

Old Forester die älteste Marke aus dem Hause Brown-Forman, und der erste Bourbon überhaupt, der als Originalabfüllung (also vom Hersteller selbst abgefüllt) verkauft wurde. Das konnte in Zeiten, in denen mangels gesetzlicher Vorschriften jegliche Art von Verschneiden und Panschen an der Tagesordnung war, gewiß als Qualitätsgarantie gelten.

OLD FOX

Blended Scotch
von *Donald Hart & Co.* (→Hart's).

OLD GLASGOW

Blended Scotch
von *D.Hart & Co.* (→Hart's).

OLD GLOMORE

Blended Scotch von *James Williams Ltd.*, einer kleinen Firma in Wales, die seit 1830 ihre eigene Marke herstellt und abfüllt – allerdings nur für den regionalen Markt in Pembrokeshire.

OLD GRAND-DAD

Kentucky Straight Bourbon
von →*Jim Beam Brands*
(American Brands).

Ein charaktervoller Bourbon alten Stils, kräftig und würzig. Der große *Fats Waller* hat einen Song über diesen Whiskey geschrieben, in dem es heißt: »Who's the one that I adore, though he beats me to the floor – Old Grand-Dad.«

Die Standardversion hat 43 vol.%, ebenso die SPECIAL RESERVE; daneben gibt es einen Bottled in Bond mit

50 vol.% und einen wuchtigen 114 Barrel Proof mit 57 vol.%.

Der »Alte Großvater«, nach dem dieser Bourbon benannt ist, hieß *Basil Hayden* und brannte schon im 18. Jahrhundert Whiskey im Marion County, Kentucky. Seine Nachkommen erbauten 1882 die *R.B.Hayden & Co. Distillery*, aus der erstmals ein Bourbon unter dem Namen Old Grand-Dad kam.

Heute wird die Marke von *Jim Beam* hergestellt und zwar nach einer Formel, die, ebenso wie die verwendete Hefekultur, noch aus der Zeit vor der Prohibition stammen soll.

Das Rezept enthält vergleichsweise viel Roggen und entspricht in etwa demjenigen, nach dem auch die Marke Basil Hayden hergestellt wird.

OLD HIGHLAND BLEND

Blended Scotch von →*Eldridge, Pope & Co.*, einer der größten Brauereien Dorsets (gegründet 1833). Die Marke ist seit 1908 auf dem Markt, die (reichlich) verwendeten Malts stehen auf dem Label: Glen Grant, Glenrothes, Glenfarclas, Glenfiddich (siehe auch Chairman's).

OLD INVERNESS

Blended Scotch von *J.G.Thomson*, einer Tochterfirma des britischen Brauereikonzerns *Bass Charrington.* Die Marke wird seit 1961 verkauft, vorwiegend in Schottland.

OLD KEG

Blended Scotch
von *Donald Hart & Co.* (→Hart's).

OLD KENTUCKY RIFLE

Kentucky Straight Bourbon, 40 vol.%. Der Whiskey wird von →*Heaven Hill* gebrannt und kommt im Tank nach Bremen, wo ihn die Firma *Eggers & Franke* für den deutschen Markt abfüllt.

OLD MATURED

Blended Scotch von *D. Crawford & Sons*, einer Tochterfirma von →*UD.* Old Matured wird gerne in Griechenland getrunken, einem der aufstrebenden neuen Scotch-Märkte.

OLD MONTROSE

Blended Scotch, De Luxe und Vatted Malt von →*Montrose Whisky*, hauptsächlich für den Export.

OLDMOOR

Blended Scotch
von →*Wm Grant & Sons.*

OLD MULL

Blended Scotch von →*Whyte & Mackay* (American Brands).

Die Marke wurde 1880 von *John Hopkins* (→*Glen Garry*) herausgebracht. Als Hopkins' späterer Besitzer UD 1985 die Firma *Arthur Bell* (→Bell's) übernahm, mußte er aus kartellrechtlichen Gründen einige Marken abgeben. Dazu gehörte auch Old Mull, der seither bei Whyte & Mackay ist. Einer der Basis-Malts ist wahrscheinlich OBAN.

OLD ORKNEY

Blended Scotch, Premium, 8 Jahre, 40 vol.%, von →*Gordon & MacPhail*. Im schottischen Volksmund ist dieser Whisky auch als *Double O* bekannt.

OLD OVERHOLT

Straight Rye, 43 vol.%, von →*Jim Beam Brands* (American Brands).

Der ausgewogenste unter den wenigen Ryes, die heute noch gebrannt werden: herb, würzig und sehr süffig; außerdem der einzige, der in Deutschland im Handel ist.

Der Farmer *Abraham Overholt* brannte seinen Whiskey erstmals um 1810 in Pennsylvania, der Heimat der berühmtesten Ryes des 19. Jahrhunderts. Inzwischen wird Old Overholt in einer der Beam-Destillerien in Kentucky hergestellt, die Getreidemischung enthält 59% Roggen.

Mit viel Glück findet man noch einen OLD OVERHOLT 1810, eine in Pennsylvania destillierte Abfüllung mit 46.5 vol.%.

OLD PARR

Blended Scotch, De Luxe, von →*Macdonald Greenlees* (UD).

Ein sehr kunstvoller Blend und einer der meistverkauften De Luxe Scotches.

Old Parr wurde 1871 kreiert und nach anfänglichem Erfolg in London zur Exportmarke degradiert. Heute ist er besonders in Japan erfolgreich. Außer dem regulären 12jährigen gibt es noch einen OLD PARR SUPERIOR, einen OLD PARR 500, einen OLD PARR TRIBUTE (im Dekanter) und einen OLD PARR ELIZABETHAN.

Einer der Basis-Malts ist CRAGGANMORE.

OLD PULTENEY

Schottischer Single Malt (Northern Highlands) von →*Inver House.*

Ein frischer, leicht salziger Aperitif-Whisky – der oft gehörte Beiname »Manzanilla des Nordens« hat also durchaus einige Berechtigung.

Gordon & MacPhail: 8 und 15 Jahre, 40 vol.%; Jahrgang 1961, 40 vol.%

Die Destillerie liegt an der Nordspitze Schottlands und wurde 1826 gegründet; zeitweise gehörte sie der Firma →*Dewar*, 1955 kam sie zu →*Hiram Walker* und damit später zu *Allied Distillers*, die sie von →*J.&G. Stodart* betreiben ließen. Der Großteil dieses Malts ging in die *Ballantine* Blends und wurde daher nie offiziell abgefüllt. Das soll sich nun ändern, denn Inver House, das die Destillerie 1995 erwarb, plant angeblich eine Originalabfüllung.

Pulteney hat 2 *Stills*, das Wasser kommt aus dem *Loch of Hempriggs.*

(Tel. 01955–60 23 71)

OLD RIP VAN WINKLE

Kentucky Straight Bourbon aus der Stitzel-Weller Distillery, im Vertrieb von *Van Winkle.*

Ein sehr kultivierter und charaktervoller Whiskey, der nur in kleiner Auflage in folgenden Versionen abgefüllt wird: 10 Jahre, 45 vol.%; 12 Jahre, 45 vol.%; 15 Jahre, 53.5 vol.%; der 20jährige heißt →Pappy Van Winkle.

Julian »Pappy« Van Winkle (1874-1965) begann 1893 als Verkäufer für die Whiskeyhandlung *Weller.* Er gilt als eine der auffälligsten Gestalten in der Geschichte des Bourbon. Auf jeden Fall war er geschickt genug, um Schwarzbrennern seinen Whiskey zu verkaufen, damit sie ihr eigenes Gebräu verbessern konnten und um später selbst die Firma Weller zu übernehmen; einige Jahre darauf gehörte ihm auch die *John E. Fitzgerald Distillery* (→Old Fitzgerald). Nach der Prohibition tat er sich mit der Brennerfamilie *Stitzel* aus Louisville zusammen, wodurch die Firma *Stitzel-Weller* entstand.

Die gehört inzwischen zu *UD*, brennt

aber neben ihren eigenen Marken auch heute noch Bourbon nach dem alten Familienrezept der Van Winkles. »Pappys« Enkel *Julian Van Winkle III* wacht persönlich darüber, daß nur die besten Whiskeys in seine Flaschen gelangen. Zumindest in einem Fall sind seine Abfüllungen identisch mit den Stitzel-Weller-Marken:
Der 12jährige Old Rip Van Winkle ist ein anderes Label für deren Very Special Old Fitzgerald. (siehe auch DAVID NICHOLSON, W.A.HIRSCH).

OLD ROSDHU

Schottischer Single Malt (Southern Highlands) aus der LOCH LOMOND DISTILLERY von ➔*Glen Catrine Bonded Warehouse*.
Ein leichter, malziger Whisky für jede Gelegenheit.
Originalabfüllung: 5 Jahre, 40 vol.%
Cadenhead: als ROSDHU
9 Jahre (dest. 1985), 60.5 vol.%;
10 Jahre (dest. 1985), 59.5 vol.%
Old Rosdhu kam früher nur als Vatted Malt auf den Markt, er ist erst seit kurzem als Single zu haben und auch das nicht gerade häufig. Er stammt aus derselben Brennerei wie ➔INCHMURRIN, ist jedoch etwas kräftiger als dieser. Das liegt daran, daß

der Mittellauf des zweiten Destillats für Old Rosdhu zu einem anderen Zeitpunkt abgetrennt wird als der für Inchmurrin (➔*Malt Whisky*, Einzelheiten über die Destillerie, siehe *Inchmurrin*).

OLD ROYAL

Blended Scotch, 21jähriger De Luxe, von ➔*Burn Stewart*.

OLD SMUGGLER

Blended Scotch von ➔*J.&G.Stodart* (Allied Distillers, Allied Domecq).
Eine alte Marke, die sich (ihrem Namen entsprechend) in den USA bereits während der Prohibition besonderer Wertschätzung erfreute (➔*Stodart*) und dort auch heute noch zu den meistverkauften Scotches gehört.

OLD SPENCER
Blended Scotch
von *Eaglesome* (J.A. Mitchell).

OLD ST. ANDREWS
Blended Scotch
von *Old St.Andrews Ltd.*, Kent.
Die Marke wurde 1970 für den Exportmarkt kreiert; ihre Aufmachung – 2,25-l-Flasche in Miniatur-Leder-Golfsack auf Miniatur-Trolley und mit Whisky gefüllte Golfbälle – verhalf ihr zu einem durchschlagenden Erfolg im Golf-verrückten Japan.

OLD TAYLOR
Kentucky Straight Bourbon
von →*Jim Beam Brands* (American Brands).
Ein milder Bourbon, 6 Jahre alt, mit 43 vol.% und 50 vol.% (Bottled in Bond).
Colonel Edmund H. Taylor Junior (1832–1922) gilt als einer der Pioniere der amerikanischen Whiskey-Industrie. Er war zeitlebens um die Qualität des Bourbons bemüht und maßgeblich an der Entstehung des →*Bottled-in-Bond*-Acts beteiligt, der erstmals eine Art Qualitätsgarantie für Whiskey möglich machte.
Ursprünglich Bankier in Versailles, Kentucky, erlernte Taylor die Kunst des Destillierens in der *Old Oscar Pepper Distillery* (→James E.Pepper) und brachte 1887 seinen ersten Old Taylor Bourbon heraus.
Heute wird die Marke in einer der Brennereien von *Beam* hergestellt, Taylors alte Destillerie dient nur noch als Lagerhaus.

OLD THOMSON
Blended American
von →*Barton* (Canandaigua).

OLD WELLER →W.L.Weller

OLD WILLIAMSBURG No. 20
Kentucky Straight Bourbon, 3 Jahre, 50,5 vol.%.
Ein mittelschwerer Alltags-Bourbon und wohl der einzig →koschere auf dem US-Markt.
Er wird seit 1994 von der *Royal Wine Corporation* in Williamsburg, Brooklyn, N.Y.C., herausgebracht.

ÒRAN MÓR
Schottischer Whisky-Kräuterlikör auf der Basis von 12jährigem Malt, 40 vol.%, von *The Famous Glen Malt Whisky Co.*, Edinburgh.

P & Q

Roger erklärte, schottischer Whisky sei ein Greuel
für den Magen und für jede Stimmung der Tod,
denn woher stamme er?
Aus dem Lande des ewigen Nebels
und des theologischen Ungeziefers;
wer dort trinke, wünsche so rasch wie möglich zu vergessen.
In Amerika scheine die Sonne,
eine neue Generation mit hellen Herzen sei unterwegs,
und die einheimischen Getränke seien eine wahre Gabe der Natur.

Upton Sinclair »Alkohol«

PADDY

Blended Irish Whiskey, Standard, 40 vol.%, aus der MIDLETON DISTILLERY von →*IDG* (Pernod Ricard).
Ein leichter und einfacher Whiskey, der sich in Irland schon lange großer Beliebtheit erfreut. Ursprünglich kam die Marke unter dem etwas trockenen Namen »Cork Distilleries Co. Whiskey« auf den Markt; in den 30er Jahren wurde er nach *Paddy O'Flaherty* benannt, dem erfolgreichsten Handelsvertreter der 1867 gegründeten Firma. Er war durch seine Großzügigkeit so beliebt geworden, daß die Marke bald nur noch als »Paddy O'Flaherty's Whiskey« bestellt wurde. (Paddy ist eine Koseform für Patrick und daher auch eine liebevolle Bezeichnung für den Iren an sich).
Paddy ist derzeit der Irish Whiskey Nr. 3 in Deutschland.

PALMER

Eine →*Whiskey-Sour*-Variation:
5 cl Bourbon auf Eis mit einem Spritzer Zitronensaft und einem Spritzer Angostura verrühren.

PAPPY VAN WINKLE'S FAMILY RESERVE

Kentucky Straight Bourbon, 20 Jahre, 45,2 vol.%, aus der STITZEL-WELLER DISTILLERY von →*UD*.
Eine sehr überzeugende und sehr rare Version von →OLD RIP VAN WINKLE. Die wenigsten Bourbons vertragen ein so hohes Alter, diesem hier ist es ausgezeichnet bekommen.

PARKER'S

Blended Scotch von →*Angus Dundee*.

PASSPORT

Blended Scotch von →*Seagram*.
In Schottland ist die Marke so gut wie unbekannt, weltweit gehört sie zu den zehn meistverkauften Blended Scotches.
Passport ist ein →Light Whisky, der seit 1968 produziert wird. Die Basis-Malts sind GLENLIVET, GLEN GRANT, LONGMORN, CAPERDONICH, die wichtigsten Märkte Südeuropa, Lateinamerika, die USA und Korea.

PATENT STILL

Auch COFFEY STILL oder CONTINUOUS STILL. Destillationsapparat, der zur Herstellung von Grain- und Straight Whisk(e)y verwendet wird.

Patent Stills bestehen normalerweise aus zwei hohen, miteinander verbundenen Kupfersäulen, in denen die Getreidemaische durch gegenläufig eingeführten Wasserdampf destilliert wird. Eine ganze Reihe von Trennböden und Ventilen im Inneren der Stills sorgt dafür, daß nach relativ kurzer Zeit sehr sauberer und hochprozentiger Alkohol aufgefangen werden kann *(Rektifikation)*. Dieser Vorgang wird kontinuierliche Destillation genannt, weil das gewünschte Ergebnis in nur einem Arbeitsgang erzielt wird (im Gegensatz zur zweifachen Destillation in der →*Pot Still*).

Obwohl auch in den USA mit Patent Stills gearbeitet wird, ist der dortige Whiskey nicht mit dem nahezu neutralen Grain Whisk(e)y Schottlands, Irlands und Kanadas zu vergleichen: In Kentucky und Tennessee wird zweifach destilliert, und nur die erste Destillation findet in einer derartigen Still statt. Diese besteht nur aus einer einzigen Kupfersäule, und man kann daher durchaus behaupten, die Übereinstimmungen zwischen schottischen und amerikanischen Patent Stills seien eher formaler als inhaltlicher Natur (Einzelheiten unter dem Stichwort *Bourbon*).

Die Patent Still wurde um 1830 in Schottland von *Aeneas Coffey* erfunden und von *Robert Stein* weiterentwickelt. Diese Erfindung ermöglichte erst die Herstellung von →*Blended Whisky* und damit die weltweite Popularität, die Whisk(e)y heute genießt.

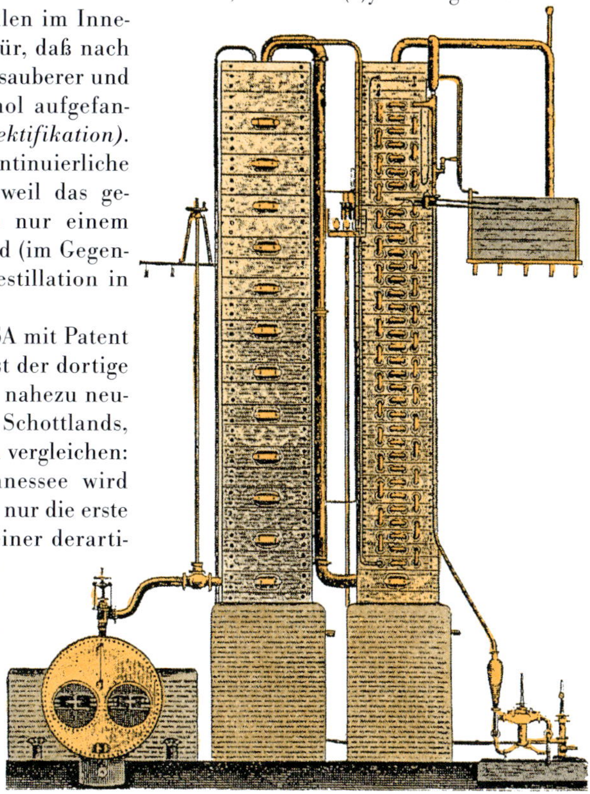

PAUL JONES
Blended American von →*Heaven Hill.*

PENNYPACKER
Kentucky Straight Bourbon aus der HEAVEN HILL DISTILLERY.

Der Whiskey wird von der Firma *Borco*, Hamburg, en gros importiert und in Deutschland abgefüllt.

PERNOD RICARD
Als einer der weltgrößten Spirituosenkonzerne mischt der französische Pastis-Hersteller selbstverständlich auch im Whisk(e)y-Geschäft mit.

Er kontrolliert seit dem Erwerb der IDG im Jahre 1987 beinahe die gesamte irische Whiskey-Industrie und ist über AUSTIN, NICHOLS & CO. (seit 1980) auch auf dem amerikanischen Markt vertreten.

Die Scotch-Interessen der Franzosen werden seit 1974 von der Tochterfirma CAMPBELL DISTILLERS wahrgenommen.

Malt: ABERLOUR, EDRADOUR, GLENALLACHIE

Blends: CLAN CAMPBELL, GLENFORRES, HOUSE OF CAMPBEL, HOUSE OF LORDS, KING'S RANSOM, WHITE HEATHER

PERNOD

Irish: BUSHMILLS, COLERAINE, CRESTED TEN, DUNPHYS, HEWITTS, JAMESON, MIDLETON, PADDY, POWERS, THREE STILLS

American: KENTUCKY SPIRIT, NICHOLS, WILD TURKEY

Canadian: ROYAL CANADIAN.

PETER DAWSON
Blended Scotch von der gleichnamigen Firma, die heute zu →*UD* gehört. *P.Dawson* begann 1882 in Glasgow als Blender, besaß einige Destillerien, darunter auch BALMENACH, und war bis 1982 Lizenznehmer von GLEN ORD.

Die Marke kam Ende des 19. Jahrhunderts heraus, war in den 20er Jahren ein Bestseller und wird heute vor allem exportiert, insbesondere nach Lateinamerika.

PETER SCOT
Indischer Whisky, Premium, 42.8 vol.%, von *Khoday.*

Auf dem Etikett steht »Malt Whisky«, aber auch »Blended with the choicest whiskies«, so daß nicht klar wird, um was für eine Sorte es sich handelt. Der Geschmack läßt allerdings eine Grain-Whisky-Zugabe vermuten, ferner den Verzicht auf jede Art von Torf.

Peter Scot gehört mit 1,2 Millionen verkauften Flaschen (1993) zu den großen Marken Indiens.

PHILADELPHIA
Blended American von →*Heaven Hill.*

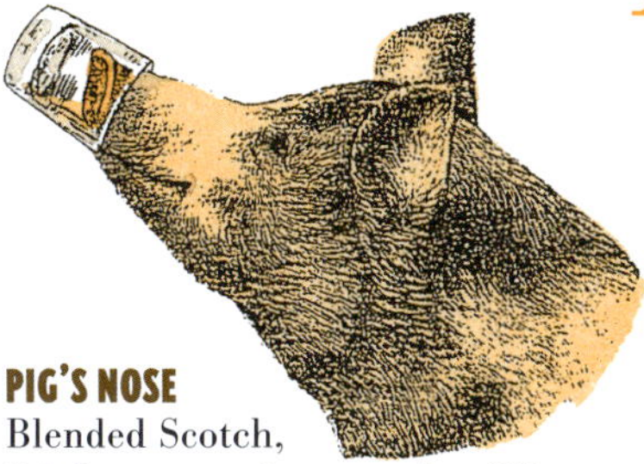

Die ursprüngliche Heimat dieses Ryes ist Maryland, und dort liegt auch heute noch sein Hauptmarkt, obwohl er inzwischen in Kentucky hergestellt wird. Die Getreidemischung besteht aus 65% Roggen, 23% Mais und 12% Gerstenmalz.

PIG'S NOSE

Blended Scotch, 5 Jahre, von →*Invergordon* (Whyte & Mackay, American Brands).

Kein schlechter Stoff, auch wenn der etwas dümmliche Name Schlimmes befürchten läßt; das Etikett erklärt ihn damit, daß der Whisky so weich wie eine Schweineschnauze sei.

Nach bescheidenen Anfängen als Sonderabfüllung für eine Kneipe in Oldbury bei Bristol gibt es Pig's Nose jetzt sogar in Edel-Kaufhäusern wie *Fortnum & Mason*. Seit die Marke bei Invergordon ist, wird sie auch exportiert (siehe auch Sheep Dip).

PIKESVILLE SUPREME

Straight Rye, 40 vol.%, von →*Heaven Hill*.

Ein eher leichter Whiskey und früher angeblich ein großer Name.

PINCH

Unter diesem Namen wird →Dimple in den USA verkauft.

PINWINNIE ROYAL

Blended Scotch, 12 Jahre, De Luxe, von →*Inver House*.

PIPE MAJOR

Blended Scotch, 5, 12 und 21 Jahre, von →*Montrose Whisky*.

PIPER'S CLAN

Blended Scotch von →*Angus Dundee*.

PIRATEN WHISKY

Deutscher Malt, 8 Jahre (dest. 1986), 40 vol.%, von *Robert Fleischmann*.

Seit 1995 bietet der fränkische Obstbrenner *Fleischmann* aus Eggolsheim-Neuses einen eigenen Malt an. »Pur Malt« steht auf dem Etikett, und das deutet – abgesehen vom fehlenden e – auf eine Art Vatted Malt hin.

Auf jeden Fall ist Piraten Whisky der bislang einzige deutsche Malt, und zwar ein durchaus trinkbarer.

PITTYVAICH

[*pitíwe-ik*] Schottischer Single Malt (Speyside, Dufftown) von ➔*Arthur Bell & Sons* (UD).
Ein delikates Mittelgewicht, weich und rund.
Originalabfüllung: 12 Jahre, 43 vol.% (»Flora & Fauna«-Reihe)
Cadenhead: 16 Jahre (dest. 1977), 60 vol.%
James MacArthur:
12 Jahre, 54 vol.%
Pittyvaich entstand 1975 als Schwester-Destillerie von *Dufftown.* Seit 1993 ist die Brennerei geschlossen. Sie hat 4 *Stills* und bezieht ihr Wasser aus *Jock's Well.* (Tel. 01340–82 05 61)

PLATTE VALLEY

Straight Corn Whiskey von ➔*McCormick.*

P.M.

Blended American von ➔*Jim Beam Brands* (American Brands).
Im 19. Jahrhundert gab es von ➔*Sanderson* einmal eine Scotch-Marke dieses Namens, der die englische Abkürzung für Nachmittag ist *(post meridiem)*, damals war allerdings auch eine Vormittags-Version auf dem Markt: »A.M.«.

POIT DHUBH

[*(pot dju)* gälisch: schwarzer Topf, gleichbedeutend mit »illegale *Still*«]
Schottischer Vatted Malt von ➔*Praban na Linne,* Isle of Skye, der als 12jähriger Black Label mit 40 vol.% und als Green Label mit 46 vol.% angeboten wird (beide 12 Jahre alt), außerdem auch mit 21 Jahren (46 vol.%);
Basis-Malt ist Talisker.
Poith Dhubh kam 1982 heraus; außer auf den westlichen Hebriden erfreut sich die Marke auch in Frankreich, Kanada und der Schweiz einiger Beliebtheit.

POITÍN

[*(patschien)* auch Poteen; gälische Bezeichnung für schwarz gebrannten Whisk(e)y]
Mit der Einführung der Branntweinsteuer begann in Schottland (1644) und in Irland (1760) die abenteuerliche und oftmals blutige Geschichte der illegalen Brennerei. Für die besitzlosen Kleinbauern war das Destillieren überschüssigen Getreides oft die einzige Möglichkeit, an Bargeld zu kommen, mit dem sie ihre Pacht bezahlen konnten. Die neue Steuer stellte viele von ihnen letztlich vor die Wahl, entweder zu verhungern oder gegen das Gesetz zu verstoßen. Da die Schwarzbrennerei immer

auch als Akt des Widerstands gegen die englische Besatzungsmacht galt, war es geradezu selbstverständlich, daß die staatlichen Steuereintreiber in den ländlichen Gegenden Irlands und Schottlands auf erbitterte Gegenwehr stießen (zu diesen verhaßten *exisemen* gehörten zeitweise auch der schottische Nationaldichter *Robert Burns* und *Aeneas Coffey*, einer der Erfinder der →*Patent Still*). Auch nachdem 1823 eine Steuersenkung vielen Brennern den Weg in die Legalität ermöglichte, lag der Anteil an Schwarzgebranntem noch viele Jahre über dem des legalen, sogenannten *Parliament Whiskey*.

Erst die große Hungersnot, die Irland 1845 heimsuchte, sowie die allgemeine Landreform zugunsten der Pächter drängten Poitín langsam in den Hintergrund. Weder in Irland noch in Schottland kam die Schwarzbrennerei jedoch gänzlich zum Erliegen, und noch heute gibt es dort mehr Poitín, als die allgegenwärtigen offiziellen Abfüllungen vermuten lassen. Allerdings wird er nicht ausschließlich aus Gerste, sondern auch aus Kartoffeln, Mais und Zuckersirup hergestellt.

Aus Irland wird sogar eine regelrechte Renaissance der Schwarzbrennerei gemeldet, die ihre Zentren in den Vororten der Großstädte Dublin und Cork haben soll. Da ist es dann nur noch ein Schritt zur kommerziellen Herstellung von Poitín, wie die Firma *Bunratty Mead & Co.* mit ihrem BUNRATTY EXPORT POTCHEEN zeigt.

PORT DUNDAS

Schottische Grain-Brennerei in Glasgow, im Besitz von →*UD*.
Die Destillerie wurde 1827 als Malt-Brennerei eröffnet und war eine der ersten, die mit der Grain-Produktion begann. Port Dundas wurde angeblich auch einmal als Single abgefüllt.

PORT ELLEN

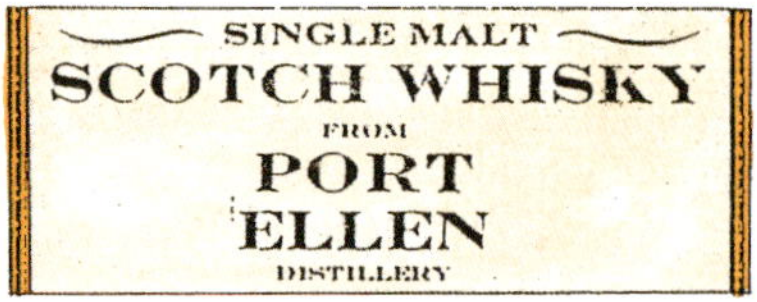

Schottischer Single Malt (Islay) von →*UD*.
Ein typischer Islay Malt, kernig und torfig, etwas weicher als die berühmten Nachbarn – und leider nur noch begrenzt vorhanden.
Gordon & MacPhail:
Jahrgänge 1970, 1971, 1979, 1980, jeweils 40 vol.%; 1977, 59.7 vol.%; 1978, 63.3 vol.%; 1980, 64.7 vol.%
Cadenhead: hatte zuletzt einen 12jährigen mit 57.4 vol.%
Die Brennerei wurde 1825 gegründet und 1836 von *John Ramsay* übernommen, einem Parlamentsabgeordneten, der sich besonders um den Whisky-Handel verdient machte; er war beispielsweise der erste, der Whisky in die USA exportierte. 1927 kam die Destillerie über →*Dewar* zur *DCL*.
Seit 1983 wird hier nicht mehr gebrannt, die große Mälzerei ist allerdings noch in Betrieb und beliefert andere Destillerien auf Islay. Port Ellen war für die Whisky-Industrie mehrfach von historischer Bedeutung: Hier fanden in den 20er Jahren des 19. Jahrhunderts die ersten Experimente zur kontinuierlichen Destillation (→ *Patent Still*) statt, und auch der *Spirit Safe*, ein Gerät, das dem Brennmeister zur Kontrolle des frischen Destillats dient und heute in allen Brennereien der Welt installiert ist, wurde hier erstmals eingesetzt.
Port Ellen hatte 4 *Stills* und bezog sein Wasser aus den *Leorin Lochs*.

POT LID
Blended Scotch, Standard, von →*Bennachie.*

POT STILL
Destillationsapparat, traditionelle Brennblase, die insbesondere für die Herstellung von Malt Whisky benutzt wird. Pot Stills sind zwiebelförmige Kupferkessel, in denen die Getreidemaische erhitzt wird, bis der Alkohol verdampft und durch Abkühlung wieder kondensiert. Der erste Brennvorgang ergibt ein etwa 28 vol.% starkes Destillat, die sogenannten *low wines.* In einer zweiten, meist kleineren Pot Still erfolgt die zweite Destillation, deren Ergebnis um die 70 vol.% Alkohol enthält *(baby whisky).* Es sind also zwei Arbeitsgänge notwendig, und man spricht daher von einer diskontinuierlichen Destillation (im Gegensatz zur kontinuierlichen Destillation in der →*Patent Still*); meist sind zwei Pot Stills miteinander gekoppelt, so daß erste und zweite Destillation direkt aufeinander folgen. Eine dreifache Destillation ist in Schottland selten. Form und Größe der Pot Stills variieren von Destillerie zu Destillerie und tragen maßgeblich zum Geschmack des Resultats bei – je kleiner und gedrungener beispielsweise die Brennblase ist, desto kräftiger und öliger wird das Destillat (siehe auch *Lomond Still*).

Viele schottische Brennereien bemühen sich daher, die Form der Stills und somit den Stil ihres Whiskies auch beim Ersatz alter Geräte zu erhalten. Gerne wird in diesem Zusammenhang die Anekdote erzählt, derzufolge man neuen Pot Stills nachträglich mit einem Hammer die gleichen Dellen zufügt, die sich die alten im Lauf der Zeit zugezogen hatten.

POWER'S GOLD LABEL

Blended Irish Whiskey, Standard, 43 vol.%, aus der Midleton Distillery von →*IDG* (Pernod Ricard).

Einer der großen Namen des Irish Whiskey, ein charaktervoller und komplexer Blend und die Lieblingsmarke der Iren – mit den Worten von *Jim Murray*: »a monster of a whiskey«. Er besteht zu etwa 70% aus *Pot Still* Whiskey, der Rest ist Grain; Malt wird hier nicht verwendet.

Außer der regulären Abfüllung gibt es einen 34jährigen von 1956 mit 73.2 vol.%. Er wurde 1991 von **Cadenhead** unter dem Namen John's Lane herausgebracht.

Die Firma *J. Power & Son* wurde 1791 in Dublin gegründet und entwickelte sich im 19. Jahrhundert zu einem der führenden Whiskey-Hersteller Irlands. Power's Ruf gründete zum einen auf seiner Qualität, zum anderen auf dem geschickten Marketing der Firma. Sie gehörte zu den ersten, die ihren Whiskey in Flaschen abfüllten, was in zweifacher Hinsicht von Vorteil war: Erstens behielt der Hersteller dadurch die Kontrolle über das Endprodukt; das war im 19. Jahrhundert keineswegs üblich, denn der meiste Whiskey wurde damals im Faß an Händler weitergegeben. Zweitens wurde erst durch die etikettierte Flasche eine Marke geschaffen, in diesem Fall das berühmte »Gold Label« mit den drei weißen Schwalben. Die trugen dem Whiskey auch den Spitznamen »Three Swallows« ein, und *swallow* bedeutet im Englischen nicht nur Schwalbe, sondern auch Schluck. John Power & Son gilt außerdem als die erste Firma, die ihren Whiskey in Miniaturflaschen – die sogenannten »Baby Powers« – abfüllte.

Bis in die 50er Jahre produzierte die Destillerie in Dublins *John's Lane* ausschließlich →*Pure Pot Still* Whiskey. Erst danach wurde auch kontinuierlich gebrannter Whiskey zum Verschneiden verwendet. 1966 fusionierte die Firma mit den verbliebenen irischen Herstellern zur IDG, 1976 wurde die Destillerie geschlossen. Seitdem kommt auch Power's aus der großen Brennerei *Midleton*. Seit 1988 ist die IDG Teil des französischen Spirituosenkonzerns Pernod Ricard.

PRABAN NA LINNE

1976 auf der Isle of Skye gegründete Firma, deren Besitzer *Ian Noble* sehr um das gälische Erbe Schottlands bemüht ist. Das zeigt sich nicht nur an den Namen seiner Produkte (MAC NA MARA, POIT DHUDH, TE BHEAG NAN EILEAN), sondern auch daran, daß er ein gälisches College gründete.

PREMIER

Blended Scotch, 15jähriger Premium, von →*Morrison Bowmore* (Suntory). Ein gepflegter Scotch, den man fast ausschließlich im Großraum London findet.

PREMIUM

Preiskategorie zwischen →*Standard* und →*De Luxe*; inzwischen gibt es auch sogenannte *Super Premium* Whiskies, deren Preis den von De-Luxe-Abfüllungen noch übersteigt. Wie bei den anderen Preiskategorien ist auch hier ein Rückschluß auf die Qualität der Ware nicht sinnvoll.

PRESIDENT

Blended Scotch von →*UD*.

PRESTIGE D'ECOSSE

Blended Scotch, Standard und 5jähriger Premium, von →*Lundie & Co.*

PRIDE OF ISLAY

PRIDE OF ORKNEY

PRIDE OF STRATHSPEY

PRIDE OF THE LOWLANDS

Schottische Vatted Malts von →*Gordon & MacPhail*.

Die *Pride of ...* Malts gelten vielen als Gipfel der Kunst des Vatting. Sie basieren auf einer ausgewogenen Mischung von Malts der jeweiligen Region und werden mit 12 Jahren und 40 vol.% abgefüllt. PRIDE OF STRATHSPEY gibt es auch als 25jährigen und mit älteren Jahrgängen. Er dürfte unter anderem Malts aus der DALWHINNIE-Destillerie enthalten, die früher den Namen Strathspey trug.

PRINCE OF WALES

Walisischer Malt
von →*The Welsh Whisky*.
Dieser Whisky hat etwas von einem Zwitter: Einerseits ist er ein schottischer Single Malt (aus der Tomatin Distillery), andererseits trägt zumindest die 10jährige Abfüllung die Bezeichnung »Single Vatted Malt Welsh Whisky«. Sinn ergibt das allein dann, wenn man weiß, daß der schottische Whisky, der im Tank nach Brecon, Wales, kommt, dort durch eine Kräutermischung gefiltert, mit Wasser auf Trinkstärke (40 vol.%) herabgesetzt und dann abgefüllt wird. Die Firma *Welsh Whisky* hat inzwischen auch eine eigene Destillerie, deren Produkt wird aber erst um die Jahrtausendwende auf Flaschen gezogen werden.
Außer der erwähnten 10jährigen Abfüllung gibt es noch einen Prince of Wales mit 12 Jahren und einen 5-jährigen mit der Bezeichnung Airborne Forces, der 1994 anläßlich des 50. Jahrestages der Alliierten-Landung in der Normandie aufgelegt wurde.

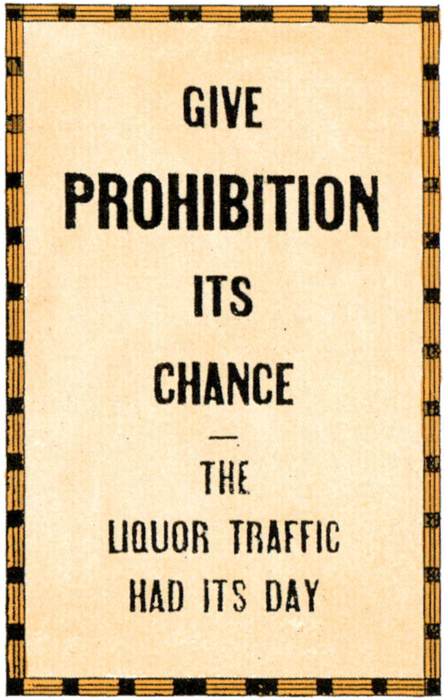

PROHIBITION

Vom 17. Januar 1920, 00.01 Uhr, bis zum 5. Dezember 1933, 17.32 Uhr, herrschte in den USA Alkoholverbot. Das war nicht nur eine harte Zeit für die durstigen Bürger der Vereinigten Staaten, die plötzlich mit Schwarzmarktprodukten zweifelhafter Herkunft vorliebnehmen mußten und dabei ständig Gefahr liefen, sich strafbar zu machen oder zu erblinden.
Es war auch die Zeit der *Speakeasies* – allein in New York City zählte man über 30 000 solcher illegaler Kneipen – und des organisierten Ver-

brechens: Skrupellose Kleingangster vom Schlage *Al Capones* brachten es mit Schnapsgeschäften in kürzester Zeit zu riesigen Vermögen und politischem Einfluß.

Vor allem aber waren es 13 Jahre, die die Whisk(e)y-Welt in einem Ausmaß veränderten, dessen Folgen noch heute spürbar sind.

Am härtesten traf es naturgemäß die Amerikaner selbst: Nur die wenigsten Destillerien konnten sich mit der Herstellung von medizinischem Alkohol über Wasser halten, der große Rest wurde stillgelegt und verschwand von der Bildfläche.

Die Trockenlegung des US-Marktes war auch ein Grund für den Niedergang der irischen Whiskey-Industrie (→*Irish Whiskey*), die bis dahin weltweit eine Führungsrolle innegehabt und auf einen Schlag ihren wichtigsten Absatzmarkt verloren hatte.

Daß es auch anders ging, zeigten geschäftstüchtige Kanadier und Schotten: Kein Gesetz der Welt konnte →*Hiram Walker*, *Seagram* und Co. davon abhalten, die Not ihrer Brüder und Schwestern jenseits der Grenze zu lindern und dabei selbst den Weltmarkt zu erobern – noch heute wird in den USA mehr Canadian als einheimischer Whisk(e)y getrunken (→*Canadian*). Auch der bis heute anhaltende Erfolg des Scotch in den Vereinigten Staaten geht auf die Prohibitionszeit zurück. Dies gilt besonders für die schottischen →*Light Whiskies*, die damals eigens kreiert wurden, um dem an verdünnten Schnaps und saubere Canadians gewöhnten Geschmack der Amerikaner entgegenzukommen (→*Cutty Sark*, *J & B*). Der Stoff fand seinen Weg in die USA über die Karibik – allein auf den Bahamas stieg der Import in den 20er Jahren derart, daß die Einhei-

mischen noch heute davon zehren könnten, wäre der Whisky nicht von dort aus in sein Bestimmungsland geschmuggelt worden
(siehe auch *Famous Grouse*, *House of Lords*, *Stodart*).
Schließlich war die Prohibition die große Ära der Cocktails und Mixgetränke, als man in Nachtclubs Eis und Fruchtsäfte servierte, die der Gast mit mitgebrachtem Schnaps aromatisierte.

PROOF

Maßeinheit für Alkohol. Während in den meisten europäischen Ländern der Alkoholgehalt einer Spirituose nach seinem Volumengehalt angegeben wird, gibt es im englischsprachigen Raum auch noch die ältere Bezeichnung »proof«. In den USA meint dies die doppelte Volumenprozent-Angabe, d.h. 80° proof entsprechen 40 vol.% Alkohol. Im britischen Raum ist die Angelegenheit selbstverständlich etwas komplizierter: Hier muß man die Proof-Zahl mit 4 multiplizieren und das Ergebnis durch 7 teilen, um die Alkoholmenge in vol.% zu erfahren; 70° proof sind demnach 40 vol.%.
Ursprünglich wurde der Alkoholgehalt mit einer ebenso simplen wie spannenden Methode geprüft: Man vermengte den frischen Whisk(e)y mit etwas Schwarzpulver und entzündete diese Mischung. Brannte sie mit einer gleichmäßigen Flamme, so hatte man das gewünschte Ergebnis; war der Alkoholgehalt zu niedrig, kokelte die Mischung nur vor sich hin; war er zu hoch, flog sie einem um die Ohren.
Eine ähnliche Methode wird noch heute in den USA angewandt, um schwarzgebrannten Whiskey (➔*Moonshine*) zu testen: Ein wenig von der Flüssigkeit wird auf einen Löffel ge-

geben und entzündet; eine gleichmäßige, blaue Flamme verspricht genießbaren Whiskey, eine gelbliche Flamme warnt vor dem Genuß.

PULTENEY →Old Pulteney

PURE KENTUCKY

Kentucky Straight Bourbon von →*Kentucky Bourbon Distillers.*

PURE MALT

Japanischer Vatted Malt, 43 vol.%, von →*Nikka.*

Die Marke gibt es in den Versionen BLACK, RED und WHITE. Während die ersten beiden aus japanischen Brennereien stammen, besteht WHITE ausschließlich aus schottischen Malts, die in Japan zusammengestellt werden.

PURE POT STILL

Irische Bezeichnung für unverschnittenen →Pot Still Whiskey; nicht zu verwechseln mit schottischem →(Single) Malt Whisky, der zwar auch im Pot-Still-Verfahren hergestellt wird, aber ausschließlich aus gemälzter Gerste.

Irischer Whiskey dagegen wird aus gemälzter und ungemälzter Gerste gebrannt, einer Mischung, die ihm eine weiche Öligkeit verleiht und zumindest irischen Malt Whiskey blaß aussehen läßt. Pure Pot Still begründete den Ruhm des Irish Whiskey, heute findet man ihn leider nur noch selten: GREEN SPOT, OLD COMBER, REDBREAST.

Um die Sache etwas verwirrender zu gestalten, gibt es inzwischen mit TYRCONNELL eine Marke, die sich Pure Pot Still Whiskey nennt, aber ausschließlich aus gemälzter Gerste gebrannt wird, also ein Single Malt nach schottischem Muster ist (→*Irish Whiskey*).

PUTACHIESIDE

[*pjutákisaid*] Blended Scotch, De Luxe, 12 und 25 Jahre, 43 vol.% von →*Wm Cadenhead.*

Ein weicher Scotch mit vollem Körper, der bereits über 100 Jahre auf dem Markt ist. Putachieside enthält keine Farbzusätze und ist heute nicht mehr leicht zu finden. Für die nahe Zukunft ist aber eine neue Ausgabe mit verändertem Label geplant. Der Whisky ist nach einem Platz benannt, der früher im Zentrum Aberdeens lag, der Heimatstadt von *Cadenhead.*

QUEEN ANNE
Blended Scotch von → *Hill Thomson* (Seagram).
Um die Jahrhundertwende war das eine der größeren Marken, heute will sich niemand mehr so recht für sie begeistern.

QUEEN ELEANOR
Blended Scotch von → *Stenham*.
Wie alle Stenham Scotches auch als 3-, 5-, 8-, 10- und 12jähriger zu haben und wie die anderen auch vorwiegend für den lateinamerikanischen und südostasiatischen Markt bestimmt.

QUEEN ELIZABETH
1) Blended Scotch von → *UD*, Standard-Ware für den Export.
2) De Luxe Blend von → *Avery's*.
Eine Marke mit diesem Namen darf es im Vereinigten Königreich ruhig zweimal geben.

QUEEN MARY I
Blended Scotch von → *Stenham*.
Wie alle Stenham Scotches auch als 3-, 5-, 8-, 10- und 12jähriger zu haben und wie die anderen auch vor allem für den lateinamerikanischen und südostasiatischen Markt bestimmt. Außerdem ist Queen Mary I auch von verschiedenen europäischen Supermarkt-Ketten zu bekommen.

QUEEN'S CHOICE
Blended Scotch von → *C.&J. Macdonald* (UD).

QUEEN'S SEAL
Blended Scotch von → *P.J.Russell*.

R

Roggen *der*, unfertiger Whiskey

Ambrose Bierce »Wörterbuch des Teufels«

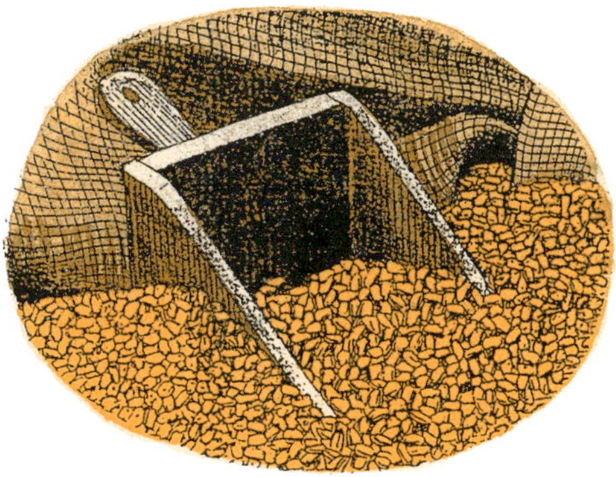

RACKE RAUCHZART
Deutscher Blended Whisky, 40 vol.%, von *A. Racke*, Bingen.
Eine der meistverkauften Whisk(e)y-Marken in Deutschland.
Die etwa 25 Einzelwhiskies für diesen Blend stammen heute alle aus Schottland, auf die Beigabe von deutschem Korndestillat wird seit einigen Jahren verzichtet; das Blending findet allerdings nach wie vor in Deutschland statt.

Racke Rauchzart hieß ursprünglich *Red Fox*, der Name wurde jedoch 1961 aufgrund schottischer Proteste geändert, was dem Erfolg der Marke keinen Abbruch tat.
Die Firma Racke wurde 1855 als Wein- und Essighandlung gegründet; ihr gebührt das Verdienst, Whisky hierzulande populär gemacht zu haben (→*Deutscher Whisky*). Sie ist außerdem mit den Weinbrandmarken *Dujardin* und *Scharlachberg* sowie mit *Pott*-Rum erfolgreich.

RATTLESNAKE
Eine Variation des →*Whiskey Sour*:
4 cl Bourbon, 2 cl Zitronensaft, 1 Eiweiß, 1 cl Zuckersirup, 1 Barlöffel Puderzucker und einen Spritzer Anisette im Shaker kräftig schütteln und in eine Cocktailschale abseihen.

The REAL MACKAY
Blended Scotch, den →*Long John* für die Firma *Mackay & Co.*, Guernsey, produziert. Er ist ausschließlich auf den Kanal-Inseln im Handel.

The REAL MACKENZIE
Blended Scotch von *P. Mackenzie*, einer Tochterfirma von →*UD*.
Die Mackenzies waren ab etwa 1820 im Brennereigeschäft; sie besaßen einst die Destillerien Blair Atholl und Dufftown und wurden 1932 von →*A.Bell* übernommen. Hauptmärkte für The Real Mackenzie sind heute Griechenland und Südafrika.

REBEL YELL
Kentucky Straight Bourbon, 40 vol.%, aus der Stitzel-Weller Distillery von →*UD*.

Ein trockener Whiskey, mit Weizen statt Roggen destilliert.
Rebel Yell wurde 1936 von *W.L. Weller* auf den Markt gebracht und trug damals den Vermerk »Especially for the Deep South« auf dem Etikett. Tatsächlich wurde Rebel Yell die meiste Zeit nördlich der Mason-Dixon-Linie (der alten Grenze zwischen Nord- und Südstaaten) nicht verkauft und genoß bald einen regelrechten Kultstatus bei militanten Südstaatlern wie Hell's Angels und ähnlich rebellisch gesinnten Querköpfen. Seit die Destillerie allerdings von den (britischen) United Distillers geführt wird, kann man den Whiskey überall in den USA (bisweilen sogar in Europa) bekommen, und der gute Ruf ist – zumindest in Kentucky – perdu.

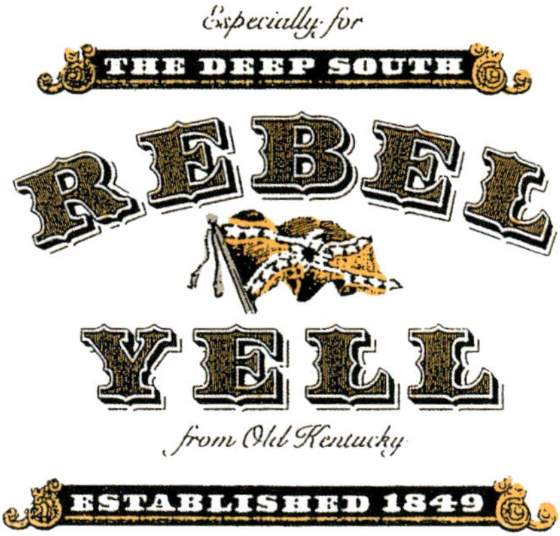

REDBREAST

Irischer Pure Pot Still Whiskey, 12 Jahre, 40 vol.%, aus der MIDLETON DISTILLERY von →*IDG* (Pernod Ricard).
Ein gefährlich guter, perfekt ausbalancierter Whiskey, der erst neuerdings wieder im Handel ist. Redbreast kam erstmals 1939 auf den Markt; er wurde in →*Jamesons* Dubliner Destillerie hergestellt und von der Firma →*Gilbey* abgefüllt. Er genoß schon damals einen exzellenten Ruf und war auch als »The Priest's Bottle« bekannt – ein Indiz dafür, daß der Klerus auch in Irland mit einem verwöhnten Gaumen gesegnet ist. Die Destillerie wurde 1971 geschlossen, die letzten Gilbey-Abfüllungen kamen 1985 heraus und gelten als überaltert.

Heute wird Redbreast von *Fitzgerald & Co.* vermarktet - erstaunlich schlecht, könnte man sagen, denn es ist eigentlich eine Schande, daß ein Whiskey dieser Qualität so wenig bekannt ist.

RED HACKLE
Blended Scotch
von →*Robertson & Baxter.*
Ursprünglich von den Herren *Hepburn & Ross* hergestellt, die in einem Regiment gedient hatten, dessen Kopfschmuck ein rotes Federbüschel – ein *red hackle* – zierte.
Ein sehr britisches Label also, mindestens so britisch wie der Werbeslogan von Hepburn & Ross: »a handshake in every glass«.
Seit 1959 ist die Firma Teil von Robertson & Baxter.

RED KNIGHT
Indischer Blend, 42.8 vol.%,
von →*Khoday.*

RED LION BLENDING
Londoner Blending- und Handelsfirma, die ihr Hauptgeschäft als Broker und Großhändler macht. Daneben gibt Red Lion einige eigene Blends heraus: Custodian, Glencoe, Gold Label und Highland Stag (siehe auch Diner's).

RED ROOSTER
Blended Scotch von →*P.J.Russell.*

RED ROSE
Britischer Blended Whisky, De Luxe, 40 vol%, von *Lancashire Whisky Producers.*
Seit 1991 gibt es diesen Blend, der an eine beinahe vergessene Tradition anknüpft: Tatsächlich gab es auch in der Grafschaft Lancashire südlich der schottischen Grenze einst eine blühende Whisky-Industrie. Allein in Manchester zählte man Ende des 19. Jahrhunderts sechs Destillerien, in Liverpool waren es sogar neun, darunter die 1710 gegründete *Bankhall Distillery*, die damals als die größte im ganzen Königreich galt. Glaubt man den Herstellern von *Red Rose*, ist die Herstellung von Blended Whisky hier sogar älter als in Schottland. Zu Beginn des Ersten Weltkriegs wurde die Produktion eingestellt, und Lancashire Whisky geriet in Vergessenheit, bis *E.J. Hampson* die alten Geschichten wieder ausgrub. Seines Zeichens Braumeister und Chef des Malzextrakt-Herstellers *Jeffreys Miller & Co.* in Wigan, versuchte er zunächst, kleine Destilliergeräte für den Hausgebrauch zu vertreiben, und verlegte sich schließlich

selbst auf die Whisky-Herstellung. Woher er seine Whiskies bezieht, bleibt unklar, sicher ist wohl, daß sie in Lancashire gebrannt werden. Hampson hebt ferner die Qualität des lokalen Wassers hervor, das besonders sauber und torfhaltig sein soll.

Im übrigen legt man hier großen Wert darauf, daß Red Rose kein englischer, sondern Lancashire Whisky ist – die Rivalität zwischen beiden Ländern ist mindestens so alt wie die rote Rose im Wappen Lancashires, die diesem Whisky und den Rosenkriegen ihren Namen gab.

Bei aller Traditionsverbundenheit sieht man die Sache ansonsten aber eher als Spaß an, und dementsprechend klein ist die Auflage von Red Rose Whisky; am ehesten bekommt man ihn bei →*Milroy's* in London.

RELIANCE
Blended Scotch von *Forbes, Farquarson & Co.*, einer Tochterfirma von →*UD*. Hauptmarkt ist Südafrika.

RIP VAN WINKLE →Old Rip Van Winkle

RITTENHOUSE RYE
Straight Rye von →*Heaven Hill.*
Als Roggen-Whiskey in den USA noch etwas galt, war dieser hier einer der bekanntesten.

ROBBIE BURNS
Blended Scotch von → *R.H.Thomson* (UD).
Der Whisky trägt den Namen des neben *Walter Scott* bedeutendsten schottischen Dichters, *Robert Burns* (1759–1796), eines Wegbereiters der englischen Romantik. Burns besang das Nationalgetränk seiner Heimat als Symbol für den schottischen Widerstand gegen die Engländer (*»Freedom and Whisky gang together«*). Er schrieb auch unter dem Pseudonym →*John Barleycorn* (Barley = Gerste) und prägte damit ein Eponym für Whisky. →BOBBY BURNS, IMMORTAL MEMORY.

ROB ROY

1) Blended Scotch von →*Morrison Bowmore* (Suntory).
Dieser Whisky ist nach einem schottischen Freiheitskämpfer des frühen 18. Jahrhunderts benannt, der auch einem Roman von *Walter Scott*, einer Oper von *Berlioz* und zwei Hollywood-Schmonzetten als Titelheld diente.
2) Ein →*Manhattan* auf Scotch-Basis: 3 cl Scotch, 1.5 cl Vermouth Dry, 1.5 cl Vermouth Rosso und einen Spritzer Angostura im Rührglas auf viel Eiswürfeln verrühren und in eine Cocktailschale abseihen.

ROBERT BROWN

Japanischer Blend, Standard, von → *Kirin-Seagram.*
Ein trockener und eher rauchiger Blend aus einheimischen und schottischen Whiskies.

ROBERTSON & BAXTER

Schottische Herstellerfirma im Besitz der Familie Robertson, gegründet 1855 in Glasgow.
Außer einer kurzen Zeit unter Kontrolle der →*DCL* (1922–37) war das Unternehmen immer unabhängig – Übernahmeversuche von →*Seagram* und *Hiram Walker* scheiterten 1947 bzw. 1980 – und hatte dennoch großen Einfluß in der schottischen Whisky-Industrie.
Robertson & Baxter ist an der Firma →*Highland Distilleries* sowie an North British beteiligt und kontrolliert seit der Übernahme von →*Lang Bros.* im Jahre 1965 die Destillerie Glengoyne, deren Malt seither eine Basis der Robertson & Baxter-Marken bildet: Aberfoyle, Gairloch, Red Hackle (siehe auch Cutty Sark, Defender).

ROCK and RYE

US-Zitruslikör auf Whiskey-Basis. Die schon vor dem Bürgerkrieg übliche Methode, Rye Whiskey mit Kandiszucker (*Rock Candy*) zu süßen, wurde bald durch die Zugabe von Zitrusfrüchten verfeinert. Dieses einst sehr populäre Getränk wird heute noch von einigen Firmen hergestellt, z.B. von *Arrow*, einer →*IDV*-Tochter, →*Hiram Walker* und *Leroux*, die zu →*Jim Beam Brands* gehört.

ROCK HILL FARMS

Kentucky Straight Bourbon aus der Leestown Distillery von →*Sazerac*.
Ein neuer, eher süßer →*Single Barrel* mit 50 vol.%.

RODERICK DHU

Blended Scotch von *Wright & Greig*, einer Tochterfirma von →*UD*.
Die Marke gibt es bereits seit der Jahrhundertwende. Die Hersteller-

firma ist seit dem Jahre 1900 Besitzer von →DALLAS DHU, einer inzwischen zum Museum umgewandelten Destillerie, in der man Roderick Dhu noch heute erwerben kann.

RODGER'S OLD SCOTS BRAND

Blended Scotch von *Slater, Rodger & Co.*, einer Tochterfirma von →*UD*.

Die 1873 in Glasgow gegründete Firma *Slater, Rodger & Co.* war von Beginn an sehr exportorientiert, und ihr weltweites Vertriebsnetz war auch für andere Firmen interessant. So begann 1898 die Zusammenarbeit mit *John Walker & Sons*, die 1911 zur Übernahme von Slater, Rodger & Co. durch Walker führte. Inzwischen gehören beide zu UD, für die Slater, Rodger & Co. bis 1983 die BANFF DISTILLERY führten. Von den 14 Blended-Scotch-Marken, die die Firma einst herausbrachte, ist nur noch RODGER'S übriggeblieben.

Die Marke verkauft sich gut im Nahen Osten und auch in Paraguay, dort allerdings unter dem Namen RODGER'S SPECIAL.

RORY O' MOORE

Ein →*Manhattan* auf Irish-Basis:

4 cl Irish, 2 cl Vermouth Rosso und einen Spritzer Orange-Bitter im Rührglas auf viel Eiswürfeln verrühren und in eine Cocktailschale abseihen.

ROSEBANK

Schottischer Single Malt (Lowland, Falkirk) von →*UD*.

Der eleganteste unter den Lowlands, trocken, weich und gut ausbalanciert.

Originalabfüllung:

12 Jahre, 43 vol.% (»Flora & Fauna«-Serie); der beliebte 8jährige vom Vorbesitzer *Distillers Agency* (= DCL) dürfte ebenso ausverkauft sein wie der 12jährige.

Gordon & MacPhail:

Jahrgang 1983, 40 vol.%

Signatory:

Jahrgang 1969, 51.7 vol.%

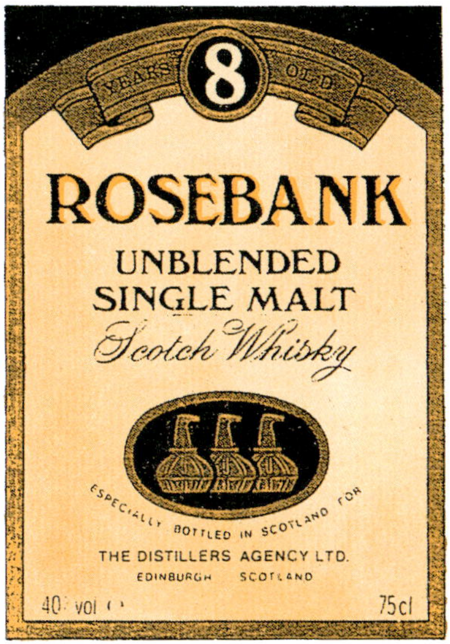

Eine Rosebank-Destillerie existierte bereits im Jahre 1817, es ist allerdings nicht sicher, ob die heutige Brennerei gleichen Namens damit in Verbindung gebracht werden kann; die war möglicherweise erst ab 1840, spätestens aber ab 1864 in Betrieb.

Sie kam 1914 zur →*DCL*, später dann zu UD; seit 1993 ist die Destillerie geschlossen.
Rosebank gehörte zu den wenigen Malts, die dreifach destilliert werden, das Wasser kam aus dem *Carron Valley* Reservoir. (Tel. 01324-62 33 25)

ROUTE

Japanischer Blend
von →*Sanraku Ocean.*

The ROYAL AND ANCIENT

Blended Scotch, 10jähriger De Luxe, von →*Cockburn & Campbell.*

ROYAL BRACKLA

Schottischer Single Malt (Northern Highlands) von →*J. Bisset & Co.* (UD). »Gefährlich trinkbar« nennt *Michael Jackson* diesen weichen, eher süßen Malt.

Originalabfüllung:
ohne Altersangabe, 40 vol.%; 10 Jahre, 43 vol.%
Gordon & MacPhail:
Jahrgänge 1970, 1972, 1974, jeweils 40 vol.%; auch **Cadenhead, Signatory** und **James MacArthur** haben ihn manchmal.
Die Destillerie heißt Brackla und wurde 1812 gegründet. Sie liegt ganz in der Nähe von *Macbeths* Burg Cawdor und führt das königliche Präfix, seit *William IV.* den Whisky 1835 zu seinem Favoriten erklärte. Später (1926) übernahm dann die Firma *Bisset*, in deren Blends Royal Brackla bis in unsere Tage eine Rolle spielt, die Leitung. Mit Bisset kam der Whisky 1943 zur →*DCL* und dann zu UD. 1985–1991 war die Brennerei geschlossen.
Gebrannt wird mit 4 *Stills*, das Wasser kommt aus dem *Cawdor Burn.*
(Tel. 01667-40 42 80)

ROYAL CANADIAN

Canadian Blend
von →*Austin Nichols*
(Pernod Ricard).
Eine der vielen Marken, die in Kanada hergestellt, aber nur in den USA abgefüllt und vertrieben werden. Die Destillerie bleibt, wie meistens in solchen Fällen, ungenannt.

ROYAL CITATION
Blended Scotch
von →*Chivas & Glenlivet* (Seagram).

ROYAL COMMAND
Canadian Blend aus der VALLEYFIELD DISTILLERY von →*UD*.

ROYAL CULROSS
Schottischer Vatted Malt, 8 Jahre, von *A.Gillies*, einer Firma, die früher zu *Gibson International* gehörte. Gibson ging 1994 bankrott, die Konkursmasse wurde von →*Glen Catrine* übernommen, die also auch die Marke Royal Culross besitzt, sie aber derzeit nicht herausbringt.

ROYAL FINDHORN
Blended Scotch, 5 Jahre, 40 vol.%, von →*Gordon & MacPhail*.

ROYAL GAME
Blended Scotch von *Winerite Ltd.*, Leeds, einer 1973 gegründeten britischen Groß- und Einzelhandelskette.

ROYAL HERITAGE
Blended Scotch, 21jähriger De Luxe, von →*Wm Lundie & Co.*

ROYAL HOUSEHOLD
Blended Scotch, Premium, von →*J.Buchanan* (UD).
Außer in Japan gibt es diese Marke heute nur noch in dem kleinen »Rodel Hotel« auf der Isle of Harris (Äußere Hebriden). Das hat folgendem Grund: In den 20er Jahren hatte der Besitzer dieses Hotels, *Jock McCallum*, eine eigene kleine Blended-Scotch-Marke.

Durch Vermittlung von *James Buchanan* nahm der Whisky an einem Wettbewerb teil, dessen Sieger in Zukunft exklusiv für den königlichen Haushalt hergestellt werden sollte. McCallums Whisky wurde ausgewählt, und McCallum selbst erhielt die Genehmigung, seinen Blend, der nun Royal Household hieß, in seinem eigenen Hotel anzubieten. Bei Hofe trinkt man ihn schon länger nicht mehr, McCallums Nachkommen allerdings nehmen ihre alten Rechte noch immer wahr.

ROYAL IRISH
Blended Irish Whiskey aus der gleichnamigen Destillerie in Belfast; sie ist längst geschlossen, und der

Name taucht hier nur deshalb auf, weil die schottische Firma **Cadenhead** anläßlich ihres 150sten Jubiläums im Jahre 1991 das einzig verbliebene Faß dieses Whiskeys auf Flaschen zog (39 Jahre, 66 vol.%). Die Marke war früher unter dem Namen *Dunville's* bekannt und erfreute sich einiger Popularität – nicht nur aufgrund ihrer anerkannten Qualität, sondern auch wegen des Fußballclubs, der sich aus Destillerie-Arbeitern rekrutierte. Dieser *Distillery FC* drang 1963 bis in den UEFA-Cup vor.

ROYAL LOCHNAGAR

Schottischer Single Malt (Eastern Highlands) von →*John Begg* (UD).
Ein malziger, unkomplizierter Whisky mit gutem Körper.
Originalabfüllung: 12 Jahre, 40 vol.% Selected Reserve, ohne Altersangabe, 43 vol.% (Luxusausgabe, vor allem in Duty-free-Shops).

Die Brennerei wurde 1845 von *John Begg* gegründet, einem sehr geschäftstüchtigen Mann, der sein benachbartes Anwesen einige Jahre darauf an *Queen Victoria* verkaufte. Kaum war diese dort erstmals auf Besuch, lud Begg sie zu einer Besichtigung der Destillerie ein - mit der Bitte, sie möge doch am nächsten Tag vor 18 Uhr da sein, sonst bekäme sie nichts mehr zu sehen. Die Königin ließ sich von dieser Unhöflichkeit nicht abhalten und war von einem Probierschluck offenkundig angetan, denn

Begg erhielt nicht nur die Erlaubnis, in Zukunft das verkaufsfördernde Präfix »Royal« zu verwenden; es wird auch berichtet, die Queen habe seither ihrem Tee und sogar Bordeaux mit Lochnagar auf die Sprünge geholfen.

Einen weiteren Erfolg erzielte Begg mit seinem Blend →JOHN BEGG BLUE CAP, der damals wie heute auf Royal Lochnagar basiert. 1916 wurde die Firma Teil der →*DCL*, heute gehört sie zu UD.

Die Destillerie hat 2 *Stills*, das Wasser kommt vom Berg *Lochnagar*.

(Tel. 01339–74 22 73)

ROYAL LORD CANADIAN RYE

Canadian Blend von *Brodie Crawford & Co.* (→Brodie's).

ROYAL RESERVE

Canadian Blend von →*Corby*, einer →*Hiram-Walker*-Tochter (Allied Domecq).

ROYAL SALUTE

Blended Scotch von →*Chivas & Glenlivet* (Seagram).

Ein prestigeträchtiger, 21jähriger De Luxe Blend (Keramik-Decanter im Samtsack), der 1953 zur Krönung der englischen Königin herausgebracht wurde. Name und Alter beziehen sich auf die 21 Salutschüsse, die zu diesem Anlaß von den Schiffen der königlichen Flotte abgegeben wurden.

Basis-Malts: STRATHISLA, THE GLENLIVET, LONGMORN und GLEN GRANT.

ROYAL SECRET

Indischer Blend von *Polychem* (→*Men's Club*).

ROWAN'S CREEK

Kentucky Straight Bourbon von →*Kentucky Bourbon Distillers*.

Ein 10jähriger →*Small Batch* Bourbon mit 50.5 vol.%.

RUSSELL, PETER J.

Ein 1936 in Edinburgh gegründetes, einflußreiches Familienunternehmen, das zu den größten unabhängigen Whisky-Firmen zählt und vor allem exportorientiert ist. Russell füllt für die Firmen →*Corney & Barrow* und →*Sainsbury's* ab und gibt folgende Blends heraus:

BLACK ROOSTER, BLACK SHIELD, CHIEFTAIN'S CHOICE, COCKBURN & MURRAY, KING ROBERT II, MACLEOD'S, MASON'S, QUEEN'S SEAL, RED ROOSTER, THE SEVEN STILLS.

RUSTY NAIL

Digestif-Cocktail: 4 cl Scotch und 2 cl Drambuie im Tumbler auf Eiswürfeln verrühren.

RYE

Amerikanische Whiskey-Sorte; heute nahezu in Vergessenheit geraten, war Rye (Roggen) die meiste Zeit der populärste Whiskey der Neuen Welt. Er wurde bereits im 18. Jahrhundert, hauptsächlich von schottischen und irischen Einwanderern, in Pennsylvania und Maryland gebrannt. Als besonders gelungenes Beispiel dieser Art galt im 19. Jahrhundert der *Monongahela* Whiskey, so genannt nach dem Tal in Pennsylvania, in dem er hergestellt wurde. In der Herstellung unterscheidet Rye sich von →Bourbon nur durch das Ausgangsmaterial, Roggen, dessen Anteil hier mindestens 51% betragen muß. Dies verleiht ihm eine besondere Würze und läßt ihn trocken, ja fast bitter erscheinen. Möglicherweise war es dieser ausgeprägte Charakter, der den Rye nach der Prohibition seine Beliebtheit kostete: Das Alkoholverbot führte in den USA nicht nur zur Stillegung nahezu aller Destillerien, sondern durch die (illegalen) Importe von Canadian und Scotch Whiskies zu einer Veränderung des Publikumsgeschmacks.

Eine kleine Renaissance erlebte Rye Whiskey Anfang der 80er Jahre, ausgelöst durch die Rye-Version von Jim Beam; doch nach wie vor spielt diese Sorte eine eher marginale Rolle.

Marken: Jim Beam, Old Overholt (die einzige in der Bundesrepublik erhältliche Marke), Pikesville, Rittenhouse, Wild Turkey Rye (siehe auch A.H.Hirsch).

RYE BASE

Japanischer Blend mit Roggenanteil, von →*Nikka*.

S

Drink Scotch Whisky

All Night Long

Steely Dan »Deacon Blue«

SAINSBURY'S

Die britische Supermarkt-Kette Sainsbury führt seit über 30 Jahren ein eigenes Whisk(e)y-Label, produziert von →*P.J.Russel.* Dazu gehören ein 3- und ein 5jähriger Blend, ein Vatted Islay Malt und ein 12jähriger Speyside Malt.
Seit kurzem hat Sainsbury auch einen Malt, der nichts anderes ist als ein umetikettierter TYRCONNELL von →*Cooley.*

SAINT BRENDAN'S SUPERIOR

Irischer Whiskey-Sahnelikör, 17 vol.%, den der Dubliner Lebensmittel-Konzern *Golden Vale Group* 1983 herausbrachte. Der Whiskey stammt angeblich aus der Destillerie BUSHMILLS, Hauptabsatzmarkt sind die USA.

SANDERSON, Wm & Son

William Sanderson (1839–1908), der seit 1863 eine eigene Firma in Leith besaß, war einer der großen Pioniere im Blending Business. Unter den knapp 100 verschiedenen Blends, die er (neben diversen Likörmischungen) selbst herstellte, befanden sich nicht nur Kuriositäten wie »A.M.« und »P.M.« (Vormittags- bzw. Nachmittags-Whisky), sondern auch der berühmte VAT 69 – ein Bestseller seit seiner Entstehung im Jahre 1882.

Sanderson war einer der ersten, der Blends in Flaschen abfüllte, außerdem Mitbegründer von →NORTH BRITISH, zeitweise Besitzer der →GLEN GARIOCH DISTILLERY und Direktor von →ROYAL LOCHNAGAR. 1937 wurde Sanderson & Son von der →*DCL* übernommen, heute gehört die Firma zu →*UD* (siehe auch *The Antiquary*).

SANDERSON'S GOLD

Ein neuer Blended Scotch von *Sanderson* (UD), der 1991 speziell für den west-afrikanischen Markt entwickelt wurde und, dem tropischen Klima entsprechend, eher leicht ist.

SANDY COLLINS

Ein →*Collins* auf Scotch-Basis.

SANDY MACDONALD

Blended Scotch
von →*Macdonald Greenlees* (UD).
Die Marke gibt es bereits seit der Mitte des 19. Jahrhunderts, heute wird sie hauptsächlich in Lateinamerika verkauft.

SANDY MACNAB

Blended Scotch von *Macnab Distilleries,* einer Tochterfirma von →*Allied Domecq.*
Dieser Blend hat einen Malt-Anteil von ca. 30 %, der größte Teil davon dürfte aus LOCHSIDE stammen, der Destillerie, die von *Macnab* geführt wird.

SANRAKU OCEAN

Japanischer Hersteller; begann 1937 mit der Herstellung von *Sake* und ist erst seit den 60er Jahren auch im Whisky-Geschäft tätig. Die Destillerie

Karuizawa im gleichnamigen Kurort östlich von Tokio bezieht ihr nur leicht getorftes Gerstenmalz aus Schottland und verwendet neue Eichen- sowie gebrauchte Sherryfässer. Sanraku verfügt über eine eigene Grain-Brennerei und gibt folgende Marken heraus: Asama, Karuizawa, Ocean, Route, Status.

SAVOY

Seit den 30er Jahren hat das legendäre Londoner Savoy Hotel ein eigenes Whisky- (und ein Gin-) Label; der Savoy-Blend ist nicht nur im Hotel selbst, sondern auch in anderen Londoner Häusern sowie in einigen französischen Luxusherbergen und Restaurants zu bekommen.

SAZERAC

US-Getränkehersteller mit Sitz in New Orleans. Das Unternehmen wurde 1850 gegründet und besitzt eine ganze Reihe von Whisk(e)y-Marken. Die wichtigsten sind zweifellos jene der →Leestown Distillery (die Brennerei selbst gehört dem japanischen Konzern →*Takara Shuzo*). Das gesamte Portfolio umfaßt folgende Marken:
Bourbon: Ancient Age, Benchmark, Blanton's, Eagle Rare, Elmer T. Lee, Hancock's, Kentucky Dale, Rock Hill Farms
Blends: Ancient Age, Brookstone, Canadian Age, Carstairs White Seal
Canadians (importiert): James Foxe, McCauley's.
Außerdem bietet die Firma einen Fertigmix des *Sazerac Cocktails* an.

SAZERAC COCKTAIL

Ein dem →*Old Fashioned* verwandter Drink, wahrscheinlich in New Orleans entstanden: Ein mit Angostura (oder Peychaud-Bitter) getränkter Zuckerwürfel wird zerdrückt, mit 4 cl Rye und 1 cl Pernod vermischt und mit Wasser oder Soda aufgegossen. Ursprünglich wurde statt des Pernods Absinth verwendet und statt des Whiskeys Cognac – daher auch der Name des Cocktails: *Sazerac-de-Forge* war seinerzeit eine der beliebtesten Cognac-Marken in New Orleans. Sie wurde vom Inhaber des dortigen *Sazerac Coffee House* importiert, in dem dieser Drink angeblich erstmals um die Mitte des 19. Jahrhunderts gemixt wurde (und das mit ziemlicher Sicherheit das Stammhaus der Firma *Sazerac* war). Zeitweise existierten die Whiskey- und die Cognac- (bzw. Brandy-) Versionen dieses Cocktails nebeneinander, die mit Whiskey hieß damals auch *Zazarac*.

SCAPA

Schottischer Single Malt (Orkney Islands), von *Taylor & Ferguson*, einer Tochterfirma von →*Allied Distillers* (Allied Domecq).

Ein kerniger Whisky, salzig und trocken, mit einer wunderbaren Balance von Malz und Torf.

Originalabfüllung: 10 Jahre, 43 vol.% (Scapa wird erst seit 1995 vom Hersteller selbst herausgebracht, bis dahin gab es ihn nur von den unabhängigen Abfüllern.)

Gordon & MacPhail: 8 Jahre, vol.%; Jahrgänge 1979, 1983, 1984, jeweils 40 vol.%

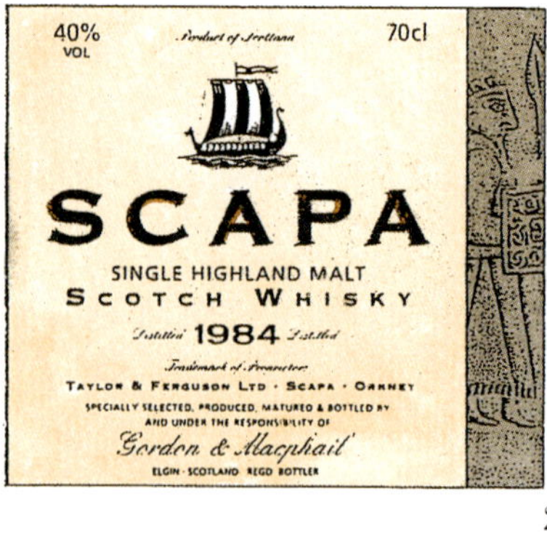

Cadenhead: hatte zuletzt einen 24jährigen von 1965 mit 50.1 vol.%. Die Destillerie wurde 1885 gegründet und kam 1954 zu →*Hiram Walker*. Die meiste Zeit wurde der Whisky fast ausschließlich in Blends verbraucht, z.B. in AMBASSADOR; momentan sieht es so aus, als sei er in Zukunft auch als Single regelmäßig zu bekommen – wenigstens solange die Vorräte reichen, denn der Betrieb wurde 1993 eingestellt.

Scapa hat 2 *Stills*, das Wasser kommt aus dem *Lingro Burn* und ist so torfig, daß man das Malz gar nicht erst über Torf trocknet; gelagert wird ausschließlich in Bourbon-Fässern.

(Tel. 01865–87 20 71)

SCOFF-LAW

Eine →*Manhattan*-Variante aus Canadian, Vermouth Dry, Zitronensaft, einem Spritzer Grenadine und einem Spritzer Orange-Bitter.

SCORESBY RARE

Blended Scotch, der von →*Long John* produziert und in den USA von →*Barton* abgefüllt wird. Die Marke ist in den USA sehr verbreitet.

SCOTCH

Scotch muß von Rechts wegen in Schottland gebrannt und gelagert werden, die Mindestreifezeit beträgt 3 Jahre.
Man unterscheidet Malt, Grain und Blended Scotch:
Malt Whisky wird aus Gerstenmalz durch Destillation in sogenannten →*Pot Stills* gewonnen. Das Ergebnis ist ein Brand, der sich im wesentlichen durch ein mehr oder weniger intensives Malz- und Raucharoma auszeichnet. Malt Whisky darf außer Wasser und Hefe keine weiteren Zusätze enthalten. Er wird in Eichenfässern gelagert, üblicherweise 8 bis 12 Jahre, und vor der Abfüllung in der Regel mit Wasser auf Trinkstärke herabgesetzt. Malt wird als *Single* oder *Vatted* abgefüllt: Ein *Single* ist ein Malt, der nur aus einer Destillerie stammt, ein *Vatted* wird aus Malts verschiedener Brennereien zusammengestellt.
Die Herstellung von Malt ist langwierig und teuer.
Grain Whisky wird aus ungemälztem Getreide gebrannt, vorwiegend aus Mais, der einen kleinen Zusatz von Gerstenmalz enthält. Er wird in →*Patent Stills* (auch *Coffey Stills* genannt) in kontinuierlicher Destillation gewonnen und ist ein sauberer, leichter und nahezu geschmacksfreier Brand, vergleichbar etwa unserem *Korn*. Auch Grain wird vor dem Abfüllen gelagert, allerdings nur selten als *Single* abgefüllt. Seine eigentliche Bestimmung ist der *Blended Scotch*, eine Mischung aus Malt und Grain Whisky.
Grain ist – verglichen mit Malt Whisky – ein billiges Industrieprodukt, allerdings sortenrein und kein Neutralsprit.

Blended Scotch ist eine Mischung aus *Malt* und *Grain* Whisky. Blends enthalten in der Regel 15 bis 50 verschiedene Einzelwhiskies, zahlenmäßig haben dabei die Malts, mengenmäßig meist die Grains das Übergewicht. Da diese nahezu farblos sind, fügt man häufig etwas Zuckercouleur (Karamel) hinzu, um eine Whisky-typische Farbe zu erhalten.
Die Kunst des Blending besteht in der Kombination der unterschiedlichen Charaktere der einzelnen Bestandteile:
Während die Malts für Geschmack und Charakter des Blends ausschlaggebend sind, dienen die Grains dazu, die Intensität dieses Charakters zu mildern und zu vereinheitlichen.
Der Erfolg des Scotch Whisky beruht auf dem mäßigenden Einfluß des Grains, der den Whisky leichter im

Körper, vor allem aber auch billiger macht und ihm den Charakter eines Massenprodukts verleiht.

Ungefähr 95% des weltweiten Scotch-Verbrauchs entfallen auf Blended Whisky (mehr zu den einzelnen Merkmalen der Scotch-Herstellung unter den Stichworten *Abfüllung, Blended Scotch, Faß, Grain, Malt, Light Whisky, Patent Still, Pot Still).*

Geschichte: Historisch gesehen ist der Malt die älteste Form des Scotch. Der früheste Beleg stammt von 1494, man kann aber davon ausgehen, daß Whisky zu dieser Zeit in Schottland bereits allgemein verbreitet war. Wahrscheinlich war er anfangs ein reines Nebenprodukt der Landwirtschaft, um überschüssiges Getreide sinnvoll zu verwerten, wenn daraus ein Genußmittel entstand, um so besser. Die Herstellung von Whisky begann also im häuslichen Bereich und war keinerlei allgemein verbindlichen Regelungen unterworfen.

Die ersten Destillerien entstanden wahrscheinlich im 17. Jahrhundert, die ältesten heute noch aktiven Brennereien Schottlands wurden im 18. Jahrhundert errichtet.

Einen wesentlichen Beitrag zur Geschichte des Scotch leistete die Steuergesetzgebung. Die Erhebung der ersten Alkoholsteuer im Jahre 1644 trieb die Brenner in die Illegalität und machte aus Whisky →*Poitín*, wie der Schwarzgebrannte hieß, der besonders im 18. und frühen 19. Jahrhundert zu einem Symbol des Widerstands der Schotten gegen die englische Besatzungsmacht wurde. Erst eine Steuerreform im Jahre 1823 ließ das legale Destillieren wieder rentabel erscheinen, und die Zahl der registrierten Brennereien stieg sprunghaft an.

Die industrielle Revolution und damit die Neuzeit des Whiskies begann mit der Entwicklung der *Patent Still* ab 1830. Diese Technik ermöglichte die Herstellung des billigen und leichten Grain, der fortan mit Malt zu Blended Whisky verschnitten wurde. Die ersten Versuche in dieser Richtung unternahmen *Andrew Usher* (→Usher's), →*William Sanderson* und →*W.P. Lowrie* in den 60er Jahren des 19. Jahrhunderts. Erst als Blend wurde Scotch außerhalb seines Heimatlandes bekannt, denn die schweren Malts galten südlich der Lowlands als Bauerngetränk. Im tonangebenden Lon-

don trank man zu jener Zeit Brandy, meist Cognac, der vorzugsweise mit Soda verdünnt wurde. Es war allerdings nicht nur die Reblaus-Plage (die damals in den französischen Weinbergen wütete und damit auch den Cognac-Nachschub zusammenbrechen ließ), die dem Scotch den Weg in die große Welt ebnete. Es war vielmehr die Energie und die Weitsicht jener Hersteller, die ihre Blends nicht wie früher üblich in Fässern anboten, sondern in Flaschen, die mit einem Etikett versehen waren. Die Idee des Markenzeichens war damals noch neu, und Blended Scotch gehörte zu den ersten Waren, die auf diese Weise populär gemacht wurden. Als Pioniere des Marken-Whiskies gelten die Herren →*Buchanan, Dewar, Haig, Mackie (White Horse)* und *Walker (Johnnie)*, die damit Ende des 19. Jahrhunderts ein Vermögen machten und als Whisky-Barone die Londoner Gesellschaft eroberten.

Auf dem Weltmarkt spielte damals allerdings noch der →*Irish Whiskey* die beherrschende Rolle, und es dauerte bis in die 20er Jahre, ehe sich dies änderte: Die große Zeit der Schotten kam während der →Prohibition in den USA. Mit stillschweigender Billigung (wenn nicht gar mit Unterstützung) der britischen Regierung taten sie sich als Blockadebrecher und Schmuggler hervor und bereiteten dem Scotch das Terrain für die Zeit nach der großen Dürre (→*Cutty Sark, Light Whisky, Stodart)* . Mit dem Ende der Prohibition übernahm Scotch die Führung auf dem Weltmarkt, und trotz der sinkenden Nachfrage seit den 70er Jahren (zugunsten klarer Schnäpse wie Rum und Wodka) gehört er nach wie vor zu den meistverkauften Spirituosen der Welt.

S

Highlands

- 77 Aberfeldy
- 5 Balblair
- 70 Ben Nevis
- 74 Blair Athol
- 4 Clynelish
- 8 Dalmore
- 69 Dalwhinnie
- 81 Deanston
- 75 Edradour
- 71 Fettercairn
- 72 Glencadam
- 67 Glen Garioch
- 83 Glengoyne
- 6 Glenmorangie
- 26 Glen Ord
- 78 Glenturret
- 84 Loch Lomond
- 79 Lochside
- 78 Oban
- 3 Pulteney
- 25 Royal Brackla
- 68 Royal Lochnagar
- 66 Speyside
- 9 Teaninich
- 63 Tomatin
- 80 Tullibardine

Inseln

- 1 Highland Park
- 95 Isle of Jura
- 102 Lochranza
- 2 Scapa
- 7 Talisker
- 76 Tobermory

Campbeltown

- 103 Glen Scotia
- 104 Springbank

Lowlands

- 89 Auchentoshan
- 92 Glenkinchie
- 87 Inverleven
- 88 Littlemill

Grain

- 82 Cameron Bridge
- 86 Dumbarton
- 106 Girvan
- 10 Invergordon
- 91 North British
- 93 Port Dundas
- 94 Strathclyde

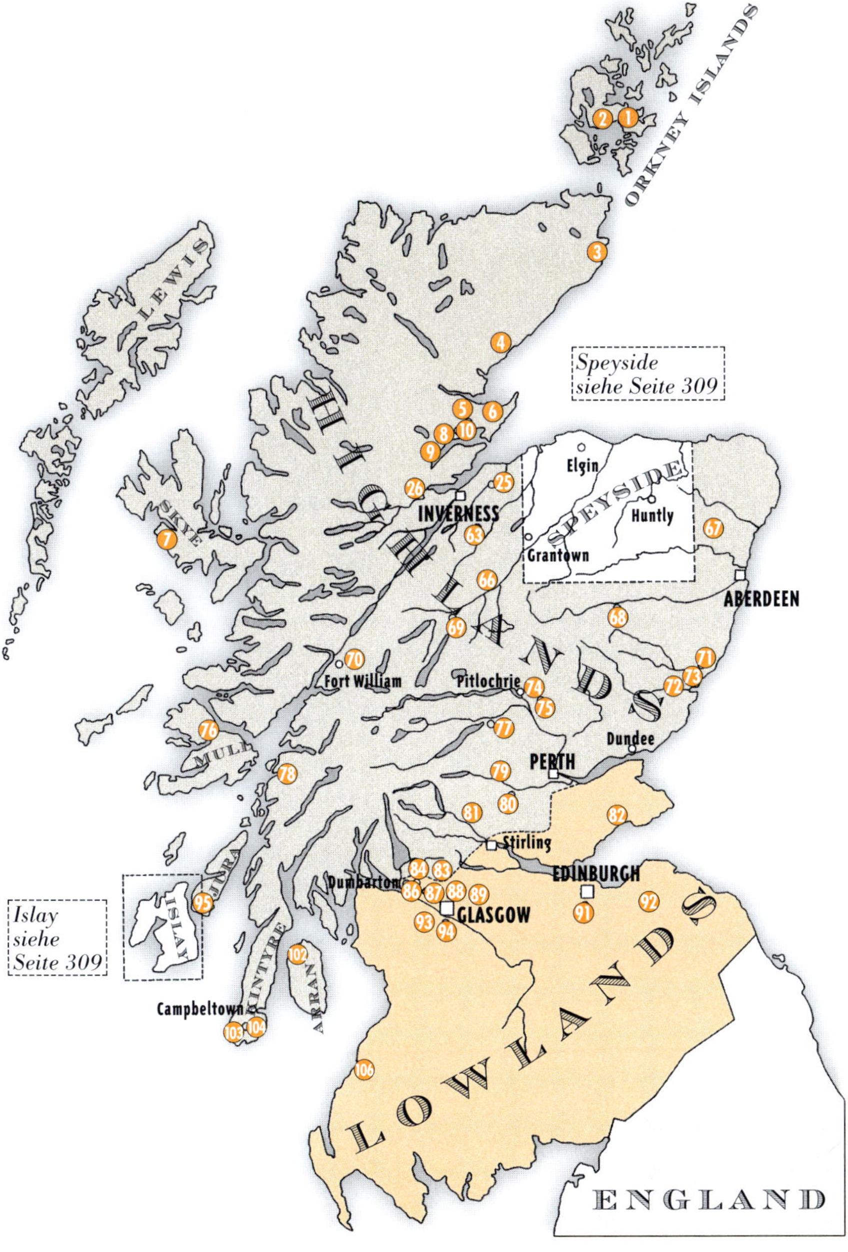

ORKNEY ISLANDS
LEWIS
SKYE
MULL
JURA
ISLAY
KINTYRE
ARRAN
HIGHLANDS
LOWLANDS
SPEYSIDE
ENGLAND
Speyside siehe Seite 309
Islay siehe Seite 309
Elgin
Huntly
Grantown
INVERNESS
ABERDEEN
Fort William
Pitlochrie
Dundee
PERTH
Stirling
EDINBURGH
Dumbarton
GLASGOW
Campbeltown
1
2
3
4
5
6
7
8
9
10
25
26
63
66
67
68
69
70
71
72
73
74
75
76
77
78
79
80
81
82
83
84
86
87
88
89
91
92
93
94
95
102
103
104
106

SCOTCH MALT WHISKY SOCIETY

Unabhängiger Abfüller und Club, der 1983 in Edinburgh von einigen Malt Whisky aficionados mit dem Ziel gegründet wurde, die traditionellen Werte des schottischen Whiskys lebendig zu halten. Zu diesem Zweck füllt die Gesellschaft ausgesuchte Fässer verschiedener Malts ungefiltert und in Faßstärke ab. Sie werden allerdings nur an Mitglieder verkauft und führen keine Markennamen auf dem Etikett. Stattdessen trägt jeder Whisky eine Nummer, anhand derer man in hauseigenen Publikationen die jeweiligen Charakteristika und damit auch den Hersteller ausfindig machen kann. (→*Einzelfaß-Abfüllungen, Unabhängige Abfüller*).

SCOTIA ROYALE

Blended Scotch, 12jähriger De Luxe, von *A.Gillies*, einer Firma, die früher zu *Gibson International* gehörte. Gibson ging 1994 bankrott, die Konkursmasse wurde von → *Glen Catrine* übernommen, die also auch die Marke Scotia Royal besitzt, sie aber derzeit nicht herausbringt. Ein Basis-Malt war GLEN SCOTIA.

SCOTS CLUB

Blended Scotch von →*Invergordon* (Whyte & Mackay, American Brands).

SCOTS EARL

Blended Scotch von →*Glen Catrine.*

SCOTS GREY

Blended Scotch, Premium, von →*Invergordon* (Whyte & Mackay, American Brands).

SCOTS LION

Blended Scotch von *Donald Hart & Co.* (→Hart's).

SCOTS POET

Blended Scotch von →*Invergordon* (Whyte & Mackay, American Brands).

SCOTTISH & NEWCASTLE BREWERIES

Britischer Brauereikonzern, der zeitweise die Brennereien →*Glenallachie* und *Isle of Jura* sowie die Blends →*Mackinlay* und *Cluny* besaß. Inzwischen sind Scottish & Newcastle nur noch mit der Marke BENEAGLES auf dem Whisky-Markt vertreten.

The SCOTTISCH COLLIE

Blended Scotch von →*Wm Grant & Sons.*

SCOTTISH DANCE
Blended Scotch von ➔*Stenham.*
Wie alle Stenham Scotches auch als 3-, 5-, 8-, 10- und 12jähriger zu haben und wie die anderen auch vorwiegend für den lateinamerikanischen und südostasiatischen Markt bestimmt.

SCOTTISH ENVOY
Blended Scotch von ➔*Mayerson & Co.*

SCOTTISH ISLAND
Schottischer Malt-Whisky-Kräuterlikör, 40 vol.%, von *Melldalloch Liqueur Co.*, Argyll.

SCOTTISH LEADER
Blended Scotch von ➔*Burn Stewart.*
Diesen in Großbritannien populären Supermarkt-Whisky gibt es als Standard sowie als 12-, 15- und 25jährigen De Luxe Blend; er wird weltweit in 50 Ländern verkauft, hauptsächlich im asiatischen Raum, und ist Burn Stewarts Bestseller.

The SCOTTISH NATIONAL TARTAN
Blended Scotch, 21 und 30 Jahre, 43 vol.%, von ➔*Bennachie.*
Ein luxuriöser Blend in luxuriöser Aufmachung, der 1995 auf den Markt kam und hauptsächlich in Duty-free-Shops verkauft wird.

SCOTTISH QUEEN
Blended Scotch von ➔*UD.*

SCOTTISH ROYAL
Blended Scotch von ➔*Angus Dundee.*

SCHENLEY

Canadian Blend von →*UD.*

Schenley Whiskies gibt es in zwei Versionen: als 4jährigen SCHENLEY GOLDEN WEDDING und als 8- bzw. für den Export 6jährigen SCHENLEY OFC. Ursprünglich hatte die Firma Schenley ihren Sitz in den USA, wo sie noch während der Prohibition damit begann, sich ins Whiskey-Geschäft einzukaufen: 1929 erwarb sie die heutige →*Leestown Distillery*, 1937 folgten die Destillerie →*Bernheim* mit den dazugehörigen Marken sowie →*George Dickel*; außerdem besaß Schenley ab dieser Zeit den US-Vertrieb für *Dewar's* Whiskies. Ende der 40er Jahre gründete das Unternehmen eine Niederlassung in Kanada und brachte seinen ersten Canadian Whisky auf den Markt. 1956 kaufte Schenley die britische Firma *Seager Evans* und damit die Marke →*Long John*. In den folgenden Jahren kamen einige schottische Destillerien zu Schenley, darunter →*Laphroaig* und *Tormore*; doch 1971 wurden alle Scotch-Interessen wieder abgestoßen; 1982 verkaufte man auch *Leestown*, so daß nur noch *Bernheim*, *George Dickel* und *Schenley Canada* übrig waren, als *UD* das Unternehmen 1987 erwarb.

Schenley Canada besaß damals die Destillerie →VALLEYFIELD sowie – außer eben Schenley – noch die Marken *Gibson's* und *Royal Command.*

SEAGRAM

Die kanadische *Seagram Company*, Montreal, gehört zu den bedeutendsten Getränkekonzernen der Welt. Das Spirituosengeschäft wird von der Tochterfirma *The House of Seagram* geführt, deren für Scotch zuständige Tochter ist →*Chivas & Glenlivet.*

Seit der Entstehung des Unternehmens im Jahre 1928 (siehe *Canadian*) hatte Seagram immer ein sicheres Gespür für das internationale Marktgeschehen und besitzt dementsprechend heute führende Namen wie CHIVAS REGAL, SEAGRAM'S 7 CROWN,

Crown Royal und Glenlivet. Wo immer ein neuer Markt entstand, konnte man sicher sein, daß Seagram nicht weit war: Die Firma spielt als einziger ausländischer Produzent eine Rolle im japanischen Whisky-Geschäft (➔*Kirin-Seagram*), das gleiche gilt für Neuseeland (➔*Wilson*) und neuerdings auch für die aufstrebenden Märkte China (➔*Seagram's 7 Star*) und Thailand (➔*Master Blend*); nur in Indien konnte der Konzern bis heute nicht so recht Fuß fassen (siehe auch *Blended American*). Weltweit besitzt Seagram folgende Marken:

Malt: Allt A' Bhainne, Benriach, Braes of Glenlivet, Caperdonich, Glen Grant, Glen Keith, Glenlivet, Longmorn, Strathisla, Lammerlaw

Blended Scotch: Chairman's Reserve, Chivas Regal, 100 Pipers, Passport, Royal Citation, Royal Salute sowie die Blends der Firma ➔*Hill Thomson*; den Grain für seine Blends bezieht Seagram hauptsächlich von ➔*North British*.

Likör: Lochan Ora

American: Seagram's 7 Crown, Four Roses

Canadian: Crown Royal, Seagram's Canadian Hunter, Seagram's V.O.

Japan: Crescent, Emblem, Robert Brown

(siehe auch Bushmills, Master Blend, Natu Nobilis, Valley 9 Gold und Oddbins)

Daneben produziert Seagram Gin und Wodka, besitzt u.a. die Cognac-Marke *Martell* sowie das Portwein- und Sherry-Haus *Sandeman* und ist stark im französischen Wein- und Champagner-Geschäft engagiert.

Seit Jahren sehnt sich der Konzern nach dem Glitzer Hollywoods: Nachdem der Erwerb der MGM-Studios der Firma Ende der 60er Jahre Milliardenverluste bescherte, unternahm Seagram-Boß *Edgar Bronfman Jr.* 1995 einen zweiten Versuch und kaufte die MCA, Muttergesellschaft der Universal Studios und Inhaberin mehrerer Musik- und Buchverlage. Bronfman selbst tat sich auch als Songwriter und Drehbuchautor hervor.

SEAGRAM'S CANADIAN HUNTER
Canadian Blend.

SEAGRAM'S 7 CROWN
Blended American, in den 60er Jahren die weltweit meistverkaufte Spirituose; heute immer noch unter den ersten 50 Marken.

SEAGRAM'S 7 STAR
Chinesischer Whisky von *Shanghai Seagram*, einem Joint-venture von Seagram und *Shanghai Distillers*, das seit 1988 besteht. Ob der Whisky neben chinesischem Getreidedestillat auch schottische Malts enthält, war nicht zu ermitteln.

SEAGRAM'S V.O.
Canadian Blend; ein weltweit populärer Alltags-Whisky, der seit 1912 auf dem Markt ist und aus 6jährigen Einzelwhiskies besteht.

The SEVEN STILLS
Schottischer Vatted Malt von →*P.J. Russell*. Früher kam die Marke aus dem Hause →*Cockburn & Murray*.

77
Blended Scotch von →*D.Laing*.

SHEEP DIP
Schottischer Vatted Malt von →*Invergordon* (Whyte & Mackay, American Brands).

Die Schwestermarke von PIG'S NOSE wird seit 1974 angeboten. Der merkwürdige Name soll an die Zeit erinnern, als schottische Bauern ihren (selbstgebrannten) Whisky noch vor den Steuereintreibern versteckten, indem sie ihn in Fässer mit der Aufschrift »sheep dip« füllten; das ist eine insektenvertilgende Lösung, mit der Schafe behandelt werden.

SHERMAN, DAVID
US-Firma mit Sitz in St.Louis, die seit 1958 existiert.
Sherman besitzt zwar keine Destillerie, aber eine Abfüllanlage und mehrere, teils recht alte Marken, die man von (ungenannten) Brennereien produzieren läßt: BOURBON SUPREME, CANADIAN DELUXE, CANADIAN SPRINGS, COUNTY, DAVIESS COUNTY, EZRA BROOKS, GOVERNORS CLUB, TOWN CLUB, YELLOWSTONE.

SIGNATORY
Unabhängiger Abfüller, 1988 in Edinburgh gegründet. In den Anfangsjahren mußte Signatory noch mit jenen Fässern vorliebnehmen, die ob ihrer geringen Qualität oder Quantität von alteingesessenen Firmen wie →*Cadenhead* und *Gordon & MacPhail* verschmäht wurden; inzwischen hat sich das Unternehmen zu einem renommierten Abfüller begehrter und teilweise äußerst rarer Einzelfaß-Abfüllungen gemausert. Signatory hat ein Zweitetikett namens DUN EIDEANN.

SILK TASSEL →McGuinness

SINGLE BARREL
Amerikanische Bezeichnung für →Einzelfaß-Abfüllungen. Angesichts des wachsenden Erfolgs schottischer Malt Whiskies auf dem US-Markt ging die dortige Whiskey-Industrie daran, mit ähnlich exklusiven und imageträchtigen Bourbons zu kontern: 1984 kam die Destillerie →*Leestown* erstmals mit einer Marke namens BLANTON's heraus, die nur in

geringer Menge aufgelegt und nur aus ausgesuchten Fässern von Hand abgefüllt wurde. Besonderer Wert wurde dabei auf die Tatsache gelegt, daß der Whiskey nicht mit einem festgelegten Alter in die Flasche kommt, sondern erst dann, wenn der Brennmeister mit dem Reifegrad des jeweiligen Fasses zufrieden ist. Jede Flasche trägt Nummer und Abfülldatum auf dem Etikett.
Blanton's war und ist in den USA ein durchschlagender Erfolg, und inzwischen gibt es aus demselben Haus noch weitere Single Barrel Bourbons: Benchmark, Elmer T. Lee, Hancock's Reserve, Rock Hill Farms. Bald folgten auch andere Hersteller diesem Beispiel. *Jim Beam* brachte seinen Booker's und *Wild Turkey* die Marken Kentucky Legend und Kentucky Spirit.
Sollte sich der Trend zu Single Barrels fortsetzen, besteht allerdings die Gefahr, daß die regulären Abfüllungen darunter leiden, denn wenn die besten Fässer einzeln herausgegeben werden, fehlt es bald an der qualitativen Basis für die Standardware.
Im Gegensatz zu Einzelfaß-Abfüllungen von Malt Whisky werden die allermeisten Single Barrels aber gefiltert und auf Trinkstärke herabgesetzt (siehe auch *Small Batch*).

SINGLE MALT

Whisk(e)y-Sorte; ein Single Malt ist das Produkt einer einzigen Destillerie (im Gegensatz zu einem →*Vatted Malt*, der aus mehreren Singles besteht, siehe auch *Malt Whisky*).
Schottische Single Malts gelten heute unbestritten als das Beste, was unter der Bezeichnung Whisk(e)y zu haben ist. Das war keineswegs immer so, denn bis in die 60er Jahre war diese Sorte außerhalb Schottlands so gut wie unbekannt und diente hauptsächlich als Basis für →*Blended Scotch*.
Die ersten Marken, die als Singles abgefüllt auf den internationalen Markt kamen, waren Glenfiddich und Glen Grant.

The SINGLETON OF AUCHROISK

[*othroisk*] Schottischer Single Malt (Speyside, Mulben) von →*IDV/Grand Metropolitan*.
Ein seidenweicher, vom Sherryfaß geprägter Malt, der erst seit 1986 als Single abgefüllt wird. Seine Eleganz trug ihm damals die boshafte Bezeichnung »Designer Whisky« ein – und das ist nicht allzu weit hergeholt, denn es besteht Grund zu der Annahme, daß IDV ihn speziell als Malt-Gegenstück zu J & B für dessen Yuppie-Klientel kreierte.
Originalabfüllung: Singleton wird ohne Altersangabe abgefüllt, nur das Jahr der Destillation wird angegeben; bis jetzt gab es die Jahrgänge

1975, 1976, 1981, 1983 und 1985; sie sind in der Regel 10 bis 12 Jahre alt, mit 40 und 43 vol.%; kürzlich erschien auch ein 10jähriger mit 40 vol.%; speziell für den japanischen Markt gibt es einen 12jährigen SINGLETON PARTICULAR.

Cadenhead: Unter dem Namen AUCHROISK gab es zuletzt einen 12-jährigen von 1978 mit 58.7 vol.%.

Die Destillerie Auchroisk wurde 1974 errichtet, im Lego-Haus-Stil, wie der britische Autor *Gordon Brown* bemerkte. Sie hat 8 *Stills* und bezieht ihr Wasser aus *Dorie's Well*. Singleton wird in Bourbonfässern gelagert und erhält ein zweijähriges *finish* in Olorosofässern.

Auch die J & B Blends, in denen dieser Malt vertreten ist, reifen vor ihrer Abfüllung eine gewisse Zeit in Auchroisk. (Tel. 01542–86 03 33)

SIR WALTER RALEIGH

Blended Scotch von →*D.Laing*.

SLAINTHEVA

Blended Scotch, 12 Jahre, von →*A. Dunn*, seit 1959 auf dem Markt. Beim Kauf einer Flasche wird der Name des Kunden individuell auf jedes Etikett geschrieben; außer den Standardflaschen gibt es eine »Kingnum« (=1,75 l) und eine Miniatur mit etwa 1 cl Inhalt, die als kleinste Whisky-Flasche der Welt im »Guiness Buch der Rekorde« steht.

SMALL BATCH BOURBON

Sammelbezeichnung für US-Whiskeys, die nur in relativ kleiner Auflage herausgegeben werden. Mit dieser Kategorie versuchte die Firma →*Jim Beam Brands* an die Erfolge der →*Single Barrel Bourbons* anzuknüpfen. Im Gegensatz dazu sind Small Batch Whiskeys aber keine Einzelfaß-Abfüllungen, sondern eine Zusammenstellung besonders gelungener Fässer.

Marken: BASIL HAYDEN, BAKER'S, KNOB CREEK (siehe auch MAKER'S MARK).

SOMETHING SPECIAL

Blended Scotch, De Luxe, 40 vol.%, von →*Hill Thomson* (Seagram).

Ein guter Mainstream Whisky, der seit einiger Zeit völlig aus der Mode gekommen ist.

SOUR MASH

Verfahren bei der US-Whiskey-Herstellung, das während der Vergärung angewendet wird: Der frischen Maische (Getreidebrei, englisch: *mash*) wird nicht nur Hefe zugesetzt, um die Gärung in Gang zu bringen, sondern auch ein Teil bereits einmal destillierter Rückstände aus einem früheren Brennvorgang. Dieser sogenannte *backset* (auch *setback* oder *stillage* genannt) trägt nicht nur dazu bei, den Charakter des Whiskeys beizubehalten, ihn sozusagen zu vererben; er sorgt durch seinen Säuregehalt auch dafür, daß unerwünschte Hefebakterien abgetötet werden, der Gärprozeß also nicht außer Kontrolle gerät (auf demselben Prinzip beruht beispielsweise die Herstellung von Sauerteig). Der Anteil des backset am Hefezusatz variiert von Brennerei zu Brennerei.

Alle Straight Whiskeys werden heute nach dieser Methode hergestellt, in Tennessee ist sie sogar vorgeschrieben. Sie wurde Mitte des 19. Jahrhunderts von *James C. Crow* (→Old Crow) zwar nicht erfunden, aber zu einer kontrollierbaren Methode entwickelt.

SOUTHERN COMFORT

US-Likör, aus St. Louis, Missouri, 40 vol.%, von →*Brown-Forman.*

Southern Comfort hat – allen Gerüchten zum Trotz – nichts mit Whiskey zu tun; er besteht vielmehr aus mit Pfirsich- und Zitrusaroma versetztem Neutralsprit, der rund 9 Monate in Eichenfässern reift. Diese Lagerung verleiht ihm ein gewisses, Bourbonähnliches Vanillearoma, auf das wohl die Mär von der Whiskey-Basis zurückgeht.

Andererseits ist natürlich denkbar, daß ursprünglich statt des Neutralsprits Whiskey als Basisalkohol benutzt wurde; dies entspräche dann der Legende, derzufolge Southern Comfort erstmals um 1860 von einem Barman aus New Orleans zusammengemischt wurde, der damit einen nicht besonders gelungenen Whiskey

genießbar machen wollte. Tatsächlich scheint die Verbindung von Pfirsich und Whiskey in New Orleans Tradition zu haben, wie auch der dort entstandene ➔*Sazerac-Cocktail* vermuten läßt (siehe auch *Mint Julep*).
Southern Comfort Sour ist eine auch bei uns beliebte Variante des ➔*Whiskey Sour.*

SPEAKERS

Blended Scotch
von *Donald Hart & Co.* (➔Hart's).

SPECIAL

Japanische Bezeichnung für Whiskies mit einem Malt-Anteil von mindestens 30%.

SPEYBURN

Schottischer Single Malt (Speyside, Rothes) von ➔*Inver House.*
Ein üppiger und sehr weicher Malt.
Originalabfüllung: 10 Jahre, 40 vol.%
Gordon & MacPhail:
Jahrgang 1971, 40 vol.%
Cadenhead:
18 Jahre (dest. 1975), 46 vol.%;
19 Jahre (dest. 1975), 59.9 vol.%
Speyburn wurde 1897 von *John Hopkins* erbaut (➔Glen Garry) und 1916 von der ➔*DCL* übernommen.
Zeitweise führte *John Robertson* die Destillerie, deren Malt vor allem in dessen Yellow Label Blend floß. DCL-Nachfolger ➔*UD* verkaufte Speyburn 1991 an die heutigen Besitzer. Die Brennerie hat 2 *Stills*, das Wasser kommt aus dem *Granty Burn.*
(Tel. 01340-83 12 13)

SPEY CAST

Blended Scotch, 12jähriger De Luxe mit 40 vol.% von ➔*Gordon & MacPhail.*
Eine alte und vielgerühmte Marke, die nach einer reichlich komplizierten Art des Fliegenfischens benannt ist.

SPEY ROYAL

Blended Scotch
von ➔*IDV/Grand Metropolitan.*
Spey Royal ist eine reine Exportmarke, die in Schottland hergestellt, aber erst in den Bestimmungsländern abgefüllt wird. Der Löwenanteil geht nach Indien, der Rest nach Brasilien und Venezuela.

S

SPEYSIDE DISTILLERIES

42 Aberlour
59 Allt-Á-Bhainne
61 Ardmore
28 Auchroisk
30 Aultmore
52 Balvenie
19 Benriach
48 Benrinnes
22 Benromach
66 Braes of Glenlivet
34 Caperdonich
40 Cardhu
57 Cragganmore
39 Craigellachie
46 Dailuaine
23 Dallas Dhu
54 Dufftown
47 Glenallachie
17 Glenburgie
55 Glendronach
49 Glendullan
24 Glen Elgin
56 Glenfarclas
53 Glenfiddich
12 Glenglassaugh
35 Glen Grant
31 Glen Keith
64 Glenlivet
21 Glenlossie
14 Glen Moray
36 Glenrothes
37 Glen Spey
29 Glentauchers
45 Imperial
11 Inchgower
51 Kininvie
43 Knockando
27 Knochdhu
15 Linkwood
20 Longmorn
41 Macallan
13 Macduff
18 Mannochmore
16 Miltonduff
50 Mortlach
38 Speyburn
32 Strathisla
33 Strathmill
44 Tamdhu
65 Tamnavulin
58 Tomintoul
60 Tormore

SPEYSIDE
Schottische Whisky-Region; die Speyside liegt im Nordosten der →*Highlands* und gilt als Zentrum der schottischen Whisky-Produktion. Rund um die Städtchen *Elgin, Rothes, Keith* und *Dufftown* finden sich mehr Brennereien als irgendwo sonst in Schottland, darunter auch große Namen wie Glenfarclas, Glenlivet, Macallan und viele andere mehr. Eleganz und Komplexität werden häufig als charakteristische Eigenschaften von Speyside Malts genannt, doch die Vielfalt der hier erzeugten Whiskies ist zu groß, als daß von einem einheitlichen Stil die Rede sein könnte.

Kartenausschnitt von Seite 297

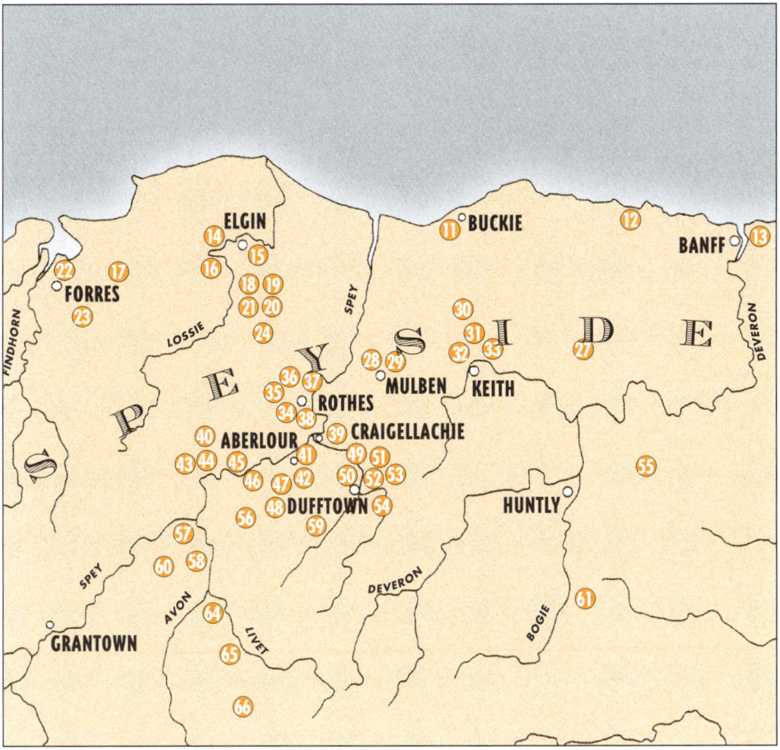

SPEYSIDE DISTILLERY

Schottische Highland-Malt-Brennerei in der Nähe von Kingussie. Sie ist seit 1990 in Betrieb und gehört der *Speyside Distillery & Bonding Co.*, Glasgow, einem 1955 von der Familie *Christie* zuerst nur zur Vermarktung, später auch zur Herstellung von Whisky gegründeten Unternehmen. Erst seit kurzem ist mit DRUMGUISH ein Malt aus dieser Brennerei im Handel; außerdem gibt es einen SPEYSIDE BLEND, und zwar als RARE und mit 8, 12, 15, 17 und 21 Jahren (siehe auch DEW OF THE WESTERN ISLES, GLENTROMIE, MCGAVINS, MURDOCH'S PERFECTION).

SPRINGBANK

Schottischer Single Malt (Campbeltown) von →*J.&A. Mitchell.*

An diesem Whisky kommt keiner vorbei, der sich ernsthaft mit Malt beschäftigen will – die Londoner *Times* erkor ihn nach einer Verkostung gar zum *Premier Grand Cru Classé* unter den Malts; tatsächlich ist es erstaunlich, welche Noblesse und Kraft Springbank trotz seines nicht gerade schweren Körpers entfaltet. Sein

Charme hat sich bis nach Japan herumgesprochen, dort ist Springbank der meistverkaufte Whisky seiner Art.
Originalabfüllung: C.V. (ohne Altersangabe), 10, 12, 15, 21, 15, und 30 Jahre, jeweils 46 vol.%; außerdem gibt es einen 12jährigen mit 57 vol.% und immer wieder Einzelfaß-Abfüllungen mit Jahrgang, derzeit 1958, 1962, 1967, jeweils mit 46 vol.%.
Cadenhead: Die Firma gehört ebenfalls der Familie *Mitchell* und bringt immer wieder Sonderabfüllungen dieses Malts heraus: zuletzt war es ein 9jähriger von 1985 mit 61.2 vol.%; 1992 gab es einen 18jährigen von 1973 mit 57.9 vol.%, der in einem Rumfaß gelagert wurde; er ist von leicht grünlicher Farbe, sehr eigentümlichem Geschmack und äußerst süffig, außerdem natürlich ein begehrtes Sammlerstück.
Adelphi: 28 Jahre (dest. 1965), 53.8 und 54.7 vol.%;
Jahrgang 1964, 51.5 vol.%
James MacArthur:
27 Jahre, 49.1 vol.%

Signatory:
17 Jahre (dest. 1975), 55.8 vol.%
Springbank wurde 1828 gegründet und ist seit 1837 im Besitz der Familie Mitchell. Neben →*Glenfarclas* ist Springbank somit der letzte unabhängige Familienbetrieb in der Malt-Whisky-Industrie; man ist hier auch stolz darauf, vom Torfstechen über das Mälzen bis hin zur Abfüllung die ganze Produktion nach traditionellem Muster und in eigener Regie durchzuführen. Die Destillerie verfügt über 3 *Stills*, und es wird immer wieder behauptet, Springbank werde dreifach gebrannt. Tatsächlich könnte man eher von einer zweieinhalbfachen Destillation sprechen, denn nur ein Teil des Whiskies – der Nachlauf *(feints)* des ersten Brennvorgangs – wird einmal mehr gebrannt; dadurch soll das Endprodukt milder werden.
Die Destillerie produziert außerdem noch einen Malt namens LONGROW, der im üblichen zweifachen Brennverfahren hergestellt wird.
Das Wasser für beide Whiskies kommt aus dem *Crosshill Loch*.
Springbank ist wohl die erste Brennerei, die auch organisch angebaute Gerste verabeitet; ob es in naher Zukunft zur Abfüllung von ökologisch korrektem Whisky kommen wird, ist allerdings noch nicht sicher – angeblich soll zur Jahrtausendwende eine 8jährige Version dieses Malts angeboten werden. (Tel. 01586–55 20 85)

SS POLITICIAN

Blended Scotch (De Luxe), der von →*D.Laing* vermarktet wird. Die Basis für diesen Scotch kommt aus den Resten jener 50 000 Kisten eines 1938 destillierten Whiskys, die 1941 bei den Äußeren Hebriden mit einem Schiff namens *SS Politician* sanken. Der größte Teil davon enthielt Whisky der Marke JAMES MARTIN. Dieser Vorfall – insbesondere die Bergung des Whiskies durch die Bevölkerung der umliegenden Inseln – inspirierte den schottischen Erzähler *Compton Mackenzie* zu seinem Erfolgsroman »Whisky Galore«

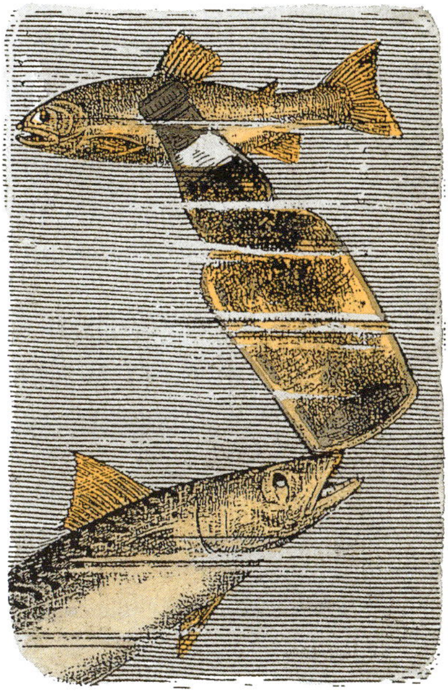

(dt. »Das Whisky-Schiff«), der mehrfach verfilmt wurde.
Das Wrack wurde 1990 geborgen, doch statt der erwarteten 2000 Kisten wurden nur noch ganze 12 Flaschen trinkbaren Scotchs gefunden. Selbst angesichts der mitunter absurden Preise, die derlei Raritäten bei Versteigerungen erzielen können, durfte nicht damit gerechnet werden, mit einer derart geringen Anzahl von Flaschen auch nur die Bergungskosten jemals wieder decken zu können. Man entschloß sich also, den Fund mit einer großen Menge Malt Whisky etwas zu strecken:
Es wurde ein neuer Blend hergestellt, und aus den anfänglichen 12 wurden dadurch 1400 Flaschen. Obwohl diese offensichtlich kaum noch etwas von urspünglichen Whisky enthielten, ging die Strategie auf, und die neue Marke *SS Politician* war zu einem Flaschenpreis von £ 195 im Nu vergriffen.

ST. JAMES'S

Blended Scotch, Standard und 12jähriger De Luxe, von →*Berry Bros. & Rudd.*

ST. LEGER LIGHT DRY

Blended Scotch von →*Hill Thomson* (Seagram), vor allem für den kanadischen Markt.

ST. MAGDALENE

Schottischer Single Malt (Lowland) von →*UD.*
Ein weicher Malt, für einen Lowland relativ kräftig.
Originalabfüllung:
23 Jahre, 58.1 vol.%
(»Rare Malts Selection«)
Gordon & MacPhail:
Jahrgänge 1965, 1966, 40 vol.%;
15 Jahre (dest. 1980), 40 vol.%
(»Centenary Reserve«)

Cadenhead:
hatte zuletzt einen 10jährigen von 1982 mit 62.3 vol.%, ältere Abfüllungen auch unter dem (Orts-) Namen LINLITHGOW.
Die Destillerie wurde um 1800 gegründet und kam 1914 zur →*DCL.* 1983 wurde sie geschlossen und zu Appartementwohnungen umgebaut.

STAG'S BREATH LIQUEUR

Schottischer Whisky-Kräuterlikör, 19,8 vol.%, aus dem Hause *Meikle's of Scotland*, Newtonmore.

Stag's Breath kam 1989 auf den Markt; er besteht aus Speyside Malts und fermentiertem Heidehonig, ist leichter und trockener als die üblichen Liköre dieser Art und daher auch als Aperitif geeignet.

STANDARD

Untere Preiskategorie, vor allem bei Blended Scotch und Bourbon, was nicht bedeutet, daß diese Marken auch qualitativ unter Premium- oder De-Luxe-Whiskies stehen müssen.

STATUS

Japanischer Blend
von →*Sanraku Ocean.*

STENHAM, H., LTD.

Seit 1953 führt *Henry H. Stenham* einige Firmen von London aus als Ein-Mann-Betrieb. Er exportiert Whisky en gros vorwiegend nach Lateinamerika und Südostasien, wo dann unter Stenham-Labels abgefüllt wird. Auch in manchen europäischen Supermarkt-Ketten findet man diese Whiskies, die in der unteren Preisklasse rangieren.

Alle Stenham-Whiskies werden in verschiedenen Altersstufen und Flaschenformen angeboten.
Von den insgesamt ca. 40 Marken sind hier nur die wichtigsten aufgeführt: Black Barrel, Director's Special, Highlander, Highland Star, King Henry VIII, King John, Queen Eleanor, Queen Mary I, Scottish Dance.

The STEWART MACDUFF

Blended Scotch
von →*MacDuff International.*

STEWART'S CREAM OF THE BARLEY

Blended Scotch von *A.Stewart & Son*, einer Tochterfirma von →*Allied Distillers* (Allied Domecq).
Ein anständiger Alltags-Blend, der bei Schotten und Iren gleichermaßen beliebt ist und sich außerdem auch auf den wichtigen Märkten Frankreich, Italien und Kanada gut verkauft.

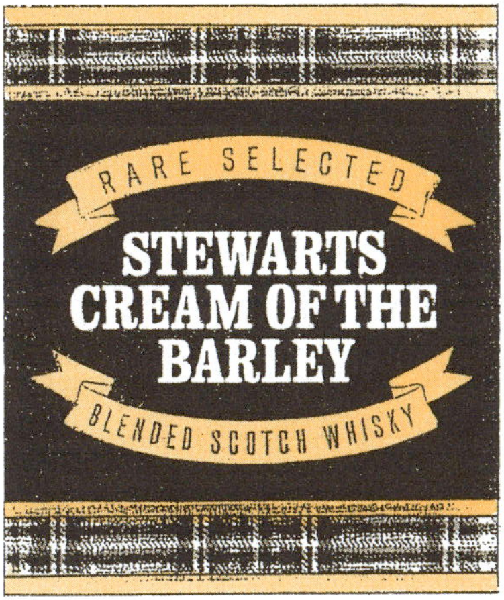

STEWART'S FINEST OLD

Blended Scotch von →*Whyte & Mackay* (American Brands).

Ursprünglich wurde die Marke von der Firma *J. & G. Stewart* als Vatted Malt angeboten. Die Stewarts hatten 1779 in Edinburgh als Wein- und Teehändler begonnen und in den folgenden hundert Jahren ein weltweites Vertriebsnetz aufgebaut. 1886 wurde die Firma von einem Whisky-Blender namens *Ebenezer Hugh* übernommen, der das Spirituosengeschäft in den Vordergrund rückte. Zu diesem Zweck wurde unter anderem die traditionsreiche Marke →*The Antiquary* erworbenen. 1917 traten J. & G. Stewart der →*DCL* bei, in deren Namen die Firma zwei Jahre später das Haus →*A. Usher* erwarb.

Stewart bekam außerdem die Lizenz für die Coleburn Distillery und behielt diese bis zur endgültigen Schließung der Brennerei durch den DCL-Nachfolger →*UD*. Unter dem neuen Besitzer gab die Firma aus kartellrechtlichen Gründen einige ihrer Marken an Whyte & Mackay ab, darunter auch Stewart's Finest Old. Heute ist Stewart nur noch für die Usher Blends zuständig.

STILL

Destillierapparat; →Lomond-, Patent-, Pot Still.

STILLBROOK

Blended American von *McCormick*.

STITZEL-WELLER

US-Destillerie in Louisville, Kentucky, von →*UD*.

Aus dieser Brennerei stammen die sogenannten Weizen-Bourbons von UD, also jene, bei denen dieses Getreide den Roggen ersetzt (Old Fitzgerald, Rebel Yell, W.L.Weller, siehe auch Old Rip Van Winkle). Die Getreidemischung beträgt 75% Mais, 5% Gerstenmalz und 20% Weizen.

Die Gebrüder *Stitzel* eröffneten ihre erste Destillerie 1870 oder 1872; nach der Prohibition entstand das heutige Werk, und ein Jahr später taten sie sich mit der Firma *Weller* zusammen (→*W.L. Weller*).

1984 übernahmen United Distillers die Geschäfte.

STODART, JAMES & GEORGE

Schottischer Hersteller, Dumbarton, Tochterfirma von →*Hiram Walker* (Allied Domecq).
Die Brüder Stodart waren in zweifacher Hinsicht maßgeblich an der Entwicklung des Scotch Whisky beteiligt: Zum einen begannen sie bereits 1835 damit, verschiedene Malts zu kombinieren (→*Vatted Malt*) - das Ergebnis nannten sie OLD SMUGGLER, eine Marke, die noch heute existiert, wenn auch als Blend. Zum anderen gehörten sie wohl auch zu den ersten Herstellern, die ihren Whisky in Sherryfässern lagerten.
1920 wurde die Firma Stodart von *James »Jimmy« Barclay* erworben, der zu diesem Zeitpunkt bereits Teilhaber bei →*Ballantine* war. Barclay (1886–1963), der als Laufbursche in der *Benrinnes* Distillery angefangen hatte, stand mit diesem Einkauf erst am Beginn einer erstaunlichen Karriere: Mit Ballantine's und Old Smuggler nahm er die Chancen wahr, die sich einem talentierten Schnapshändler während der amerikanischen Prohibitionszeit boten, und machte damit ein Vermögen (beide Marken spielen noch heute ein bedeutende Rolle auf dem US-Markt). Damals knüpfte Barclay erste Kontakte zu einem anderen kanadischen Prohibitionsgewinnler, der Firma Hiram Walker, der er Anfang der 30er Jahre Stodart und Ballantine's verkaufte. Gleichzeitig wurde er Direktor der schottischen Niederlassung dieses Konzerns. In dieser Funktion brachte Barclay es immerhin zum Chef der Firmen →*Chivas* und →*McClelland* sowie zum Leiter mehrerer Konsortien, die sich mit Firmenankäufen u.a. befaßten.
J. & G. Stodard führen heute für Hiram Walker die Brennereien GLENBURGIE und GLENCRAIG und sind nach wie vor Herausgeber des Blends OLD SMUGGLER.

STRAIGHT WHISKEY

In den USA darf als Straight Whiskey nur unverschnittenes Getreidedestillat verkauft werden. Heute werden alle Straight Bourbons, Ryes und Tennessee Whiskeys außerdem nach dem →*Sour-Mash*-Verfahren hergestellt.
Von einigen Marken gibt es Straights und Blends (z.B. *Four Roses, Barton*).

STRATHAVON

Schottischer Vatted Malt von *Avonside Whisky*, einer Tochterfirma von →*Gordon & MacPhail.*

STRATHBEG

Blended Scotch
von →*MacDuff International.*
Die Marke gibt es erst seit den 80er Jahren.

STRATHCLYDE

Schottische Lowland-Destillerie in Glasgow, die für →*Allied Distillers* Grain Whisky und Neutralsprit produziert. Früher wurde hier auch ein Malt namens KINCLAITH gebrannt.

STRATHCONAN

Schottischer Vatted Malt von →*UD.*

STRATHFILLAN

Blended Scotch von *Forth Wines*, einem 1963 in Kinross-shire gegründeten Handelsunternehmen, das außer dieser Marke noch einen Blend namens KING JAMES VI herausgibt.
Beide sind hauptsächlich für den britischen Markt bestimmt.

STRATHISLA

[*strath-aila*] Schottischer Single Malt (Speyside, Keith) von →*Seagram.*
Ein gut ausbalancierter, eher trockener Malt.
Originalabfüllung:
12 Jahre, 43 vol.%
Gordon & MacPhail:
8, 12, 21 Jahre, jeweils 40 vol.%;
Jahrgänge 1958, 1960, 1963, 1967, 1980 jeweils 40 vol.%;
1972, 62.1 vol.%, 1974, 57.8 vol.%
Cadenhead:
14 Jahre (dest. 1981), 63 vol.%

Die Destillerie wurde bereits 1786 gegründet und hieß die meiste Zeit *Milltown*. Erst unter der Regie des Seagram-Konzerns erhielt sie ihren heutigen Namen (der Whisky selbst wurde auch vorher schon als Strathisla verkauft). Das war um 1950, als *James Barclay*, der es vom Schnapsschmuggler zu einem der einflußreichsten Männer im Scotch-Business gebracht hatte (→*Stodart*), die Destillerie für die Seagram-Tochter →*Chivas* ersteigerte. Die Versteigerung war notwendig geworden, nachdem der Vorbesitzer wegen Steuerhinterziehung und Schwarzmarktgeschäften ins Gefängnis gekommen und seine Firma aufgelöst worden war.
Strathisla gilt heute nicht nur als eine der ältesten, sondern auch als die schönste Brennerei Schottlands; sie hat 4 *Stills* und bezieht ihr Wasser aus einer Quelle namens *Broomhill*, die bereits im 13. Jahrhundert von Dominikanermönchen zum Bierbrauen angezapft wurde. Sie wird angeblich noch heute von sogenannten *kelpies* heimgesucht, Wassergeistern in Pferdegestalt, was dem Wasser natürlich einen besonderen Geschmack verleiht. (Tel. 01542-78 30 49)

STRATHMILL

Schottischer Single Malt (Speyside, Keith) von *Justerini & Brooks*, einer Tochterfirma von →*IDV/Grand Metropolitan.*
Ein leichter und malziger Whisky, der nur selten als Single zu haben ist.
Cadenhead: hatte zuletzt einen 11-jährigen von 1980 mit 60,9 vol.%
Strathmill wurde 1891 als *Glenisla-Glenlivet Distillery* eröffnet. Sie entstand aus einer umgebauten Getreidemühle der Nachbardestillerie STRATHISLA und wurde 1895 von →*Gilbey* übernommen und umbenannt. Schon damals spielte der Malt eine Rolle in Gilbeys GLEN SPEY Blend, heute ist er außerdem auch Bestandteil der DUNHILL Blends.
Die Brennerie hat 4 *Stills*, das Wasser kommt aus einer auf dem Gelände gelegenen Quelle.

STRATH-ROYE

Blended Scotch
von →*Mayerson & Co.*

SUNNY BROOK
Kentucky Straight Bourbon, 40 vol.%, von →*Jim Beam Brands* (American Brands), auch als Blend erhältlich.

SUNTORY
Der älteste und mit Abstand größte Whisky-Hersteller Japans, hat mit seinen über 20 Marken dort einen Marktanteil von ca. 70%.

Japans Whisky-Industrie verdankt ihre Existenz einzig und allein dem Pioniergeist von *Shinjiro Torii* (1879 bis 1962), einem ehemaligen (Süß-) Weinproduzenten, der 1924 in der Nähe von Kyoto Yamazaki, die erste Whisky-Brennerei des Landes, eröffnete. 1929 brachte er seine erste Marke heraus (siehe unten White Label), doch es bedurfte noch acht Jahre mühevollen Experimentierens, bis Torii endlich einen Whisky herstellen konnte, der seinen Qualitätsansprüchen gerecht wurde (siehe unten Kakubin). Und es dauerte weitere 20 Jahre, bis der japanische Markt reif war für ein solches Produkt. Um dies zu erreichen, eröffnete Torii im ganzen Land sogenannte *Tory Whisky Bars*, amerikanisch anmutende Kneipen, in denen nur seine Marken zu haben waren. Damit traf er den Geschmack der japanischen Nachkriegsgeneration und löste einen regelrechten Whisky-Boom aus (→*Japanischer Whisky*).

Heute hat die Firma Suntory noch zwei weitere Destillerien in Hakushu, Zentral-Honshu, die unter anderem die größte Malt-Brennerei der Welt beherbergen (55 Millionen Liter Jahresproduktion; zum Vergleich: *Tomatin*, die größte Malt-Destillerie Schottlands, liefert jährlich 12 Millionen Liter). In seinen drei Destillerien produziert Suntory aus unterschiedlichen Malzsorten und Hefen mittels verschiedenster Brennblasen eine ganze Reihe unterschiedlicher Malts, die zum allergrößten Teil zu Blends verarbeitet werden. Die Lagerhäuser der Firma fassen 1,6 Millionen Fässer.

Suntory gehört zu den fünf größten Spirituosenkonzernen der Welt, spielt international aber nur in der 2. Liga, denn die Gruppe engagiert

sich hauptsächlich auf dem japanischen Markt. Erst allmählich wagt sie sich auf's internationale Parkett.
Der wichtigste Schritt in dieser Richtung war die Beteiligung an ALLIED DOMECQ 1988 (damals noch *Allied – Lyons*), die ihrerseits Anteile an Suntory halten. Seit 1994 ist der Konzern außerdem Besitzer der schottischen Gruppe MORRISON BOWMORE und damit Herr über die Destillerien AUCHENTOSHAN, BOWMORE und GLEN GARIOCH. Eine Beteiligung an GLENLIVET wurde 1977 abgegeben, bis vor kurzem hielt Suntory 11% an MACALLAN (siehe auch SWORDS).
Darüber hinaus betätigt sich der Konzern im Brauerei- und Verlagswesen, produziert mit dem Melonenlikör *Midori* eine Weltmarke und besitzt eine internationale Restaurantkette sowie pharmazeutische und biotechnische Betriebe.
Die wichtigsten Marken sind:
SUNTORY HIBIKI: Premium und 21jähriger Super Premium Blend,

seit 1995 auch in Deutschland zu haben

SUNTORY KAKUBIN: der Blend Nr. 1 Japans, seit 1937 auf dem Markt, seit 1989 in einer verbesserten Version mit mehr und älteren Malts

SUNTORY OLD: Special Blend, seit 1950 auf dem Markt und lange Zeit die Nr. 1, zur Zeit die Nr. 3 in Japan

SUNTORY RESERVE: Special Blend, 1969 eingeführt, derzeit die Nr.2 auf dem japanischen Markt

SUNTORY ROYAL: Special Blend, im Bourbonfaß gelagert, seit den 60er Jahren auf dem Markt und zur Zeit an 4. Stelle in Japan; seit 1995 auch in Deutschland erhältlich

SUNTORY WHITE LABEL: Der älteste Blend Japans kam 1929 unter dem Namen *Shirofuda* heraus, wurde jedoch bald nur noch *White Label* genannt.

SUNTORY YAMAZAKI: Single Malt, 12 Jahre, aus der Yamazaki-Destillerie, seit einiger Zeit auch in Deutschland zu haben.

SUPER NIKKA

Japanischer Blend von →*Nikka*.
Seit den 60er Jahren auf dem Markt und stellt heute das Zugpferd von Nikka dar.

SUPER SESSION

Japanischer Blend von →*Nikka*.
Diese Billigmarke gibt es seit dem Jahre 1989.

SUPERIOR MOUNTAIN DEW

→J. M. & Co. Superior Mountain Dew

SWEET SCIENCE

4 cl Scotch, 1-2 cl Drambuie und 4 cl Orangensaft im Shaker kräftig schütteln und in eine Cocktailschale abseihen.

SWN Y MOR

[*(sun i mor)* gälisch: Klang des Meeres]
Blended Welsh Whisky der →*Welsh Whisky Company*, seit 1976 auf dem Markt. Man kann davon ausgehen, daß zumindest der Basis-Malt dieses Blends aus Schottland kommt, genauer gesagt aus TOMATIN (→*Prince of Wales*).

SWORDS

Blended Scotch von *James Sword & Son Ltd.*, einer kleinen, 1814 in Glasgow gegründeten Blending-Firma, die hauptsächlich für den Export produziert und 1983 von →*Morrison Bowmore* übernommen wurde, inzwischen also →*Suntory* gehört.

T

Moonshine
Take two ears of wet corn
Sprinkle it with rye and malt.
Let sit for three days
Put in still with one chicken.
Boil until done.
Drink broth and eat the chicken
Under the moon and watch it
S H I N E !!!

Amerikanische Folklore

TAKARA, SHUZO & OKURA

Japanischer Spirituosenkonzern, der hauptsächlich *Shochu* (Reisschnaps) herstellt, aber auch auf dem Whisk(e)y-Markt mitspielt. Er besitzt mit TOMATIN die größte Malt-Brennerei Schottlands sowie die →LEESTOWN DISTILLERY in Frankfort, Kentucky.

TALISKER

Schottischer Single Malt (Isle of Skye) von →*UD*.

Einer der ganz großen Malts: maskulin und charaktervoll, eine Synthese aus Highland und Islay Malt. Für diesen Whisky wurden so schöne Vergleiche geprägt wie »explodiert am Gaumen« und »geht runter wie Lava«. Talisker ist schon sehr lange als Single auf dem Markt und wurde bereits von *Robert Louis Stevenson* als »königliches Getränk« gepriesen.

Originalabfüllung:

10 Jahre 45.8 vol.% (»Classic Malts«-Serie); die 8jährige Abfüllung vom Vorbesitzer *DCL* gibt es leider nicht mehr.

Gordon & MacPhail:

Jahrgang 1954, 40 vol.%; 38 Jahre (dest. 1955), 52.9 und 53.6 vol.%

Cadenhead:

16 Jahre (dest. 1979), 62.5 vol.%

Die Brennerei wurde 1831–32 errichtet und war zeitweise im Besitz der Familie *Kemp*, die heute die *Macallan Distillery* führt. 1925 kam sie zum →*DCL*-Imperium und damit später zu UD.

Ein Großteil des Malts verschwindet in den JOHNNIE WALKER Blends. Talisker hat 5 *Stills* (bis 1928 wurde der Whisky dreifach destilliert) und bezieht sein Wasser vom *Cnoc nan Speireag*. Der hohe Torfgehalt dieses Hügels färbt das Wasser rostrot.

(Tel. 01478–64 02 03)

TAMDHU

Schottischer Single Malt (Speyside) von →*Highland Distilleries*.

Ein malzig-süßes Mittelgewicht, das dem Neuling einen guten Eindruck von Speyside Whiskies vermitteln kann.

Originalabfüllung:
ohne Altersangabe, 10 Jahre, 15 Jahre, jeweils 40 vol.%
Gordon & MacPhail:
8 Jahre, 40 vol.%
Cadenhead:
30 Jahre (dest. 1963), 48.3 vol.%; 29 Jahre (dest. 1963), 49.4 vol.%; 13 Jahre (dest. 1981, Sherryfaß), 59.9 vol.%

Tamdhu wurde 1897 eröffnet und gehört seit 1899 zu Highland Distilleries. Es ist die letzte Speyside-Brennerei, die ihren gesamten Malzbedarf

aus eigener Herstellung deckt. Das Malz wird hier in sogenannten *Saladin-Boxen* hergestellt: Das sind große Beton- oder Metallrinnen, in denen das Getreide mechanisch gewendet und der Keimvorgang durch Zufuhr heißer Luft reguliert wird. Ein Großteil des Whiskys geht in die FAMOUS GROUSE Blends.

Tamdhu hat 6 *Stills* und bezieht sein Wasser aus einer Quelle direkt unter der Destillerie. (Tel. 01340-81 02 21)

TAMNAVULIN

[gälisch: die Mühle auf dem Hügel] Schottischer Single Malt (Speyside, Glenlivet) von → *Whyte & Mackay* (American Brands).

Ein mildes, aber aromatisches Leichtgewicht, ein guter Aperitif und Alltags-Whisky.

Originalabfüllung:
10 Jahre, 40 vol.%;
25 Jahre, 45 vol.% (»Stillman's Dram«)
Cadenhead:
19 Jahre (dest. 1973), 46 vol.%

Die Destillerie wurde 1966 von →*Invergordon* errichtet und wie die meisten Brennereien dieser Gruppe nach der Übernahme durch Whyte & Mackay 1995 eingemottet.

Die Destillerie hat 6 *Stills*, das Wasser kommt von den umliegenden Hügeln. Die Lagerung findet ausschließlich in neuen amerikanischen Eichenfässern statt. (Tel. 01807-59 02 85)

TEACHER'S

Blended Scotch von *Wm Teacher & Son*, einer Tochterfirma von ➔*Allied Distillers* (Allied Domecq).

Eine der großen alten Marken im Blended-Scotch-Geschäft; die sehr zugängliche Standardversion Teacher's Highland Cream gibt es bereits seit 1884, und sie gehört noch heute zu den populärsten Scotches der Welt. Sie ist bekannt für ihren hohen Maltanteil von mindestens 45 %, der in Zeiten der Überproduktion auch schon mal bei 60% lag. Daneben gibt es noch einen 12jährigen De Luxe namens Teacher's Royal Highland. Basis-Malts sind Ardmore und Glendronach.

William Teacher (1811 bis 1876) war einer der Pioniere des Blended Whisky und außerdem ein erfolgreicher Kneipier. Er besaß 18 »dram shops« in Glasgow, kleine Trinkstuben, in denen er seine Whiskies verkaufte (und in denen Rauchen verboten war). Seine Nachkommen erbauten die *Ardmore Distillery* und führten die Firma bis zur Übernahme durch *Allied* im Jahre 1976.

TEAL'S

Blended Whisky aus der Republik Südafrika, 3 Jahre, hergestellt aus schottischem Malt und lokalem Grain, seit 1990 auf dem Markt.

TEANINICH

[*ti-en-innik*] Schottischer Single Malt (Northern Highlands) von ➔*UD*.

Ein weicher Malt mit einer angenehmen Balance von Rauch und Süße.

Originalabfüllung:
10 Jahre, 43 vol.% (»Flora & Fauna«-Reihe)

Gordon & MacPhail:
Jahrgänge 1975, 1976, 40 vol.%

Cadenhead:
11 Jahre (dest. 1983), 60 vol.%

James MacArthur:
21 Jahre, 57.2 vol.%

Die Brennerei wurde 1817 gegründet und 1905 von der ➔*DCL* übernommen. Deren Tochterfirma *R.H. Thomson* führte Teaninich bis zur vorübergehenden Schließung im Jahre 1985 und benutzte den Whisky vor allem

für die eigenen Blends, z.B. OLD ANGUS; auch in dem Likör DRAMBUIE spielt dieser Malt eine Rolle.
Seit 1990 ist die Destillerie wieder in Betrieb, sie hat 10 *Stills*, das Wasser kommt aus der *Dairywell* Quelle.
(Tel. 01349-88 24 61)

TÉ BHEG NAN EILAN

[*(tschei weg nan jellan)* gälisch: kleine Dame der Inseln]
Blended Scotch, Premium, von →*Praban Na Linne*.
Seit 1976 auf dem Markt, ist dieser Whisky heute besonders in Frankreich und Kanada populär, die Hälfte der Produktion geht nach Paris.

TEN HIGH

Kentucky Straight Bourbon, 40 vol.%, von →*Barton* (Canandaigua).
Ein süßlicher, mittelschwerer Alltags-Whiskey, Bartons Bestseller.
Im Poker ist ein »Ten High« ein *Straight* (eine »Straße«) mit der Zehn als höchster Karte.

TENNESSEE

Einer der alten Süd-Staaten der USA und seit 1941 eine offizielle, d.h. von der Steuerbehörde anerkannte Whiskey-Sorte.
Vom Bourbon unterscheidet sich Tennessee Whiskey per definitionem nur durch den sogenannten *Lincoln County Process*; das ist ein spezielles Filtrierverfahren, bei dem der frische Whiskey durch eine ca. drei Meter dicke (Ahorn-) Holzkohleschicht läuft. Dieses Verfahren ist auch als »charcoal mellowing« oder »leaching« bekannt und verleiht dem Whiskey ein spezielles Aroma sowie eine außergewöhnliche Milde (siehe auch *Filtration*).

THE BLEND

Japanischer Blend mit hohem Malt-Anteil, von →*Nikka*.
Die De-Luxe-Version dieser Marke heißt THE BLEND SELECTION; beide Versionen kamen in den 80er Jahren heraus.

THOMSON, J.G.

Schottische Herstellerfirma, die 1709 in Leith gegründet wurde, zeitweise mit →*A.Usher* verbunden und Besitzer der Destillerien *Glen Garioch* und *Littlemill* war.
1921 kam Thomson zur →*DCL*, heute ist die Firma Teil des Brauereikonzerns *Bass Charrington*, für den sie die Marken AS WE GET IT und OLD INVERNESS herausgibt.

THOMSON & CO., R.H.

Schottische Blending-Firma, Tochter von →*UD*, für die sie zeitweise die *Teaninich Distillery* führte und die Blends OLD ANGUS, ROBBIE BURNS und WINDSOR CASTLE herausgibt.

»THREE FINGERS«
Inoffizielle Maßeinheit, die hauptsächlich in den USA gebraucht wird: drei Finger hoch einschenken.

THREE SHIPS
Blended Whisky aus der Republik Südafrika, hergestellt aus schottischem Malt und lokalem Grain. Als 3jährigen gibt es Three Ships seit 1977, seit 1992 ist auch ein 5jähriger auf dem Markt.

THREE STILLS
Irische Spirituose aus der MIDLETON DISTILLERY von →*IDG* (Pernod Ricard). Diese Billigstmarke wird von der Firma *Fitzgerald & Co.* vermarktet und darf sich wegen ihres geringen Alkoholgehalts von 30 vol.% nicht Whiskey, sondern nur »Irish Spirits« nennen.

TIPPERARY
Eine →*Manhattan*-Variante aus 3 cl Irish, 2 cl Vermouth Bianco und 1 cl Chartreuse Verte.

T.N.T.
Ein sogenannter *Hangover Drink*, also ein Mittel zur Katerbekämpfung: 3 cl Bourbon und 1–2 cl Pernod auf Eis verrühren, eventuell mit Soda abspritzen.

TOBERMORY
Schottische Destillerie auf der Isle of Mull im Besitz von →*Burn Stewart*. Sie liefert zwei Single Malts:
Der eine heißt ebenfalls TOBERMORY und ist ein leichter, aromatischer 8jähriger mit 40 vol.%. Er wird ausschließlich aus ungetorfter Gerste gebrannt und war bis 1995 ein Vat-

ted Malt ohne Altersangabe; früher gab es auch einen Blend gleichen Namens. Der zweite Malt heißt LEDAIG; aus getorfter Gerste gebrannt, wird er nur in kleiner Auflage abgefüllt: Derzeit gibt es zwei Versionen aus dem Jahre 1974: einen 18jährigen mit 43 vol.% und einen 21jährigen mit 60 vol.%, außerdem neuerdings auch einen 1975er.

Die Destillerie wurde 1795 gegründet und kam 1916 zur *DCL*. Zwischen längeren Phasen der Stillegung arbeitete die Brennerei von 1972 bis 1975 unter dem Namen LEDAIG. 1990 wurde der Betrieb unter dem heutigen Namen wieder aufgenommen, seit 1993 ist Tobermory bei Burn Stewart.

Die Destillerie hat 4 *Stills* und bezieht ihr Wasser aus den *Mishnish Lochs*. (Tel. 01688-30 26 45)

TOM MOORE

Kentucky Straight Bourbon, 40 vol.% und Bottled in Bond (50%), von →*Barton* (Canandaigua).

Ein leichter und eher süßer Alltags-Whiskey.

Der Namensgeber dieser Marke gründete im 19. Jahrhundert zwei Destillerien: Die eine existiert heute nur noch in Form eines Markennamens (→*Mattingly & Moore*), die andere heißt heute Barton, und von hier kommt auch die Marke Tom Moore. Die tauchte erstmals 1879 auf und wird heute als TOM MOORE'S KENTUCKY HERITAGE auch in einer 10-jährigen Version angeboten, allerdings nur auf dem lukrativen Markt Taiwan. In den USA gibt es Tom Moore auch als Light Whiskey.

TOMATIN

[*tomatn*] Schottischer Single Malt (Highlands, Inverness) von →*Takara, Shuzo & Okura*.

Ein Aperitif-Malt, weich und würzig.

Originalabfüllung: 10 Jahre, 43 vol.%; für den italienischen Markt wurde früher auch eine 5-jährige Version aufgelegt.

Gordon & MacPhail: Jahrgänge 1964, 1968, jeweils 40 vol.%

Cadenhead:

18 Jahre (dest. 1976), 57.7 vol.%

Die Destillerie stammt aus dem Jahre 1897. Sie wurde ab den 50er Jahren ständig vergrößert, bis die für schottische Verhältnisse enorme Zahl von 12 *Stills* erreicht war. Damit hatte man sich wohl etwas verhoben, denn Tomatin mußte 1985 Konkurs anmelden. Daraufhin übernahm der japanische Konzern Takara, Shuzo & Okura die Destillerie und fügte noch 11 *Stills* hinzu. Tomatin ist heute die produktivste Malt-Brennerei Schottlands, doch der Löwenanteil der Pro-

duktion wird nach Japan verschifft und dort mit einheimischem Whisky verschnitten (→*Japanischer Whisky*). Auch im Blended Scotch →Big T bildet Tomatin eine Komponente (siehe auch Old St. Andrews, Welsh Whisky).

Das Wasser kommt aus einem Bach namens *Allt na Frithe Burn*. (Die hohe Anzahl der *Stills* hat natürlich einen gigantischen Kühlwasser-Verbrauch zur Folge. Um dies wenigstens teilweise zu nutzen, begann man in Tomatin mit der Aalzucht: In den warmen Abwässern wachsen die jungen Aale mehr als doppelt so schnell heran wie im kalten Wildwasser. Bis jetzt ist allerdings noch unklar, was mit all dem Fisch geschehen soll.)

(Tel. 01808-51 14 44)

TOMINTOUL

[*tomintaul*] Schottischer Single Malt (Speyside, Glenlivet) von →*Whyte & Mackay* (American Brands).

Ein leichter, würziger Malt, ideal für Einsteiger.

Originalabfüllung:

8 und 12 Jahre, 40 vol.%, für den Export 43 vol.%

Cadenhead:

11 Jahre (dest. 1985), 65.4 vol.%

Signatory:

Jahrgang 1971, 43 vol.%

Dun Eideann:

18 Jahre (dest. 1976), 43 vol.%

Die Brennerei wurde 1965 eröffnet und ist seit 1973 in den Händen von Whyte & Mackay, die den Malt hauptsächlich für ihre eigenen Blends verwenden.

Tomintoul hat vier *Stills*, das Wasser kommt aus einer Quelle namens *Ballantruan*. Gelagert wird in neuen amerikanischen Eichen- und in Sherryfässern.

(Tel. 01807-59 02 74)

TORMORE
Schottischer Single Malt (Speyside) von ➔*Allied Distillers* (Allied Domecq). Ein subtiler Digestif-Malt, weich und rund.
Originalabfüllung:
10 Jahre, 40 und 43 vol.%
Tormore wurde 1960 von ➔*Long John* eröffnet und mit dieser Firma zusammen von Allied Distillers übernommen. Der Malt ist nach wie vor eine Komponente im LONG JOHN Blend.
Die Destillerie hat 8 *Stills*, das Wasser kommt aus dem *Achvochkie Burn*. Gelagert wird hauptsächlich in Bourbonfässern. (Tel. 01807-51 02 44)

TOWN CLUB
American Blend von ➔*Sherman*.

TREASURY
Blended Scotch, De Luxe, von ➔*Hill Thomson* (Seagram).

TRIBUTE
Blended Scotch, Standard 5 Jahre, De Luxe 15 Jahre, von ➔*Wm Lundie*.

THE FAMOUS TORMORE CHIMES
THE TORMORE
Pure Speyside Malt

TSURU

Japanischer Blend von →*Nikka.*
Die nobelste Marke aus dem Hause Nikka wird in Porzellan- und Glas-Decantern angeboten.

TULLAMORE DEW

Blended Irish Whiskey, 40 vol.%, von →*Cantrell & Cochrane* (Allied Distillers, Allied Domecq).
Ein weicher, sehr leichter und beinahe harmloser Blend mit großer Vergangenheit und ungewisser Zukunft.

Die Marke kam ursprünglich aus der 1829 gegründeten *Tullamore Distillery* in Tullamore, County Offaly.
Ende des 19. Jahrhunderts wurde sie von *Daniel E. Williams* übernommen, der dem Whiskey seinen heutigen Namen gab – Dew bezieht sich nicht nur auf Williams' Initialen, es bedeutet auch (Morgen-)Tau – und ihn zu einer der berühmtesten Marken Irlands machte. In den 50er Jahren (Williams hatte gerade den Whiskey-Likör →*Irish Mist* herausgebracht) kam die Firma in Schwierigkeiten, die Destillerie wurde geschlossen und die Marke landete bei *John Power & Son* und schießlich bei *IDG*. Seit 1994 gehört sie den heutigen Besitzern, die den Whiskey allerdings immer noch in der Midleton Distillery von IDG herstellen lassen.
Tullamore Dew ist in Irland fast zur völligen Bedeutungslosigkeit herabgesunken; in Deutschland ist er allerdings der meistverkaufte Irish Whiskey, und auch in Frankreich hat er einige Anhänger, die den Namen charmanterweise »tout l'amour« aussprechen.
Von **Cadenhead** gibt es derzeit mehrere Abfüllungen:
38 Jahre, 68.9 vol.%;
41 Jahre (dest. 1949), 65 vol.%;
42 Jahre, 62.6 vol.%.

TULLIBARDINE

Schottischer Single Malt (Southern Highlands) von →*Whyte & Mackay* (American Brands).
Ein würziges Mittelgewicht, weich und malzig.
Originalabfüllung:
10 Jahre, 40 und 43 vol.%;
25 Jahre, 45 vol.% (»Stillman's Dram«)
Cadenhead:
27 Jahre (dest. 1964), 51.2 vol.%
Dort, wo Tullibardine heute steht, gab es bereits um 1800 eine Destillerie dieses Namens, eine Brauerei wurde hier schon im 15. Jahrhundert betrieben. Die heutige Brennerei stammt aus dem Jahre 1949; sie wurde 1953 von →*Invergordon* übernommen, einer Firma, die 1994 an *Whyte & Mackay* fiel. 1995 wurde Tullibardine eingemottet.
Die Destillerie hat 4 *Stills* und bezieht ihr Wasser aus dem *Danny Burn*. Gelagert wird in neuen amerikanischen Eichenfässern.
(Tel. 01764–68 22 52)

TWELVE STONE FLAGONS

Eine 1971 in Pittsburgh, Pennsylvania, gegründete Firma mit Niederlassung in Glasgow. Ihr Blended Scotch USQUAEBACH erfreut sich zunehmender Wertschätzung, vor allem in den USA. Daneben gibt Twelve Stone Flagons noch einen Bourbon namens AMERICAN BIKER heraus.

Die Firmengeschichte liest sich wie ein Drehbuch aus der untersten Schublade Hollywoods:
Stan Stankiwicz aus Pittsburgh, ein Whisky sammelnder Vertreter für Fur-

nierholz, hört von einer exklusiven Scotch-Marke, die bei Präsident Nixons Inaugurationsfeier serviert wurde; nach jahrelangen Bemühungen erhält er die Rechte am Warenzeichen, doch kein Mensch interessiert sich dafür. Stankiwicz schickt Fürst Rainier von Monaco ein paar Flaschen zum Geburtstag, bekommt eine Audienz, lernt dabei Elizabeth Taylor kennen, und die seinen Scotch schätzen; Liz hat viele Bekannte, die auch gerne trinken und so weiter, Happy End.

T.W.SAMUELS

Kentucky Straight Bourbon,
43 vol.%, von →*Heaven Hill.*
Eine kleine Marke von nur lokaler Bedeutung; was der Name bei Heaven Hill verloren hat, bleibt ein Rätsel, denn *Taylor W. Samuels* war der Gründervater von →*Maker's Mark.*

The TYRCONNELL

Irischer Single Malt von →*Cooley.*
Ein leichter Whisky für jede Gelegenheit, dem es noch etwas an Ausdruck fehlt. Derzeit wird er ohne Altersangabe (3–4 Jahre) mit 40 vol.% abgefüllt, doch es besteht die Hoffnung, daß in Zukunft auch ausgereiftere Versionen auf den Markt kommen werden (die Cooley-Destillerie brennt erst seit 1989). Tyrconnel wird zweifach gebrannt, und zwar – im Gegensatz zu seiner Schwestermarke CONNEMARA – mit ungetorftem Getreide. Dieser Whisky ist, wie gesagt, relativ jung, die Marke selbst jedoch sehr alt: Sie kam bis 1970 aus dem Hause *A.A.Watt* und war bereits in den USA der Prä-Prohibitions-Zeit ein Bestseller. Sie ist nach einem nahezu legendären Rennpferd benannt, das sich ebenfalls im Besitz der Familie Watt befand. Die Firma wurde Ende der 80er Jahre von Cooley wiederbelebt und erscheint auch auf dem Etikett noch als Hersteller – wohl um an die glorreichen Zeiten des Irish Whiskey zu erinnern und der Marke etwas mehr Aura zu verleihen, als sie geschmacklich (bis jetzt) hergibt.

U

Der Barkeeper thronte auf einem Hocker und war in eine Waffenzeitschrift vertieft. Ohne aufzublicken streckte er eine Hand nach einer Flasche im Regal aus und stellte sie auf die Theke. Es war eine Scotchmarke, von der ich noch nie gehört hatte ...»Eine Gratisprobe, wenn Sie die Flasche hier kaufen«, erklärte er mir. »Eine schöne Tradition«, sagte ich und kippte das Glas, ehe er es sich anders überlegen konnte. Die Hälfte ging durch das Zittern drauf, aber für den Anfang genug durch die Kehle. Der zweite Schluck versprach Erlösung. Die Wärme bahnte sich ihren Weg aus meinem Magen ins Blut. Nichts haut so schön rein wie der zweite Schluck.

Neal Barret Jr. »Pink Vodka Blues«

UBIQUE

Blended Scotch, 40 vol.%, von →*Gordon & MacPhail.*

UD (United Distillers)

Britischer Spirituosenkonzern, London, Tochterfirma des irischen Biergiganten *Guinness.*

Der machtvolle Einstieg von Guinness ins Whisky Business begann 1985 mit der unfreundlichen Übernahme von *Arthur Bell & Sons* (→Bell's), einem der erfolgreichsten Whisky-Brenner Schottlands (mit einem Marktanteil von 25% in Großbritannien). Damit war der Hunger von Guinness aber noch lange nicht gestillt, und schon ein Jahr später machte man sich daran, die →*DCL* zu erobern. Das einstige Schlachtschiff der schottischen Whisky-Industrie dümpelte damals müde vor sich hin und sollte eigentlich in den Besitz der *Argyll Group* wechseln. Doch Guinness-Chef *Ernest Saunders* entfesselte eine dramatische Übernahmeschlacht, aus der sein Konzern zwar im April 1986 als Sieger hervorging, die Saunders selbst jedoch eine fünfjährige Gefängnisstrafe einbrachte. Um den Kurs der Guinnessaktien in die Höhe zu treiben, hatte er nämlich einige illegale Börsenmanipulationen eingefädelt, die dann im Zuge des Wallstreet-Skandals um *Ivan Boesky* ans Licht kamen. Guinness selbst hat dies nicht geschadet: Der Konzern gilt seither als größter Whisk(e)y-Hersteller der Welt.

Nicht groß genug, befanden die Herren im Vorstand und kauften sich noch einige Brennereien in den USA und Kanada: Den Anfang machte 1984 die US-Firma →*Stitzel-Weller* sowie die kanadische →*Valleyfield Distillery*, 1987 folgte →*Schenley*, 1991 schließlich →*Glenmore*, letztere wurde 1995 wieder abgestoßen.

Inzwischen ist UD selbstverständlich auch auf den neuen Märkten Asiens vertreten: Seit 1993 besteht ein Joint-venture mit der *UB Group*, dem größten Spirituosenhersteller Indiens, und in China wurde im selben Jahr eine Firma gegründet, die den entzückenden Namen *Riche Monde China* trägt; dabei handelt es sich um ein Gemeinschaftsunternehmen mit dem französischen Luxusartikelkonzern *LVMH* (Moët-Hennessy-Louis Vuitton), mit dem Guinness durch wechselseitige Beteiligungen verbunden ist.

Das Hauptgeschäft macht UD aber nach wie vor mit Scotch Whisky. Auf diesem Sektor besitzt die Gruppe außer einer ganzen Reihe von Weltmarken wie JOHNNIE WALKER, BELL'S, DEWAR'S und DIMPLE noch derart viele kleinere Labels, daß selbst die

eigens angestellten Firmenhistoriker bisweilen das Archiv der *Scottish Whisky Association* zu Rate ziehen müssen, um Klarheit zu gewinnen.
Die wichtigste Malt-Marke ist CARDHU, daneben gibt es noch die sehr populäre Reihe *Six Classic Malts*, die die Marken CRAGGANMORE, DALWHINNIE, GLENKINCHIE, OBAN, LAGAVULIN und TALISKER umfaßt. Die übrigen UD Malts gibt es, soweit sie als Singles abgefüllt werden, in der *Flora & Fauna*-Reihe; sie sind nur im ausgewählten Fachhandel und den jeweiligen Destillerien selbst erhältlich. Schließlich gibt es noch die *Rare Malts Selection*, Faßstärke-Abfüllungen besonders rarer Whiskies in kleiner Auflage.

Von den einst fünf Grain-Brennereien der UD sind heute nur CAMERONBRIDGE und PORT DUNDAS in Betrieb, *Caledonian* wurde 1987 geschlossen, *Cambus* 1993, *Carsebridge* 1983; aus den beiden letzten gibt es aber bisweilen noch Single-Grain-Abfüllungen. Das Malz für viele der UD-Destillerien wird in GLENESK produziert, die Lagerhäuser befinden sich in der Grafschaft Clamannanshire.
Bisher unbestätigten Berichten zufolge plant der *Guinness*-Konzern noch im Jahre 1996 die Übernahme der Nahrungsmittelgruppe *Grand Metropolitan* samt deren Spirituosen-Tochter →*IDV*. Für die Transaktion sollen £ 13.2 Milliarden veranschlagt sein. UD würde damit endgültig zum größten Spirituosenhersteller der Welt.
Malt-Destillerien: ABERFELDY, AULTMORE, BALMENACH, BANFF, BENRINNES, BLADNOCH, BLAIR ATHOL, CARDHU, CLYNELISH, CAOL ILA, COLEBURN, CONVALMORE, CRAGGANMORE, CRAIGGELLACHIE, DAILUAINE, DALWHINNIE, (DALLAS DHU), DUFFTOWN, GLENDULLAN, GLEN ELGIN, GLENESK, GLENKINCHIE, GLENLOCHY, GLENLOSSIE, GLEN ORD, GLENUGIE, GLENURY ROYAL, INCHGOWER, LAGAVULIN, LINKWOOD, MORTLACH, NORTH PORT, OBAN, PITTYVAICH, PORT ELLEN, ROSEBANK, ROYAL, BRACKLA, ROYAL, LOCHNAGAR, TALISKER, TEANINICH

Grain-Destillerien: (Cambus), Cameron Bridge, (Carsebridge), Port Dundas
Vatted Malt: Glenleven, Strathconan
Blended Scotch: Abbot's Choice, Ainslie's, The Antiquary, Baird Taylor, Baxter's Barley Bree, Bell's, Benmore, Bisset's, Black & White, Buchanan's, Bulloch Lade, C. & J. McDonald, Chequer's, Crawford's 3 Star (nur Export), Dewar's, Dimple, Gillon's, Glenfern, Glen Garry, Glen Lyon, Golden Age, Haig (nur Export), Harvey's Special, Heathwood, Highland Club, Highland Dew, Highland Nectar, Huntly, John Begg, Johnnie Walker, King Arthur, King George IV, King of King's, King's Legend, King William IV, Logan, Lowrie's, Macleay Duff, McCallum's, McDonald's, Old Angus, Old Matured, Old Parr, Peter Dawson, President, Queen Elizabeth, Queen's Choice, Real Mackenzie, Reliance, Robbie Burns, Roderick

Dhu, Rodger's, Royal Household, Sanderson's Gold, Sandy Macdonald, Scottish Queen, Usher's, Vat 69, White Horse, Windsor Castle, Yellow Label, Ye Monks
Bourbon: I.W.Harper, James E. Pepper, Old Charter, Old Fitzgerald, Rebel Yell, W.L.Weller
Tennessee: George Dickel
Canadian: Gibson's, MacNaughton, Royal Command, Schenley.

UNABHÄNGIGE ABFÜLLER

Viele schottische Malt Whiskies werden nicht nur vom jeweiligen Hersteller abgefüllt, sondern auch von unabhängigen Abfüllern. Eine ganze Reihe von Malts ist sogar nur von diesen Firmen zu bekommen, die sich darauf spezialisiert haben, besonders rare Whiskies abzufüllen. Das sind entweder Marken, die gar nicht mehr produziert bzw. nur zum Blending benutzt werden, oder auch spezielle Jahrgänge, die offiziell nie auf den Markt kamen.
Man unterscheidet dabei zwischen Lizenz-, Eigentümer- und Markenabfüllungen:
Lizenzabfüllungen sind solche, bei

denen die Hersteller die Abfüllung und Vermarktung ihrer Whiskies als Single Malt den unabhängigen Firmen überlassen (z.B.: SCAPA von *Gordon & Macphail* oder SMITH'S GLENLIVET).
Eigentümerabfüllungen sind solche, die nicht vom Hersteller autorisiert wurden, was rechtlich nur möglich ist, wenn der Name des Abfüllers auf dem Etikett größer erscheint als der Name der Destillerie.
Markenabfüllungen schließlich können sowohl das eine wie das andere sein: Bei einer lizenzierten Markenabfüllung kauft beispielsweise eine Firma den Whisky beim Hersteller und füllt ihn unter dem eigenen Namen ab (z.B. EL VINO ISLAY MALT = BUNNAHABHAIN). Bei einer inoffiziellen Markenabfüllung wird der Whisky unter einem Phantasienamen abgefüllt (z.B. GLEN GORDON von *Gordon & MacPhail*), und der Hersteller bleibt ungenannt (es gibt eine Unzahl dieser Phantasiemarken, und nur die wenigsten werden hier aufgeführt).
Die wichtigsten unabhängigen Abfüller sind: WM CADENHEAD, GORDON & MACPHAIL, THE SCOTCH MALT WHISKY SOCIETY, SIGNATORY.
Die zunehmende Beliebtheit von →Einzelfaß-Abfüllungen führte in letzter Zeit zu einer wachsenden Zahl von Neugründungen:
War es früher notwendig, auf einen großen Vorrat an gelagerten Whiskies Zugriff zu haben, um über einen längeren Zeitraum hinweg ein gleichbleibendes Repertoire anbieten zu können, so läßt sich heute bereits mit dem Besitz einiger Fässer ein Geschäft machen. Der Markt wird dadurch immer unübersichtlicher, und es können hier nur einige der kleinen Firmen berücksichtigt werden: ADELPHI, THE CASTLE COLLECTION, JAMES MACARTHUR.

UNION GLEN
Blended Scotch, 3 Jahre, 40 vol.%, von →*Bennachie*.
Ein neuer Blend der untersten Preiskategorie, der laut Firmenprospekt besonders für Gewohnheitstrinker geeignet sein soll (»a general daily tipple«).

UNITED DISTILLERS →UD

US-WHISKEY

In den USA unterscheidet man zwischen BOURBON, CORN, RYE und TENNESSEE Whiskey. Diese Sorten können als STRAIGHT, BLENDED oder LIGHT Whiskeys hergestellt werden (Einzelheiten unter dem jeweiligen Stichwort).

Die älteste amerikanische Whiskey-Sorte ist der **Rye** (Roggen-)Whiskey, der erst im 20. Jahrhundert vom Bourbon in den Hintergrund gedrängt wurde. Roggen war mit den Europäern nach Amerika gekommen und wurde vor allem von schottischen und irischen Einwanderern in den Staaten *Pennsylvania* und *Maryland* gebrannt.

Bourbon, der im wesentlichen aus Mais besteht, wird erstmals im Jahre 1821 erwähnt, doch schon Ende des 18. Jahrhunderts begann man im Gebiet des heutigen Kentucky mit dem Maisanbau und wohl auch mit dessen Verarbeitung zu Whiskey (die erste Brennerei in dieser Gegend läßt sich im Jahr 1776 nachweisen).

Die allermeisten Whiskeys, die damals auf den Markt kamen, waren allerdings nicht mit dem Produkt zu vergleichen, das heute diesen Namen trägt. Mangels gesetzlicher Vorschriften konnte praktisch jedes Destillat als Whiskey verkauft werden, und da die Hersteller ihr Produkt üblicherweise gleich nach dem Brennen anboten, wurde der Markt von farblosem und unreifem Schnaps überschwemmt, der nachträglich mit Sherry oder Tee gefärbt und mit diversen Gewürzen aromatisiert wurde. Besonders derb verfuhr man mit dem Stoff, den man den Indianern im Tausch gegen wertvolle Felle, Pelze und schließlich sogar Land anbot: Dieses Feuerwasser wurde mit Tabaksaft oder Tinte gefärbt und mit Schwefel und Pfeffer gewürzt.

Erst das von *E.H. Taylor* (→Old Taylor) und anderen qualitätsbewußten Brennern inspirierte BOTTLED-IN-BOND-Gesetz von 1897 schuf ein staatlich garantier-

tes Gütesiegel, das jeden Whiskey mit der entsprechenden Aufschrift als unverschnittenen, mindestens 4 Jahre gelagerten Whiskey mit 50 vol.% auswies.
(Den Indianern half das herzlich wenig, sie hatten ihr Land inzwischen verloren und in den wenigen Reservaten, die ihnen verblieben, ist Alkoholismus bis heute eines der Hauptprobleme.)

Die Geschichte des amerikanischen Whiskeys im 20. Jahrhundert ist von der →Prohibition (1920–33) geprägt: Nur wenige Destillerien konnten sich mit der Herstellung von medizinischem Alkohol über Wasser halten, die allermeisten Betriebe wurden für immer stillgelegt. Da das Alkoholverbot dem Durst der Bevölkerung jedoch nichts anhaben konnte, brannte man den Stoff entweder schwarz (→Moonshine) oder holte ihn von anderswo. Canadian und Scotch wurden in enormen Mengen ins Land geschmuggelt und prägten den Whisky-Geschmack der Amerikaner bis heute (→Light Whisk(e)y). Erst in der Nachkriegszeit begann die Industrie sich langsam von diesem Schlag zu erholen, doch nun war es der Bourbon, der die meiste Popularität genoß.
In den 50er Jahren erhielt diese Sorte allerdings starke Konkurrenz aus Tennessee: Zwar unterscheidet sich **Tennessee Whiskey** nur durch eine spezielle Art der Filtrierung von Bourbon, doch mit einer ausgeklügelten Marketingstrategie gelang es der Firma *Jack Daniel's*, ihr Produkt als etwas Einmaliges darzustellen. Heute ist *Jack Daniel's Tennesse Sour Mash* weltweit die Nr. 2 unter den US-Whiskey-Marken, übertroffen wird er nur noch von *Jim Beam* Bourbon.
Die nächstfolgenden Bestseller gehören der Kategorie **Blended American** an, einem Verschnitt von **Straight Whiskey** und Neutralsprit; der bekannteste Name hier ist *Seagram's 7 Crown*.
Die wichtigsten Hersteller von US-Whiskey sind: Jim Beam, Brown-Forman, Seagram und Heaven Hill.

USHER'S GREEN STRIPE

Blended Scotch, 43 vol.%, von *J. & G. Stewart*, einer Tochterfirma von →*UD*.
Andrew Usher (1782-1856) gilt neben →*W.P.Lowrie* und →*Ch. Mackinlay* als Erfinder des Blended Scotch. Er begann 1813 als Spirituosenhändler in Edinburgh, zu einer Zeit also, als Whisky in der Regel frisch getrunken wurde. Die Vorteile der Faßlagerung waren zwar bekannt, wurden aber im Zusammenhang mit Whisky vernachlässigt. Auch die damals z.B. beim Cognac bereits übliche Zusammenstellung einer Cuvée galt in Schott-

land eher als Zeitverschwendung. Usher war einer der ersten, der systematisch mit diesen Techniken experimentierte. Er begann zunächst mit der Kombination verschiedener Malts, also mit der Herstellung von Vatted Malts, und brachte 1853 seine erste Marke *Old Vatted Glenlivet* heraus (Usher hatte die Alleinvertriebsrechte für Glenlivet). Kurz darauf folgten die ersten Versuche mit dem Verschnitt von Malt und dem leichteren, billigeren Grain Whisky, eine Technik, die später von Ushers Söhnen verfeinert wurde. Sie taten dies einerseits aus Kostengründen, andererseits war ihnen wohl bewußt, daß mit den schweren und charaktervollen Malts der Highlands im Industriezeitalter kein Staat zu machen war. Der Erfolg, den ihre Blends in Metropolen wie London und Manchester hatten, gab ihnen Recht, und die steigende Nachfrage führte dazu, daß die Ushers 1886 zusammen mit einigen anderen Blending-Firmen die damals größte Grain-Brennerei Schottlands errichteten: →*North British*. Um die Jahrhundertwende war *Usher's* weltweit eine der ganz großen Spirituosenmarken.

Eingedenk seiner Trendsetter-Qualitäten wird *Usher's Green Stripe* heute verstärkt auf den wachsenden Märkten Lateinamerikas eingesetzt.

USQUAEBACH

[(*ischkeba)* gälisch: Lebenswasser]

Blended Scotch von →*Twelve Stone Flagons.*

Unter diesem Namen gibt es eine Reihe von hochklassigen Blends, die vor allem für den US- und Duty-free-Markt produziert werden. Die Pittsburgher Firma Twelve Stone Flagons läßt sie in Schottland von *Invergordon* herstellen und zum Teil in altertümliche Tonkrüge abfüllen.

Derzeit gibt es folgende Versionen: Ultra Premium, Reserve Super Premium, Special Premium, De Luxe 8 Years Old, Elite Silver 25 Years Old, Elite Gold 50 Years Old, Crystal Decanter, Pure Malt 15 Years Old (Vatted Malt).

V & W & Y

Ein Morgen Mais bietet reichlich Nahrung

William Faulkner

VALLEY 9 GOLD
Koreanischer Whisky, 40 vol.%, von →*Seagram.*
Ein Blend aus einheimischem Grain- und importiertem Malt Whisky, der eigens für den boomenden Markt Südkoreas kreiert wurde und billiger ist als die in großen Mengen eingeführten Scotch-Marken.

VALLEYFIELD
Kanadische Brennerei in der Nähe von Montreal, im Besitz von →*UD*. Sie gehörte früher zu →*Schenley*, seit 1984 werden alle UD-Canadians hier produziert.

VAT 69
Blended Scotch von →*Wm Sanderson* (UD).
Ein gestandener, kräftiger Scotch der alten Schule, seit 1882 auf dem Markt und auch bei uns bis in die 60er Jahre ein Bestseller. Dann wurde es etwas ruhiger um diese Marke; speziell in Deutschland war sein Image wohl zu sehr mit den Partykellern des Wirtschaftswunders verknüpft, in denen auch die leeren Flaschen noch eine prominente Rolle als Kerzenhalter spielten.

Neue, leichtere Marken drängten Vat 69 in den Hintergrund. Es lohnt sich aber, diesem hochanständigen Whisky eine neue Chance zu geben.
Seit den 80er Jahren gibt es auch eine 12jährige De-Luxe-Version.
Fast so alt wie die Marke selbst ist der Witz, ihren Namen als »die Telephonnumer des Papstes« zu bezeichnen. Auch die Geschichte des Namens wurde schon oft erzählt:
In einer frühen Form der Marktforschung ließ *William Sanderson*, einer der großen alten Männer des Blended Scotch, 100 verschiedene Blends im Freundeskreis verkosten. Der Bottich (engl. *vat*) mit der Nummer 69 erhielt den größten Zuspruch, und eine neue Marke war geboren.

VATTED MALT

Schottische Whisky-Sorte. Ein Vatted Malt besteht aus mehreren (mindestens zwei) →*Single Malts* verschiedener Destillerien. Vatted Malts werden so gut wie nie als solche kenntlich gemacht, manchmal steht schlichtweg MALT auf dem Etikett, häufig auch PURE MALT oder ALL MALT. PURE MALT kann andererseits auch einen SINGLE MALT bezeichnen, wie die → *Scapa*-Abfüllung von *Gordon & MacPhail* zeigt. Letztlich kann jeder Malt Whisky, der nicht ausdrücklich als SINGLE ausgewiesen ist, ein VATTED sein.

Der Begriff VATTING bezeichnet den technischen Vorgang des Zusammenschüttens verschiedener Whiskies in einem Faß bzw. Bottich (engl. *vat*). Auch Malts einer einzigen Destillerie werden vor der Abfüllung meist auf diese Weise gemischt, um die Unterschiede zwischen den verschiedenen Destillaten auszugleichen.

Die Zusammenstellung von Blends erfolgt ebenso in VATS, und in Irland ist VATTING gleichbedeutend mit BLENDING.

Das Komponieren verschiedener Single Malts zu einem Vatted ist historisch älter als das Blending (→*Usher*), und es war früher durchaus üblich, sich seine eigene Mischung für den Hausgebrauch selbst herzustellen. Ziel dabei ist, die oft sehr ausgeprägten Eigenheiten mancher Malts zu mildern bzw. auszubalancieren, abgesehen vom Spaß an sich, den es macht, sich einen Whisky

nach dem eigenen Geschmack zusammenzustellen.

Nachdem heute gerade die leidenschaftlichen Malt-Trinker immer mehr den ganz puren Stoff, also Einzelfaß-Abfüllungen, bevorzugen, ist die Kunst des Vatting etwas ins Abseits gedrängt worden. Darüber sollte man aber nicht vergessen, daß es ganz hervorragende Vertreter dieser Gattung gibt, die prominentesten von ihnen sind wohl die aus der *Gordon & MacPhails* Reihe PRIDE OF ...

VERY OLD BARTON

Kentucky Straight Bourbon
von →*Barton* (Canandaigua).

Ein simpler Alltags-Whiskey und Bartons Bestseller in den USA; erhältlich in vier Versionen: als Bottled-in-Bond (50 vol.%) und als 6jähriger mit 40, 43 und 45 vol.%.

VIRGINIA GENTLEMAN

Straight Bourbon, 40 vol.%, aus der *A.Smith Bowman Distillery* in Fredericksburg, Virginia.

Ein gut ausbalancierter Whiskey, trocken und rund.

Bald nach seinem Erscheinen im Jahre 1935 fand Virginia Gentleman besonders in Politiker- und Journalistenkreisen der Ostküste Anklang. Unter dem Label GENTLEMAN OF THE PRESS gibt es ihn beim Nationalen Presseclub, und angeblich gehört er auch zur Grundausstattung auf der »Sequoia«, der Yacht des US-Präsidenten.

A.Smith Bowman Sen. war schon vor der Prohibition im Brennereigeschäft, machte dann ein Vermögen mit der Herstellung von Autobussen und begann gleich 1933 in Sunset Hill, Fairfax, wieder mit dem Bau einer Destillerie. Inzwischen ist die Brennerei umgezogen, produziert in der Hauptsache Gin, Wodka, Rum und ähnliches.

Die *low wines* (das erste Destillat) werden nach dem Bowman-Rezept andernorts gebrannt; die zweite Destillation, Lagerung und Abfüllung finden aber immer noch in der Bowman-Brennerei statt, der einzigen, die noch heute in Virginia Whiskey produziert. Die Getreidemischung enthält 65% Mais, 20% Roggen und 15% Gerstenmalz.

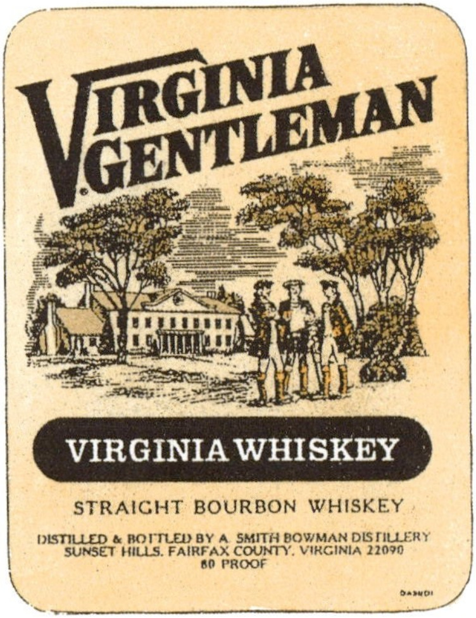

WALDORF ASTORIA EGGNOG

Eggnogs sind Drinks, die aus einer Mischung von Spirituosen, Milch, Zukker und Eigelb bestehen; in diesem Fall werden 2 Eigelb, 1 cl Zuckersirup, 2 cl Port (Tawny), 4 cl Bourbon, 10 cl Milch und 1 cl Sahne kräftig auf Eis geschüttelt und in einem Becherglas auf Eis serviert. Zum Abschluß wird etwas Muskatnuß darübergerieben.

WALISISCHER WHISKY

Angeblich brannten walisische Mönche bereits im 4. Jahrhundert eine Art Whisky *(chymreig chwisgí)* auf der Halbinsel Lleyn. Die erste kommerzielle Destillerie in Wales wurde im frühen 18. Jahrhundert von der Familie →*Evan Williams* gegründet, die sich später einen Namen in der Geschichte des amerikanischen Whiskeys machte. Das läßt sich auch von den Vorfahren eines gewissen *Jack Daniel* sagen, die um die gleiche Zeit in Cardigan mit dem Brennen begannen. Nach einer längeren Pause wurde die walisische Whisky-Tradition 1974 von der Firma →*The Welsh Whisky Co.* wiederbelebt.

WALKER'S DELUXE

Kentucky Straight Bourbon, 40 vol.%, von →*Hiram Walker* (Allied Domecq).
Ein leichter Alltags-Bourbon, den der kanadische Getränkekonzern von einer Destillerie in Kentucky (wahrscheinlich HEAVEN HILL) brennen läßt.

WARD EIGHT

Eine Variante des →*Whiskey Sour.*
5 cl Bourbon, 2 cl Zitronensaft, 1 Barlöffel Puderzucker und einen Spritzer Grenadine im Shaker kräftig schütteln und mit Stielkirsche garnieren.

The WELSH WHISKY

Diese walisische Herstellerfirma wurde 1974 von dem ehemaligen Lufthansapiloten *Dafydd Gittins* und seiner Frau *Gillian* in Brecon gegründet. Sie gehört der *Brecon Brewery* und gibt eine Reihe von Marken heraus, die bisher noch auf schottischem Malt Whisky basieren. Seit 1994 betreiben die Gittins' aber auch eine eigene kleine Brennerei, deren Malts um die Jahrtausendwende auf den Markt kommen sollen.
Marken: MERLYN CREAM LIQUEUR, PRINCE OF WALES, SWN Y MOR (siehe auch *Walisischer Whisky*).

WHISK(E)Y DRINKS

Im Vergleich zu Gin ist Whisk(e)y nicht gerade eine Mix-Spirituose – am wenigsten geeignet sind Scotch und Irish –, dennoch liefert er die Basis für einige klassische Cocktails; der einzig originäre Whisk(e)y Cocktail außer dem →*Manhattan* ist der →*Mint Julep*, der aus Kentucky stammt. Man könnte hier auch den →*Old Fashioned* nennen, der aber letztlich, wie die allermeisten Whisk(e)y Drinks, auch nur eine Manhattan-Variation ist. Daneben gibt es *Sours*, *Fizzes* und *Digestifs*; Whisk(e)y eignet sich außerdem hervorragend für Heißgetränke wie zum Beispiel →*Irish Coffee* und *Hot Toddy*.

Zwar entstanden die heute bekannten Whisk(e)y Drinks fast ausnahmslos in den USA, doch auch in Schottland und Irland wurde Whisk(e)y schon immer gerne in diversen Mischungen getrunken. Es ist auch gut möglich, daß er in seiner Frühzeit ausschließlich in dieser Form konsumiert wurde, hauptsächlich in Kombination mit Kräutern, Honig, oder Milch, woraus später dann die heute bekannten →Liköre entstanden.

WHISKEY HOT TODDY

Ein heißer →*Whiskey Sour*:
4 cl Bourbon, 2 cl Zitronensaft und 1 cl Zuckersirup in einem feuerfesten Glas erhitzen, mit heißem Wasser auffüllen und eine mit Nelken gespickte Zitronenscheibe dazugeben.

WHISKY MAC

Schottisches Hausgetränk, für das Whisky je nach Geschmack mit einer beliebigen Menge Ingwer-Likör, z.B. →Crabbie's *Green Ginger Cordial*, gemischt wird.

WHISKEY SOUR

Einer der berühmtesten Drinks, die die amerikanische Bar-Kultur hervorgebracht hat. Er wird in zahlreichen Variationen zubereitet, üblich ist die folgende: 4 cl Bourbon, 2 cl Zitronensaft, 1 Barlöffel Puderzucker und 1 cl Zuckersirup auf Eis schütteln; traditionellerweise trank man Whiskey Sour ohne Eis aus Champagnerflöten-ähnlichen *Sour*-Gläsern, heutzutage wird er meist auf Eis im Tumbler serviert (mit Scotch heißt er *London Sour*).

Der indische Botschafter in den USA bemerkte 1966: »Die Amerikaner sind ein lustiger Haufen. Sie trinken Whiskey, um sich zu wärmen; dann tun sie Eis rein, um ihn zu kühlen. Sie tun Zucker rein, um ihn zu süßen, und dann Zitrone, um ihn sauer zu machen. Dann sagen sie »Here's to you' und trinken ihn selber.«

WHITE BUSH →Bushmills Original

WHITE HEATHER

Blended Scotch von →*Campbell Distillers* (Pernod Ricard).
Ein gut ausbalancierter Standard-Whisky, 8 Jahre, wahrscheinlich auf Aberlour-Basis; Hauptmarkt ist Frankreich.

WHITE HORSE

Blended Scotch von *White Horse Distillers*, einer Tochterfirma von →*UD*.
Ein überdurchschnittlicher Standard-Blend mit großer Vergangenheit und noch heute eine der international erfolgreichsten Scotch-Marken.
Schon im 17. Jahrhundert führte die Familie *Mackie* den berühmten Gasthof *The White Horse Inn* im Zentrum Edinburghs. Einer ihrer Nachkommen, *James Logan Mackie*, stieg 1867 mit dem Erwerb der Lagavulin Distillery ins Whisky-Geschäft ein, doch erst sein Neffe *Peter Mackie* (1855–1924) kam um 1890 auf die Idee, einen eigenen Blend zu produzieren und ihn nach dem Gasthof zu benennen. *Restless Peter*, wie er auch genannt wurde, galt als leicht größenwahnsinniger Exzentriker, dessen Energie und Geschick die Marke bald über die Grenzen Großbritanniens hinaus bekannt werden ließ.
Er übernahm später die Destillerie Craigellachie, machte außerdem als Meisterschütze, Autor und streitsüchtiger Politiker von sich reden und brachte es schließlich als einer der fünf Whisky-Barone zum Adelstitel.
Nach seinem Tod wurde die Firma Mackie in *White Horse Distillers* umbenannt. Einer ihrer erfolgreichsten Coups war die Einführung des Schraubverschlusses für Whiskyflaschen im Jahre 1926. Diese Innovation führte zu einer Verdoppelung der Verkaufszahlen innerhalb von nur sechs Monaten. Ein Jahr später wurde die Firma von der →*DCL* übernommen, für deren Nachfolger UD sie noch heute die Destillerien Lagavulin, Glen Elgin und Craigellachie führt. Die liefern bis heute die Basis-Malts für den White Horse Blend, allerdings wurde der einst so deutliche Anteil von Lagavulin inzwischen etwas verringert.

WHITE HOUSE

Indischer Blend von *Polychem.*
Die Marke gibt es seit 1983, sie wird inzwischen auch nach Osteuropa exportiert (→*Men's Club*).

WHITELEY, Wm

Schottische Blending-Firma, die 1922 in Leith gegründet und später durch ihren Blend House of Lords bekannt wurde.
Whiteley erwarb 1933 die Edradour Distillery und wurde selbst 1938 von einem US-Finanzier übernommen, dessen angebliche Mafia-Verbindungen bis heute Stoff für Spekulationen bieten. Seit 1982 gehört die Firma zu →*Campbell Distillers* und damit zu Pernod Ricard.
Außer House of Lords gibt Whiteley noch die Marken Glenforres und King's Ransom heraus.

WHYTE & MACKAY

Blended Scotch der *Whyte & Mackay Group*, Glasgow, einer Tochterfirma von →*American Brands.*
Die eher leichte Standardversion heißt Whyte & Mackay Special, 40 vol.%; daneben gibt es einen 12jährigen und einen vollmundigen, vom Sherryfaß geprägten 21jährigen De Luxe, letzteren mit 43 vol.%.
Ihre besondere Geschmeidigkeit erhalten die Whyte & Mackay Blends durch die sogenannte doppelte Vermählung:
Normalerweise bezeichnet der Begriff Vermählung die mehrmonatige Faßlagerung, die zwischen Blending und Abfüllung liegt; die Besonderheit bei Whyte & Mackay besteht nun darin, daß die Komposition der Malts und die der Grains jeweils getrennt einige Monate in Sherryfässern zubringen und erst dann gemischt werden (man könnte also ebensogut von einem doppelten Blending sprechen).
Das auf der Flasche angegebene Gründungsjahr 1844 bezieht sich auf eine Firma, in der *James Whyte* vor seiner Zusammenarbeit mit *Charles Mackay* tätig war; unter dem heutigen Namen existiert die Gesellschaft erst seit 1882. Fast ebenso alt ist die Marke selbst, die ihre ersten Erfolge vor

allem in den USA erzielte. Erst nach dem Zweiten Weltkrieg wurde sie auch in Großbritannien eingeführt; heute ist sie besonders in Schottland populär, speziell auf dem heiß umkämpften Markt ihrer Heimatstadt Glasgow.

Der Basis-Malt für Whyte & Mackay kommt aus der Dalmore Distillery, die seit 1960 im Besitz der Firma ist. Auch die Malts von Fettercairn und Tomintoul dürften in den Blend eingehen, denn beide Brennereien werden seit den 70er Jahren von Whyte & Mackay geführt.

1972 verloren Whyte & Mackay ihre Selbständigkeit und landeten nach einigen Besitzerwechseln 1990 beim heutigen Eigentümer, dem US-Konzern American Brands. Unter dessen Regie versuchte die Firma 1991 eine unfreundliche Übernahme von Invergordon Distillers und war damit schließlich 1994 erfolgreich. Im Jahr darauf machten Whyte & Mackay sich durch die Schließung von drei der vier Invergordon-Brennereien ziemlich unbeliebt in Schottland: Bruichladdich, Tamnavulin und Tullibardine fielen den Rationalisierungsmaßnahmen zum Opfer, einzig Isle of Jura ist noch in Betrieb.

1986 übernahm W & M die Blends Claymore, Jamie Stuart, Old Mull und Stewart's Finest Old von →*UD*, später auch John Barr; das hatte kartellrechtliche Gründe, denn UD war durch den Kauf von *Arthur Bell* und *DCL* schlichtweg zu groß geworden.

Aus dem gleichen Grund bekamen Whyte & Mackay auch die britischen Rechte der UD-Marken Buchanan, Crawford, Haig und Real Mackenzie übertragen (siehe auch Beneagles, Harrod's).

WILD TURKEY

US-Whiskey-Marke aus der Boulevard Distillery, Lawrenceburg, Kentucky, von →*Austin, Nichols & Co.* (Pernod Ricard).

In allen seinen Versionen ist Wild Turkey ein üppiger Whiskey, bei dem das Attribut »klassisch« wohl nicht zu vermeiden ist.

Die populärste Abfüllung ist der Old No. 8 Brand mit 8 Jahren und 50.5 vol.%; er hat alles, was einen Bourbon ausmacht, man kann ihn pur trinken, er gibt aber auch einen hervorragenden Whiskey Sour ab. In den USA ist derzeit der leichtere Brown Label mit 40 vol.% auf dem Vormarsch. Daneben gibt es noch einen 12jährigen Gold Label mit 50.5 vol.% und seit 1993 – in beschränkter Auflage – einen Rare Breed, der aus 6- bis 12jährigen Whiskeys besteht und mit Faßstärke abgefüllt wird (54 vol.% und mehr). Als *Single Barrel* wird der Whiskey in zwei Ausführungen angeboten:

Kentucky Legend und Kentucky Spirit. Die alte Duty-free-Marke Beyond Duplication ist inwischen ausgelaufen.

Wild Turkey Straight Rye mit 50.5 vol.% ist wohl der ausgereifteste dieser Sorte, er macht es für den Außenstehenden unverständlich, warum Roggen-Whiskey in den USA aus der Mode gekommen ist.

Unter dem Label Nichols kommt ein Wild Turkey Blend auf den Markt, und schließlich produziert man hier auch einen Likör auf Zitrus- und Honigbasis mit 30 vol.%.

Wild Turkey kam 1942 auf den Markt und entwickelte sich schnell zum Verkaufsschlager. Damals waren *Austin, Nichols & Co.* noch eine reine Handelsgesellschaft, die ihren Whiskey im Auftrag herstellen ließ. Erst 1970 erwarb sie die alte *D.L.Moore Distillery* bei Lawrenceburg (gegründet 1855). Sie wurde lange Zeit von den *Ripys* geführt, einer irischen Einwandererfamilie, die im 19. Jahrhundert zu den größten Brennern Kentuckys gehörte, und deren Nachkommen noch den heutigen Brennmeister *Jimmy Russel* ausbildeten.

Er arbeitet mit einer Getreidemischung von 75% Mais, 13% Roggen und 12% Gerstenmalz, beim Rye sind es 65% Roggen, 23% Mais und 12% Gerstenmalz; der *Sour-Mash*-Anteil beträgt 33%.

Die *IDV*-Tochter →*Heublein* ist mit 30% an Austin Nichols beteiligt und für den US-Vertrieb der Marke zuständig.

Von 1971–87 brachte die Firma aufwendige Keramik-Decanter in Form von Jagdwild heraus (vor allem natürlich Truthähne, aber auch Adler, Waschbären etc.), die noch heute sehr gesucht sind. (Tel. 502–839 45 44)

WILLIAM GRANT'S

Blended Scotch von →*Wm Grant & Sons*.

Unter diesem Namen gibt es eine ganze Reihe von Blends:

die Standard-Version heißt Familiy Reserve (früher: Standfast) und gehört zu den meistverkauften Scotches der Welt. Außerdem gibt es einen 8jährigen Centenary, einen 12jährigen De Luxe, einen 12jährigen Old Gold, einen Superior Strength mit 50 vol.%, einen 18jährigen Classic und einen 21jährigen De Luxe im Decanter (siehe auch Grant's Royal).

Die Entscheidung, einen Blend herauszugeben, wurde den Grants mehr oder weniger aufgezwungen: 1898 ging die Handels- und Blendingfirma

Pattison's in Konkurs, der Hauptabnehmer für die Malts aus den Grant-Destillerien Glenfiddich und Balvenie. Um nicht auf den eigenen Whiskies sitzenzubleiben, entschloß man sich daher, sie selbst weiterzuverarbeiten, und nach einigen Anlaufschwierigkeiten entwickelte sich besonders der Standfast Blend zum Exportschlager. Die Basis-Malts für die William Grant Blends stammen mit Sicherheit aus Glenfiddich und Balvenie, wahrscheinlich auch aus Kininvie, die ebenfalls zur Familie gehört.

WILLIAM MAXWELL
Blended Scotch von →*P.J.Russell.*

WILLIAM LAWSON'S
Blended Scotch von →*Wm Lawson* (Bacardi).
Ein typischer →Light Whisky; er hieß früher einfach nur »Lawson's« – der Vorname wurde eingefügt, um Verwechslungen mit →*Peter Dawson* zu vermeiden. Basis-Malt ist Glen Deveron.

WILLIAM LOW'S FINEST
Blended Scotch, der von →*P.J.Russel* für die Supermarktkette William Low geblendet und von dieser exklusiv in ihren Läden in Schottland und Nordengland verkauft wird. Die Firma geht auf ein 1868 gegründetes Zwei-Mann-Unternehmen zurück, das bereits um die Jahrhundertwende über eine Reihe von Lebensmittelgeschäften in ganz Schottland verfügte.

WILSON
Blended American von →*Heaven Hill.*

WILSON'S
Neuseeländischer Blended Whisky, 37.5 vol.%, von *Wilson Distillers* (Seagram).
1968 begann die Firma Wilson, die bis dahin Malzextrakt produziert hatte, mit der Whisky-Herstellung in Dunedin, Süd-Neuseeland. Der erste Whisky kam 1974 auf den Markt; 1981 wurde Wilson von Seagram übernommen, und heute ist diese Marke der meistverkaufte Whisky in Neuseeland. Außerdem produziert die Destillerie einen Malt namens →Lammerlaw.

WINDSOR
Canadian Blends aus der Alberta Distillery von →*Jim Beam Brands* (American Brands).

Die Windsor-Whiskies sind sauber, trocken und besonders in den USA erfolgreich. Windsor De Luxe ist eine eher kleine Marke, Windsor Supreme gehört weltweit zu den meistverkauften Canadians.

WINDSOR CASTLE

Blended Scotch von →*R.H.Thomson* (UD).

WISER'S

Canadian Blend von →*Corby*, einer →*Hiram-Walker*-Tochter (Allied Domecq).

Unter diesem Label bringt Corby seine ausgereiftesten Produkte heraus. Es gibt einen 6jährigen Wiser's Special Blend, einen 10jährigen Wiser's Deluxe und einen Wiser's Oldest, der mit 18 Jahren wohl der älteste Canadian auf dem Markt ist.

W.L.WELLER

Kentucky Straight Bourbon aus der Stitzel-Weller Distillery von →*UD*. Nicht unelegante Whiskeys, die trotz ihres eher hohen Alkoholgehalts sehr weich sind.

Der Special Reserve hat 45 vol.%, der 10jährige Centennial 50 vol.% und der 7jährige Old Weller The Original 53.5 vol.%

William LaRue Weller begann 1849 mit dem Whiskey-Handel, und obwohl er nie selbst eine Brennerei besaß, war er bald einer der einflußreichsten Männer im Bourbon-Geschäft.

Seine Nachkommen taten sich 1903 mit der *Stitzel Distillery* zusammen, deren Produkte sie vermarkteten (→*Old Rip Van Winkle*). Aus dieser Verbindung ging 1936 die *Stitzel-Weller Distillery* hervor, die 1984 von UD übernommen wurde, und in der die Weller Whiskeys noch heute gebrannt werden.

Wie alle Stitzel-Weller-Produkte wird auch diese Marke mit Weizen statt Roggen destilliert, was ihren Geschmack etwas milder ausfallen läßt.

W.W.BEAM

Kentucky Straight Bourbon von →*Heaven Hill*.

YAMAZAKI →Suntory

YELLOW LABEL

Blended Scotch von *John Robertson & Son*, einer Tochterfirma von →*UD*. Die Firma Robertson & Son, 1827 in Dundee gegründet, besaß zeitweise die Brennereien Coleburn und Speyburn; letztere führte Robertson bis 1991 als Lizenzträger.

YELLOWSTONE

Kentucky Straight Bourbon,
45 vol.%, von →*Sherman*.

Ein mittelschwerer Alltags-Bourbon mit großer Vergangenheit: Ende des 19. Jahrhunderts von einem der *Dants* (→J.W.Dant) kreiert und nach dem damals gerade eröffneten Nationalpark benannt, war diese Marke bald sehr erfolgreich, in den 60er

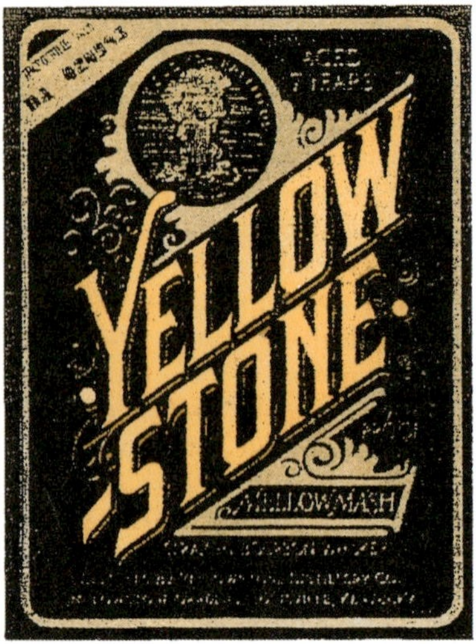

Jahren sogar die meistverkaufte in Kentucky. 1944 kam der Name zu →*Glenmore*, 1991 zu →*UD*, die ihn zwei Jahre später an Sherman abgab.

YE MONKS

Blended Scotch, Standard, von *Donald Fisher*, einer Tochterfirma von →*UD*.

Die seit 1898 registrierte Marke war früher ein De Luxe mit dem Namen Ye Whisky of The Monks; sie wird in handgefertigten Tonkrügen angeboten und ist vor allem für den lateinamerikanischen Markt bestimmt.

Donald Fisher, der 1836 in Edinburgh als Hersteller und Händler begann, gilt aus zwei Gründen als einer der Pioniere des modernen Whisky-Handels: Zum einen erkannte er sehr früh die Bedeutung, die das Alter einzelner Whiskies für die Qualität eines Blends hat. Lange vor der gesetzlichen Festlegung der Mindest-Reifezeit auf 3 Jahre begann er daher Vorräte an alten Whiskies anzulegen, was zwar die Kosten, aber auch die Verkaufszahlen in die Höhe trieb. Zum zweiten war Fisher einer der ersten, der seine Whiskies grundsätzlich in Sherryfässern lagerte (→*Faß*). Die Firma Fisher wurde 1936 von →*DCL* übernommen und kam später zu UD.

Die Whisk(e)ys der Welt

One Bourbon, One Scotch, One Beer

John Lee Hooker

AUSTRALIEN

Bond 7
Corio
Four Seasons

BRASILIEN

Drury's
Gregson's
Old Eight

CHINA

Seagram's 7 Star

DEUTSCHLAND

Edel Falcke
Der Falckner
Piraten Whisky
Racke Rauchzart

ENGLAND

Red Rose

INDIEN

Bagpiper
Gilbey's
Jagatjit
McDowell's
Men's Club
Peter Scot
Red Knight
Royal Secret
White House

IRLAND

Malt

Bushmills
(Coleraine)
Connemara
Sainsbury's
Tyrconnell

Pot Still

Green Spot
Old Comber
Redbreast

Blend

Avoca
Black Bush
Buena Vista
Bushmills
Coleraine
Connemara
Crested Ten
Dunphys
Erin's Isle
Great Count O'Blather
Hewitts
Inishowen
Jameson
Kilbeggan
Locke's
Midleton
Millars
Old Dublin
Paddy
Power's
Tullamore Dew
Tyrconnell

Whiskey-ähnliche Spirituosen

Bunratty
Millars
Three Stills

ISLE OF MAN

Glen Kella

JAPAN

Malt

All Malt
Hokkaido
Karuizawa
Nikka
Pure Malt
Suntory Yamazaki

Blend

Asama
Corn Base
Crescent
Emblem
From the Barrel
Gold & Gold
Grand Age
Hi
Ocean
Robert Brown
Route
Rye Base
Status
Suntory Hibiki
Suntory Kakubin
Suntory Old
Suntory Reserve
Suntory Royal
Suntory White Label
Super Nikka
Super Session
The Blend
Tsuru

KANADA

Adams
Alberta
Autumn Gold
Black Velvet
Bush Pilot's
Canada House
Canadian Club
Canadian Deluxe
Canadian Host
Canadian Hunter

Canadian LTD
Canadian Mist
Canadian Springs
Canadian Supreme
Crown Royal
Gibson's Finest
Grande Canadian
Harwood
Heaven Hill
James Foxe
Lord Calvert
MacNaughton
McCauley's
McCormick
McGuinness
McMasters
Meaghers 1878
Mount Royal Light
Northern Light
Royal Canadian
Royal Command
Royal Lord Canadian
Royal Reserve
Schenley
Seagram's V.O.
Silk Tassel
Windsor
Wiser's

KOREA

Valley 9 Gold

NEUSEELAND

Lammerlaw
Wilson's

SCHOTTLAND

Malt

CAMPBELTOWN
Glen Scotia
Longrow
Springbank

HIGHLAND
Aberfeldy
Ardmore
Balblair
Banff
Ben Nevis
Blair Athol
Brora
Clynelish
Dalmore
Dalwhinnie
Deanston
Edradour
Glen Albyn
Glencadam
Glenesk
Glen Garioch
Glengoyne
Glenlochy
Glen Mhor
Glenmorangie
Glen Ord
Glenturret
Glenugie
Glenury Royal
Inchmurrin
Lochside
North Port
Oban
Old Fettercairn
Old Pulteney
Royal Brackla
Royal Lochnagar
Teaninich
Tomatin
Tullibardine

INSELN
Highland Park*(Orkney)*
Isle of Jura *(Jura)*
Scapa *(Orkney)*
Talisker *(Skye)*
Tobermory *(Mull)*
(Ledaig)

ISLAY
Ardbeg
Bowmore
Bruichladdich
Bunnahabhain
Caol Ila
Lagavulin
Laphroaig
Port Ellen

LOWLAND
Auchentoshan
Bladnoch
Glen Flagler
Glenkinchie
Inverleven
Killyloch
Kinclaith
Ladyburn
Littlemill
Lomond
Rosebank
St. Magdalene

SPEYSIDE
Aberlour
Allt-Á-Bhainne

An Cnoc
Aultmore
Balmenach
Balvenie
Benriach
Benrinnes
Benromach
Braes of Glenlivet
Caperdonich
Cardhu
Coleburn
Convalmore
Cragganmore
Craigellachie
Dailuaine
Dallas Dhu
Dufftown
Glenallachie
Glenburgie
Glencraig
Glen Deveron
Glendronach
Glendullan
Glen Elgin
Glenfarclas
Glenfiddich
Glenglassaugh
Glen Grant
Glen Keith
Glenlivet
Glenlossie
Glen Moray
Glenrothes
Glen Spey
Glentauchers
Imperial
Inchgower
Knockando
Linkwood
Longmorn
Macallan
Macduff
Mannochmore
Millburn
Miltonduff
Mortlach
Mosstowie
Pittyvaich
Singleton of Auchroisk
Speyburn
Strathisla
Strathmill
Tamdhu
Tamnavulin
Tomintoul
Tormore

Grain

Black Barrel
Ben Nevis
Cambus
Cameron Brig
Carsebridge
Girvan
Invergordon
Lochside
North British

Vatted

Aberfoyle
Alexander Dunn
Angus Dundee
Auchterar
Bennachie
Berry's All Malt
Blairmhor
Burberry
Chieftain's Choice
Cockburn's
Diner's
Eileandour
Fine Fare
Fortnum & Mason
Gamefair
Glen Baren
Glen Blair
Glen Carren
Glencoe
Glen Corie
Glen Dew
Glen Drum
Glen Drummond
Glenfairn
Glen Flagler
Glenforres
Glengalwan
Glen Kella
Glenleven
Glenmorriston
Glenmoy
Glentromie
Grierson's No.1
Highland Cattle
Highland Fusilier
Highlander
Loch Kindie
Lombard's
MacPhail's
Mar Lodge
Moidart
Old Elgin
Old Montrose
Poit Dhubh

Pride of Islay
Pride of Orkney
Pride of Strathspey
Pride of the Lowlands
Royal Culross
Sainsbury's
The Seven Stills
Sheep Dip
Strathavon
Strathconan
Tobermory
Usquaebach

Blend

Abbot's Choice
Age of Sail
Ainslie's
Albion's Finest Old
Alexander Dunn
Allan's
Ambassador
Ancient Privilege
The Antiquary
Argyll
Auld Sandy
Avonside
Award
Bailie Nichol Jarvie
Baird Taylor's Selected
Ballantine's
Baxter's Barley Bree
Bell's
Ben Aigen
Ben Alder
Beneagles
Benmore
Ben Roland
Big T
Bisset's
Black & White
Black Bottle
Black Prince
Black Rooster
Black Shield
Black Stag
Black Watch
Blue Hanger
Boswell's Reserve
Bristol Vat
Brodie's Supreme
Buchanan's
Bucktrout's
Bulloch Lade (BL)
Burberry
Burn Stewart
Cairnbaan
Cairndew Mist
C.&J. McDonald
Campbeltown Loch
Castle Pride
Catto's
Chairman's
Chairman's Reserve
Chequer's
Chivas Regal
Choicest Liqueur
Clan Ardoch
Clan Ben
Clan Campbell
Clan MacGregor
Clan Munro
Clan Murdock
Clan Roy
Clansman
The Claymore
Club
Cluny
Cockburn & Murray
Consulate
Corney & Barrow
Crabbie's
Crawford's 3 Star
Cumbrae Castle
Custodian
Cutty Sark
Dalmeny
Defender
Derby Special
Dew of Ben Nevis
Dew of the Western Isles
Dewar's
Dimple
Diner's
Diplomatic Privilege
Director's Special
Doctor's Special
The Dominie
Dons Dram
Double Q
Dream of Barley
Duart Castle
The Dundee
Dunhill
Eagelsome's
Eaton's Special
El Vino
The Famous Grouse
Findlater's Finest
Fine Fare
Fine Old Special
Forfars

Fortnum & Mason
Fraser's Supreme
Frith House
Gairloch
Gale's
Gillon's
Glen Calder
Glen Catrine
Glen Clova
Glen Darroch
Glen Dowan
Glen Drostan
Glenfern
Glenfoyle
Glen Garry
Glen Ghoil
Glen Kella
Glen Kindie
Glen Lyon
Glen Niven
Glenrob
Glen Rosa
Glenside
Glen Stuart
Glen Urquhart
Glorious 12th
Gold Blend
Gold King
Gold Label
Golden Age
Golden Cap
Golden Piper
Grand Macnish
Grant's Royal
Great Mac
Great Macaulay
Green Highlander

Haig
Hamashkeh
Hankey Bannister
Harrod's
Hart's
Harvey's Special
Heatherdale
Heathwood
Hedges & Butler
Hielanman
High Commissioner
Highland Abbey
Highland Bird
Highland Blend
Highland Clan
Highland Club
Highland Dew
Highlander
Highland Gathering
Highland Legend
Highland Mist
Highland Nectar
Highland Pearl
Highland Queen
Highland Reserve
Highland Rose
Highland Stag
Highland Star
Highland Woodcock
House od Campbell
House of Lords
House of Peers
House of Stuart
Howard Maclaren
100 Pipers
Huntly
Hynard's Finest

Immortal Memory
Imperial Gold Medal
Inver House Green
Plaid
Inverness Cream
Island Prince
Islay Legend
Isaly Mist
The Jacobite
James Gordon's
James Martin's
Jamie Stuart
J & B
J. M. & Co. Superior
Mountain Dew
Jock
Jock Scott
John Barr
John Begg Blue Cap
John Dory
John Player Special
Johnnie Walker
Kelt
King Arthur
King Charles
King Edward I
King George IV
King Henry VIII
King James VI
King John
King of Kings
King of Scots
King Robert II
King's Pride
King's Ransom
King's Whisky
King William IV

Lang's
Langside
Lauder's
Legacy
Lismore
Loch Ranza
Logan
Lombard's
Long John
Lowrie's
MacAndrew's
MacArthur's
Mackinlay's
MacLeod's Isle of Skye
Mac Na Mara
Major Gunn's
Majority
Malcolm Stuart
Mason's
McCallum's Perfection
McDonald's
Special Blend
McDowall
McGavins
McGibbon's
Milner's Brown Label
Milord's
The Monarch
Monster's Choice
Moorland
Muirhead's Blue Seal
Murdoch's Perfection
The Murrayfield
Northern Scot
Old Angus
Old Argyll
Old Court
Old Curlers
Old Decanter
Old Fox
Old Galsgow
Old Glomore
Old Highland Blend
Old Inverness
Old Keg
Old Matured
Old Montrose
Oldmoor
Old Mull
Old Orkney
Old Parr
Old Royal
Old Smugger
Old Spencer
Old St. Andrews
OV 8
Parker's
Passport
Peter Dawson
Pig's Nose
Pinwinnie Royal
Pipe Major
Piper's Clan
Pot Lid
Premier
President
Prestige d'Ecosse
Putachieside
Queen Anne
Queen Eleanor
Queen Elizabeth
Queen Mary I
Queen's Choice
Queen's Seal
The Real Mackay
The Real Mackenzie
Red Hackle
Red Rooster
Reliance
Robbie Burns
Rob Roy
Roderick Dhu
Rodger's Old Scots
Brand
The Royal and Ancient
Royal Citation
Royal Findhorn
Royal Game
Royal Heritage
Royal Household
Royal Salute
Sainsbury's
Sanderson's Gold
Sandy Macdonald
Sandy Macnab
Savoy
Scoresby Rare
Scotia Royale
Scots Club
Scots Earl
Scots Grey
Scots Lion
Scots Poet
The Scottish Collie
Scottish Dance
Scottish Envoy
Scottish Leader
The Scottish National
Tartan
Scottish Queen
Scottish Royal

77
Sir Water Raleigh
Something Special
Speakers
Spey Cast
Spey Royal
SS Politician
The Stewart Macduff
Stewart's Cream of the Barley
Stewart's Finest Old
St. James's
St. Leger
Strathbeg
Strathfillan
Strath-Roye
Swords
Teacher's
Té Bheg Nan Eilan
Treasury
Tribute
Ubique
Union Glen
Usher's Green Stripe
Usquaebach
Vat 69
White Heather
White Horse
Whyte & Mackay
William Grant's
William Maxwell
William Lawson's
William Low's Finest
Windsor Castle
Yellow Label
Ye Monks

SLOWENIEN

Jack & Jill

SPANIEN

DYC

SÜDAFRIKA

Teal's
Three Ships

THAILAND

Master Blend

TSCHECHIEN

King Barley

TÜRKEI

Ankara

USA

American Biker
Ancient Age
A.H.Hirsch
Baker's
Barclay's
Basil Hayden's
Bellow's
Benchmark
B.J. Holladay
Blanton's
Booker's
Bourbon Deluxe
Bourbon Supreme
Bourbontown Club
Bulleit
Cabin Still
Clementine's
Colonel Lee
David Nicholson 1843
Dowling
Eagle Rare
Early Times
Echo Spring
Elijah Craig
Elmer T. Lee
Evan Williams
Ezra Brooks
Four Roses
Hancock's Reserve
Heaven Hill
Henry McKenna
I.W.Harper
James E. Pepper
Jim Beam
Johnny Drum
J.T.S.Brown

J.W.Dant
Kentucky Dale
Kentucky Gentleman
Kentucky Legend
Kentucky Spirit
Kentucky Tavern
Kentucky Vintage
Knob Creek
Maker's Mark
Mattingly & Moore
McCormick
Medley's
Noah's Mill
Old 1889
Old Bardstown
Old Charter
Old Crow
Old Distiller
Old Ezra
Old Fitzgerald
Old Forester
Old Grand-Dad
Old Kentucky Rifle
Old Rip Van Winkle
Old Taylor
Old Weller
Old Williamsburg
Pennypacker
Pure Kentucky
Rebel Yell
Rock Hill Farms
Rowan's Creek
Sunny Brook
Ten High
Tom Moore
T.W.Samuels
Very Old Barton
Virginia Gentleman
Walker's De Luxe
Wild Turkey
W.L.Weller
W.W.Beam
Yellowstone

Tennessee

Gentleman Jack
George Dickel
Jack Daniel's
Lem Motlow's

Rye

Jim Beam
Old Overholt
Pikesville
Rittenhouse
Wild Turkey

Corn

Cabin Hollow
Corn Rib
Georgia Moon
Golden Grain
McCormick
J.W.Corn
Mellow Corn
Old Dispensary

Blended & Light Whiskeys

Ancient Age
Barton's
Beam's 8 Star
Bellow's
Bourbon Deluxe
Brookstone
Calvert
Canadian Age
Carstairs White Seal
Corby's
County
Daviess County
(Early Times)
Fleischmann's
Preferred
Four Roses
Hill & Hill
Imperial
John Finch
J.T.S.Brown
Kentucky Gentleman
Kentucky Tavern
Kessler
McCormick
Nichols
Old Thompson
Paul Jones
Philadelphia
P.M.
Seagram's 7 Crown
Stillbrook
Sunny Brook
Town Club
Wilson

WALES

Prince of Wales
Swn y Mor

Whisk(e)y-Liköre

Irland

Baileys
Carolans
Dubliner
Emmets
Irish Mist
Meadow Cream
Millwod Whiskey Cream
O'Darby
Saint Brendan's Superior

Schottland

Amber Glow
Can-Y-Delin
Columba Cream
Drambuie
Drumgray
Dunkeld Atholl Brose
Glayva
Glen Mist
Glenturret Malt Liqueur
Heather Cream
Lochan Ora
Òran Mór
Scottish Island
Stag's Breath Liqueur

USA

American Cream
Rock & Rye
(Southern Comfort, Southern Mist)
Wild Turkey

Wales

Merlyn

Whisk(e)y-Cocktails

Affinty
Blackthorn
Blood & Sand
Bobby Burns
Boston Sour
Bourbon Highball
Brooklyn
Brown Fox
Captain Collins
Colonel Collins
Florian
Frisco Sour
Godfather
Golden Nail
Hair of the Dog
Horse's Neck
Hot Buttered Whisky
Hot Whiskey
Irish Coffee
Manhattan
Mike Collins
Millionaire
Mint Julep
Morning Glory Fizz
New Yorker
New York Flip
Old Fashioned
Palmer
Rattlesnake
Rob Roy
Rory O'Moore
Rusty Nail
Sandy Collins
Sazerac
Scoff-Law
Sweet Science
Tipperary
TNT
Waldorf Astoria Eggnog
Ward Eight
Whiskey Hot Toddy
Whiskey Sour
Whisky Mac

FIRMEN

Adelphi Distillery Ltd.
Ainslie & Heilbron
Alexander Dunn & Co.
Allied Distillers / Domecq
American Brands
Austin Nichols
Avery's of Bristol
Barton Distilling
Berry Bros.& Rudd
Brown, W. & Sons
Brown-Forman
Buchanan, James & Co.
Bulloch Lade & Co.
Burn Stewart
Cadenhead, Wm
Campbell Distillers
Cantrell & Cochrane
The Castle Collection
Chivas & Glenlivet Group
Cockburn & Campbell
Cockburn & Murray
Cockburn's of Leith
Cooley
Corby
Corney & Barrow
CWS
(DCL)
Dewar
Eldridge, Pope & Co.
Glen Catrine
Gordon & MacPhail
Grant, William & Son
Haig & Co., John
Hall & Bramley
Hallgarten Liqueurs
Heaven Hill Distillers
Heublein
Highland Distilleries Co.
Hill, Thomson & Co.
Hiram Walker & Sons
IDG
IDV/Grand Metropolitan
Invergordon Distillers
Inver House Distillers
Isle of Arran Distillers
Kentucky Bourbon Distillers
Khoday
Kinross Whisky Co.
Kirin-Seagram
Laing, Douglas & Co.
Lawson, Wm
Leestown Distilling Company
Lundie, Wm & Co.
MacArthur, James & Co.
Macdonald Greenlees
Macdonald Martin Distillers
Macduff International
Mayerson & Co.
McClelland, T. & A.
McCormack
McEwan, John& Co.
Meldrum House
Milroy's
Mitchell, J. A.
Montrose Whisky
Morrison Bowmore
Nikka
Pernod Ricard
Praban Na Linne
Racke
Red Lion Blending
Robertson & Baxter
Russell, Peter J.
Sanderson, Wm & Son
Sazerac
Scotch Malt Whisky Society
Scottish & Newcastle
Schenley
Seagram
Sherman, David
Signatory
Speyside Distillery
Stenham, H. Ltd.
Stodart, J. & G.
Suntory
Takara, Shuzo & Okura
Thomson, J.G.
Twelve Stone Flagons
UD (United Distillers)
The Welsh Whisky
Whitley, Wm
Whyte & Mackay

Brown, Gordon: Classic Spirits of the World
London: Prion, 1995
Craig, H. Charles: The Scotch Whisky Industry Record
Dumbarton: Index Publishing, 1994
Darwen, James: Das Buch vom Whisky
München: Heyne, 1993
Getz, Oscar: Whiskey. An American Pictorial History
New York: David McKay Company, 1978
Hills, Philipp: Scots on Scotch.
Edinburgh and London: Mainstream, 1991
Jackson, Michael: Whisky
Weil der Stadt: Hädecke, 1988
Jackson, Michael: Malt Whisky. Der Guide für Kenner und Genießer
München: Heyne, 1994
Lamond, John & Robin Tucek: The Malt File
Edinburgh: Canongate, 1995
Lockhart, R. Bruce: Scotch. The Whisky of Scotland in Fact and Story
Glasgow: Neil Wilson, 1951
MacLean, Charles: The Mitchell Beazley Pocket Whisky Book
London: Mitchell Beazley, 1993
Milroy, Wallace: The Malt Whisky Almanac
Glasgow: Neil Wilson, 1995[6]
Morrice, Philip: The Schweppes Guide To Scotch
Sherborne, Dorset: Alphabooks, 1983
Moss, Michael S. & John R. Hume: The Making of Scotch Whisky.
A History of the Scotch Whisky Distilling Industry
Edinburgh: James & James, 1981
Murray, Jim: Jim Murray's Irish Whiskey Almanc
Glasgow: Neil Wilson, 1994
Regan, Gary & Mardee H.: The Book of Bourbon and Other Fine American Whiskeys
Vermont: Chapters, 1995
Schobert, Walter: Malt Whisky Guide. Führer zu den Quellen
Weil der Stadt: Hädecke, 1994[2]
Waymack, Mark H. & James F. Harris: The Book of Classic American Whiskeys
Chicago: Open Court, 1995